MARIVAUX

SA VIE ET SES ŒUVRES

D'APRÈS DE NOUVEAUX DOCUMENTS

PAR

GUSTAVE LARROUMET

Membre de l'Institut
Chargé de cours à la Faculté des lettres de Paris

Ouvrage couronné par l'Académie française

NOUVELLE ÉDITION

PARIS
LIBRAIRIE HACHETTE ET Cie
79, BOULEVARD SAINT-GERMAIN, 79

MARIVAUX

SA VIE ET SES ŒUVRES

OUVRAGES DU MÊME AUTEUR

PUBLIÉS PAR LA LIBRAIRIE HACHETTE ET Cie

―――

LA COMÉDIE DE MOLIÈRE. L'auteur et le milieu; 4e édition. 1 vol. in-16.

ÉTUDES D'HISTOIRE ET DE CRITIQUE DRAMATIQUES. 1 vol. in-16.

ÉTUDES DE LITTÉRATURE ET D'ART. 1 vol. in-16.

Prix de chaque volume, broché : 3 fr. 50

EN PRÉPARATION :

LA COMÉDIE DE MOLIÈRE. Poétique et morale. 1 vol. in-16.

―――

Coulommiers. — Imp. PAUL BRODARD.

L.M. Vanloo pinx.   L. Massard sculp.

PIERRE CARLET DE CHAMBLAIN DE MARIVAUX
de l'Académie Française
1688-1763

HACHETTE & Cie
Imp. Ch. Chardon

MARIVAUX

SA VIE ET SES ŒUVRES

D'APRÈS DE NOUVEAUX DOCUMENTS

PAR

GUSTAVE LARROUMET

Membre de l'Institut
Chargé de cours à la Faculté des lettres de Paris

Ouvrage couronné par l'Académie française

NOUVELLE ÉDITION

PARIS
LIBRAIRIE HACHETTE ET Cie
79, BOULEVARD SAINT-GERMAIN, 79

1894

Droits de traduction et de reproduction réservés.

A

M. CH. LENIENT

PROFESSEUR A LA FACULTÉ DES LETTRES DE PARIS

ANCIEN DÉPUTÉ

Hommage de respect et de reconnaissance

G. L.

AVERTISSEMENT

DE LA NOUVELLE ÉDITION

Sous sa première forme, le présent livre était très long; en l'allégeant de notes, en serrant mes analyses et en supprimant tout ce qui était de pure érudition ou de simple curiosité, je l'ai réduit de près d'un tiers. J'espère, cependant, n'en avoir rien enlevé de vraiment utile au sujet. J'avais alors à plaider pour Marivaux sur bien des points où il est absous aujourd'hui; ainsi plusieurs de mes preuves, autrefois nécessaires, devenaient inutiles. En outre, j'ai pu me rendre compte, à distance, que j'avais trop cédé au désir naturel chez un débutant de dire tout ce qu'il sait, à la complaisance d'un critique pour son auteur, à la déférence d'un jeune homme pour ses devanciers. J'ai soumis le fond et la forme de mon travail à une revision attentive; pourtant j'ai résisté à la tentation de le récrire. Un livre doit porter sa date; à vouloir trop se corriger dans le passé, on risque de gâter ce que l'on a pu faire de bon. C'est donc bien le même livre que je publie de nouveau, à dix ans de distance.

Depuis l'époque où j'écrivais, Marivaux a beaucoup gagné dans la faveur de la critique et du public. Au lecteur de décider si le présent travail est pour quelque chose dans ce résultat, mais il m'appartient de signaler les appréciations de trois écrivains qui me semblent, entre tous, avoir fait valoir les titres de Marivaux. Après une première étude sur Marivaux auteur dramatique, M. Ferdinand Brunetière a étudié Marivaux romancier avec son autorité et son originalité habituelles [1]; M. Jules Lemaître a défini en termes d'une justesse charmante ce mélange unique de poésie et de réalisme qui distingue son théâtre [2]; récemment, M. Emile Faguet lui a donné place dans ses belles et courageuses études sur le dix-huitième siècle [3].

La première édition de ce livre était dédiée à celui de mes maîtres qui avait été son premier juge et lui avait servi de garant devant la Faculté des Lettres de Paris. Je dois maintenant associer à ma reconnaissance envers lui deux de ses camarades de l'École normale, qui, au sortir de la Sorbonne, m'ont rendu le même service devant le public. Le regretté Caro lui fit l'honneur de le

---

1. *Nouvelles études critiques sur l'histoire de la Littérature française*, 1882, et *Études critiques*, troisième série, 1887. Marivaux a été aussi l'objet d'une de ses conférences au théâtre de l'Odéon, publiées dans ses *Époques du Théâtre-Français*, 1892.
2. *Impressions de théâtre*, deuxième série, 1888.
3. *Dix-huitième siècle, études littéraires*, 1890.

présenter à l'Académie française et il fut couronné sur son rapport; dans la presse, M. Francisque Sarcey l'accueillit avec une sympathie devenue le point de départ d'une amitié que je suis fier d'attester ici.

G. L.

Août 1893.

AVERTISSEMENT

DE LA PREMIÈRE ÉDITION

Il y a plus de trente ans, Sainte-Beuve écrivait, à propos de l'importance toujours croissante de l'érudition dans la critique littéraire : « Le danger serait, si l'on y abondait sans réserve, de trop dispenser le critique de vues et d'idées, et surtout de talent. Moyennant quelque pièce inédite qu'on produirait, on se croirait exempté d'avoir du goût. L'aperçu, cette chose légère, courrait risque d'être étouffé sous le document…. Se pourrait-il que déjà l'ère des scoliastes eût commencé pour la France, et que nous en fussions désormais, comme œuvre capitale, à dresser notre inventaire? Voilà un pronostic que j'essaie en vain d'écarter[1]. »

Ces craintes du grand critique étaient excessives : il a prouvé lui-même avec éclat, et beaucoup d'autres avec lui, que la sûreté laborieuse et l'étendue de l'information n'étouffent pas toujours le goût, et

---

1. 19 novembre 1849, *Causeries du Lundi*, t. I, p. 118. Sainte-Beuve revient avec détail sur les mêmes idées, t. XV, p. 376 et suiv.

qu'on peut faire à la fois œuvre de science et œuvre d'art. Il signalait cependant un écueil que le critique ne devrait jamais perdre de vue : la stérilité, en matière d'histoire littéraire, de la recherche érudite exclusivement poursuivie pour elle-même, du document considéré non plus comme moyen, mais comme but. Dans le travail qu'on va lire, je n'ai rien négligé pour établir mes appréciations sur une base solide, et, autant que possible, nouvelle; afin de donner une idée fidèle et complète de mon auteur, j'ai multiplié les recherches personnelles dans les bibliothèques, les dépôts publics et les collections privées; j'ai tâché de réunir tous les documents, imprimés ou inédits, qui pouvaient éclairer mon jugement. Mais je n'ai jamais oublié que le vif sentiment de la beauté littéraire doit avant tout inspirer un travail de littérature, qu'au souci de l'exactitude doit toujours s'unir celui de la composition, qu'entre la rhétorique vide et l'érudition stérile, il y a place pour la vraie critique, qui juge, choisit et dispose. Si ce n'est point ce que j'ai fait, c'est du moins ce que j'ai voulu faire.

Je ne me dissimule pas que j'arrive un peu tard. Grâce à l'Académie française, qui avait proposé l'éloge de Marivaux comme sujet du prix d'éloquence décerné en 1880, jamais l'auteur des *Fausses Confidences* n'a mis autant de plumes en mouvement que dans ces derniers mois. Outre le vainqueur, plusieurs des concurrents ont publié leurs travaux, et la curiosité des lecteurs a été amplement satisfaite; peut-être même est-elle déjà blasée.

J'ai cru cependant pouvoir soumettre au public un ouvrage commencé bien avant que Marivaux fût inscrit sur les programmes de l'Académie, et qui, par ses proportions comme par son objet, s'écarte de l'éloge académique. Même après les intéressantes études de MM. de Lescure, Reinach, Fleury, Gossot, Lavollée, de Mlle Chateauminois [1], etc., peut-être reste-t-il quelque chose à dire. Mon manuscrit était terminé dès le mois de décembre 1880; je n'ai pu, par conséquent, profiter de ces études autant que je l'aurais voulu; cependant, j'ai pris le temps de citer en note quelques-unes des appréciations de mes devanciers.

Il y a deux écrivains dans Marivaux, l'un bien connu, l'auteur dramatique et le romancier, car c'est de celui-là qu'on s'est le plus occupé jusqu'à présent; l'autre, presque ignoré, le moraliste et le critique. Sans négliger le premier, le présent travail essaie de remettre le second en lumière; peut-être même, bien qu'il ne vise nullement à l'originalité de parti pris, en résultera-t-il, pour l'un et pour l'autre, un Marivaux quelque peu différent de celui que l'on connaît. On s'étonnera sans doute de voir un gros volume consacré à un écrivain dont le nom est devenu synonyme de grâce légère et piquante. Mais j'ai voulu étudier et faire connaître son œuvre entière. Cette œuvre est très considérable; de là l'étendue de mon travail. Je crois Marivaux capable de justifier et de supporter un examen aussi détaillé.

Bien des personnes m'ont encouragé ou aidé dans mes recherches; j'aurai souvent l'occasion de les citer et de montrer combien je leur suis redevable. Mais je me fais un devoir de nommer dès à présent

---

1. De Lescure, *Éloge de Marivaux*, 5 août 1880; Joseph Reinach, *Marivaux*, dans *la Réforme* des 1er et 15 novembre, 1er décembre 1880, 1er et 15 janvier, 1er février 1881; Jean Fleury, *Marivaux et le marivaudage*, 1881; Émile Gossot, *Marivaux moraliste*, 1881; René Lavollée, *Marivaux inconnu*, 1880, extrait de la *Revue de France*; Mlle Marie Chateauminois, *Éloge de Marivaux*, dans la *Revue politique et littéraire* du 8 mai 1880.

MM. Émile Perrin, administrateur général, François Coppée, bibliothécaire, Georges Monval, archiviste de la Comédie-Française; M. Charles Nuitter, archiviste de l'Opéra; MM. Bertal, Lavoix fils, Barringer, bibliothécaires, Blanchet et Bons d'Anty, employés à la Bibliothèque nationale; MM. Lehot et Boissonnade, bibliothécaires à la Bibliothèque de l'Université; MM. les conservateurs et employés de la Bibliothèque Sainte-Geneviève, qui m'ont libéralement ouvert leur riche collection de journaux littéraires du siècle dernier; enfin et surtout l'éminent professeur auquel ce livre est dédié. J'ai souvent fait appel à leur obligeance; je ne l'ai jamais ni épuisée ni lassée. Si je désire quelque succès pour le livre que je publie aujourd'hui, c'est en grande partie afin qu'ils n'aient pas à regretter leurs bons offices.

Août 1882.

MARIVAUX

SA VIE ET SES OEUVRES

INTRODUCTION

LA RÉPUTATION DE MARIVAUX

Marivaux appartient à cette famille peu nombreuse d'écrivains qui, avec des qualités de premier ordre et généralement reconnues, n'ont obtenu de leurs contemporains qu'une réputation incertaine, et qui, longtemps après leur mort, soulèvent encore des jugements opposés. Durant sa longue carrière d'auteur dramatique, de moraliste et de romancier, ses diverses tentatives échouent aussi souvent qu'elles réussissent. Parmi ses nombreuses comédies, quatre ou cinq à peine sont franchement applaudies à leur apparition; ses deux romans, accueillis d'abord avec faveur, demeurent inachevés, car l'auteur et les lecteurs se fatiguent avant la fin, et ses essais de critique et de morale, publiés sous forme de journaux, s'arrêtent au bout de quelques feuilles, pour la même cause que ses romans. Après sa mort, ceux de ses contemporains qui essaient de marquer sa place, le jugent sans aucune bienveillance. Grimm écrit : « Il avait un genre bien à lui, très aisé à reconnaître, très minutieux, qui ne manque pas d'esprit, ni parfois de vérité, mais qui est d'un goût bien mauvais et souvent faux. » Et ce jugement d'une sécheresse tranchante, il le complète par une comparaison dédaigneuse : « Il a eu parmi nous la destinée d'une jolie femme, et qui n'est que cela, c'est-à-dire un printemps fort brillant, un automne et un hiver des plus durs et des plus tristes. Le souffle vigoureux de la philosophie a renversé depuis une quinzaine d'années toutes ces réputations étayées sur des roseaux [1]. »

A la même époque, Collé ne lui est pas beaucoup plus sympathique; comme Grimm, il semble n'avoir guère pris Marivaux au sérieux; il s'acquitte envers lui avec quelques mots d'éloge banal, tempérés par beaucoup de restrictions, et il conclut, après avoir longuement énuméré ses défauts, par cette sentence : « A ces défauts près, M. de Marivaux est un écrivain estimable [2] ». D'Alembert, qui lui consacre un de ses *Éloges historiques*, demande pardon à l'Académie française de l'occuper aussi longtemps d'un écrivain de mince importance [3], et, dans une série d'analyses d'une rigueur toute géométrique, blâme plus souvent qu'il ne loue : « Nous n'ignorons pas, dit-il, qu'il nous sera bien difficile d'apprécier Marivaux au gré des inexorables zélateurs du bon goût; ils ne nous pardonneront pas de nous exprimer froidement sur l'étrange néologisme qui dépare même ses meilleures productions; ainsi, en réclamant, pour lui et son historien, une indulgence dont ils ont également besoin l'un et l'autre, nous pouvons dire ce que Cicéron disait à ses juges dans une affaire épineuse : *Intel-*

---

1. *Correspondance littéraire*, 15 février 1763.
2. *Journal et Mémoires*, février 1763.
3. *Œuvres complètes de d'Alembert*, édition de 1821, t. III, p. 577.

ligo judices, quam scopuloso difficilique in loco verser ». Plus tard, La Harpe essayant de définir le talent de Marivaux et de préciser le sens du mot *marivaudage*, veut bien reconnaître que ce talent existe, mais pour n'aboutir, selon lui, qu'à de pauvres résultats : « Cet écrivain, dit-il, a sans doute de la finesse, mais elle est si fatigante! Il a une si malheureuse facilité à noyer dans un long verbiage ce qu'on pourrait dire en deux lignes!... C'est une triste dépense d'art et d'esprit que celle qui n'aboutit qu'à ennuyer. C'est ce que j'ai observé souvent aux pièces de Marivaux : on sourit, mais on bâille [1]. » Il serait facile de multiplier les citations de ce genre; les contemporains de Marivaux ne parlent guère autrement [2].

Au commencement de notre siècle, lorsque la critique renouvelée s'applique aux auteurs du siècle précédent, on pourrait croire que Marivaux va trouver des juges moins sévères : il n'en est rien. Un des plus indulgents, M. de Barante, après avoir défini le genre d'observation que Marivaux applique au cœur humain, estime qu' « avec une telle manière de procéder, il ne reste plus que peu de place pour l'action et le sentiment, et qu'il a attaché tant d'importance à expliquer les causes, que le résultat demeure sans effet [3] ». Geoffroy, le critique du *Journal des Débats*, est particulièrement sévère et dédaigneux : « Chez lui, dit-il, l'esprit et le mauvais

---

1. *Le Lycée*, XVIIIe siècle, chap. v, sect. iv. Voir ci-après, p. 7, n. 1.
2. Sauf Duclos, toutefois, qui se plaisait à prendre le contre-pied des opinions reçues et louait indirectement Marivaux dans son discours de réception à l'Académie française : « Molière et Quinault, disait-il, avoueraient les ouvrages de ceux qui ont marché sur leurs traces; quelques-uns ont ouvert des routes nouvelles, et leurs succès ont réduit les critiques à n'attaquer que le genre. » (26 janvier 1747.)
3. *De la Littérature française pendant le* XVIIIe *siècle*, 1809, p. 93.

goût sont continuellement aux prises; sans cesse, il se tourmente pour se défigurer lui-même; sa manie la plus bizarre est de donner à la métaphysique un jargon populaire et grossier, de travestir la galanterie et la finesse en style bas et trivial, d'affubler ses madrigaux d'expressions bourgeoises et familières; ses pensées les plus belles sont vêtues de haillons [1]. » Villemain l'appelle « le créateur d'un genre nouveau, fort dégénéré de la bonne comédie, mais éloigné du drame, et amusant parfois sans être gai [2] ». Schlegel, qui ne comprend ni Molière, ni Racine, ne comprend pas davantage Marivaux. Il trouve qu' « au premier coup d'œil sa manière n'est pas sans quelque charme », et qu' « on ne saurait lui refuser de la finesse d'esprit », et même « un vrai sentiment de l'art », mais que le genre adopté par lui est « superficiel et insignifiant » et « sa manière de considérer la comédie étroite et bornée [3] ».

De nos jours, Marivaux n'a pas été mieux traité par la majorité des critiques, et il a eu la mauvaise fortune d'être défendu par des admirateurs compromettants, séduits aussi bien par ses défauts que par ses qualités. Ainsi Jules Janin, tenant pour vrai ce que l'on reproche d'ordinaire à Marivaux, a fait de ces reproches mêmes le texte d'une apologie sans réserve [4]. Sainte-Beuve, heureusement, dans son

---

1. *Cours de Littérature dramatique*, t. III, p. 225.
2. *Tableau de la Littérature française au* xviiie *siècle*, treizième leçon.
3. *Cours de Littérature dramatique*, trad. française de 1836, t. II, p. 285 à 287.
4. Article Marivaux dans le *Dictionnaire de la conversation*. Voir encore une *Notice* publiée en tête d'une édition de la *Vie de Marianne* (1843) et l'*Histoire de la Littérature dramatique* du même auteur, t. II, chap. i et vi.
Théophile Gautier est aussi très indulgent pour le *marivaudage*, mais ses appréciations souvent très justes, toujours pleines

enquête universelle sur la littérature française, s'est occupé de Marivaux et a su lui rendre exacte justice, avec une connaissance complète de son sujet, ce qui est très rare pour notre auteur. Il conclut ainsi l'étude qu'il lui consacre : « L'homme, considéré dans son ensemble, vaut mieux que la définition à laquelle il a fourni occasion et sujet. Il y a un fonds chez Marivaux; il a sa forme à lui, singulière en effet et dont il abuse; mais, comme cette forme porte sur un fonds réel et vrai de la nature humaine, c'est assez pour qu'il vive et qu'il reste de lui mieux qu'un nom. » L'étude de l'illustre critique pourrait être considérée comme définitive et clore le débat sur Marivaux, si elle était plus développée [1].

D'où vient cette situation étrange dans notre littérature, pour un auteur que le public n'a jamais cessé

---

d'originalité et de couleur, sont d'un autre prix que les bavardages de J. Janin. Dans son *Histoire de l'Art dramatique en France*, il consacre à Marivaux deux chapitres, t. V, chap. XVIII, et t. VI, chap. XVIII.

1. Deux articles au tome IX des *Causeries du Lundi*, p. 342 à 381. — Parmi les appréciations dont Marivaux a été l'objet de nos jours, il importe de citer encore celle de Nisard au tome III, p. 218, de son *Histoire de la Littérature française*. Dans son *Histoire de la Littérature française au* XVIIIe *siècle*, ouvrage posthume et malheureusement inachevé, un judicieux et ferme écrivain de la Suisse romande, Vinet, a émis sur Marivaux plusieurs idées particulièrement originales et justes. Paul de Saint-Victor lui a consacré quelques pages brillantes en tête de l'édition du *Théâtre de Marivaux* publiée dans la collection Michel Lévy; elles ont trouvé place dans *les Deux Masques*. M. Francisque Sarcey est un des plus anciens défenseurs de Marivaux; outre un grand nombre de feuilletons, il a publié sur son théâtre une étude complète, comme préface au *Théâtre choisi de Marivaux*, librairie Jouaust, 1880. Il est juste d'ajouter que Marivaux trouve dans la presse dramatique, depuis une dizaine d'années surtout, des juges de plus en plus favorables. Théodore de Banville, Auguste Vitu, MM. Alphonse Daudet et Édouard Thierry, etc., lui ont consacré de nombreux articles dont les conclusions auraient beaucoup étonné Grimm.

d'applaudir au théâtre, et qui, sans avoir la popularité de Le Sage, est regardé avec lui comme un des meilleurs romanciers de son temps?

C'est que Marivaux a toujours été plus connu que véritablement étudié. Malgré sa parenté d'esprit plus apparente que réelle avec quelques-uns de ses contemporains, il n'appartenait à aucune école, à aucune coterie, intéressée, par une communauté de tendances, à faire ressortir toute sa valeur. Bien plus, les écrivains du parti philosophique comme ceux du parti opposé, Grimm comme La Harpe, le traitaient en ennemi. Le genre très original qu'il a créé n'a fait école que longtemps après lui; il manquait donc de disciples formant école et défendant la gloire d'un maître commun. Quant aux critiques de nos jours[1], la plupart acceptaient sur son compte une opinion toute faite; plusieurs laissaient voir qu'ils en parlaient sans l'avoir lu tout entier; les plus indulgents voyaient en lui un esprit plus ingénieux que solide, à qui c'était rendre service que d'ignorer, en faveur de quelques parties exquises, tout le reste de ses œuvres. En dehors du *Jeu de l'Amour et du Hasard*, et de trois ou quatre autres pièces, demeurées au répertoire, de la *Vie de Marianne* et du *Paysan parvenu*, qu'on louait sur parole sans les lire beaucoup, on ne prenait pas la peine d'examiner complètement ses titres. Le sens consacré du mot *marivaudage*

---

1. Le moins informé et le plus dédaigneux est Gustave Planche (*Le Théâtre et l'Esprit public en France*, dans la *Revue des Deux Mondes* du 1ᵉʳ septembre 1856). « Ses comédies ont amusé les esprits oisifs, et peuvent encore tromper l'ennui des femmes qui n'ont jamais connu la passion, et ne cherchent partout qu'une distraction frivole.... En quel temps, en quels lieux, a-t-on jamais débité de pareilles mièvreries? Il n'y a pas une scène qui soit vraie dans le sens le plus vulgaire du mot, dont les éléments se retrouvent dans la nature ». etc.

avait beau ne donner qu'une idée fausse du genre et du talent de Marivaux; c'était une opinion toute faite, commode par conséquent et acceptée comme un proverbe [1].

Cette manière d'apprécier Marivaux est une véritable injustice. On voit surtout en lui le peintre aimable de la coquetterie féminine, le gracieux inventeur d'un genre dangereux : il est plus et mieux que cela. Il y a dans son œuvre bien des parties sérieuses à peine soupçonnées [2], et, tandis que l'on caractérise surtout son talent en résumant d'un mot les défauts qui le déparent, ces défauts sont en réalité peu de chose en comparaison des qualités. Pour qui les étudie de plus près, l'auteur dramatique et le romancier gagnent vite à ce commerce, et un moraliste se laisse voir, dont il n'est jamais question et qui mériterait d'être remis en lumière [3]. Il ne s'agit pas de tenter, au sujet de Marivaux, une sorte de réhabilitation ; du moins n'est-il pas sans intérêt de revenir

---

1. Il est difficile de préciser exactement l'époque où ce mot fut imprimé pour la première fois; contemporain de Marivaux, il n'est pas dans d'Alembert. La Harpe est sans doute un des premiers qui l'aient employé dans un ouvrage de critique sérieuse : « Marivaux, dit-il (*loco cit.*), se fit un style si particulier qu'il a eu l'honneur de lui donner son nom : on l'appela *marivaudage*, » etc.

2. Avec Sainte-Beuve, Marc-Monnier est un des premiers historiens de la littérature qui aient signalé le côté sérieux de Marivaux. Il dit expressément : « Cet auteur musqué fut peut-être un des hommes les plus pensifs et les plus sérieux de France. Il appliqua l'extraordinaire sagacité de son esprit, non seulement aux *Jeux de l'amour et du hasard*, mais aux questions les plus graves du siècle, et il osa les traiter avec une audace que d'autres, qui passent pour vaillants, ne montrèrent certes pas.... Je le répète, non sans m'en étonner un peu moi-même, il fut un des écrivains les plus sérieux de son siècle. » (*Les Aïeux de Figaro*, 1868, XI, *Marivaux*, p. 257 et 261.)

3. Vinet constatait cependant au passage que « Marivaux est un moraliste délicat et un observateur d'une grande finesse. » (*Op. cit.*, t. I, p. 254.)

sur ses titres, de les examiner en détail, d'accorder quelque attention aux parties les moins connues de son œuvre, de dégager de cette étude une opinion mieux motivée et surtout de définir en l'expliquant cette originalité singulière, qu'il a payée très cher, mais qui vaut tout son prix.

PREMIÈRE PARTIE

L'HOMME

CHAPITRE I

ORIGINE DE MARIVAUX. — SA JEUNESSE A LIMOGES; SA PREMIÈRE COMÉDIE; L'INGÉNUE AU MIROIR. — ARRIVÉE A PARIS; LES SALONS LITTÉRAIRES. — PREMIERS ÉCRITS.

Pendant longtemps Marivaux fut laissé en dehors des travaux qui ont renouvelé en France la biographie littéraire. Jusqu'à ces dernières années, on se contentait pour lui de réunir les quelques détails biographiques disséminés à travers l'éloge que d'Alembert lui a consacré. Personne ne songeait à remonter aux sources, à interroger les témoins de son existence. On se contentait de répéter que sa vie avait été des plus calmes et des plus unies, sans autres événements que les chutes ou les succès de ses pièces, « presque obscure par le peu d'empressement qu'il avait à se répandre », et, malgré ses relations avec les salons littéraires, « bornée à la société d'un petit nombre d'amis [1] ». Or, ces amis, Fontenelle, La Motte, Helvétius, Mme de Tencin ne parlaient guère de lui

---

1. D'Alembert, p. 614, n. 16.

dans leurs œuvres; à plus forte raison ses autres contemporains.

Où donc s'adresser pour retrouver ces menus faits qui servent à reconstituer la physionomie de l'homme et dont la curiosité littéraire est si friande aujourd'hui? Aux sources peu nombreuses où d'Alembert lui-même avait puisé [1], aux œuvres de ceux qui avaient pu connaître Marivaux et prononcer son nom par hasard, lui consacrer une ligne, un mot, aux journaux littéraires du temps, aux correspondances, aux almanachs, aux recueils d'anecdotes, enfin aux documents inédits. C'est ce que j'ai fait [2]. Je ne me

---

1. La première étude biographique et littéraire sur Marivaux fut publiée de son vivant, quatre ans avant sa mort, par l'abbé de La Porte, dans l'*Observateur littéraire* de 1759, t. I, p. 73 et suiv.; elle est assez détaillée, impartiale et généralement judicieuse; après le travail de d'Alembert, c'est la source la plus considérable et la plus sûre de renseignements sur notre auteur. Elle fut reproduite, avec quelques détails nouveaux, en tête de l'édition des *Œuvres diverses* de Marivaux, publiée en 1765 par le libraire Duchesne, et de l'édition des *Œuvres complètes*, publiée en 1781 par la veuve Duchesne. Vint ensuite un *Éloge*, qui mérite bien peu son titre, dans le *Nécrologe des hommes célèbres*, de 1764, publié par Palissot : c'est une satire dédaigneuse des œuvres et du caractère de Marivaux. En 1769, un polygraphe aujourd'hui très obscur, Lesbros de la Versane, faisait paraître l'*Esprit de Marivaux ou Analectes de ses ouvrages*, précédé d'un *Éloge historique de cet auteur*. Ce travail, assez étendu, est un panégyrique sans réserves de l'homme et de l'écrivain; il respire comme une ferveur de reconnaissance; l'auteur a dû connaître particulièrement son modèle et ressentir ses bienfaits; on y trouve de nouveaux renseignements, nombreux et précis, et deux lettres inédites de Marivaux, très intéressantes, adressées sans doute à Lesbros lui-même, bien qu'il ne le dise pas.

C'est dans ces divers écrits que d'Alembert a puisé les éléments de son *Éloge*. Il y a joint, pour les relations de Marivaux avec Fontenelle, les renseignements contenus dans les *Mémoires pour servir à l'histoire de la vie et des ouvrages de M. de Fontenelle*, par l'abbé Trublet, 1759, et ce qu'il pouvait savoir par lui-même.

2. Edouard Fournier m'avait devancé. Dans une notice pour

suis pas proposé de tirer de cette enquête un travail purement biographique, mais plutôt, en remontant toujours aux sources, en utilisant, outre les résultats de mes recherches personnelles, les renseignements déjà connus, et aussi en me servant de plusieurs passages rarement cités des œuvres de Marivaux lui-même, de restituer la physionomie vraie de l'homme avant d'aborder l'étude de l'écrivain. Je chercherai moins à énumérer, par ordre chronologique, les menus faits de son existence, qu'à le replacer dans son milieu et à expliquer son caractère pour mieux comprendre ses écrits. Peu d'auteurs ont laissé dans leurs œuvres plus profondément que lui l'empreinte de leur temps, de leurs goûts, du milieu où ils ont vécu.

Pierre Carlet de Chamblain de Marivaux naquit à Paris, sur la paroisse Saint-Gervais, le 4 février 1688[1], d'un père originaire de Normandie, et qui, peu après la naissance de son fils, fut nommé directeur de la Monnaie de Riom, puis passa à Limoges, où il y avait aussi un Hôtel des monnaies, mais on ne sait

l'édition du *Théâtre complet* de Marivaux, publiée en 1878 par la librairie Laplace et Sanchez, il a beaucoup ajouté à l'histoire des œuvres et de l'écrivain. Il n'a pas tout dit, et ses recherches portent la marque d'une certaine précipitation; mais son travail n'en fut pas moins très original et très neuf en son temps.

1. C'est Jules Ravenel qui a relevé le premier la date exacte de la naissance de Marivaux, dans une liste de Parisiens illustres, insérée à la page 50 de l'*Annuaire de la Société de l'histoire de France* pour 1839. J'aurais voulu pouvoir donner l'acte de baptême, mais il a été brûlé dans l'incendie des archives de l'Hôtel de Ville, en mai 1871, et il n'y a pas trace du nom de notre auteur dans les registres de l'état civil reconstitué. Je n'ai rien trouvé sur sa famille dans les archives de l'église Saint-Gervais, où l'on voit cependant un plan de la première moitié du xviiie siècle, donnant l'indication nominative des places réservées dans l'église à diverses familles notables de la paroisse.

trop en quelle qualité¹. Ceux qui aiment à rechercher dans les origines d'un écrivain l'influence exercée sur la nature de son talent par les qualités ou les défauts de sa race, trouveraient peut-être, dans le lien qui rattache Marivaux à la Normandie, une des causes indirectes de son goût pour les distinctions subtiles en matière de sentiment et les finesses de dialectique amoureuse. Ils verraient, dans les qualités et les défauts que l'on prête d'habitude aux Normands, quelques-uns des traits dont il a peint ses valets paysans, rusés sous une apparence niaise et peu scrupuleux en fait de gain.

Deux de ses plus anciens biographes nous disent, un peu au hasard ce semble, que son père « ne négligea rien pour faire donner à son fils une belle éducation ² », sans s'étendre davantage sur ses premières années et ses premières études. Ce que nous

---

1. De La Porte, *Préface* de 1765, p. 6. — C'est à Riom que Marivaux fut élevé, et ses contemporains crurent longtemps qu'il y était né; ainsi Voisenon (*Œuvres complètes*, 1781, t. IV, p. 89). Malgré l'obligeant concours de MM. Garraud, bibliothécaire de Riom, Groussard, professeur au lycée de Limoges, et Guibert, membre de la Société archéologique du Limousin, je n'ai pu trouver aucun renseignement sur le séjour de Marivaux et de sa famille dans les deux villes. Au cours d'une conversation rapportée par La Place (*Pièces intéressantes pour servir à l'histoire*, 1785-1790, t. II, p. 357 et suiv.), Marivaux dit lui-même : « Né à Paris, d'une famille honnête, mon père, ci-devant directeur de la Monnaie de Riom.... » Le titre donné par Marivaux à son père rend improbables les fonctions de directeur de la Monnaie de Limoges, sans que, du reste, comme on va le voir, il y ait à mettre en doute le séjour du père et du fils dans cette dernière ville.

2. Lesbros (p. 7), d'après de La Porte (p. 6). Suivant ce dernier, le jeune Pierre de Marivaux « annonça de bonne heure, par des progrès rapides dans ses premières études, cette finesse d'esprit qui caractérise ses ouvrages. » D'Alembert prétend au contraire (p. 578), d'après le *Nécrologe* de 1764 (p. 4), que l'histoire de ses premières études n'est « ni longue ni brillante ».

savons de plus positif, par une indication qu'il nous donnera lui-même, c'est qu'il fit son droit. Pendant longtemps, surtout au XVII° et au XVIII° siècle, ce n'était point là une preuve suffisante d'études sérieuses; les grades en droit s'obtenaient avec facilité et on connaît l'amusant récit donné par Charles Perrault d'une réception nocturne aux écoles d'Orléans [1]. Marivaux fut donc avocat, ou aurait pu l'être; il a cela de commun avec nombre d'auteurs dramatiques, dont le droit favorisa la vocation par la singulière horreur qu'il avait le don de leur inspirer. Quoi qu'il en soit de son éducation, Marivaux avoue lui-même que, s'il était capable de lire les auteurs latins dans le texte, il ne pouvait guère juger les Grecs que par les médiocres traductions de son temps [2], ignorance regrettable, car une connaissance directe du grec lui eût peut-être évité les irrévérences dont il devait se rendre coupable envers Homère.

Pourvu d'une charge de finance, son père n'aurait guère pu, si l'on en croit la réputation trop bien établie des financiers au XVIII° siècle, inspirer à son fils par son exemple ces principes de désintéressement et de probité que nous aurons à constater plusieurs fois chez ce dernier. Mais, sorti d'une ancienne famille de robe, qui donna plusieurs membres au Parlement de Rouen [3], M. de Marivaux était une

1. Charles Perrault, *Mémoires*, p. 20 et suiv.
2. Il fait cet aveu dans son *Spectateur français* (septième feuille) : « Si c'est une traduction du grec et qu'elle m'ennuie, je penche à croire que l'auteur y a perdu; si c'est du latin, comme je le sais, je me livre sans façon au dégoût ou au plaisir qu'il me donne. » Il savait, en effet, assez de latin pour citer du Juvénal dans la conversation; voir ci-après, p. 71.
3. « Son père était d'une famille ancienne dans le Parlement de Normandie » (Lesbros, p. 5), « descendue de la robe à la finance », ajoute d'Alembert (p. 577). Le nom patronymique

honorable exception à une règle trop générale : il n'eut aucune poursuite à redouter lorsque, sous la Régence, la fameuse Chambre de justice instituée contre les traitants en obligea beaucoup à rendre gorge et les marqua presque tous d'une flétrissure morale. Dans le milieu où son père vivait en honnête homme, le futur auteur du *Triomphe de Plutus* puisa une profonde connaissance des gens de finance, et un mépris qui se laisse voir en plusieurs passages de ses œuvres.

C'est le hasard qui lui indiqua sa voie en provo-

était Carlet; comme la robe anoblissait, celui de Chamblain s'y ajouta. Mais, dit Edouard Fournier (*Notice*, p. 2), « le nom de Chamblain se trouva malheureusement pris aussi par d'autres, et dans ce monde de financiers, qui pis est. Il y eut alors, outre notre Carlet de Chamblain, un François de Chamblain, un Bullette de Chamblain, etc. (*Vie privée de Louis XV*, 1781, t. I, p. 176, 185, 186.) C'était trop, d'autant que, ces derniers Chamblain n'étant pas des mieux vus, il importait de ne pas être confondu avec eux.... C'est, sans nul doute, pour parer à cette confusion, et afin de couvrir son premier nom d'emprunt, qui ne le distinguait plus assez, que M. de Carlet en emprunta un second. »

Aucun des trois noms de Marivaux ne figure ni dans l'*Armorial général de la France* de d'Hozier, ni dans le *Dictionnaire de la noblesse* de La Chesnaye des Bois, ni dans le *Nobiliaire de Normandie* de M. E. de Magny. J'aurais voulu retrouver dans les registres du Parlement de Normandie, les traces de la famille de Marivaux; mais les recherches que M. Maurice d'Acher de Montgascon a bien voulu faire pour moi dans cette intention n'ont donné aucun résultat. D'autre part, M. Floquet ne cite nulle part ce nom dans son *Histoire du Parlement de Normandie*. — Marivaux ne semble avoir eu aucun lien de parenté avec les seigneurs de Marivaux (ou Marivaulx), branche de l'illustre maison de l'Isle-Adam, dont faisait sans doute partie l'officier aux gardes françaises dont il sera question ci-après.

Dans les rares autographes que l'on a de lui, notre auteur signe « De Marivaux ». Son épître dédicatoire au duc de Noailles, imprimée en tête de l'*Iliade travestie*, est signée « Carlet de Marivaux »; celle de la seconde *Surprise de l'Amour*, à la duchesse du Maine, « De Marivaux »; de même une lettre de réclamation au *Mercure* dont il va être parlé.

quant de sa part un essai de comédie à l'âge où, si l'on songe à l'art dramatique et à la poésie, on éprouve plus volontiers ses forces dans un poème épique ou une tragédie en cinq actes que dans une pièce d'intrigue légère. On parlait devant lui des difficultés d'une bonne comédie; en jeune homme qui ne doute de rien, il répondit que c'était chose aisée, et, par gageure, il composa en huit jours *le Père prudent et équitable ou Crispin l'heureux fourbe*, en un acte et en vers : il avait dix-huit ans [1]. Il ne mit pas le public à même d'apprécier ce tour de force : la pièce ne fut représentée que sur un théâtre de société, mais il ne craignit pas de la faire imprimer quelques années après [2]. C'est une comédie d'écolier, toute d'imitation, pleine de reminiscences de Regnard et de Molière, platement versifiée, d'intrigue enfantine à force de simplicité. Le titre n'est pas une des moindres naïvetés de la pièce : Démocrite, ce père que le jeune auteur appelle prudent et équitable, n'est ni l'un ni l'autre, car il se laisse berner par Crispin, le fourbe classique, et congédie, au profit d'un galant qui ne les vaut pas, trois honnêtes gens, prétendants à la main de sa fille [3]. Il y a cependant, outre une facilité singulière, des promesses de talent,

---

1. De La Porte, *l'Observateur littéraire*, t. 1, p. 74; Lesbros, p. 7; D'Alembert, p. 580.

2. Il ne voulait pas, disait-il, au rapport de d'Alembert (p. 578), « perdre en public le pari qu'il avait gagné en secret ». La pièce fut imprimée à Limoges avec une épître dédicatoire à « Monsieur Rogier, seigneur du Buisson, lieutenant général civil et de police en la sénéchaussée et siège présidial de Limoges ».
Cette comédie fut la seule qu'il écrivit en vers (voir ci-après, p. 38, n. 2).

3. L'abbé de La Porte remarque justement (*loc. cit.*) : « La fourberie de Crispin, découverte avant qu'elle réussisse, rend également faux le second titre de la pièce. »

d'assez heureuses tirades, de rapides éclairs d'esprit et de gaieté ; telle scène, calquée sur Molière, est, en somme, malgré la gaucherie de l'imitation, un trait d'aimable malice : le chevalier de la Minardinière, que l'on y voit en butte aux agaceries effrontées de Crispin déguisé en femme [1], c'est, comme on l'a dit plaisamment [2], Pourceaugnac ramené dans son pays ; quant à Toinette et à Crispin, ils imitent de leur mieux Nérine et Sbrigani [3].

Mais bientôt une aventure de jeunesse, que Marivaux a lui-même spirituellement racontée, eut sur son talent une influence plus profonde que ce premier essai. Il aimait une jeune fille « belle et sage, belle sans y prendre garde », du moins il le croyait, et cette absence de coquetterie lui plaisait plus encore que sa beauté : « Jamais je ne me séparais d'elle, dit-il, que ma tendre surprise n'augmentât de voir tant de grâces dans un objet qui ne s'en estimait pas davantage. Était-elle assise ou debout, parlait-elle ou marchait-elle, il me semblait toujours qu'elle n'y entendait point finesse, et qu'elle ne songeait à rien moins qu'à paraître ce qu'elle était. » Un jour, à la campagne, il la quittait, ravi d'un entretien dans lequel avaient brillé d'un doux éclat ces grâces sans apprêt, lorsqu'un gant perdu l'oblige à retourner vers elle. Que voit-il ? Son ingénue, le miroir à la main, se répétant à elle-même sa naïveté du lendemain. Il

---

1. Scène XXI.
2. Ed. Fournier, p. 4.
3. La scène VI notamment, où Toinette met Ariste en fuite par son effronterie, est calquée sur la scène VI, acte II, de *Monsieur de Pourceaugnac* ; de même la scène XV, entre Crispin et le financier, suit de très près la scène III, acte I, de la même pièce, entre Sbrigani et Pourceaugnac. Une autre, la scène III, s'inspire de *Tartufe*, II, IV. Dans cette même scène III se retrouvent les mouvements et presque les expressions de la scène II, acte IV, du *Légataire universel*.

n'eut garde de l'interrompre : « Elle s'y représentait à elle-même dans tous les sens où, durant notre entretien, j'avais vu son visage, et il se trouvait que ces airs de physionomie, que j'avais crus si naïfs, n'étaient, à les bien nommer, que des tours de gibecière; je jugeais de loin que sa naïveté en adoptait quelques-uns, qu'elle en réformait d'autres; c'étaient de petites façons qu'on aurait pu noter, et qu'une femme aurait pu apprendre comme un air de musique. » On devine les réflexions de Marivaux : « la perfection de ces friponneries » le fit frémir; son « amour cessa tout d'un coup, comme si son cœur ne s'était attendri que sous condition »; il ramassa son gant et dit, avec une profonde révérence, à sa fausse ingénue, toute rougissante de surprise et de honte : « Je viens de voir, Mademoiselle, les machines de l'Opéra; il me divertira toujours, mais il me touchera moins. » Et il ne revint plus [1].

Marivaux est déjà tout entier dans cette scène, qu'il raconte avec une ironie souriante, car le temps a fait son office, mais qui dut être fort pénible à son amour-propre déjà difficile et sensible. Il exagère un peu en ajoutant que, de cette aventure, naquit en lui « une misanthropie qui ne le quitta plus »; mais on y peut voir en partie le point de départ de sa vocation d'observateur, toujours en quête de démêler le vrai fonds de la nature féminine des apparences séduisantes sous lesquelles il se dissimule, toujours en garde contre quelque duperie. Ces amoureux qu'il aime à représenter, et qui, avant un engagement définitif, veulent étudier celles qu'ils aiment, comme

---

1. Le *Spectateur français*, première feuille. — M. Arsène Houssaye (*Galerie du* xviiie *siècle*, édit. Dentu, t. I, p. 320) dit spirituellement au sujet de cette aventure : « N'avait-il pas vu l'image fidèle et vivante de sa muse? »

Dorante du *Jeu de l'Amour et du Hasard*, ou qui leur imposent, comme Lucidor de *l'Épreuve*, une attente presque cruelle, s'inspirent de la scène du miroir ; ils se méfient des ingénues qu'on leur a représentées trop simples pour être vraies, trop désintéressées pour être sincères.

Même après cette aventure, Marivaux eut le bon goût de ne pas recommencer de sitôt ses tentatives de comédie. Il n'aurait pu faire mieux, car il lui manquait encore l'étendue de l'observation et de l'expérience personnelle. La société limousine ne pouvait pas plus lui donner un champ d'études que l'occasion de se mettre vraiment en lumière : il partit donc pour Paris.

Il y arrivait dans un moment très favorable pour un esprit comme le sien. Entre les cercles littéraires qui se partageaient alors les préférences mondaines, celui vers lequel le portait sa nature était aussi le plus capable de l'aider sans le contraindre. Ce cercle avait pour chefs Fontenelle et La Motte, très peu despotes tous deux ; ils respectaient en eux-mêmes et dans autrui un tour d'esprit que le xviie siècle combattait énergiquement au nom de la tradition et de l'autorité, sous le titre de « sens propre », c'est-à-dire l'exercice de la personnalité intellectuelle, en attendant que le xviiie siècle, embrigadé par les encyclopédistes, lui fît la guerre au nom de la liberté de penser et que J.-J. Rousseau vint l'émanciper de nouveau en substituant le sentiment à la raison. D'une politesse délicate et séduisante, prisant la grâce légère et la clarté plus que la force et la profondeur, ennemie de l'enthousiasme, qui rompt l'équilibre de l'âme, et préférant une élégante simplicité au sublime lui-même, promenant sur toutes choses un léger sourire et mettant l'esprit au-dessus de tout, cette école prétendait arriver au naturel et au simple à force de finesse et d'étude. Elle prétendait aussi ne relever que d'elle-même, et, préférant ouvertement les Modernes aux Anciens, elle ne reculait devant aucune hardiesse pour la défense de cette thèse, qui non seulement survivait aux colères de Boileau, mais qui allait remplir le siècle, le dominer et, finalement, triompher avec le romantisme. Cette école devait plaire à Marivaux, car il sentait en lui le germe des qualités qu'elle prisait le plus. Il se présenta donc à Fontenelle et à La Motte; accueilli par eux avec bonne grâce, il put bientôt les regarder comme ses meilleurs amis, car chez l'un et chez l'autre la crainte d'être dupe n'excluait pas la sincérité des attachements [1].

Appuyant ses doctrines littéraires sur les qualités que nourrit et prise surtout l'esprit de société, l'école de Fontenelle avait grandi dans les salons, sous l'influence de quelques femmes qui, sans prendre une part directe à la mêlée des opinions, encourageaient et soutenaient les combattants. Accueilli chez la marquise de Lambert et chez la marquise de Tencin, Marivaux ne songea pendant six ans qu'à goûter le charme de vivre dans la société journalière de ceux dont il aimait la tournure d'esprit et de sentiment [2]. Chez Mme de Lambert surtout, ce précieux d'instinct trouvait un second hôtel de Rambouillet, qui devait, comme l'autre en son meilleur temps, développer et nourrir ce qu'il y a de légitime dans le précieux, avec ce pétillement et ce scintillement d'esprit, cette viva-

1. Voir ci-après, 1re partie, chap. iv.
2. Voir sur le goût précieux, sa lutte constante, dans notre pays, avec l'esprit gaulois, les mérites et les défauts de chacun d'eux, et leur fusion chez les grands écrivains, la théorie ingénieuse de M. F. Brunetière dans ses *Nouvelles études critiques sur l'histoire de la Littérature française*, 1882, p. 24.

cité facile et piquante qui manquait encore à l'hôtel de Rambouillet, embarrassé dans la longue phrase périodique et symétrique, gracieux avec effort, un peu pédant [1].

Il est probable, comme on l'a vu, que Marivaux n'avait fait que de médiocres études; ce qu'il n'avait pas appris durant sa jeunesse, il l'apprit dans ce milieu raffiné, qui fut pour lui le meilleur des livres. Les idées les plus diverses y jaillissaient, abondantes et vives, dans ces conversations de chaque soir, tour à tour sérieuses et légères, où le goût s'épurait sans effort par un exercice continuel, où l'art d'observer s'apprenait par la force des choses, où l'on s'efforçait de tout comprendre, de tout deviner, où la science se faisait aimable, la philosophie accessible, où, grâce à la présence des femmes, les thèses les plus graves étaient discutées sans pédantisme et les plus redoutables problèmes résolus en souriant.

Tout cela n'allait pas sans beaucoup de légèreté, mais l'impertinence piquante, le persiflage suffisant du cercle de Fontenelle, étaient, aussi bien que l'audace de l'esprit et la générosité des aspirations, la marque du siècle. Marivaux trouvait là, en bien et en mal, ce qui convenait le mieux à la nature de son esprit et devait en favoriser le développement.

L'impression qu'il y éprouva en arrivant dut être

---

[1]. Taine, croyons-nous, est un des premiers qui aient fait cette remarque : « L'esprit, dit-il, est venu tard au XVII° siècle. Du temps de la Bruyère (1687), et de l'aveu de la Bruyère, il avait seulement quelques années de date. Et en vérité, il ne fit que visiter les contemporains de Louis XIV. Son domaine n'était point là. Il trouvait la gravité, les convenances impatronisées à sa place. Il attendit et fit bien. Ce XVIII° siècle, tant méprisé, « ces poupées charmantes, musquées et poudrées », Voltaire et Montesquieu le recueillirent. A l'hôtel de Rambouillet on dissertait; chez Mme d'Epinay, on sut causer. » (*Les Philosophes classiques du* XIX° *siècle*, p. 109.)

bien vive, car il a pris soin de la marquer plus tard sous une fiction transparente, dans ce passage de son roman de *Marianne*, où il représente son héroïne admise pour la première fois dans une société de gens d'esprit, et s'y trouvant tout de suite à l'aise comme une patrie : « J'étais née pour avoir du goût », dit Marianne, et elle le prouve en définissant avec complaisance le genre de plaisir délicat qu'elle éprouve dans ce milieu. Le salon visé est celui de Mme Tencin, qui avait succédé, en l'accentuant dans le même sens et avec plus de liberté, à celui de Mme de Lambert.

Ce ne fut point à force de leur trouver de l'esprit que j'appris à les distinguer; pourtant il est certain qu'ils en avaient plus que d'autres, et que je leur entendais dire d'excellentes choses; mais ils les disaient avec si peu d'effort, ils y cherchaient si peu de façon, c'était d'un ton de conversation si aisé et si uni, qu'il ne tenait qu'à moi de croire qu'ils disaient les choses les plus communes. Ce n'était point eux qui y mettaient de la finesse, c'était de la finesse qui s'y rencontrait.... On accuse quelquefois les gens d'esprit de vouloir briller; oh! il n'était pas question de cela ici; et, si je n'avais pas eu un peu de goût naturel, j'aurais pu m'y méprendre, et je ne me serais aperçue de rien. — Mais, à la fin, ce ton de conversation si excellent, si exquis, quoique si simple, me frappa. — Ils ne disaient rien que de juste et de convenable, rien qui ne fût d'un commerce doux, facile et gai. J'avais compris le monde tout autrement que je ne le voyais là (et je n'avais pas tant de tort) : je me l'étais figuré plein de petites règles frivoles et de petites finesses polies, plein de bagatelles graves et importantes, difficiles à apprendre et qu'il fallait savoir sous peine d'être ridicule, toutes ridicules qu'elles sont elles-mêmes.

Et point du tout; il n'y avait rien ici qui ressemblât à ce que j'avais pensé, rien qui dût embarrasser mon esprit ni ma figure, rien qui me fît craindre de parler; rien au contraire qui n'encourageât ma petite raison à oser se familiariser avec la leur; j'y sentis même une chose qui m'était fort commode, c'est que leur bon esprit suppléait aux tournures obscures et maladroites du mien. Ce que je ne disais qu'imparfaitement, ils achevaient de le penser et de l'exprimer pour moi, sans qu'ils y prissent garde et puis ils m'en donnaient tout l'honneur. — Enfin, ils me mettaient à mon aise; et moi, qui m'imaginais qu'il y avait tant de mystères dans la politesse des gens du monde, et qui l'avais regardée comme une science qui m'était totalement inconnue et dont je n'avais nul principe, j'étais bien surprise de voir qu'il n'y avait rien de si particulier dans la leur, rien qui me fût si étranger; mais seulement quelque chose de liant, d'obligeant et d'aimable [1].

Cette page, l'une des meilleures de Marivaux, est aussi l'une des plus heureuses définitions de la bonne compagnie que puisse offrir notre littérature. Elle nous apprend dès maintenant les goûts et les préférences de l'auteur; on y voit ce qu'il aimait et ce qu'il n'aimait pas, c'est-à-dire la fausse politesse et le faux esprit, le jargon convenu, l'élégance factice, les manières prétentieuses, dont la Bruyère avait raillé le ridicule dans les petites villes et les petites coteries [2]. Il y définit avec complaisance le genre dont il fit le but et l'idéal de son talent, une simplicité délicate, résultat d'un art discret, un enjouement modéré, une amabilité coquette, une aisance dégagée, « moins ce qu'il a été, dit Sainte-Beuve, que ce qu'il aurait voulu être [3]. »

Apprécié à sa valeur chez Mme de Lambert, et,

---

1. *La Vie de Marianne*, quatrième partie. — Marmontel, accueilli aussi à ses débuts chez Mme de Tencin, fait de ce salon célèbre une peinture moins flattée. Voir ses *Mémoires*, liv. IV. « Je m'aperçus bientôt, dit-il, qu'on y arrivait préparé à jouer son rôle, et que l'envie d'entrer en scène n'y laissait pas toujours à la conversation la liberté de suivre son cours facile et naturel. C'était à qui saisirait le plus vite, et comme à la volée, le moment de placer son mot, son conte, son anecdote, sa maxime ou son trait léger et piquant, et, pour amener l'à-propos, on le tirait quelquefois d'un peu loin. »
2. *De la Ville*, § 4.
3. *Causeries du Lundi*, t. IX, p. 365.

plus tard, choyé parmi les « bêtes » de Mme de Tencin, il ne se pressa pas de faire acte d'écrivain. Il entendait n'écrire que pour son plaisir; celui qu'il goûtait dans ce milieu, où son esprit s'exerçait sans fatigue et où ses goûts étaient satisfaits sans effort, lui fit différer ses débuts littéraires avec une patience assez rare. En outre, à cette époque, il était, sinon riche, du moins fort aisé, et il ne sentait pas cet aiguillon de la nécessité qui mit de bonne heure la plume aux mains de beaucoup d'auteurs.

Cependant, comme il est bien difficile qu'un futur écrivain n'écrive pas peu ou prou, lui aussi sans doute faisait ses preuves, dans le cercle, par de petits vers plus ou moins bien tournés, offerts à Mme de Lambert ou à toute autre dame du monde où il vivait. Ce n'est point une supposition gratuite : on peut lire, dans le *Mercure* de septembre 1717, une « ode anacréontique » signée de lui. Elle est bien du même poète qui avait écrit le *Père prudent et équitable*, c'est-à-dire fort médiocre; elle est aussi tout à fait dans le goût des pièces du même genre, composées en trop grand nombre par Fontenelle et ses amis. Ils ne voyaient pas la singulière contradiction par laquelle, adversaires déclarés des Anciens, ils conservaient pieusement ce qu'il y avait de plus factice et de plus conventionnel dans leur genres, grands et petits. Comme les autres, Marivaux faisait parler dieux et demi-dieux; il fabriquait des pièces où Apollon intervenait en personne pour tourner les plus fades madrigaux :

> Faible mortel, dit-il, connais ton impuissance,
> Le portrait de Climène est l'ouvrage des dieux.
> Le soin de le tracer est un soin digne d'eux.

Marivaux, le moins « ancien » du cercle, fut toujours un des plus empressés à faire cet usage malheureux de la mythologie. Non pas, à vrai dire, en vers : s'il a sans doute composé plus d'une *Ode à Climène*, il a eu le bon goût de n'en guère publier, mais, dans son théâtre, il usera longuement de la fable pour revêtir des fictions et des personnages qui auraient beaucoup gagné à se passer de ce travestissement [1].

Il fit au mauvais goût des sacrifices d'un autre genre, et moins excusables. Autour de lui, on faisait profession de haïr le romanesque et l'invraisemblable, de tourner en ridicule par la parodie tout ce qui prétendait s'élever au-dessus d'une simplicité un peu sèche. Il composa donc, lui aussi, une parodie, *Pharsamon ou les Folies romanesques ou le Don Quichotte moderne*. C'est une imitation de Cervantès, assez maladroite, bien qu'elle ne manque ni d'esprit ni de gaieté. Marivaux se proposait d'y tourner en ridicule les exagérations de langage et de sentiment mises jadis à la mode par les fausses précieuses et les romans langoureux et diffus de Mlle de Scudéry. Cette fois, c'était bien sur ses propres troupes qu'il tirait. Mmes de Lambert, de Tencin et leurs amies, en effet, étaient les héritières authentiques et directes non seulement de Mme de Rambouillet, mais encore de Mlle de Scudéry, voire de Cathos et de Madelon. Mais on sait que les grandes précieuses ont toujours refusé de se reconnaître dans leurs imitatrices de moindre volée et, si Mme de Lambert reprochait à Molière [2] d'avoir jeté le ridicule sur les femmes savantes au grand détriment des mœurs, elle eût été

---

1. A la même époque, en 1716, Marivaux, dédiant au duc de Noailles l'*Iliade travestie*, dont il va être question, reprenait le cadre mythologique pour faire l'éloge du duc et le remplissait avec une remarquable platitude.
2. Voir les *Œuvres morales de Mme la marquise de Lambert*, 1748.

la première à se moquer de Philaminte et d'Armande[1].

Le désir de marquer sa place et de faire quelque bruit tourmente si peu Marivaux, qu'il ne publie pas ce premier essai[2]. Un an après, en 1713, il se décide à se faire imprimer et donne, dans le même goût que *Pharsamon*, *les Aventures de *** ou les Effets surprenants de la sympathie*, qu'il ne signe pas, et qui ne valent ni plus ni moins.

Les *Aventures* avaient paru en deux fois; entre temps, Marivaux avait écrit un autre roman, *la Voiture embourbée*, qu'il laissa inachevé, car, dit spirituellement Edouard Fournier, son livre « n'alla que cahin-caha, comme le pauvre coche dont il contait les accidents, et il finit par s'embourber avec lui[3] ». Marivaux se montrait déjà ce qu'il demeura toute sa vie, doué d'une excessive facilité de travail, prompt à concevoir et à exécuter, prompt à abandonner l'œuvre entreprise, incapable de s'assujettir à un plan arrêté d'avance, homme de grand détail, peu soucieux d'ordonner un ensemble. Myope d'esprit, il regardera les choses de près et saura les voir jusque dans les particularités les moins saisissables; les perspectives générales lui échapperont.

Les trois médiocres romans que je viens de signaler ne sont intéressants que par les rares passages où se laisse surprendre le talent naissant de Marivaux. On préférerait à ces longues suites d'aventures

---

1. Dans la première édition du présent ouvrage, je disais que le roman de Marivaux était surtout un livre inutile, parce qu'il n'y avait plus de précieux ni de précieuses à la date de 1712. La vérité, c'est qu'ils reprenaient alors force et faveur. Voir F. Brunetière, *Études critiques sur l'histoire de la Littérature française*, 3ᵉ série, *Marivaux*, p. 123 et suiv.

2. Il se pourrait que *Pharsamon* ne fût pas de Marivaux; voir ci-après, p. 30, n. 1.

3. Notice, p. 6.

incohérentes une courte boutade qui lui échappait vers la même époque, sous forme de brochure, *le Triomphe du Bilboquet*. A propos d'un rien, d'un engouement passager de la mode, il trouvait matière à morale mondaine. Comme au xvie siècle, le bilboquet se voyait partout, dans les salons aux mains des dames, sur le théâtre aux mains des actrices, qui, sans souci de la situation, s'en amusaient en attendant la réplique [1]. Marivaux protestait, au nom de l'*esprit*, de l'*amour* et de la *raison*, contre cet intrus qui menaçait de mettre en fuite causeurs et spectateurs [2].

Vers la même époque, il entrait au *Nouveau Mercure*, qui, sous la direction de l'abbé Buchet, soutenait, au nom des Modernes, le plus fort de la lutte contre les Anciens, et, dans une série d'articles dont il reprendra plus tard la forme et l'idée dans son *Spectateur français*, il faisait son apprentissage d'observateur avec une sûreté de coup d'œil et une finesse de raillerie qui furent vite remarquées. Cette fois, il ne tâtonne plus; Marivaux est tout entier dans ces élégantes satires des conditions sociales et des petits travers du temps, cette minutieuse étude des apparences diverses de la vanité, cette analyse pénétrante des petits mystères du cœur féminin.

Ici encore, comme dans ses précédents ouvrages, Marivaux garde l'anonyme, mais sa manière est trop

---

1. « Ce jeu monta jusque sur le théâtre, et j'ai vu Mlle Desmares s'en amuser au milieu de ses rôles de suivante, au grand contentement du parterre. » (Sablier, *Variétés amusantes et sérieuses*, 1764, t. III, p. 351.)

2. Je n'ai pu trouver ce *Triomphe du Bilboquet ou la Défaite de l'Esprit, de l'Amour et de la Raison*, mentionné par Quérard (*la France littéraire*), dans aucune des bibliothèques de Paris, et il n'est pas sûr que Quérard lui-même l'ait eu entre les mains. Cependant, il fut publié, car il se trouve, avec indication du prix, sur des catalogues du temps.

originale pour ne point frapper les lecteurs. On demande qui est l'auteur de ces réflexions sur le peuple, les beaux esprits, les gens de qualité. Un *nouveau Théophraste*, répond le *Mercure* [1]. Aussitôt Marivaux de protester contre ce titre; non peut-être comme trop ambitieux, mais parce qu'il prétend n'imiter personne, surtout ces Anciens dont le seul nom éveille aussitôt un respect superstitieux. « Quand on aurait à présent, dit-il, autant de génie que les hommes de cet ordre, on n'irait jamais jusqu'à gagner leur nom ou la valeur de l'idée qu'on a d'eux. C'en est fait, ils ont moissonné dans l'esprit des hommes le plus beau de l'estime qu'il peut donner là-dessus, et l'on n'y fait plus que glaner [2] : moi, qui n'y prétends rien, moi qui n'y peux rien prétendre, moi, dont tous les petits ouvrages sont nés du caprice,... je me trouverais chargé ainsi du poids d'un nom qui compromettrait avec le public le peu que j'ai de force [3]. » Dès lors, les articles de Marivaux parurent avec son nom, après cette déclaration de l'auteur du *Mercure* : « De mon autorité privée, j'avais imposé le

---

1. Septembre 1717. — En tête d'un second article de Marivaux, sur *les Bourgeois*, le *Mercure* insérait une note où il disait : « Après avoir peint assez naturellement, le mois dernier, le caractère du peuple de Paris, on ne sera peut-être pas fâché que le *nouveau Théophraste* essaye de donner quelques coups de crayon sur les mœurs bourgeoises. Si le premier chapitre a eu des approbateurs de goût, pour les traits de vivacité et de génie qu'ils y ont remarqués, il faut espérer que le second n'en aura pas moins : cette matière en promet beaucoup. »

2. On reconnaît ici une pensée fameuse et jusqu'aux expressions de La Bruyère, que Marivaux aimait fort (voir ci-après, 4ᵉ partie, chap. v) : « Tout est dit, et l'on vient trop tard depuis plus de sept mille ans qu'il y a des hommes, et qui pensent. Sur ce qui concerne les mœurs, le plus beau et le meilleur est enlevé; l'on ne fait que glaner après les anciens et les habiles d'entre les modernes. » (*Des Ouvrages de l'Esprit*, § 1.)

3. *Mercure*, octobre 1717.

nom de *Théophraste moderne* à l'écrivain anonyme des *Mœurs et des caractères des habitants de Paris*, persuadé que ces réflexions étaient assez vivement frappées pour mériter cette *antonomase*; mais le nouvel auteur ayant trouvé ce nom trop respectable et peut-être trop à charge pour un ouvrage né du caprice, selon lui, et, selon moi, produit d'une raison très épurée, il vient de me faire l'honneur de m'adresser la lettre suivante, dans laquelle, après avoir exposé avec délicatesse les raisons qui lui font renoncer à ce nom, il a la modestie de se contester du sien. » Suivait la lettre citée. Trente-six ans plus tard, Marivaux devait s'entendre appliquer encore le titre contre lequel il protestait; l'archevêque de Sens, Languet de Gergy, lui disait en le recevant à l'Académie française : « *Théophraste moderne*, rien n'a échappé à vos portraits critiques. » Si, alors surtout, il avait pu exprimer toute sa pensée, il aurait dit sans doute qu'on ne lui faisait pas si grand honneur en lui donnant comme modèle un écrivain dont le principal mérite était d'être grec, et dont La Bruyère avait déjà surfait l'importance en se mettant modestement à sa suite, comme simple traducteur et commentateur.

Cependant, puisque Marivaux était partisan des Modernes, il désirait appuyer ceux de ses amis qui prétendaient égaler les Anciens et réduire à leur juste valeur leurs beautés trop vantées. La Motte s'était chargé de la partie sérieuse de l'entreprise; il avait cru sincèrement, en versifiant à sa manière une *Iliade* abrégée, corriger Homère, sinon faire mieux que lui. Pour compléter la tentative, Marivaux se chargea de la partie plaisante. C'était, en vérité, prendre une peine inutile, car, en fait de parodie, le travail de La Motte suffisait, parodie dans le ton sérieux, le meilleur de tous. Malheureusement, Marivaux ne s'en doutait pas; il publia donc, en 1717, une *Iliade travestie*. On peut admirer sincèrement l'*Énéide* et goûter le badinage de Scarron, mais, il faut le reconnaître, dans ce genre inférieur du burlesque, Marivaux est lui-même inférieur; il pousse les libertés particulières du genre jusqu'à la licence, jusqu'à l'extrême mauvais goût : tel passage de l'*Iliade travestie*, c'est la *Pucelle*, moins l'esprit. N'exagérons rien cependant, et gardons-nous d'enfler la voix avec d'Alembert sur ce péché de jeunesse; le sévère critique y voit « un forfait littéraire », dont il croit devoir faire, en pleine Académie, « une espèce d'amende honorable » au nom de Marivaux. C'est « la partie honteuse de sa vie, » s'écrie-t-il; l'*Iliade travestie* n'est qu'une erreur.

Encouragé par les applaudissements qui accueillent dans le parti des Modernes le travestissement d'Homère, Marivaux aurait fait subir le même sort à Fénelon, qui, choisi par La Motte, comme arbitre de la querelle, s'était récusé avec quelque malice. En tout cas, cette nouvelle parodie, attendit de longues années sa publication, car elle ne parut qu'en 1736. Marivaux nia énergiquement qu'il en fut l'auteur. Il écrivait, en tête d'une édition de la troisième partie de la *Vie de Marianne*, publiée à la Haye :

> Ce livre n'est pas de moi; et voici apparemment de quelles circonstances on abuse pour me l'attribuer. Il y a environ dix-huit ans que l'auteur de ce manuscrit, jeune homme de Bretagne, étudiant en droit avec moi, me le montra;... comme ce jeune homme savait que je connaissais quelques libraires, il me pria de proposer son livre à quelqu'un d'eux; ce que je fis, et ce fut un libraire de la rue Saint-Jacques, dont le nom ne me revient point, qui s'en accommoda. Voilà toute la part que j'y ai et celui qui le donne sous mon nom veut ou m'obliger ou me nuire,

et pourra même m'en attribuer encore un autre du même auteur, qui est mort et de qui j'en ai encore lu et fait passer un dont je ne me rappelle pas le titre [1].

C'est fort net; cependant l'éditeur du *Télémaque travesti* maintint son attribution et les contemporains semblèrent ajouter plus de foi à sa parole qu'à celle de Marivaux. C'est encore une habitude assez commune en pareil cas; elle n'est pas plus équitable aujourd'hui qu'autrefois. Sans comparer la moralité de ceux qui affirment et de ceux qui nient, on peut dire que, le plus souvent, les premiers ont un intérêt matériel ou d'amour-propre à maintenir leur dire et que, toujours, ils sont les plus forts, car ils peuvent revenir à la charge tant qu'il leur plaît, alors que leur victime, par dignité ou lassitude, se tait après un premier démenti. Marivaux était un parfait honnête homme, tout le monde s'accordait à le reconnaître, et sa parole avait une valeur. Il ne mentait pas avec la déplorable facilité alors admise dans les querelles littéraires. Depuis deux siècles, au contraire, l'empressement des libraires à contrefaire, publier sans droit ou attribuer faussement, excitait les plaintes des auteurs. Aussi pouvons-nous en croire Marivaux et retirer de son œuvre, puisqu'il y tient, le *Télémaque travesti* [2].

---

1. Une édition hollandaise de la *Vie de Marianne* (La Haye, Jean Néaulme, 1741), qui reproduit cette lettre, ajoute : « L'autre manuscrit dont on a parlé, qui fut donné à M. de Marivaux, et dont il s'est accommodé, de même que son *Télémaque travesti*, est intitulé *Pharsamon ou les Folies romanesques*. »

2. Les pièces du débat se trouvent dans une gazette de Hollande, la *Bibliothèque française ou Histoire littéraire de la France* (Amsterdam, H. Du Sauzet, in-12, t. XXII, dernière partie, 1736, p. 249 et suiv.). L'imprimeur traitait les déclarations de Marivaux de « faussetés avérées ». Il ajoutait : « Je suis

On peut trouver, au surplus, qu'il avait abusé du genre. Chose étrange que ce goût d'imitation à rebours chez un auteur qui se piquait d'originalité. Oubliant les passe-temps de sa jeunesse, il en vint plus tard à condamner sévèrement, non pas ses propres parodies, mais le genre lui-même, « comme propre à décourager les talents naissants, à contrister les talents reconnus et à jeter sur le genre noble une espèce d'avilissement toujours dangereux chez une nation frivole, qui pardonne, oublie et sacrifie tout, pourvu qu'on l'amuse [1] ». Et si on lui reprochait ses propres parodies, il alléguait qu'il n'avait « travesti que des morts, à qui la louange et la critique étaient indifférentes [2] ».

Il avait trop de véritable esprit pour s'attarder à ces essais de jeunesse. Il abandonna, pour n'y plus revenir, des genres misérables. Le théâtre, le vrai roman, la spéculation morale l'occupèrent bientôt tout entier. On s'étonne seulement qu'il ait trouvé si tard sa véritable voie : à l'âge où il débutait au

en état de prouver que tout le manuscrit du *Télémaque travesti* est de la main de M. de Marivaux, sans aucune addition ou correction étrangères. En second lieu, je puis produire ses quittances, qui font foi qu'il a vendu, comme de lui, le manuscrit au libraire de la rue Saint-Jacques, dont il dit avoir oublié le nom. » Il était dit à ce sujet, dans l'édition de *Marianne* publiée à la Haye en 1741 et dont il vient d'être parlé dans la note précédente : « M. de Marivaux mit au net (les deux manuscrits) quelques mois après et s'en accommoda, comme d'une chose lui appartenant, avec le sieur Fournier, libraire de la rue Saint-Jacques, qui est mort aussi, et à qui, dans cette occurrence, il peut avoir écrit quelques billets dont il ne se souvient pas. » Deux correspondants anonymes de la *Bibliothèque* entrent dans la querelle en faveur de Marivaux, et l'auteur du recueil finit par conclure : « Le public qui s'intéresse à la gloire de cet auteur, aurait souhaité que les preuves qu'il allègue pour se justifier eussent été plus convaincantes. »

1. D'Alembert, p. 598.
2. *Id.*, p. 620, n. 29.

théâtre, la plupart des écrivains ont déjà donné une partie considérable de leurs œuvres, surtout les auteurs dramatiques. On ne voit guère que Regnard, homme de plaisir devenu homme de lettres pour s'amuser lui-même, dont la vocation ait été aussi lente à se décider.

CHAPITRE II.

DÉBUTS DE MARIVAUX AU THÉATRE-ITALIEN. — SON ESSAI DE TRAGÉDIE, « ANNIBAL ». — SA CARRIÈRE DRAMATIQUE AU THÉATRE-ITALIEN; « SYLVIA »; — AU THÉATRE-FRANÇAIS. — LES CABALES CONTRE MARIVAUX.

C'est donc le 4 mars 1720, à l'âge de trente-deux ans, que Marivaux débutait au théâtre, avec une pièce en trois actes, *l'Amour et la Vérité*, qu'il donnait aux comédiens italiens. Il aimait à travailler seul, et, dans la suite, il n'accepta de collaborateurs que pour les divertissements en musique de ses pièces [1]; mais, dans ce premier essai, pour se donner le courage qui lui manquait, et, sans doute aussi, faute de bien connaître encore la nature de son talent, trop personnel pour se plier à un travail en commun, il tenta la for-

1. On lui en connaît au moins trois pour ces sortes de couplets, alors à la mode, chantés et dansés, soit entre les divers actes, soit à la fin de la pièce. Ces collaborateurs sont l'aîné des deux frères Parfaict pour le divertissement de la *Fausse suivante* (*Anecdotes dramatiques*, t. II, p. 345), Riccoboni pour celui de la *Joie imprévue*, le chansonnier Panard pour celui du *Triomphe de Plutus* (*Journal de police*, dans le *Journal de Barbier*, t. VIII, p. 205) et pour celui de la *Colonie* (*Nouveau théâtre italien*, t. I, p. 336). Suivant le *Dictionnaire des théâtres* ...ment, p. 470), le même François Parfaict, dans un moment ...rivaux avait hâte de donner à la Comédie-Française son ...*uement imprévu* (un acte, 10 décembre 1724), l'aida à en ...dégrossir quelques scènes ».

tune avec l'aide d'un de ses confrères du *Mercure*, le
chevalier de Saint-Jory [1]. Mal lui en prit, car la chute
de la pièce fut complète, et méritée, disent les contemporains. Marivaux eut le bon goût de le reconnaître et se vengea sur lui-même de son échec : « La
pièce m'a ennuyé plus que personne, disait-il en sortant de la première représentation, car j'en suis l'auteur [2]. » Cette comédie ne fut pas imprimée, aussi ne
pouvons-nous juger à notre tour le jugement du parterre — un parterre de dimanche, particulièrement
difficile et dangereux [3], comme Marivaux, qui, on ne
sait pourquoi, s'obstina à donner plusieurs de ses
pièces ce jour-là, en fit trop souvent l'épreuve [4].
Cependant, le *Mercure* du mois où elle fut jouée [5] contient un *Dialogue entre l'Amour et la Vérité*, qui doit
être un fragment de ce premier ouvrage. Ce morceau
est spirituel, mais d'un caractère bien mythologique
et « métaphysique ». Nous savons déjà que Marivaux
avait un faible pour les sujets du domaine de la féerie

1. Le chevalier L. Rustaing de Saint-Jory, mort en 1752, historien, romancier et auteur dramatique (voir Quérard, *la France littéraire*).
2. D'Alembert rapporte le propos (p. 595) comme un exemple de la philosophie de Marivaux, mais sans dire par quelle pièce il fut provoqué. Une note du *Dictionnaire des théâtres* (t. I, p. 103) en précise l'origine : « L'auteur, qui était dans une seconde loge, sans être connu, dit que la pièce l'avait plus ennuyé qu'un autre, attendu qu'il en était l'auteur. » — On a longtemps prêté à La Fontaine une réflexion semblable, encore plus philosophique et détachée : « J'ai vu le premier acte, aurait-il dit de son opéra d'*Astrée*, mais il m'a si fort ennuyé, qu'il ne m'a pas été possible d'en voir davantage. En vérité, j'admire la patience des Parisiens. » Mais l'anecdote manque d'autorité et les éditeurs actuels de La Fontaine la rejettent.
3. C'est un jour, dit le *Mercure* (juin 1732), « où le parterre est plus impatient et plus turbulent que les autres ».
4. *L'Héritier de village*, joué le dimanche 19 août 1725, ne dépassa pas six représentations; *la Dispute*, jouée dans les mêmes conditions, n'en eut qu'une.
5. Mars 1720, p. 32 et suiv.

ou de la fable; les premiers réussissaient d'ordinaire, les seconds échouaient presque toujours. L'expérience ne le corrigea pas davantage pour le choix de ses sujets que pour celui des jours où il donnait ses pièces. Il avait une sorte d'obstination douce et une imperturbable confiance en lui-même. Jamais personne n'écouta les donneurs de conseils avec une déférence plus polie, sauf à n'en tenir aucun compte. Nous le verrons en dehors du théâtre, dans ses romans et ses journaux, répondre aux objections dont ses idées étaient l'objet : il n'abandonne rien; sur chaque point il a ses raisons toutes prêtes et les déduit d'un ton uni, très calme en apparence, mais où l'on sent percer un peu d'aigreur et d'impatience contenue.

Nullement découragé par son échec, il se remet à l'œuvre, et reparaît quelques mois après avec une nouvelle pièce, une tragédie en cinq actes et en vers, *Annibal*[1]. On trouverait au xviii° siècle peu de littérateurs de quelque renom qui n'aient point fait leur tragédie. Le genre tragique, en effet, était alors entouré d'un respect universel. On goûtait une bonne comédie, mais une tragédie estimable, conforme aux règles et honnêtement versifiée, semblait encore supérieure. La gloire éclatante de la scène tragique pendant le dernier siècle couvrait de son prestige la décadence présente; jamais on ne fit plus de tragédies qu'au xviii° siècle : combien en est-il resté? Mais le jour était encore éloigné où l'on devait discuter le principe même de la tragédie et chercher une forme nouvelle. Aussi les débutants s'empressaient-ils d'essayer leurs forces dans le genre qui donnait le plus vite un nom[2].

---

1. Représentée au Théâtre-Français, le 16 décembre 1720.
2. Taine dit spirituellement: « Au sortir du collège, un jeune homme, du temps de Voltaire, devait faire sa tragédie, comme

Marivaux voulut, lui aussi, tenter cette gloire; et cependant, personne moins que lui n'avait le génie tragique ; ses qualités mêmes, détournées de leur véritable emploi, la comédie de mœurs, ne pouvaient ici que se changer en défauts. La tragédie classique prenait toujours ses sujets dans l'antiquité; Marivaux, partisan des Modernes et analyste, était incapable de cette puissance d'abstraction qui permet au poète tragique de résumer les traits permanents de l'humanité, comme aussi de cet effort d'esprit qui fait de lui le contemporain des personnages qu'il ressuscite; il se condamnait d'avance à de choquants anachronismes. Le genre d'amour, héroïque dans Corneille, noble et tendre dans Racine, toujours puissant et haut, qui est l'âme de la tragédie, Marivaux ne le comprenait guère que comme un sentiment de nature tempérée, aimable passe-temps d'une société légère et sceptique, plus propre aux petits stratagèmes qui font les comédies agréables, qu'aux grandes déterminations qui provoquent les catastrophes tragiques. Il n'y a pas de tragédie sans une intrigue fortement nouée, et Marivaux, incapable de former un plan mûri, laissait aller sa plume au gré de son caprice et des jeux de son imagination; c'est ainsi qu'il fera toutes ses comédies, où l'intrigue et l'action ont une place si peu apparente, qu'on l'accuse volontiers de borner son invention à une situation toujours la même, légèrement variée dans le détail.

aujourd'hui il doit écrire un article d'économie politique; c'était la preuve alors qu'il pourrait causer avec les dames, comme c'est la preuve aujourd'hui qu'il peut raisonner avec les hommes. » (*Histoire de la Littérature anglaise*, t. III, p. 361.) — Et cependant, même dans ce sacrifice à la mode, nous retrouvons Marivaux fort peu pressé de se produire. On lit dans les *Nouvelles littéraires*, Amsterdam, 1720, t. XI, p. 513 : « M. de Marivaux est incertain s'il fera représenter sa nouvelle tragédie d'*Annibal*. »

Aussi, que pouvait devenir entre ses mains ce sujet grandiose de la mort d'Annibal! Dès le début, le vieux général se montre en galanterie réglée avec Laodice, fille de son hôte Prusias; au moment où, instruit de l'arrivée prochaine de Flaminius, qui vient, au nom du Sénat, demander qu'Annibal soit livré, il ne devrait songer qu'à sa haine et à sa sûreté, il disserte sur la puissance de l'amour. Flaminius, de son côté, est épris de Laodice; ennemi politique d'Annibal, il en est aussi le rival en amour, et le rival préféré. Fort embarrassé entre le soin de sa mission et celui de sa flamme, il mêle assez gauchement l'une et l'autre, tantôt ambassadeur, tantôt soupirant, tantôt les deux. Ainsi, l'une des plus émouvantes situations de l'histoire ancienne est à chaque instant traversée par les incidents futiles d'une intrigue amoureuse, sans nouveauté ni intérêt.

Cependant, comme il est difficile que, même dans un genre qui n'est pas le sien, un homme de talent ne réalise qu'une médiocrité banale, il y a dans la tragédie d'*Annibal* deux ou trois belles scènes, quelques beaux vers, quelques expressions énergiques. Annibal trouve à l'occasion des accents d'une mélancolie fière, qui le relèvent un peu dans la situation ridicule où Marivaux l'a placé; il sait rappeler avec quelque grandeur les souvenirs de gloire, qui, à défaut de jeunesse, parent sa tête blanchie. Et lorsque, indigné de la lâcheté de Prusias, il fait éclater son mépris pour lui et ses pareils, un souffle presque cornélien anime ses paroles, et fait oublier ses langueurs de soupirant :

> Des hommes par abus appelés rois sans l'être;
> Des esclaves de Rome et dont la dignité
> Est l'ouvrage insolent de son autorité;
> Qui, du trône héritiers, n'osent y prendre place,
> Si Rome auparavant n'en a permis l'audace;

> Qui, sur le trône assis et le sceptre à la main,
> S'abaissent à l'aspect d'un citoyen romain;
> Des rois qui, soupçonnés de désobéissance,
> Prouvent à force d'or leur honteuse innocence,
> Et que d'un fier sénat l'ordre souvent fatal
> Expose en criminels devant son tribunal;
> Méprisés des Romains autant que méprisables [1]!

Si les vers, même dans ces passages d'exception, ne sont pas toujours nettement frappés [2], si le style est lâche, du moins l'inspiration est digne de la tragédie et donne pour un moment l'illusion de la grandeur.

Mais ce sont là de rares lambeaux de pourpre cousus à une trame grise et terne. L'inspiration ne s'élève que pour retomber vite. Les souvenirs de la tragédie du xviie siècle, l'influence visible de Corneille, échauffent de loin en loin une verve factice; lorsque la grandeur se rencontre, c'est une grandeur d'imitation. S'il fallait chercher quelque trace d'originalité dans cette œuvre de pastiche, on la trouverait dans ce court passage, où Laodice, oubliant qu'elle doit parler en princesse de Bithynie, analyse ses sentiments avec la grâce minaudière d'une marquise du xviiie siècle et parle le langage habituel aux héroïnes de Marivaux :

> Mon cœur tâcha du moins de se rendre le maître
> De cet amour qu'il plût au sort d'y faire naître.
> Mais d'un tel ennemi penses-tu que le cœur
> Puisse avec fermeté vouloir être vainqueur?

1. Acte I, sc. iii.
2. Si Marivaux avait persévéré dans ses tentatives tragiques, ou même s'il eût écrit en vers ses comédies, il n'eût jamais été qu'un médiocre versificateur. Sans parler de *Crispin l'heureux fourbe*, *Annibal* est d'une versification pénible et monotone, pleine de chevilles, d'expressions toutes faites, etc. — On peut voir encore *l'Iliade travestie*, *l'Ode anacréontique à Climène* (ci-dessus, p. 23), un compliment à Sylvia (ci-après, p. 53) et une *Lettre à une dame sur la perte d'un perroquet* (au tome X, p. 425, de l'édition de 1781), remarquable de platitude pénible.

Il croit qu'autant qu'il peut il combat, il s'efforce :
Mais il a peur de vaincre et de marquer sa force;
Et souvent sa défaite a pour lui tant d'appas,
Que, pour aimer sans trouble, il feint de n'aimer pas.
Le cœur, à la faveur de sa propre imposture,
Se délivre du soin de guérir sa blessure [1].

Ceci, développé en prose, sans emphase, avec une grâce souriante au lieu d'une affectation maladroite de noblesse, deviendra l'un des thèmes les plus heureux de Marivaux.

Annibal n'eut qu'un succès douteux, un succès d'estime, comme on dirait aujourd'hui; la pièce se traîna pendant quatre représentations, dont une à la cour. Marivaux va-t-il s'étonner et s'indigner? Nullement. S'il éprouve quelque dépit, il ne le laisse point paraître. En 1747, quelques années après sa réception à l'Académie française, *Annibal* est repris. Chose surprenante, cette reprise réussit [2], et cependant, de 1720 à 1747, les tragédies de Voltaire avaient dû rendre le public plus exigeant. Tout autre que Marivaux eût triomphé et eût fait ressortir l'aveugle injustice du parterre d'autrefois. Lui se contente de remarquer que ni l'ancien échec, ni le nouveau succès n'ont rien qui doive surprendre, car la pièce en elle-même était « susceptible d'une chute totale ou d'un grand succès ». Elle a échoué d'abord; faut-il en conclure que « les premiers spectateurs s'y connaissaient mieux que les derniers »? Non, car « cela

---

1. Acte III, sc. I.
2. « Les beautés dont cette tragédie est pleine, dit le *Mercure*, nous feraient regretter qu'il ne se fût pas attaché à ce genre, si les excellentes productions qu'il a données en plusieurs autres pouvaient laisser quelque chose à désirer sur l'emploi de ses talents supérieurs. La pièce a été reçue avec beaucoup d'applaudissements, et elle le mérite. » (*Mercure*, octobre 1747.) — La reprise eut cinq représentations. (Frères Parfaict, p. 385 et 378.)

ne serait pas raisonnable ». Marivaux se contente donc d'en appeler au lecteur en dernier ressort : « Je demande à ce qu'on la lise avec attention, et sans égard à ce que l'on en a pensé d'abord, afin qu'on la juge équitablement [1]. »

En continuant de faire violence à la direction naturelle de son talent, Marivaux se serait élevé sans doute au-dessus de ce premier essai et aurait conquis une place honorable et modeste entre Campistron et Lafosse, Duché et l'abbé Genest. Heureusement, il ne recommencera plus. Peu de temps avant l'échec de sa tragédie au Théâtre-Français, il avait fait représenter au Théâtre-Italien, avec un franc succès, *Arlequin poli par l'Amour* [2]. Dès ce jour, il avait trouvé sa voie et il était maître de sa manière. Il avait trouvé aussi le théâtre et les acteurs qui lui convenaient. Sur trente pièces qu'il fit représenter, il en donna dix-neuf aux Italiens et onze seulement aux Français.

Établis en France depuis Henri III [3], les comédiens

---

1. *Avertissement de l'auteur*, en tête d'*Annibal*, dans l'édition des *Œuvres de théâtre*, 1758.
2. 18 octobre 1720. — Voir sur le type d'Arlequin, un des plus variés de la comédie italienne, ci-après 2ᵉ partie, chap. IV, et l'ouvrage de Maurice Sand, *Masques et Bouffons*, 1862, t. I, p. 69 à 120. On y trouvera une étude complète du rôle, de ses différentes transformations, et des principaux acteurs auxquels elles sont dues.
3. Voir sur l'origine, le développement et les vicissitudes de la comédie italienne : *Lettres historiques sur tous les spectacles de Paris*, 1717-1719, attribuées à Boindin, dont quatre sur les Italiens; Louis Riccoboni, *Histoire du théâtre italien*, 1728, 2 vol.; les Frères Parfaict, *Histoire de l'ancien théâtre italien*, 1753; Desboulmiers, *Histoire du théâtre italien*, 1769, 7 vol.; et surtout les ouvrages modernes de Maurice Sand, *Masques et Bouffons*, Louis Moland, *Molière et la comédie italienne*, 1867, Eug. Despois, *le Théâtre français sous Louis XIV*, 1874, chap. V, Em. Campardon, *les Comédiens du roi de la troupe italienne*, 1880, 2 vol. L'*Introduction* de ce dernier ouvrage, formé pour

italiens avaient peu à peu élevé et développé leur genre national, l'ancienne *commedia dell' arte*. Aux canevas brodés par une imagination bouffonne et licencieuse, aux types convenus d'une tradition qui remontait jusqu'aux temps de Cécilius et de Plaute [1], ils avaient fait succéder de véritables pièces de dessin plus arrêté, avec des personnages plus modernes de sentiments, sinon de costumes et de noms ; la plaisanterie y était moins grossière, et un dialogue arrêté d'avance remplaçait en partie la libre improvisation de l'acteur [2]. L'italien était d'abord leur seule langue, puis ils l'avaient mêlé de français. Regnard et Le Sage n'avaient point dédaigné d'écrire pour eux de spirituelles ébauches, dans lesquelles ils encadraient leurs jeux de scène nationaux. La faveur populaire

la plus grande partie de documents inédits tirés des Archives nationales, est un résumé complet et clair de l'histoire de la comédie italienne en France.

1. Voir dans Desboulmiers, *Histoire du Théâtre-Italien*, t. I, p. 19 et suiv., le chapitre sur les personnages de l'ancienne comédie italienne ; pour leurs types et costumes, on a, outre la fameuse suite de Callot, de très curieuses estampes, gravées par Joullin, d'après les dessins de Julliot, dans l'ouvrage de Louis Riccoboni, et celles qui se trouvent en tête de chaque pièce dans le recueil de Gherardi cité ci-après, très curieuses aussi et très soignées, par Verdier, Boulogne le jeune, Dolivet, Desmarets, etc.

2. Desboulmiers (t. I, p. 32 et suiv.) donne des analyses et des extraits de quelques-uns de ces canevas, et Maurice Sand (t. I, *passim*) les scènes les plus amusantes de Ruzzani, auteur et acteur plein de verve. On a, de plus, le recueil considérable de Gherardi (*Le Théâtre italien de Gherardi*, 1700, 6 vol. ; l'*Avertissement qu'il faut lire*, en tête du tome I, dit très bien en quoi consistait la primitive *commedia dell' arte*). Sur le passage de la comédie improvisée à la comédie récitée, voir L. Moland, *Molière et la comédie italienne*, chap. I et II ; Em. Campardon, t. I, p. 19, et surtout deux articles de M. Fr. Sarcey, dans la *Chronique théâtrale* du *Temps*, 12 et 19 novembre 1877. Dans ses *Lettres historiques*, Boindin suit pas à pas cette transformation et en montre l'effet sur le public.

les avait suivis dans cette transformation; la bonne société elle-même s'était départie envers eux de son dédain pour un plaisir qu'elle avait longtemps jugé d'ordre inférieur, et s'était habituée à les aller voir autrement qu'en cachette. Henri IV et Louis XIII avaient successivement confirmé leurs privilèges; pour que rien ne manquât à leur vogue, ils avaient eu leur persécution : en 1697, Louis XIV, qui commençait à faire pénitence, trouvant leur genre immoral et, peut-être, irrité par une allusion satirique à Mme de Maintenon, fit fermer d'autorité leur théâtre et les renvoya dans leur pays[1]. En 1716, le Régent, se souvenant qu'ils avaient amusé sa jeunesse, les engageait à revenir. Encouragé par lui, Louis-André Riccoboni, acteur célèbre alors en Italie, sous le nom de *Lélio*, choisit une troupe parmi les meilleurs comédiens d'Antoine Farnèse, prince de Parme, qui consentit à s'en dessaisir en faveur du roi de France, et vint s'installer avec eux rue Mauconseil, dans la salle de l'ancien hôtel de Bourgogne[2], où ils trouvèrent un succès qu'ils méritaient, mais dans lequel « était de moitié l'opposition posthume qu'on faisait à l'ancien régime[3] ».

Le Régent ne négligea rien pour leur marquer sa protection. En attendant que la salle de l'hôtel de Bourgogne fût prête, il mit à leur disposition celle du Palais-Royal et assista, avec la duchesse de Berri, sa fille, à la représentation qu'ils y donnèrent, le

1. Voir Eug. Despois, *le Théâtre français sous Louis XIV*, p. 66 à 70, et Em. Campardon, t. I, p. 23 à 25.
2. Em. Campardon, t. I, p. 25. Sur l'hôtel de Bourgogne et son histoire, voir J. Bonnassies, *Notice historique sur les anciens bâtiments de la Comédie-Française*, 1868, p. 3 et suiv., et E. Despois, *le Théâtre français sous Louis XIV*, livre I, chapitre I. Cet hôtel était situé à l'angle de la rue Mauconseil et de la rue Française.
3. Ed. Fournier, *Notice*, p. 12.

18 mai 1716; le 18 juin suivant, il venait à l'hôtel de Bourgogne. Depuis, il les appelait souvent à la cour, et, comme ils n'étaient pas pensionnaires du roi, il leur attribua, par décision du 20 mars 1718, une somme de 400 livres pour chaque représentation donnée à la cour. Ces faveurs leur seront continuées : en 1723, après la mort du Régent, ils obtiendront le titre de comédiens ordinaires du roi, avec une pension de 15 000 livres et passeront sous l'autorité des premiers gentilshommes de la Chambre [1].

Ils avaient grand besoin de ces largesses, car, pendant leurs premières années, ils furent très besogneux et menèrent une existence fort précaire; ils ne subsistaient qu'à force d'économie et d'habileté. On suit jour par jour leurs embarras et leurs expédients dans leurs registres de comptabilité, malheureusement incomplets, conservés aux archives de l'Opéra. Chaque soir, non seulement les recettes et les dépenses de la représentation, mais l'état général de la caisse sociale, excédent ou déficit — celui-ci, à l'origine, beaucoup plus fréquent que celui-là — est arrêté par le plus exact des caissiers, Romagnesi. La nécessité de balancer les comptes passe avant tout : il y a telle soirée où, malgré une brillante recette, chaque sociétaire — ils sont douze à l'origine, puis quinze — ne touche que cinq livres, d'autres fois rien, la plus grosse part étant consacrée à l'arriéré. Et cependant, à force de zèle, ils font bonne figure devant le public. Au contraire des Français, ils soignent de leur mieux la mise en scène, les décors, les divertissements en musique [2]. Quand ils n'ont pas de quoi les acheter,

---

1. Voir Campardon, ouvrage cité, t. I, p. 27 et 28.
2. Les contemporains leur rendent pleine justice à ce sujet, ainsi Rémond de Saint-Albine, *le Comédien*, 1747. Voir Ad. Jullien, *Histoire du costume au théâtre*, chap. IV et p. 72.

ils louent leurs accessoires et leurs costumes. On pourrait, avec ces registres, écrire un très curieux chapitre d'histoire théâtrale anecdotique.

Depuis leur retour, ils n'employaient que le français [1]. Mimes excellents, d'une finesse sans rivale, ils suppléaient par la perfection de leur jeu à leur ignorance de notre langue, comptant surtout pour se faire comprendre sur la vivacité et la vérité du geste [2]. En cela, comme en tout au théâtre, s'était formé une tradition dont ils profitaient. Il était admis par le

---

1. La première pièce entièrement française qu'ils représentèrent fut *le Port-à-l'Anglais ou les Nouvelles débarquées*, comédie en trois actes et en prose, d'Autreau, jouée le 25 avril 1718.

2. Il ne fallait rien moins, toutefois, que ce talent de mimes pour rendre supportable leur débit. Boindin disait à ce sujet : « Flaminia et Sylvia sont celles qui parlent le mieux le français. Pour Violette, comme on a remarqué qu'elle n'en sait pas encore un mot, il est à présumer que cette langue ne lui sera pas de sitôt familière. Lélio la parle à peu près comme un Suisse; Mario se fait entendre à force de tâtonner. Pantalon s'en tient à son langage vénitien, et évite par là une peine, qui, suivant toutes les apparences, serait aussi fatigante pour lui que pour le public. Le Docteur sera un de ceux qui parlera le mieux le français, pour peu qu'il veuille s'y appliquer. Scapin, dit-on, fait son unique étude de cette langue, mais sans y faire un grand progrès; on s'aperçoit seulement qu'il oublie insensiblement la sienne, de sorte qu'avant qu'il soit six mois, on espère qu'il ne saura plus parler ni l'une ni l'autre, et plaise à Dieu que Scaramouche puisse tomber dans le même inconvénient. A l'égard d'Arlequin, il faut qu'il s'en tienne à son bergamasque, jusqu'à ce qu'il se soit rendu intelligible dans notre langue. » Conséquence : « Les auteurs ont soin d'arranger leurs scènes et de distribuer leurs rôles de façon que ce sont ceux qui possèdent le mieux notre langue qui disent les choses les plus nécessaires, pour donner l'intelligence à la pièce. » (Boindin, *Quatrième lettre*, p. 6 et 8.) — Sauf exception, les Italiens jouaient sous le demi-masque, couvrant la partie supérieure de la figure, du front à la bouche, ce qui rendait leur mimique plus piquante, peut-être, mais à coup sûr plus difficile. Les femmes s'en affranchissaient souvent, on comprend pourquoi. Sur la forme et la disposition de ce masque, voir les gravures du *Théâtre de Gherardi* et celles de Maurice Sand, dans *Masques et Bouffons*.

public d'alors qu'en allant au Théâtre-Italien on devait s'attendre à un français spécial, dénaturé ou même défiguré, mais dont l'étrangeté même produisait à elle seule un effet comique; tels, de nos jours, les rôles classiques de Gascons, d'Italiens et d'Anglais.

Dans ce rajeunissement de leur répertoire et cette transformation de leur jeu, ils ne ménageaient pas les avances aux jeunes auteurs de quelque espérance. On sut vite qu'ils étaient plus généreux et moins hautains que les comédiens du roi : « On assure, disait Boindin [1], qu'ils en agissent parfaitement bien avec ceux qui leur présentent des pièces; s'ils continuent à avoir la même politesse, je suis persuadé que nos meilleurs auteurs se feront un plaisir de travailler pour leur théâtre, les procédés leur étant d'autant plus sensibles que rarement les a-t-on pour eux. » Marivaux surtout, accueilli par eux avec bienveillance, leur resta longtemps fidèle. En cela, acteurs et auteur furent bien inspirés. Il fixa la vogue commençante du nouveau Théâtre-Italien, assura sa fortune et la soutint longtemps presque seul [2]; lui-même dut à la liberté que lui laissaient ses interprètes et qu'il n'eût pas trouvée ailleurs, de pouvoir, au début de sa carrière, se développer sans entraves et suivre la voie naturelle de son talent. Affranchis de toute tradition gênante, complaisants et dociles, Marivaux leur donna la direction qu'il voulut; au lieu de subir des conseils, comme il eût fait au Théâtre-Français, il vit accepter avec empressement ceux qu'il lui plut de donner. Il précipita donc le changement de cadre et de genre qu'ils avaient commencé, et bientôt il ne

1. *Quatrième lettre*, p. 5.
2. « Il a soutenu seul et longtemps la fortune des Italiens, qui, sans ce secours, étaient presque contraints d'abandonner eur spectacle. » (De La Porte, *Préface* de 1765, p. 8.)

resta plus grand'chose de la *commedia dell' arte*. S'il en maintint souvent les noms traditionnels, il ne s'inquiéta nullement de conformer ses personnages aux types que ces noms personnifiaient.

Marivaux trouvait surtout, dans les comédiens de la rue Mauconseil, les plus propres de tous à faire valoir son talent. Il ne suffit pas, en effet, pour bien jouer Marivaux, de dire juste et de détailler avec esprit; il faut encore une action expressive et souple, toute de nuances : « Il y a, dit un personnage des *Serments indiscrets*, des manières qui valent des paroles; on dit *je vous aime* avec un regard et on le dit bien [1]. » Il n'est pour ainsi dire pas, dans tout le théâtre de Marivaux, une scène où les paroles n'aient besoin d'être soulignées, interprétées, complétées par le geste et le regard. Souvent même les paroles et les pensées intimes des personnages sont en contradiction; *je vous hais* veut dire *je vous aime*, et ce jeu de sous-entendus est une source d'excellent comique, si l'acteur est excellent [2]. D'autre fois, l'acteur doit jouer avec une simplicité apparente, plus difficile encore; s'il met la moindre affectation dans son geste ou son débit, il dénature ce qu'il récite : il faut, disait Marivaux, qu'il ne paraisse pas « sentir la valeur de ce qu'il dit, et que le spectateur la devine [3] ». Il

---

1. Acte II, sc. x. Et ailleurs (*le Prince travesti*, I, II) : « Avec deux yeux ne dit-on pas ce que l'on veut? »
2. Paul de Saint-Victor (*Préface* du *Théâtre de Marivaux*, p. 4) exprime par une gracieuse comparaison ces perpétuels sous-entendus des personnages de Marivaux : « Swedenborg raconte, dans ses *Visions*, qu'il vit des esprits de l'air causer entre eux et se comprendre par le seul clignement de leurs yeux. Il y a quelque chose, dans les dialogues de Marivaux, du mystère de ces entretiens. »
3. « Il faut que les acteurs ne paraissent jamais sentir la valeur de ce qu'ils disent, et qu'en même temps les spectateurs la sentent et la démêlent à travers l'espèce de nuage dont l'au-

arrive enfin que l'acteur doive être compris du public, en évitant de l'être par son interlocuteur; tout à l'heure un sourire, un regard devaient compléter le sens des paroles, maintenant la parole n'a d'autre but que de dissimuler la pensée. Or ces jeux de scène, si délicats et si nombreux qu'ils forment comme un art particulier dans l'art dramatique, n'étaient pas de ceux qu'employait de préférence le répertoire classique, plus simple dans ses effets, et les acteurs italiens, mimes de profession plutôt que diseurs, devaient l'emporter ici sur les acteurs français, excellents diseurs plutôt que mimes.

Mais ce qui contribua le plus à la préférence de Marivaux pour les comédiens italiens, ce fut la présence parmi eux de la fameuse Sylvia [1], qui, avec Lelio [2], était vite devenue l'étoile de la troupe. Marivaux ne parlait d'elle qu'avec une admiration partagée par tout le XVIIIe siècle [3] et les contemporains

---

leur a dû envelopper leurs discours. » (Marivaux, cité par d'Alembert, p. 582.)

1. De son vrai nom Giovanna-Rosa Benozzi, née à Toulouse vers 1700, morte à Paris le 16 septembre 1758. « Elle est fille, disait Boindin, d'un comédien italien, qui, étant aveugle, fut obligé de quitter le théâtre. La profession de comédien étant très infructueuse en Italie, il s'est trouvé dans la nécessité de suivre Sylvia en France, avec le reste de la famille, composée de deux garçons et de deux autres filles. La tendresse et l'amitié qu'elle a pour eux font bien augurer à tout le monde de la bonté de son cœur. » (*Première lettre*, p. 15.) Elle épousa, son camarade Maximilien Balletti, le *Mario* de la troupe, c'est-à-dire le jaloux. On verra tout à l'heure que Balletti jouait son rôle au naturel, à la ville comme au théâtre.

2. De son vrai nom Louis-André Riccoboni, né à Modène en 1674, mort à Paris en 1753. Littérateur distingué, on lui doit, outre l'*Histoire de la Comédie-Italienne* mentionnée plus haut, d'intéressants écrits sur l'art dramatique, et un recueil de comédies, dont il créa lui-même les principaux rôles, et qu'il publia sous le titre de *Nouveau théâtre italien* (1728, 2 vol.).

3. D'Alembert, p. 581.

la préféraient aux actrices les plus goûtées de la Comédie-Française : « un volume suffirait à peine pour contenir tous les éloges qu'elle reçut tant en prose qu'en vers [1]. » Il fit sa partie dans ce concert : nous verrons tout à l'heure les vers galants qu'il adressait à la femme; d'autre part, je lui attribuerais volontiers un portrait anonyme de l'actrice, publié dans *le Mercure* de septembre 1725, et où l'on retrouve, ce semble, avec son tour d'esprit, ce goût de la mythologie dont il nous a donné des preuves dans le *Portrait de Climène* et l'*Epître dédicatoire* au duc de Noailles, et aussi sa déplorable versification :

> Qui de nos mœurs si bien nous traça la peinture,
> Tant d'agréments sur la scène employa,
> Sauva mieux l'art, rendit mieux la nature
> Que fit l'aimable Sylvia?
> D'un talent si nouveau je connais le modèle.
> C'est un secret qu'Amour m'a déclaré.

Elle est fille de Protée et de l'une des trois Grâces :

> Ce fut ainsi, pour l'honneur de la scène,
> Que Sylvia reçut le jour.
> Qui pourrait s'y tromper? Elle a du dieu son père
> Cet ingénieux caractère
> D'enjouement, de variété,
> Et la naïveté de sa charmante mère.

---

1. Maurice Sand, t. II, p. 192. — Dans le concert de louanges dont elle est l'objet, il n'y a guère qu'une note discordante, celle de Grimm, qui, n'aimant pas Marivaux, n'aime pas davantage son interprète. Il écrivait, le 1ᵉʳ octobre 1758 : « Le Théâtre-Italien a perdu, il y a un mois, une actrice célèbre sous le nom de Sylvia. On disait qu'elle jouait avec une grande finesse et beaucoup de naïveté, deux qualités qui, surtout réunies, sont bien rares; pour moi, j'avoue que je n'ai jamais bien senti le mérite de cette actrice. Elle était d'une figure désagréable; elle avait la voix fausse et un jeu à prétentions, tout à fait fatigant... Je n'ai jamais compris comment on pouvait vanter sa naïveté quand on connaissait le jeu de Mlle Gaussin, ni sa finesse, quand on savait sentir celui de Mlle Dangeville. »

GIOVANNA-ROSA BENOZZI
dite SYLVIA

On préférera sans doute ce portrait en prose que traçait de Sylvia en 1751, un autre contemporain, et qui la montre à cinquante ans, toujours gracieuse et séduisante, prolongeant sans effort cette jeunesse apparente qui semble le privilège des reines de théâtre.

Elle avait la taille élégante, l'air noble, les manières aisées, affable, riante, fine dans ses propos, obligeante pour tout le monde, remplie d'esprit et sans le moindre air de prétention. Sa figure était une énigme, car elle inspirait un intérêt très vif, plaisait à tout le monde, et, malgré cela, à l'examen elle n'avait pas un seul beau trait marqué : on ne pouvait pas dire qu'elle fût belle, mais personne ne s'était avisé de la trouver laide.... Sylvia fut l'idole de la France et son talent fut le soutien de toutes les comédies que les plus grands auteurs écrivaient pour elle et particulièrement Marivaux.... On n'a jamais pu trouver une actrice capable de la remplacer; et, pour qu'on la trouve, il faut qu'elle réunisse en elle toutes les parties que Sylvia possédait dans l'art difficile du théâtre : action, voix, esprit, physionomie, maintien et une grande connaissance du cœur humain. Tout en elle était nature, et l'art qui la perfectionnait était toujours caché [1].

Sylvia était pour Marivaux l'idéal des qualités qu'exigeaient ses rôles de femmes; la charmante

---

1. Cité par M. Campardon, t. I, p. 14. — La Tour a peint vers la même époque, un portrait de Sylvia, gravé en 1755 par Surugue le fils; le pastel original n'est ni au Louvre, ni au musée de Saint-Quentin. Sylvia est vue à mi-corps, dans l'encadrement d'une fenêtre, en coiffure basse et poudrée, un ruban au cou, le corsage très ouvert. La figure, encore belle, est longue, les yeux mi-clos, le nez mince, la bouche un peu pincée, le menton double et très accusé; l'expression générale est froide, avec beaucoup de finesse et d'esprit; ce n'est point la Sylvia qu'on aurait imaginé, c'est-à-dire une physionomie gracieuse et piquante. Elle doit être ressemblante cependant, car La Tour reproduisait le caractère vrai de ses modèles avec une étonnante fidélité; mais il est assez difficile de concilier l'impression que produit ce portrait avec celle qu'éprouvaient les contemporains de l'actrice. Le portrait de la vraie

actrice, dont « le caractère était la naïveté et les grâces tout l'art », n'avait « qu'une manière pour les jouer tous, mais, dans chacun, elle charmait d'un plaisir toujours nouveau [1] ». Ainsi ses défauts mêmes, si cette ressemblance avec elle-même était un défaut, la rendaient merveilleusement propre à interpréter Marivaux, à qui l'on reprochait de faire toujours la même pièce. Il lui dut beaucoup de ses succès, mais elle était aussi son élève et son obligée : il travailla tous

---

Sylvia, la femme charmante et l'actrice applaudie, a été peint par C. Vanloo et se trouvait dans une collection particulière, celle d'Auguste Vitu : « On ne saurait voir, écrivait le possesseur, physionomie plus attrayante; c'est la grâce décente de Rose Chéri, éclairée par le fin sourire de Mlle Mars. » (*Le Figaro*, 3 juillet 1877). A. Vitu me permit de le faire graver et c'est celui que l'on trouve ici. Sylvia est en robe vert d'eau, avec une draperie rouge sombre sur l'épaule gauche ; la figure, de grandeur naturelle, est celle d'une brune aux yeux bleus et au teint rose. L'impression est toute différente que dans le portrait de La Tour; c'est que le modèle a été représenté à trente ans au plus par Vanloo (le tableau n'est pas daté), à cinquante par La Tour.

1. Sticotti, *Garrick et les acteurs anglais*, p. 13, note. — Les rôles que jouait de préférence Sylvia étaient ceux qui, dans la comédie italienne, portaient le nom générique d'*Isabelle* (voir Maur. Sand, t. II, p. 156 à 204). Elle les fit siens, et l'on dit des *Sylvia*, comme on dit plus tard des *Dugazon* et des *Favart*. Isabelle, au XVIIe siècle, dit M. Sand, « est presque toujours une maîtresse femme, cousine germaine, pour l'esprit d'aventures et la rouerie sceptique, de la soubrette Colombine, avec laquelle son emploi s'est quelquefois fondu. Elle est le type de la grande coquette, de l'intrigante, de la fille terrible.... Elle joue souvent en travesti.... Isabelle est généralement comique. Son emploi n'est pas d'attendrir ni même d'intéresser. Elle embrase la scène de ses satires, de ses fantaisies et de son bel esprit. » (T. II, p. 181, 187). Un exemple de ce genre d'*Isabelle* est Agathe, des *Folies amoureuses* de Regnard, comme aussi, quoiqu'à un degré moindre, Isabelle, de *l'École des Maris*, de Molière. Par les jeunes premières, veuves ou jeunes filles, et les soubrettes de Marivaux, car elle jouait les unes et les autres, on voit quel cachet de nouveauté Sylvia dut donner à l'emploi traditionnel; il devint avec elle plus réservé, moins audacieux, sans rien perdre de sa grâce.

ses rôles avec elle, depuis une première entrevue où ils virent bien qu'ils ne pourraient plus se passer l'un de l'autre.

Il avait donné ses premières pièces sans se faire connaître ni du public, ni des acteurs. Les Italiens venaient de jouer *la Surprise de l'Amour* [1], et Sylvia, dans le rôle de la comtesse, avait assuré le succès de la pièce. Cependant elle n'était pas tout à fait contente d'elle-même; elle craignait de « ne pas saisir toute la finesse de son rôle »; elle sentait « qu'il était susceptible d'une nuance d'esprit et de sentiment qu'elle n'y mettait point, que sa pénétration et sa sensibilité ne pouvaient atteindre ». Et elle ajoutait : « Je donnerais tout au monde pour connaître l'auteur. » Un ami commun rapporte le propos à Marivaux, qui se décide à satisfaire le désir de l'actrice. Il va donc la voir, mais sans se nommer, comme un simple admirateur de son talent [2]. La conversation s'engage sur la nouvelle comédie, dont la brochure est justement sur la toilette de Sylvia : « C'est une comédie charmante, dit-elle, mais j'en veux à l'auteur : c'est un méchant de ne pas se faire connaître; nous la jouerions cent fois mieux, s'il avait seulement daigné nous la lire. » Marivaux prend la brochure, la parcourt, tout en continuant la conversation, et, rencontrant la scène principale, se met à lire, simplement d'abord, puis avec chaleur, enfin comme s'il eût dirigé une répétition : « il lisait avec une perfection peu commune [3]. » Sylvia s'étonne, admire et s'écrie enfin : « Ah! Monsieur, vous êtes le diable ou l'au-

---

1. Représentée le 3 mai 1722.
2. Comme cadre de la scène, voir un charmant passage d'Alfred de Vigny sur l'actrice à sa toilette, dans le *Journal d'un poète*, édit. Lemerre, p. 62.
3. D'Alembert, p. 591.

teur[1]. » Marivaux répondit en souriant qu'il n'était pas le diable, et l'on s'entendit.

Depuis lors, Marivaux n'écrivit plus de rôles de femmes pour la Comédie Italienne, sans la pensée que, destinés à Sylvia, ils devaient mettre en lumière toutes les qualités de l'actrice; tel jeu de scène a visiblement été préparé pour elle; une fois même il lui composa un rôle d'homme qu'elle jouait en travesti [2]. Presque toujours enfin il donnait le nom de Sylvia aux personnages qu'elle devait représenter. En pleine période de vogue et de production, en 1726, il s'arrêtait subitement, et, de toute une année, ne donnait rien au théâtre, chose rare chez lui. Une lettre de Mlle Aïssé nous explique cette retraite; Sylvia était alors très malade [3]. On se demande volontiers si le goût mutuel que l'auteur et son interprète avaient pour leur talent, et l'amitié durable en fut la suite, ne se changèrent point en un sentiment plus tendre.

---

1. Cette anecdote est racontée en détail par Lesbros (p. 14) et par d'Alembert (p. 581). On la trouve aussi dans la *Bibliothèque des romans* (octobre 1775, p. 128). Je la donne ici d'après Lesbros, le premier en date de ceux qui la rapportent.

2. Le rôle du faux chevalier, dans *la Fausse Suivante* (8 juillet 1724). Ces piquantes métamorphoses n'étaient pas rares dans les rôles d'*Isabelle*; pour citer encore *les Folies amoureuses*, on se rappelle Agathe travestie d'abord en Scaramouche, puis en dragon. Bien plus tard, le 31 juillet 1781, Desfontaines faisait représenter *Isabelle Hussard*.

3. « La pauvre Sylvia a pensé mourir : on prétend qu'elle a un petit amant qu'elle aime beaucoup; que son mari, de jalousie, l'a battue outrément, et qu'elle a fait une fausse couche de deux enfants à trois mois; elle a été très mal, elle est mieux à présent. Mlle Flaminia a eu la méchanceté de prévenir le mari des galanteries de sa femme. Vous jugez bien, à l'amour que le parterre avait pour Mlle Flaminia, combien il l'a maltraitée. » (Novembre 1726.) On s'explique assez le vilain rôle de Flaminia dans circonstance. Aigre et jalouse, à ce qu'il semble (voir Boindin, *Première lettre*, p. 14), et d'abord chef d'emploi, elle s'était vue rapidement supplanter par Sylvia dans la faveur du public.

Sylvia ne se piquait pas de mœurs bien austères [1], et d'Alembert nous apprend [2] que Marivaux, dans sa jeunesse, « avait vivement ressenti les passions ». Cependant, il ne semble pas qu'il y ait eu entre eux rien de semblable, toutes proportions gardées, à ce qui exista entre Racine et la Champmeslé. La chronique scandaleuse du xviiie siècle, si friande d'indiscrétions de ce genre, est muette à leur sujet. On a du reste une lettre mêlée de vers, que Marivaux adressait à Sylvia pour sa fête, et qui parle plutôt le langage d'une galanterie respectueuse et précieuse que celui de l'amour :

Vous me disiez hier, Mademoiselle, et bien naïvement : « C'est demain ma fête, Monsieur de Marivaux. Vous, qui vous mêlez de bel esprit, est-ce que vous ne ferez pas quelques vers pour moi? » Non, en vérité, Mademoiselle! Je m'en garderai bien! Vous êtes un point de vue un peu trop dangereux pour moi :

> Car enfin, dites-moi, Sylvie,
> Sur quoi les faire, je vous prie?

1. Si Sainte-Beuve se fût rappelé la lettre de Mlle Aïssé, citée plus haut, il n'aurait sans doute pas écrit (*Causeries du Lundi*, t. IX, p. 361) : « On ajoute (à ses nombreuses qualités d'actrice) que, dans la vie, sa conduite fut toujours sans tache, et qu'elle ne voulut que des amis, jamais des amants. » Il a des doutes cependant, car il déclare ne pas vouloir « trop insister sur ce point délicat et souvent obscur ». — Pour en finir avec la vie privée de Sylvia, je dois signaler au t. I, p. 15 et suiv. de l'ouvrage de M. Campardon, deux procès-verbaux de police constatant que, le 16 avril 1717, un tapissier accusait Sylvia et son père d'une tentative d'escroquerie commise avec violence, et que le 24 août 1724, un huissier ayant voulu procéder à la saisie de ses meubles, elle l'accueillit par des invectives, tandis que son mari prétendait que ces meubles n'appartenaient pas au ménage, qui les aurait eus simplement en location. Tout cela prouve surtout que, dans les premières années de son séjour à Paris, Sylvia eut une existence besogneuse et dut se débattre contre les embarras habituels en pareil cas.

2. Page 601.

Quand on versifie à l'honneur de quelqu'un, le jour de sa fête, on le loue, on célèbre ses bonnes qualités :

> C'est d'ordinaire son portrait,
> Qu'en pareille aventure on fait
> Mais, à faire un portrait de l'espèce du vôtre,
> Il y va, ma foi, trop du nôtre :
> A mon original je ne me fierais pas!
>
> Le moyen avec lui que le peintre badine?
> Il n'offre qu'un tissu de grâces et d'appas,
> Et, le fripon qu'il est, il a toute la mine,
> De ne marchander pas celui qui l'examine.
>
> Or, voyez le bel embarras,
> Lorsque, pour prix de mon ouvrage,
> J'aurai perdu ma liberté!
> Lorsque, en vous regardant, mon cœur m'aura quitté,
> Et qu'il ira vous rendre hommage!
> Le vôtre me paraît manquer de charité.
> Jamais il ne voudra, je gage,
> Lui donner l'hospitalité.

Ce n'est pourtant pas que je sois fort jaloux de ma liberté; le plaisir de la garder n'est pas si grand; et plût au ciel l'avoir perdue avec vous, si vous étiez bien aise de l'avoir trouvée!

> Mais qu'à vos cruautés j'aille exposer mon cœur!
> Je suis en vérité votre humble serviteur [1].

A partir du succès de *la Surprise de l'Amour*, Marivaux poursuit jusqu'en 1740 sa carrière dramatique; son théâtre contient trente-deux pièces, toutes représentées, sauf deux. Il n'est pas toujours heureux, bien s'en faut : beaucoup de ses comédies échouent; les plus travaillées n'ont souvent qu'un demi-succès et à peine quelques représentations, comme *le Dénouement imprévu* [2] et *les Serments*

---

1. La Place, *Pièces intéressantes*, 1785-1790, t. IV, p, 202.
2. Représenté, le 2 décembre 1724, au Théâtre-Français, et joué six fois seulement. « On convient, écrivait *le Mercure* (décembre 1724), qu'elle est pleine d'esprit et fort bien écrite. » Piron le mettait au nombre des pièces nouvelles, « qui n'avaient

indiscrets [1]. Quelques-unes de celles qui comptent aujourd'hui parmi ses chefs-d'œuvre, ainsi *le Legs* [2], tombent à la première représentation et ne se relèvent que plus tard.

Or, veut-on savoir ce qu'étaient pour Marivaux les soirées indécises? Mlle de Bar écrivait à Piron :

> Je ne conçois pas les comédiens. Ils ont affiché pour aujourd'hui, mardi, *les Serments indiscrets*. Voilà ce qui ne s'est jamais vu. Une pièce qu'on siffle depuis le commencement du second acte jusqu'à la troisième scène du cinquième; une pièce où l'on fait détaler les acteurs à force de crier : Annoncez! — Croient-ils que le public s'en dédira et qu'il la trouvera bonne? Je le désire plus que je ne l'espère [3].

Quant aux chutes franches, nous pouvons en juger par celle du *Petit-maître corrigé* (Théâtre-Français, 6 novembre 1734), racontée par le même témoin :

> Le parterre s'en est expliqué en termes très clairs et très bruyants; et même ceux que la nature n'a pas favorisés du don de pouvoir s'exprimer par ces sons argentins qu'on

---

pas eu plus de succès sur les théâtres que dans les boutiques de libraire ». (Prologue des *Chimères*, opéra-comique, 1726, dans ses *Œuvres complètes*, édit. Rigoley de Juvigny, 1776, t. IV, p. 121.)

1. Ils tombèrent à plat le premier soir (Théâtre-Français, 8 juin 1732), se traînèrent pendant huit représentations, puis furent retirés de l'affiche, sous prétexte de l'indisposition d'un acteur (*Mercure*, juin 1732). On les reprit plus tard avec succès.

2. Théâtre-Français, 11 juin 1736. L'accueil du premier soir est très froid, la pièce fait merveille aux représentations suivantes (*Mercure*, février 1736).

3. 10 juin 1832, dans les *Œuvres inédites de Piron*, p. 76, publiées par H. Bonhomme, 1859. La Harpe était, on le voit, bien mal informé, lorsqu'il écrivait : « Les pièces de Marivaux ont eu presque toutes du succès dans leur nouveauté. » (*Lycée*, xviiie siècle, livre II, chap. vii.) Voir ci-après, p. 63, ce que Marivaux lui-même disait de ses premières représentations.

bon français on nomme sifflets, ceux-là, dis-je, enfilèrent plusieurs clefs ensemble dans le cordon de leur canne, puis, les élevant au-dessus de leurs têtes, ils firent un fracas tel qu'on n'aurait pas entendu Dieu tonner ; ce qui obligea le sieur Montmeny de s'avancer sur le bord du théâtre, à la fin du second acte, pour faire des propositions d'accomodement, qui furent de planter tout là et de jouer la petite pièce. Mais vous connaissez la docilité, la complaisance du bénin et accommodant parterre. Il se mit à crier à tue-tête qu'il ne voulait pas ; puis il voulut enfin. Il fallut passer par ses baguettes, avec toute la rigueur possible [1].

A peine si, de loin en loin, il rencontre un succès franc avec *le Jeu de l'Amour et du Hasard* [2], *l'Épreuve* [3], *la Mère confidente* [4], *les Fausses confidences* [5]. Et quand le parterre lui fait un accueil favorable, ce n'est presque jamais au Théâtre-Français, où Marivaux, malgré sa prédilection pour les Italiens, aurait cependant désiré recevoir comme la consécration de son talent : des six pièces de notre auteur qui devaient rester au répertoire, une seule, *le Legs*, fut jouée d'original à la Comédie-Française ; les cinq autres, *la Surprise de l'Amour*, *le Jeu de l'Amour et du Hasard*, *l'École des Mères*, *les Fausses Confidences*, *l'Épreuve* parurent pour la première au Théâtre-Italien.

1. Novembre 1734, *Œuvres inédites*, p. 92.
2. Théâtre-Italien, 23 janvier 1730 : « Elle eut un très grand succès » ; jouée le 28 à la cour elle fut « très goûtée ». (*Mercure*, janvier 1730.)
3. Théâtre-Italien, 19 novembre 1740 : « Cette pièce a été très bien reçue du public. On l'a trouvée pleine d'esprit, simple en action et élégamment dialoguée. » (*Mercure*, novembre 1740).
4. Théâtre-Italien, 9 mai 1735 : « Très goûtée et très suivie. » (*Mercure*, mai 1735.) Le mois d'après, dit encore le *Mercure* (juin 1737), « elle fait un extrême plaisir, et attire beaucoup de monde à l'hôtel de Bourgogne ».
5. Théâtre-Italien, 16 mars 1737 : « Reçue favorablement du public » (*Mercure*, mars 1736), la pièce est reprise l'année suivante avec le même succès (*Mercure*, juillet 1738).

On s'explique aisément le médiocre succès de Marivaux au Théâtre-Français. Il n'y trouvait pas, nous l'avons vu, ce qui, aux Italiens, secondait et faisait valoir son talent : des interprètes dociles, formés par lui, possédant d'instinct le jeu qui convenait à ses pièces. Chez les comédiens français, il y avait des traditions, défendues avec un soin jaloux, des modèles qu'il fallait, sinon imiter, du moins respecter en ne s'en écartant pas trop, un sérieux qui glaçait la fantaisie, des acteurs qui prétendaient imposer une tutelle aux auteurs et qui auraient cru déroger en ne résistant pas à l'invasion de la farce italienne dans le sanctuaire de la Comédie-Française. Le public pensait comme eux ; il accueillait avec froideur rue des Fossés-Saint-Germain ce qu'il aurait applaudi rue Mauconseil [1].

De là, dans les pièces de Marivaux destinées au Théâtre-Français, une contrainte visible, quelque chose de pénible et de tendu, qui paralyse ses meilleures inspirations. D'un côté, il ne veut pas renoncer à une manière de concevoir le théâtre qui est le tour même de son observation, et, comme il le dit lui-même, le « geste naturel de son esprit » ; de l'autre, il fait des efforts, assez gauches et maladroits, pour hausser le ton, se donner du sérieux, se rapprocher des maîtres de l'art classique. Cette double tendance est visible surtout dans une de ses pièces les plus

---

1. « C'est une chose singulière que l'indulgence du public à tous les autres théâtres, et sa sévérité à celui de la Comédie-Française. Dans ce dernier, il regarde les auteurs comme des hommes qui ont affiché leurs prétentions au talent et à l'esprit, et, d'après ces prétentions, il les juge à la rigueur. Partout ailleurs, il voit à peine dans les pièces qu'on lui donne un objet de critique, et il tient à la fois compte aux auteurs de leurs tentatives pour lui plaire et du peu de confiance qu'ils ont eu dans leurs propres forces, en cherchant à lui plaire sans prétention à ses éloges. » (D'Alembert, p. 609, n. 9.)

travaillées, *les Serments indiscrets*, dont nous venons de voir la carrière difficile au Théâtre-Français [1]. D'abord Marivaux, qui, dans ses autres comédies, n'a jamais dépassé trois actes [2], est allé ici jusqu'à cinq avec une fatigue visible, et cela sans doute parce que les grandes pièces de Molière et de Regnard étaient en cinq actes. Ses personnages ne sont plus, comme au Théâtre-Italien, Lélio et Sylvia, Arlequin et Colombine, mais Ergaste et Lucile, Lisette et Frontin, noms consacrés dans le répertoire classique. Le style n'a plus la libre allure, les caprices, la fantaisie, le raffinement habituels à Marivaux : il veut être simple, sobre, régulier. Les sentiments des personnages sont moins « singuliers » et plus généraux. Ainsi conçue, la pièce intéresse fort à la lecture, comme une tentative souvent habile

1. Il existe, aux archives de la Comédie-Française, une lettre adressée par Marivaux à Quinault-Dufresne, au sujet de cette pièce, et qui semble indiquer en même temps des procédés peu courtois des comédiens envers l'auteur et des remaniements laborieux de la pièce par celui-ci : « Enfin, Monsieur, la résolution de jouer *les Serments indiscrets* est donc prise. Il y a deux ou trois jours que j'ai écrit à Mlle Quinault pour la prier qu'on me rendît cette pièce ; mais je n'ai reçu ni pièce ni réponse. Au reste, j'avais, ce me semble, entendu dire que vous alliez après Pâques jouer une tragédie. Quoi qu'il en soit, il faut prendre son parti. Vous avez déjà quatre actes entre vos mains ; vous ne pouvez avoir le cinquième que ce soir ou demain matin à pareille heure ; il faut, avant que je le donne, que vous ayiez la bonté de m'envoyer une copie des quatre premiers actes, parce que j'ai besoin de voir certaines choses qui ne sont point dans la copie qui me reste. Ainsi, je vous prie de faire dire au sieur Minet (*copiste et souffleur de la Comédie*) qu'il délivre ce que je demande au porteur de ma lettre. Je suis, Monsieur, votre très humble et très obéissant serviteur ».

2. Au moins dans ses pièces imprimées ; *le Prince travesti*, représenté d'abord en trois actes, avec un succès très vif dès la seconde représentation, fut étendu par l'auteur jusqu'à cinq, quelques jours après (*Mercure*, février 1724), mais, à l'impression, il reprit sa forme première.

d'un homme de talent qui est sorti de sa voie naturelle; mais elle ne plaît que comme curiosité, et l'on ne s'étonne pas du médiocre succès qu'elle eut à la représentation.

Il y avait une autre raison pour que les pièces de Marivaux réussissent moins bien au Théâtre-Français qu'au Théâtre-Italien. Il faut, pour jouer Marivaux, cette « brillante et abondante volubilité [2] », qu'il avait lui-même dans la conversation et que n'avaient pas toujours les acteurs de la Comédie-Française, habitués à détailler, à « annoncer », comme on disait en langage de théâtre : le répertoire de la comédie classique doit être dit avec cette netteté lente, mais point le Marivaux. Au Théâtre-Français, l'acteur voulait être plus qu'un interprète se subordonnant à l'œuvre, n'ajoutant ni ne retranchant rien à la pensée de l'auteur, uniquement préoccupé de la traduire fidèlement. Il voulait être une manière de collaborateur, ajouter de son propre fonds, se faire valoir lui-même. Marivaux souffrait avec impatience cette prétention et s'en plaignait. On a vu sa remarque sur la nécessité que « les acteurs ne paraissent jamais sentir la valeur de ce qu'ils disent, et que en même temps les spectateurs la sentent et le démêlent ». Il ajoutait : « J'ai eu beau le répéter aux comédiens, la fureur de montrer de l'esprit a été plus forte que mes très humbles remontrances; et ils ont mieux aimé commettre dans leur jeu un contresens perpétuel, qui flattait leur amour-propre, que de ne pas paraître entendre finesse à leur rôle. » On peut tenir pour assuré que les acteurs du Théâtre-Français provoquaient cette plainte beaucoup plus que ceux du Théâtre-Italien. Marivaux demandait aux premiers un sacrifice trop pénible

---

2. D'Alembert, p. 594.

pour leur amour-propre et trop contraire à leurs habitudes. Aussi, malgré le charme, l'élégance, la finesse d'Adrienne Lecouvreur, lui préférait-il de beaucoup Sylvia. Il arrivait à Adrienne, à la première représentation de la seconde *Surprise de l'Amour*, de jouer avec des allures de reine un personnage de marquise où il eut fallu surtout de l'aisance [1] et la pièce était accueillie très froidement [2]. D'autres fois, c'était le contraire, mais toujours pour la même cause; bonne aux premières représentations, Adrienne se gâtait aux suivants : « On a plusieurs fois oui dire à l'auteur, nous apprend d'Alembert [3], que dans les premières représentations, elle prenait assez bien l'esprit de ces rôles déliés et métaphysiques; mais que les applaudissements l'encourageaient à faire encore mieux, si c'était possible; et qu'à force de mieux faire, elle devenait précieuse et maniérée [4]. »

Mais, si l'on comprend la fortune toujours incertaine de Marivaux au Théâtre-Français, on s'explique moins qu'au Théâtre-Italien, avec ses acteurs préférés et un public sans parti-pris, il n'ait pas été toujours heureux, bien s'en faut, même lorsqu'il méritait le

---

1. D'Alembert, p. 582 et 610, n. 10.
2. La pièce prenait sa revanche sur un théâtre de société, où elle était trouvée charmante et restait dans le répertoire des châteaux (de Paulmy, *Manuel des châteaux*, p. 215); on la reprenait alors à la Comédie-Française et Mlle Grandval, bien inférieure à Mlle Lecouvreur, mais simple et naturelle, lui assurait un succès durable.
3. P. 582.
4. Au Théâtre-Français, Marivaux eut, de son temps, pour principaux interprètes, outre Mlles Lecouvreur et Grandval, dont il vient d'être question, Mlles Dangeville, Gaussin et Joly, Préville et les deux Quinault. Plus tard, Mlles Mars, Contat et Anaïs, Mmes Allan, Judith, Madeleine Brohan, et surtout Mme Arnould-Plessy excellèrent dans son répertoire; voir à leur sujet, Fr. Sarcey, *le Temps*, 14 mars 1881. Parmi les hommes, on se souvient surtout de Firmin, Monrose, Provost, Bressan, Samson, Régnier.

plus de l'être. N'y fut-il pas victime de quelqu'une de ces cabales, assez puissantes un siècle auparavant pour faire tomber la *Phèdre* de Racine, si puissantes encore au xviiie siècle que leur histoire est une partie de l'histoire théâtrale de ce temps? Tout le monde le croyait, excepté lui. Il faisait précéder cette pièce même des *Serments indiscrets*, dont il était question tout à l'heure, d'un avertissement dans lequel il expliquait, avec une sincérité et une sérénité parfaites, ce qu'il croyait être la cause de son échec, en dehors de toute cabale : « La représentation de cette pièce-ci, disait-il, n'a pas été achevée; elle demande de l'attention; il y avait beaucoup de monde, et bien des gens ont prétendu qu'il y avait une cabale pour la faire tomber; mais je n'en crois rien : elle est d'un genre dont la simplicité aurait pu toute seule tenir lieu de cabale, surtout dans le tumulte d'une première représentation. D'ailleurs, je ne supposerai jamais qu'il y ait des hommes capables de n'aller à un spectacle que pour y livrer une honteuse guerre à un ouvrage fait pour amuser [1]. » Et cette conviction, trop indulgente pour ses confrères, mais fort honorable pour celui qui la professe, il l'exprime plusieurs

---

1. *Avertissement* des *Serments indiscrets*. — Réduite à trois actes, la pièce se serait peut-être complètement relevée, mais Marivaux ne consentit jamais à la remanier, quelques instances qu'on ait pu faire pour l'y décider. Favart écrivait à ce sujet au comte de Durazzo, le 12 juillet 1761 : « Je suis allé avant-hier chez M. de Marivaux lui demander s'il avait fait quelques changements aux *Serments indiscrets*; il m'a assuré qu'il n'avait jamais retouché cette pièce, et qu'il n'était pas dans le dessein d'y rien changer. » Comme il arrive souvent, Marivaux aimait d'autant plus sa pièce qu'elle avait été plus mal accueillie; Lesbros nous apprend (p. 9) qu'elle resta toujours au nombre de celles qu'il préférait : « Celles dont M. de Marivaux faisait le plus de cas sont *la Double Inconstance*, les deux *Surprises de l'amour*, *la Mère confidente*, *les Serments indiscrets*, *les Sincères* et *l'Ile des Esclaves* ».

fois dans le cours de sa carrière, et presque dans les mêmes termes. Il ne peut supposer, dit-il encore, « qu'il y ait des hommes assez vils pour nuire au succès d'autrui aux dépens de leur propre amusement et de celui des autres [1]. » On a vu plus haut [2], pour sa tragédie d'*Annibal*, qu'il respecte toujours les sentiments des spectateurs, même lorsqu'ils lui semblent injustes; il n'a garde de prendre son public à partie pour le convaincre d'ignorance et de mauvais goût. Dans l'*Avertissement* d'une de ses pièces, tombée à plat, *l'Ile de la raison* [3], il reconnaît de bonne grâce qu'il s'est trompé et que le public l'a traité comme il le méritait : « J'ai eu tort de donner cette comédie-ci au théâtre. Elle n'était pas bonne à être représentée, et le public lui a fait justice en la condamnant. Point d'intrigue, peu d'action, peu d'intérêt; ce sujet, tel que je l'avais conçu, n'était point susceptible de tout cela [4]. » Lors-

1. D'Alembert, p. 598.
2. Page 39.
3. Ou *les Petits hommes*, représentée au Théâtre-Français le 20 septembre 1727.
4. *Préface de l'Ile de la Raison*. — Cette pièce est l'une des plus bizarres que l'on puisse trouver dans le théâtre français. Séduit par les inventions plaisantes de Swift, dont les *Voyages de Gulliver*, tout récemment traduits par Desfontaines (1727), étaient alors en grande vogue Marivaux voulut transporter au théâtre l'idée la moins scénique qui se puisse imaginer : huit Européens sont jetés par une tempête dans une île, dont la Raison est l'unique souveraine, et où la taille des hommes augmente ou diminue, selon qu'ils sont plus ou moins raisonnables. Les alternatives de grandeur et de petitesse qui en résultent peuvent plaire à la lecture, témoin *Gulliver*, et *Micromégas* de Voltaire, mais le théâtre ne saurait d'aucune manière, par aucun artifice d'optique ou de mise en scène, les rendre sensibles au spectateur: dans la pièce de Marivaux, « le témoignage des yeux donnait un démenti continuel aux paroles des interlocuteurs ». (Duviquet, *Œuvres de Marivaux*, t. I, p. 203.) Le public se fâcha : « (Il) a vu représenter deux fois cette pièce, dit Desfontaines, et ne s'est point prêté à ces hommes *fictivement* petits et grands : elle a été magnifiquement sifflée. » (*Lettre seconde du Rat Calotin à*

qu'il n'est pas bien convaincu de son erreur, il s'incline quand même, avec une philosophie un peu ironique : « Je respecte, comme je le dois, ce qu'on appelle le jugement du public; une chose pourtant m'y fait peine, c'est la multitude immense des sots qui contribuent à former l'arrêt, et dans laquelle il y a si peu de gens qui soient de leur avis [1]. »

La cabale existait cependant, et Marivaux, s'il n'eût de parti pris refusé d'y croire, aurait pu s'en convaincre aisément. Lorsque ses pièces échouaient, c'était presque toujours à la première représentation, car, alors comme aujourd'hui, confrères de l'auteur, gens de lettres, critiques, habitués des cafés littéraires, étaient là, et l'on vient de voir qu'une fois ils empêchèrent la pièce d'aller jusqu'au bout. Après deux ou trois représentations, lorsque le public ordinaire remplaçait le public spécial du premier jour, souvent la pièce se relevait; Marivaux le constate : « Presque aucune de mes pièces n'a bien pris d'abord; leur succès n'est venu que dans la suite »; et il ajoute avec quelque malice peut-être : « Je l'aime bien mieux de cette manière-là [2]. » Plusieurs fois, par ce

---

Citron Barbet, à la suite du *Dictionnaire néologique,* édit. de 1750, p. 438.) Cependant la lecture de cette pièce au comité du Théâtre-Français, avait été, d'après le chevalier de Mouhy, un vrai triomphe pour l'auteur (*Histoire du théâtre français,* t. II, p. 219.)

1. D'Alembert, p. 596. — Dans cette boutade est le point de départ d'un mot dont on fait d'habitude honneur à Chamfort, qui le condense de cette manière : « On réfutait je ne sais quelle opinion de M... sur un ouvrage, en lui parlant du public, qui en jugeait autrement : « Le public, le public, dit-il; combien faut-il de sots pour faire un public? » (*Œuvres choisies,* édit. de Lescure, t. II, p. 139.)

2. *Avertissement* des *Serments indiscrets.* — On vient de voir que *le Legs* était tombé le premier soir et s'était relevé aux représentations suivantes. De même pour la seconde *Surprise de l'Amour,* mais il y avait pour celle-ci une autre cause; voir ci-dessus, p. 60.

goût de l'anonyme qu'il a souvent montré, il se fait jouer sans donner son nom et sans annonce préalable dans les journaux [1]. En ce cas, la première représentation marche sans encombre [2]; mais lorsque, aux représentations suivantes, le nom de l'auteur est enfin connu, vite les cafés arrivent, et la faveur du premier soir disparaît comme par enchantement [3]. Si, par cas, avant la première représentation, Marivaux ne parvenait pas à cacher qu'il fût l'auteur d'un ouvrage ainsi représenté, l'échec était certain; furieux de ce qu'ils appelaient « une manière de frauder les droits de la critique [4] », tous les critiques « acoquinés aux hantises » des cafés Procope, Gradot et de la mère Laurent accouraient; ils se surpassaient et, comme disait Desfontaines, la pièce était « ma-

---

1. Quelquefois même il prend un pseudonyme. Ainsi pour *la Réunion des Amours*, donnée au Théâtre-Français le 9 novembre 1731, il se fait nommer M. de la Clède (Poulet-Malassis, *Théâtre de Marivaux, Bibliographie*, p. 11).
2. Pour *la Joie imprévue* (Théâtre-Italien, 7 juillet 1738), il ne se fait pas nommer, et la pièce est applaudie; de même pour *le Préjugé vaincu* (Théâtre-Français, 26 août 1746).
3. Ainsi pour *les Sincères* (Théâtre-Français, 13 janvier 1739), très applaudis le premier soir, sifflés le lendemain.
4. *Le Mercure*, février 1734, à propos du *Prince travesti* (Théâtre-Italien, 5 février 1724), très mal accueilli le premier soir, parce qu'il avait été joué sans annonce. Desboulmiers dit à ce sujet : « C'est la première pièce qui ait été donnée au Théâtre-Italien sans être affichée, pour éviter la cabale dont elle était menacée. »
Nous voyons aussi telle pièce de Marivaux, applaudie à la scène, fort critiquée dès qu'elle paraissait en brochure. Piron le constate dans une épître en vers au comte de Livry (23 septembre 1733) :

> Le calme succède à l'orage;
> Ce jour, poussé d'un heureux vent,
> Le parterre applaudit l'ouvrage
> Sifflé deux jours auparavant,
> Et, poussé d'un vent tout contraire,
> Sur le théâtre ayant à faux
> Applaudi Monsieur Marivaux,
> Fut le siffler chez le libraire.

gnifiquement sifflée ». Mais il arrivait encore que, même après un échec de ce genre, elle se relevait [1].

Il est difficile de déterminer avec précision quels furent les organisateurs de cabales contre Marivaux, car les recueils du temps ne citent pas de noms propres. Cependant, rangeons-y de confiance une bonne partie de ses confrères, simplement jaloux, le parti philosophique dont il ne partageait pas les idées, des critiques qui avaient à se venger de ses mépris [2], des « piliers » de café, qui ne lui pardonnaient pas d'être homme de bonne compagnie. Enfin, on est presque sûr qu'il eut à subir au théâtre l'hostilité du plus redoutable de tous les hommes de lettres du temps, Voltaire, qui le détestait, nous allons le voir, dont l'influence était grande sur le monde des premières représentations, et qui savait si bien, non seulement faire réussir ses propres pièces, mais encore faire tomber celles des autres.

---

1. Ce même *Prince travesti* : « La seconde représentation a été des plus complètes; elle s'est passée sans tumulte, les beaux endroits ont été raisonnablement applaudis. » (*Mercure*, février 1724.) Le succès dura longtemps. Il en était en somme au xviii° siècle comme de nos jours : le vrai public avait moins de part à la chute ou au succès des pièces que ce monde particulier que l'on nomme à présent *Tout-Paris*. Sur la manière dont manœuvraient les cabales, on trouve dans les *Mémoires de Mlle Quinault aînée* (1836, t. II, p. 326 à 333), une longue et intéressante lettre du président Hénault (22 février 1734), rendant compte de la première représentation d'*Adélaïde Duguesclin*. A partir de 1739 environ, le grand organisateur des cabales est le chevalier de La Morlière, *bravo* du sifflet ou de la plume, qui se fait entrepreneur de succès et de chutes dramatiques, avec le café Procope pour quartier général : M. Édouard Thierry (*Moniteur universel* du 4 juin 1857) et Charles Monselet (*les Oubliés et les Dédaignés*, édit. in-12, p. 215 et suiv.) ont exposé la tactique dont il usait. Voir aussi la satire de Voltaire sur *les Cabales* (1772). On trouvera une étude d'ensemble sur les cabales dans les *Curiosités théâtrales*, chap. xi, de M. V. Fournel.

2. Voir ci-après, p. 85, comment il les traitait.

Voltaire était à Paris le 8 juin 1732, le jour de la première représentation des *Serments indiscrets*, particulièrement difficile, comme on l'a vu, et, dès le 29 avril, il avait écrit à M. de Fourmont : « Nous allons avoir cet été une comédie en prose du sieur Marivaux, sous le titre *les Serments indiscrets*. Vous croyez bien qu'il y aura beaucoup de métaphysique et peu de naturel, et que les cafés applaudiront, pendant que les honnêtes gens n'entendront rien. » Les cafés ne devaient pas applaudir; ce n'était guère leur habitude pour Marivaux, et Voltaire le savait bien; quant aux « honnêtes gens », ce n'était souvent, alors comme aujourd'hui, qu'un mot commode pour désigner ceux qui pensent comme nous.

CHAPITRE III

RUINE DE MARIVAUX DANS LA BANQUE DE LAW. — SON MARIAGE. — MARIVAUX MORALISTE ET ROMANCIER. — SES DÉMÊLÉS AVEC VOLTAIRE ET LE PARTI PHILOSOPHIQUE ; — AVEC LA CRITIQUE ; — AVEC CRÉBILLON FILS.

L'absence d'amertume et la facilité de résignation dont Marivaux faisait preuve sembleront d'autant plus méritoires, si l'on songe qu'à l'époque où il refusait de croire aux cabales montées contre ses pièces, il n'avait plus pour vivre d'autres ressources que le produit de son travail. Jusqu'en 1722 il pouvait écrire à son heure et sans préoccupation de gain, car il était relativement riche ; son père lui avait laissé « une honnête fortune [1] », qui lui assurait l'indépendance. Très désintéressé, il se contentait d'en jouir, sans songer à l'augmenter, ce qui pourtant lui eût été facile, grâce aux relations que son origine lui créait parmi les gens de finance : malgré sa médiocre estime pour l'ensemble de la corporation, il était l'ami de quelques-uns, d'Helvétius notamment et de Lallemant de Bez [2]. Il avait décliné toute proposition

---

1. Lesbros, p. 5 ; et aussi de La Place, *Pièces intéressantes*, t. II, p. 357.
2. Lesbros, p. 37. On connaît Helvétius ; quant à Lallemant de Bez, son nom revient assez souvent dans les écrits du temps, notamment dans le *Journal de Barbier*. On verra ci-après que sa maison était une de celles que fréquentait Marivaux.

à ce sujet, lorsque, au plus beau moment du système de Law, il se rendit, pour son malheur, aux sollicitations de ses amis et consentit à se laisser enrichir. Sa fortune en effet fut doublée en peu de temps, mais bientôt arriva la débâcle et il se trouva entièrement ruiné.

Il supporta cette rude disgrâce avec autant de philosophie que ses mésaventures au théâtre. Dans une lettre écrite longtemps après, en 1740, et recueillie par un de ses premiers biographes [1], il n'a pas le moindre mot de rancune contre les amis qui l'ont ruiné :

Oui, mon cher ami, je suis paresseux, et je jouis de ce bien-là, en dépit de la fortune qui n'a pu me l'enlever, et qui m'a réduit à très peu de chose sur tout le reste. Ce qui est fort plaisant, ce qui prouve combien la paresse est raisonnable, combien elle est innocente de tous les blâmes dont on la charge, c'est que je n'aurais rien perdu des autres biens, si des gens qu'on appelait sages, à force de me gronder, ne m'avaient fait cesser un instant d'être paresseux. Je n'avais qu'à rester comme j'étais, m'en tenir à ce que j'avais, et ce que j'avais m'appartiendrait encore : mais ils voulaient, disaient-ils, doubler, tripler, quadrupler mon patrimoine, à cause de la commodité du temps, et moitié honte de paraître un sot en ne faisant rien, moitié bêtise d'adolescent et adhérence de petit garçon au conseil de ces gens sensés, je les laissai disposer, vendre pour acheter, et ils me menaient comme ils voulaient.

Un abbé Maingui surtout, devant Dieu soit son âme, fit taire mon peu d'avidité naturelle, et cet honnête homme, vraiment homme d'honneur, à force de bonté, de soin, d'intérêt, pour ce blanc-bec qu'il appelait le petit garçon de la société, dénatura tant de bribes de mon avoir qu'il ne m'en est pas resté miette de nature.

Ah! sainte paresse! salutaire indolence! si vous étiez resté mes gouvernantes, je n'aurais pas vraisemblablement écrit tant de néant plus ou moins spirituel, mais j'aurais

---

1. Lesbros, p. 29.

eu plus de jours heureux que je n'ai eu d'instants supportables.

Mon ami, le repos ne vous rend pas plus riche que vous ne l'êtes, mais il ne vous rend pas plus pauvre : avec lui, vous conservez ce que vous n'augmentez pas, encore ne sais-je si l'augmentation ne vient pas quelquefois récompenser la vertueuse insensibilité pour la fortune.

Jamais cependant revers financiers n'arrivèrent plus mal à propos. Marivaux avait épousé quelques mois auparavant une demoiselle « aimable et vertueuse [1] », « d'une bonne famille de Sens [2] ». Elle était « d'un mérite distingué »; il « l'aima de tout son cœur [3] », et eut le malheur de la perdre, en 1723, après deux ans d'une union sans nuages. Il la pleura

1. D'Alembert, p. 604.
2. De La Porte, *Préface* de 1765, p. 18. Elle s'appelait Mlle Martin (*Id., ibid.*). — Pas plus à Sens, qu'à Riom ou à Limoges, il ne m'a été possible de trouver la trace positive d'un séjour de Marivaux. M. Julliot, président de la Société archéologique de Sens, a inutilement recherché son acte de mariage dans ce qui reste des anciens registres de l'état civil. Les *Recherches historiques* sur la ville de Sens, par G.-Th. Tarbé (Sens, 1838, p. 110), contiennent le passage suivant : « *Rue de l'Écrivain*, autrefois rue des Trois-Pigeons, rue Jean Châlons, rue des Jamards.... — Marivaux... demeura quelque temps dans cette rue, maison des Fauvelet, dont il avait épousé une parente, Mlle Martin. — Marivaux, dans son *Télémaque travesti*, a emprunté les noms de quelques familles de cette ville; et dans son *Paysan parvenu*, il a aussi parlé d'un chanoine de Sens. » On a vu plus haut que Marivaux déclarait n'être pas l'auteur du *Télémaque travesti*. Non pas dans le *Paysan parvenu*, mais dans la *Vie de Marianne*, il est question, au début, d'un chanoine de Sens, qui se trouve dans le carrosse où les parents de Marianne sont assassinés, et qui prend la fuite. Peut-être aussi Tarbé veut-il dire que Marivaux, dans le *Paysan parvenu*, a mis en scène, sous un autre nom, quelque chanoine de Sens, peut-être M. Doucin, directeur des demoiselles Habert (voir ci-après, 3e partie, chap. IV). — Au mois de juin 1891, le Ministère des Beaux-Arts a fait placer au musée de Sens, en souvenir du séjour de Marivaux dans cette ville, le buste en bronze de l'écrivain par M. Albert Lefeuvre.
3. De La Porte, *Ibid.*

et « la regretta toute sa vie [1] ». Une fille unique lui restait de ce mariage; il la fit élever avec grand soin. Ne pouvant la doter, il la destinait au cloître, mais, quand elle fut en âge de prononcer ses vœux, il était trop pauvre pour payer les frais de la profession. Le duc d'Orléans vint généreusement à son secours, et Mlle de Marivaux prit le voile à l'abbaye du Thrésor [2].

Marivaux avait un nom et travaillait depuis plus de trente ans, lorsqu'il ne se trouva pas assez riche pour faire entrer sa fille au couvent. Ses succès incertains lui avaient tout au plus évité la gêne, et souvent ses ressources étaient bornées à une pension de trois mille livres sur la cassette du roi, pension que ses amis lui avaient procurée à son insu, car il ne sollicita jamais [3]. Et pourtant, il sentait le poids de la pauvreté et ne s'en cachait pas. S'il n'aimait pas l'argent pour lui-même, il avait — ses contemporains nous l'ont dit et nous le diront encore — un besoin

---

1. De La Porte, p. 18. — Ceci ne doit pas être une banalité, car d'Alembert dit de son côté (p. 601) : « Il fut longtemps inconsolable du malheur qu'il eut de la perdre. » — Nous ne savons rien de plus sur la femme et la fille de Marivaux. M. Arsène Houssaye leur consacre une assez grande partie de son étude sur Marivaux (*Galerie du* XVIIIe *siècle*, t. I, p. 320 et suiv.), mais son récit n'est qu'un agréable roman.

2. Lesbros, p. 27. — Il ne s'agit pas ici du Régent, mort en 1723, deux ans après le mariage de Marivaux, mais de son fils Louis d'Orléans, élève de l'abbé Mongault, qui avait su lui inspirer, avec une sincère piété, un goût très vif pour les lettres et les sciences. Marivaux lui témoigna sa reconnaissance dans son discours de réception à l'Académie française.

Quant à l'abbaye du Trésor, où entra Mlle de Marivaux, il importe de dire que ce n'était pas un cloître bien sévère : on y recevait volontiers les beaux-esprits, témoin une allusion à une visite de Fontenelle, que l'on trouve dans les *Œuvres* de Piron (t. VII, p. 11).

3. Voir, sur l'origine de cette pension, ci-après, p. 131.

naturel d'élégance sur sa personne et dans son intérieur; il vivait dans un milieu où « la recherche en linge et en vêtements » était une nécessité. Il souffrait donc de la pauvreté et il citait un jour au bailli de Mirabeau les vers de Juvénal disant que ce qu'il y a de plus dur en elle, c'est qu'elle rend ridicule :

> Nil habet infelix paupertas durius in se
> Quam quod ridiculos homines facit.

Le bailli, franc, brusque, d'une sagesse un peu prudhommesque, lui répondait : « Quand un homme est pauvre pour n'avoir pas voulu blesser l'honneur, qu'il sait mépriser les biens et passer sur le ventre de ceux qui n'ont pas d'autres mérite que d'en posséder, il se fait respecter et sa pauvreté n'est pas ridicule [1]. » C'est juste, c'est même trop juste, et le « faiseur de livres », comme l'appelle dédaigneusement le bailli, dut se contenter de répondre par un sourire.

Il était trop fier pour demander et trop jaloux de son indépendance pour l'aliéner. Il ne voulut dépendre que de sa plume, et pourtant il avouait, on vient de le voir, qu'il était fort paresseux, et le travail forcé devait lui être plus pénible qu'à personne. Il travailla cependant beaucoup et multiplia les tentatives en tout sens, pour augmenter les ressources que le théâtre lui donnait trop insuffisantes. Lorsque la banque de Law l'eut ruiné, rendu plus paresseux encore par le bonheur de son récent mariage, il avait passé toute une année sans écrire et ne pouvait faire jouer sur-le-champ aucune comédie. Le succès des articles donnés au *Mercure* pour son début dans les lettres l'engagea

---

1. Voir L. de Loménie, *les Mirabeau*, t. I, x, p. 201.

à les reprendre sous forme d'un journal qu'il rédigerait seul et publierait lui-même chaque semaine, sous le titre du *Spectateur*, renouvelé d'Addison : ainsi naquit le *Spectateur français* [1].

Il eût fallu, pour réussir dans une pareille entreprise, non pas plus de talent que n'en avait Marivaux, mais plus de savoir-faire et d'habileté. Le *Spectateur français* se vendit peu, et, dès la première feuille, il parut à des époques très irrégulières [2]. Cela était facile à prévoir ; en effet, Marivaux prétendait n'écrire qu'à son jour et à son heure, ne jamais forcer l'inspiration, ne pas imiter ces auteurs « à qui, dans le loisir, il prend une envie vague de penser sur une ou plusieurs matières », ce que l'on pourrait appeler « réfléchir à propos de rien ». Il n'aimait pas ces « pensées auxquelles l'on s'excite », et s'écriait, rien qu'en y songeant : « Quoi, donner la torture à son esprit pour en tirer des réflexions qu'on n'aurait point, si l'on ne s'avisait d'y tâcher! Cela me passe, je ne sais point créer, je sais seulement surprendre en moi les pensées que le hasard me fait naître, et je serais fâché d'y mettre rien du mien [3]. » Le genre de travail que préférait Marivaux a, certes, son agrément et ses avantages, mais il n'en est pas de plus incompatible avec le travail à jour fixe du journaliste, et c'est un journal qu'il prétendait faire. Au

1. Le *Spectateur anglais* eut de nombreux imitateurs au xviiie siècle, mais, dit M. E. Hatin (*Histoire de la presse en France*, t. III, p. 129), « Marivaux est le premier, du moins à ma connaissance, qui, chez nous, se soit exercé dans ce genre si difficile. » — On peut voir dans les *Œuvres badines* du comte de Caylus, t. VI, p. 97, une lettre satirique sur la multiplicité des *Spectateurs*.

2. Le *Spectateur* devait paraître tous les huit jours, et le second numéro mit deux semaines à succéder au premier; bientôt il ne parut plus que tous les mois.

3. Le *Spectateur français*, première feuille.

bout de deux années, le *Spectateur français* avait vécu.

Quelque temps après, nouvelle tentative de Marivaux, dans le même genre, avec l'*Indigent philosophe*. On peut croire qu'il ne s'y décide point par goût, mais par nécessité et espoir de profit. Il y a, en effet, dans ce nouveau recueil, des traces visibles de dégoût et de lassitude. Pas plus que dans le précédent, l'auteur ne s'est tracé de plan à l'avance; en plusieurs endroits il parle de ses « rapsodies », et il a raison. Il a voulu raconter, dit-il au début, l'histoire d'un *indigent philosophe* ou d'un *homme sans souci*, d'une sorte de neveu de Rameau; en effet, il la commence et la poursuit quelque temps, mais avec quelle confusion! Puis il l'abandonne tout à coup, et laisse courir sa plume au hasard, sans but ni prétexte. Le recueil s'arrête au bout de sept feuilles.

Le Cabinet du philosophe est la dernière tentative de Marivaux dans ce genre de journaux. Lorsque ce troisième recueil est annoncé, on prévoit, connaissant l'auteur, quelle en sera la carrière. L'abbé Prévost prend soin d'avertir le public et le met en garde; il n'aimait pas beaucoup Marivaux et, journaliste lui-même, il ne voyait pas de très bon œil une concurrence. Il rappelle donc à dessein la carrière intermittente du *Spectateur* et ajoute : « Voici un nouvel ouvrage de cette espèce, qui commence d'éclore sous le titre du *Cabinet du philosophe*. Une feuille en paraîtra tous les samedis, et ne se fera pas attendre, du moins si l'on en croit l'auteur, qui assure qu'il a déjà de la matière pour plusieurs gros volumes [1]. » Prévost feignait ici de prendre au sérieux ce qui n'était qu'une fiction de son confrère en quête d'un

---

1. *Le Pour et le Contre*, t. II, p. 339.

début. Marivaux se présentait comme l'éditeur d'une « cassette pleine de papiers », trouvée dans le cabinet d'un philosophe après sa mort, et il ajoutait : « Pourquoi distribuer ces écrits par feuilles, et ne pas les faire imprimer tous en un seul corps d'ouvrage ? C'est qu'ils sont en trop grande quantité, qu'il y en aurait pour plusieurs gros volumes, et que l'impression serait d'une dépense trop forte ; au lieu que, de la manière dont on s'y prend, la vente de chaque feuille (si cette vente est heureuse, sans quoi tout cesse) facilitera l'impression de chaque feuille ; et ainsi, de feuille en feuille, on donnera, sans se fatiguer, tout ce qui est dans la cassette [1]. » Il fallait beaucoup de naïveté ou un peu de malice pour prendre ceci au pied de la lettre. Quoi qu'il en soit, Prévost connaissait bien son Marivaux : au bout de onze feuilles, la cassette est épuisée, ou du moins la publication est brusquement interrompue. Il y avait ici comme dans le précédent recueil, beaucoup d'incertitude dans la composition, et guère plus d'attachement de l'auteur pour son œuvre. Nous verrons cependant que, dans ces ouvrages composés comme à la tâche, Marivaux avait prodigué de rares qualités d'observateur et d'écrivain, et prouvé qu'il n'était pas seulement le plus gracieux esprit de son siècle, mais encore un des plus sérieux et des plus profonds.

Il ne montre guère plus de persévérance dans le roman ; ses deux ouvrages en ce genre sont l'un et l'autre inachevés. Le premier, *la Vie de Marianne*, publié en seize ans [2], s'arrête au moment où l'auteur touchait au dénouement ; en vain on le pressait de continuer, il refusait. En revanche, aussi détaché de

---

1. *Le Cabinet du philosophe*, première feuille.
2. De 1728 à 1744.

la propriété de ses œuvres que du soin de sa fortune, il laissait à Mme Riccoboni [1] l'honneur et le profit de donner une suite à son roman. Celle-ci s'était engagée, par gageure, à le continuer, et Marivaux, tout le premier, avait applaudi à cette ingénieuse imitation [2]. Cependant le libraire Bastide [3], qui cherchait un roman pour son journal le *Monde*, entend parler de cette suite de *Marianne* et la demande à Mme Riccoboni. Celle-ci désire avoir le consentement de Marivaux, qui, toujours pauvre, surtout à ce moment de sa vie, s'empresse de l'accorder.

Le Paysan parvenu a le même sort que *Marianne* : Marivaux le pousse jusqu'à la cinquième partie et s'interrompt avant la fin. Encore une fois il s'était fatigué de son sujet.

Rien de plus surprenant qu'une telle inconstance, si les contemporains de notre auteur ne nous en livraient le secret. Marivaux était pauvre; il a beau se dire paresseux, l'homme qui écrit jusqu'à trois pièces de théâtre en un an ne recule pas devant les tâches laborieuses. Pourquoi donc cette indifférence pour l'œuvre presque terminée? Pourquoi décourager comme à plaisir la patience des lecteurs? C'est que Marivaux était plus sévère pour lui-même que le public. Avec son esprit d'une excessive finesse, il voyait si bien l'infini détail des choses qu'il n'avait

---

1. Marie-Jeanne Laboras de Mézières, dame Riccoboni (1714-1792), comédienne et auteur, était femme de François Riccoboni, auteur et comédien lui-même, fils de Louis Riccoboni, le fameux Lélio, et de Elena Balletti, la *Flaminia*, ou première amoureuse, de la troupe de 1716.

2. De Paulmy, *Bibliothèque des romans*, octobre 1775, p. 132. Voir aussi Mme Riccoboni, *Œuvres*, édit. de 1818, t. I, p. 511.

3. Ce Bastide, libraire, journaliste et écrivain, peut être regardé comme l'inventeur du roman-feuilleton; voir à son sujet E. Hatin, *Histoire de la presse*, t. III, p. 133 et suiv.

jamais rien terminé. Au prix de ce qu'il espérait faire, ce qu'il faisait lui semblait mal venu : presque jamais, nous apprend un contemporain, il ne sortit d'une première représentation, content de lui-même [1]; presque jamais, il ne donna une partie de roman, une feuille de journal avec la satisfaction qui suit l'œuvre menée à bien. Nous savons qu'il se mettait à l'œuvre sans se donner la peine d'arrêter un plan; or, qui ne sait où il va, risque fort de n'arriver jamais. A force d'agiter et de retourner en tout sens une donnée, d'en développer sans proportion telle ou telle partie; à force de revenir sur ses pas, de poursuivre telle ou telle voie, sans autre cause que le caprice du moment, il finissait par perdre le fil de son sujet; les parties de roman se succédaient sans avancer; on n'était pas plus près du dénouement à la dixième qu'à la première; l'auteur pouvait finir brusquement ou continuer longtemps encore.

Pour la *Vie de Marianne*, par exemple, la première partie est accueillie du public avec un véritable enthousiasme [2]; mais les parties suivantes sont trop lentes à venir; l'intérêt languit. De plus, il y a trop de réflexions; on demande un peu plus de faits : alors Marivaux s'étonne [3], du ton doux et uni, un peu ironique et piqué, qui lui est habituel en pareil cas, puis il s'arrête court, car il est aussi fatigué que ses lecteurs, et il s'empresse de saisir le prétexte d'une injuste critique pour en rester là.

Mais, s'il est paresseux pour achever, il ne l'est pas pour entreprendre; il n'est pas débarrassé de la *Vie*

1. De La Porte, *Observateur littéraire*, 1759, t. I, p. 79.
2. Le président Hénault, *Mémoires*, p. 411. Même accueil à l'étranger : voir le *Journal littéraire* de la Haye, t. XXII, p. 229 et 460.
3. Voir *la Vie de Marianne*, sixième partie. Voir encore ci-après, 3ᵉ partie, chap. I.

de Marianne qu'il commence *le Paysan parvenu* [1], et l'histoire du nouveau roman est la même que celle du premier.

Enfin, malgré sa gêne, Marivaux était très désintéressé. S'il entreprenait beaucoup, pour tirer de sa plume quelque profit, il était incapable de prolonger quand même un ouvrage qu'il jugeait mauvais. On vient de voir comment il se conduisit avec Mme Riccoboni ; il montra toujours la même délicatesse.

A une époque de sa vie, ce désintéressement fut mis à une assez forte épreuve ; il en sortit entièrement à son honneur. Voltaire ne l'aimait pas ; non seulement il n'avait jamais pour lui de ces éloges qu'il prodiguait à ceux de ses confrères qui lui étaient sympathiques, mais encore il l'attaquait directement. Professant pour la comédie italienne, acteurs et auteurs, un dédain jaloux que devait exciter jusqu'à la plus complète injustice le succès si mérité de Mme Favart [2], il désignait, par une allusion méprisante, dans *le Temple du Goût*, les « comédies métaphysiques » de Marivaux [3], et le consignait à la porte du temple. Dans la conversation, il était plus explicite encore : « C'est un homme, disait-il, qui passe sa

---

1. La dernière partie de la *Vie de Marianne* est de 1744 et la première du *Paysan parvenu* de 1735. — Le *Paysan parvenu* avait trouvé à l'étranger le même accueil que la *Vie de Marianne*. Le *Journal littéraire* de la Haye en fait le plus grand éloge (t. XXIII, p. 188 et 474); de même aussi une autre gazette de Hollande, la *Bibliothèque française* ou *Histoire littéraire de la France* (t. XXXIII, 1ʳᵉ partie, p. 154 à 165.)

2. Voir Ad. Jullien, *Histoire du costume au théâtre*, p. 102.

3. « Celui-ci venait de composer une comédie métaphysique. » (*Œuvres de Voltaire*, édit. L. Moland, t. VIII, p. 563.) On va voir que Voltaire, craignant la rancune de Marivaux, et estimant, selon son habitude, que tout mauvais cas est niable, s'empresse de dire qu'il n'a pas voulu le désigner. Mais, selon d'Alembert (p. 619, n. 28), personne n'était dupe de cette dénégation.

vie à peser des œufs de mouche dans des balances de toile d'araignée [1]. » On a vu [2] comment, dans sa correspondance, il traitait *les Serments indiscrets*; il n'était pas plus indulgent pour les romans de notre auteur : « Pardon si je fais des pointes, écrivait-il à Mairan ; je viens de lire deux pages de la *Vie de Marianne* [3]. »

Enfin, Marivaux ne pouvait ignorer que, dans un ouvrage encore manuscrit, mais déjà fameux, et dont les allusions malignes étaient sues par cœur et allaient sûrement à leur adresse, Voltaire faisait annoncer, par la plus irrévérencieuse des trompettes, « vers de Danchet, prose de Marivaux [4]. »

Marivaux, nous apprend d'Alembert, était très sensible à ces attaques [5]; il « s'en souvenait avec amertume et ne parlait jamais de sang-froid de son détracteur; il n'entendait même pas de sang-froid les éloges qu'on en faisait quelquefois en sa présence [6]. »

1. Lesbros, p. 17.
2. Ci-dessus, p. 66.
3. 1ᵉʳ février 1734.
4. Dans *la Pucelle* (chant VI, vers 336, de l'édition de 1756). Voici les vers qui visent Marivaux, et plusieurs autres avec lui :

>La Renommée a toujours deux trompettes :
>L'une, à sa bouche appliquée à propos,
>Va célébrant les exploits des héros ;
>L'autre est au c.., puisqu'il faut vous le dire ;
>C'est celle-là qui sert à nous instruire
>De ce fatras de volumes nouveaux,
>Vers de Danchet, prose de Marivaux....

5. P. 619, n. 28.
6. Tout au plus pourrait-on trouver dans les œuvres de Marivaux une allusion contre Voltaire, et encore bien anodine : ce serait, selon Duviquet (*Œuvres de Marivaux*, t. 1, p. 205), le portrait satirique du poète, dans *l'Ile de la Raison*. Ce portrait semble trop général pour que Voltaire ait pu s'y reconnaître. Au surplus, Marivaux se défend avec tant d'énergie, dans la préface de cette pièce, d'une allusion dont on l'accusait contre un autre de ses confrères (voir ci-après, p. 88) qu'on peut écarter l'hypothèse de Duviquet.

Il aurait pu rendre coup pour coup; mais il n'aimait point ces attaques personnelles; il s'en prenait aux doctrines, jamais aux personnes, et l'on ne trouve dans ses œuvres ni le nom de Voltaire, ni celui d'aucun autre de ses ennemis. Il se contentait de lancer contre lui, dans la conversation, des traits dont quelques-uns nous ont été conservés : « M. de Voltaire, disait-il, est la perfection des idées communes; » ou bien : « M. de Voltaire est le premier homme du monde pour écrire ce que les autres ont pensé [1]; » ou bien encore ce mot moins connu : « Ce coquin-là a un vice de plus que les autres; il a quelquefois des vertus [2]. » Enfin, à ses yeux, Voltaire était le bel esprit par excellence, au mauvais sens du mot, le « bel esprit fieffé [3] ».

En 1735, Voltaire publie ses *Lettres philosophiques*, qui lui valent une condamnation du Parlement et déchaînent ses ennemis. Un libraire, désireux de profiter de l'occasion et connaissant l'antipathie de Marivaux contre Voltaire, lui demande une réfutation des *Lettres*. Malgré le prix, considérable pour l'époque, qui lui est offert, cinq cents livres, Marivaux refuse : il lui répugne de saisir, pour attaquer son ennemi, le moment où tout semble conjuré contre lui. Voltaire, alors à Cirey, apprend la proposition; aussitôt, craignant qu'elle ne soit acceptée, il veut désarmer par des compliments celui qu'il avait blessé, et il écrit une lettre des plus flatteuses pour Marivaux, espérant bien qu'elle lui sera montrée.

1. Selon Desnoiresterres (*Voltaire et la Société française au* xviii° *siècle*, t. II, p. 356), le mot serait de La Beaumelle, dans la *Vie de Maupertuis*, p. 59.
2. Cité par Desnoiresterres, *Voltaire à la cour*, p. 37, d'après Jamet, *Stromates*, aux mss de la Bibliothèque nationale, p. 1030 *bis*.
3. La Harpe, *Lycée*, xviii° siècle, ch. viii, section 1.

Je serais très fâché de compter parmi mes ennemis un homme de son caractère, et dont j'estime l'esprit et la probité. Il y a surtout dans ses ouvrages un caractère de philosophie, d'humanité et d'indépendance, dans lequel j'ai trouvé avec plaisir mes propres sentiments. Il est vrai que je lui souhaite quelquefois un style moins recherché et des sujets plus nobles, mais je suis bien loin de l'avoir voulu désigner en parlant des comédies métaphysiques. Je n'entends par ce terme que ces comédies où l'on introduit des personnages qui ne sont point dans la nature, des personnages allégoriques, propres tout au plus pour le poëme épique, mais très déplacés sur la scène, où tout doit être peint d'après nature. Ce n'est pas, ce me semble, le défaut de M. de Marivaux. Je lui reprocherais au contraire de trop détailler les passions, et de manquer quelquefois le chemin du cœur en prenant des routes un peu détournées. J'aime d'autant plus son esprit, que je le prierais de ne le point prodiguer. Il ne faut pas qu'un personnage de comédie songe à être spirituel, il faut qu'il soit plaisant malgré lui, et sans croire l'être; c'est la différence qui doit être entre la comédie et le simple dialogue [1].

Elle est charmante, cette lettre, de bonne grâce, d'aisance, d'adresse, bien faite pour guérir les anciennes blessures et désarmer l'adversaire. Cependant, Marivaux, qui avait déjà refusé la proposition du libraire, hésite — du moins, on le dit à Voltaire — parce que le libraire aurait doublé la somme offerte. Seconde lettre de Voltaire, qui laisse voir ses craintes, qui a bien envie d'injurier Marivaux, mais qui n'ose pas encore : « Remerciez M. de Marivaux, écrit-il à Thieriot; il fait un gros livre contre moi qui lui vaudra cent pistoles. Je fais la fortune de mes ennemis [2]. » Deux jours après, nouvelle lettre au même, curieux mélange de ménagements et d'attaques, de colère sourde et de rage déchaînée. D'abord,

---

1. Lettre à Berger, février 1736.
2. 4 mars 1736.

Voltaire se contient, et se soulage à demi par des pointes dans le genre de celle-ci : « Je n'ai offensé, ni voulu offenser jamais M. de Marivaux, que je ne connais point et dont je ne lis jamais les ouvrages. S'il fait un livre contre moi, ce n'est point par vengeance, car il l'aurait déjà fait paraître; ce n'est que par intérêt, puisque le libraire, qui ne lui en offrait que cinq cents francs, lui en donne cent pistoles cette année [1]. » Mais bientôt, il n'y tient plus; on sait combien les colères de Voltaire tournaient facilement à l'injure; les gros mots arrivent, et il traite Marivaux de « misérable [2] ». Cependant Marivaux avait refusé d'une manière définitive : la réfutation des *Lettres philosophiques* ne parut pas [3].

1. 6 mars 1736.
2. Voici la fin de la lettre : « Que ce misérable gagne de l'argent, comme tant d'autres, à me dire des injures; il est juste que l'auteur de la *Voiture embourbée*, du *Télémaque travesti* et du *Paysan parvenu* écrive contre l'auteur de *la Henriade*; mais il est aussi d'un trop malhonnête homme de vouloir réveiller la querelle des *Lettres philosophiques* et de m'exposer à la colère du garde des sceaux... » Il termine ainsi : « Ils (ses protecteurs) m'épargneront la peine de couvrir ce zoïle impertinent de l'opprobre et de la confusion qu'il mérite. »
3. Voltaire cependant ne désarma pas. Sept ans après, dans une lettre mêlée de vers adressée à Frédéric II (28 octobre 1743), il disait de Marivaux, en dépit de la rime :

>..... Je préfère la lecture
>D'un écrivain sage en propos,
>A ce frelaté de Voiture,
>Et plus encore à Marivaux.

Dans une autre lettre, *A Messieurs les auteurs des Etrennes de la Saint-Jean*, il loue ceux-ci pour leur style « naturel », quoique « bien bas », et déclare le préférer à « l'impertinent jargon » de Fontenelle et de certains de ses amis : « Chez vous, leur dit-il, une femme n'apporte point *de la coquetterie dans son équipage en venant au monde*; chez vous, une femme *ne ressemble pas à son visage*. » Ces deux phrases sont de Marivaux; voir édit. Beuchot, t. XXXIX, p. 369. Nous le verrons plus loin (2ᵉ partie, chap. v), dans une lettre au marquis de Villette, parler avec mépris des « drames bourgeois du néologue Marivaux ».

Marivaux avait d'autant plus de mérite à ce refus, que l'ouvrage de Voltaire blessait ses convictions et qu'il sacrifiait à son ennemi, non seulement un profit, dont il avait sans doute grand besoin, mais encore la défense d'idées qui lui tenaient à cœur. En effet, avec un esprit libre, Marivaux n'en conservait pas moins, sinon une vive piété, du moins de sincères croyances religieuses [1] : dans un de ses ouvrages, il ne craignait pas de donner une série de réflexions « chrétiennes [2] », chose assez rare au xviiie siècle, en dehors de la littérature purement théologique, elle-même assez pauvre. Sans emprunter jamais aux adversaires de ses idées leur violence injurieuse, il ne dissimulait pas, dans sa conversation et ses écrits, son aversion pour leur intolérance, son dédain pour leurs inconséquences peu philosophiques [3]. Plusieurs fois il prit à partie, sans nommer personne, cette famille des faux esprits forts, « qui n'a pour toute philosophie qu'un peu de libertinage, beaucoup de vanité et force ignorance », qui se moque de la crédulité des bonnes gens, « tandis que

---

[1] « Quoique très éloigné d'afficher la dévotion, il l'était encore plus de l'incrédulité. La religion, disait-il, est la ressource du malheureux, quelquefois même celle du philosophe; n'enlevons pas à la pauvre espèce humaine cette consolation que la Providence divine lui a ménagée. » (D'Alembert, p. 600.) « Il savait, il aimait notre religion.... Toute philosophie contraire à ses principes et à ses dogmes lui paraissait frivole et inconséquente. » (De La Porte, *Préface* de 1765, p. 15.)

[2] Dans *le Cabinet du philosophe*, première feuille.

[3] Voir d'Alembert, p. 600 : « Il tournait en ridicule ces prétendus mécréants, qui ont beau faire, ajoutait-il encore assez plaisamment, pour s'étourdir sur l'autre monde, et qui finiront par être sauvés malgré eux. C'est ce qu'il dit un jour en propres termes à quelqu'un de ces esprits forts; et l'esprit fort fut très blessé, comme on peut le croire, de l'assurance qu'on lui donnait de son salut. » — « Son zèle s'anima plus d'une fois contre les railleries et les vains raisonnements des esprits forts. » (De La Porte, *Préface* de 1765, p. xvi.)

sur bien des points elle est plus crédule qu'eux [1] ».
A l'occasion, il relevait d'un mot les témérités de
pensée commises devant lui. Un soir, chez Mme de
Tencin, Bolingbroke, qui joignait, paraît-il, à une
incrédulité hardie beaucoup de menues superstitions,
terminait, aux applaudissements de l'assistance, une
profession de doctrines, dont on devine la nature :
« Si vous ne croyez pas, milord, observe Marivaux,
du moins ce n'est pas faute de foi [2]. » Il convient
d'ajouter que Marivaux lui-même, s'il avait la foi,
avait aussi quelque tendance à la superstition; nous
verrons plus loin la singulière histoire qu'il racontait
sur l'annonce de sa mort que devait lui faire un
inconnu rencontré à Lyon au temps de sa jeunesse [3].
Un autre jour en présence de Fontenelle, quelqu'un
essayait de l'entraîner dans une discussion sur la
nature de l'âme; Marivaux résistait et son interlocuteur en appelait à l'avis de Fontenelle : « Vous per-
drez votre peine, lui dit Marivaux, M. de Fontenelle

---

1. *Le Spectateur français,* quinzième feuille.
2. D'Alembert rapporte cette réponse (p. 600), sans dire qui
se l'attira; c'est l'*Almanach littéraire* de 1782 (p. 121) qui précise l'anecdote. Marivaux développa plus tard sa réplique
dans le *Spectateur.* Un jeune fat expose, devant un vrai philosophe, son système, « composé de lieux communs et de bribes
d'opinions qu'il avait apparemment retenus de la conversation
de quelques esprits se donnant pour esprits forts ». Le philosophe trouve ces raisons « à l'abri de toute critique, incontes-
tables par leur peu de logique ». « Je ne sache rien, dit-il, qui
servît tant à raffermir la foi, que de faire prêcher à un docteur
de cette espèce son incrédulité même. » Et il répond au jeune
homme : « En vérité, mon cher Monsieur, vous vous moquiez
tout à l'heure de la crédulité des bonnes gens; mais, si vous
croyez votre système, vous n'avez rien à leur reprocher, je
vous garantis plus crédule qu'eux. Je vois que ce n'est pas le
défaut d'évidence qui vous empêche d'ajouter foi à de certaines
choses; car je ne pense pas que vous voyiez plus clair dans
celles que vous croyez. » (*Le Spectateur français,* quinzième
feuille).
3. P. 148.

a trop d'esprit pour en savoir plus que moi là-dessus [1]. » Pressé sur le même sujet, il se contentait de répondre : « Je sais que l'âme est spirituelle et immortelle, et je n'en sais rien de plus. »

Tous les chefs du parti philosophique n'en voulaient pas à Marivaux de cette attitude, assez courageuse en somme, si l'on considère le milieu dans lequel il vivait; plusieurs d'entre eux, comme Helvétius, étaient même ses plus intimes amis. Mais, s'ils avaient le bon goût de respecter les convictions de Marivaux, il n'en était pas de même de leurs partisans, qui, en toute occasion, le traitaient fort mal. Il ne leur répondit jamais. Un jour, cependant, il se plaignait devant un magistrat, « fait par sa place pour réprimer les libelles », des attaques dont il était l'objet. « Cette licence, lui répondit le magistrat, est une suite de la liberté tant réclamée par les gens de lettres. » — « En ce cas, reprit sans aigreur Marivaux, souffrez donc que cette liberté s'étende jusqu'à parler aussi de vous; peut-être alors changerez-vous d'avis. » Et il ajoutait : « Les injures dites par un écrivain décrié à un homme de lettres estimable sont l'opprobre de celui qui les dit, la honte de celui qui les autorise et souvent l'éloge de celui qui en est l'objet [2]. »

Dans un de ses ouvrages, il reprenait cette réflexion, et la développait avec vigueur :

---

1. L'abbé Trublet (*Mémoires*, p. 211). — Dans l'*Indigent philosophe* (septième feuille), il prête à un paysan la réflexion suivante sur le même sujet : « Je me souviens qu'un jour à la campagne nous disputions, deux de mes amis et moi, sur l'âme. Un bon paysan qui travaillait auprès de nous entendit notre dispute, et me dit après : « Monsieur, vous avez tant parlé de nos âmes; est-ce que vous en avez vu quelqu'une? » Il avait raison de me demander cela, et je le demanderais volontiers moi-même à tous ceux qui disputent sur ce sujet. »
2. D'Alembert rapporte cette conversation (p. 596) et semble même en avoir été témoin.

Je ne suis pas surpris, disait-il, qu'il y ait des gens qui critiquent impoliment, malhonnêtement, injurieusement, et qui aient recours à ce moyen honteux pour donner quelque débit à leurs livres; il y a de mauvais sujets dans tous les métiers, si métier peu se dire ici. Ce qui me surprend, c'est que les approbateurs puissent accorder un passe-port aux insultes de ces gens-là, et les laisser maltraiter d'honnêtes gens, qu'une critique, de quelque part qu'elle vînt, honorerait toujours, si elle était décente, et qui, à défaut de tout autre mérite, ont cela du moins de respectable, qu'ils n'ont jamais eu de l'esprit contre personne, tout aisé peut-être qu'il leur serait d'en avoir, même du plus cruel, sans impolitesse, si le plaisir de faire du bruit aux dépens des autres pouvait être du goût d'un honnête homme.... Et ces insultes, d'où arrivent-elles jusqu'à la personne sur qui elles tombent? De l'endroit même par où doivent passer toutes les critiques, pour être purgées de ce qui peut blesser l'honnêteté; en un mot, de chez l'approbateur, de chez celui à qui la loi a confié le soin de vous garantir de toute offense à cet égard [1].

Pour les critiques dirigées contre ses œuvres, il les traitait comme celles qui visaient sa personne : il ne répondait jamais; et, surtout, jamais il ne tentait une apologie personnelle. A peine, de loin en loin, un court *avertissement* en tête de ses pièces ou de ses romans [2]. Personne moins que lui n'abusa de ce genre de préfaces, où, sous prétexte d'expliquer au public ce qu'il n'a pas bien compris, les auteurs démontrent avec conviction leur propre excellence. En revanche, lorsqu'il eut à sa disposition des journaux dont il était le maître, puisqu'il les rédigeait seul, il se contenta d'exposer, sans application à ses propres ouvrages, la manière dont il entendait l'art d'observer et d'écrire.

1. *Le Cabinet du philosophe*, sixième feuille.
2. Pour trois seulement, *Annibal*, *l'Ile de la Raison* et les *Serments indiscrets*. Dans *l'Indigent philosophe*, sixième feuille, il raille la feinte modestie des faiseurs de préfaces.

On ne l'accusait pas seulement de faire des « comédies métaphysiques »; c'était surtout son style que l'on tournait en ridicule. Sans nommer Marivaux, l'abbé Desfontaines dirigeait en réalité contre lui deux brochures, d'une plaisanterie assez lourde, mais qui ne manque pourtant ni d'esprit ni de justesse. Dans l'une, le *Dictionnaire néologique*, il réclamait, au nom de la pureté de la langue, de l'histoire et de l'usage, contre les alliances de mots risquées, les façons de dire prétentieuses, les expressions détournées de leur sens, mises à la mode par « les faiseurs de phœbus »; dans l'autre, l'*Éloge de Pantalon-Phœbus*, il mettait en scène le nouveau jargon, sous forme d'abstraction personnifiée [1]. Marivaux ne se sentit pas atteint et ne releva point la plaisanterie de l'abbé puriste.

Il dut être plus sensible à une allusion transparente de Le Sage, qui répugnait à tout raffinement et par suite au genre d'originalité que recherchait Marivaux. A l'époque où celui-ci commençait à faire quelque bruit par ses premiers articles au *Mercure*, tel passage de *Gil Blas* le visait, en même temps que ses amis, La Motte et Fontenelle. Gil Blas dit au poète Fabrice, qui lui a soumis de petits vers de sa façon :

---

1. *Dictionnaire néologique, à l'usage des beaux-esprits du siècle, par un Avocat de province* (1726, souvent réimprimé); *Éloge historique de Pantalon-Phœbus* (même année). Les deux ouvrages sont d'habitude imprimés ensemble, avec différentes pièces relatives à la querelle de Desfontaines avec Fontenelle et son école. Dans le *Dictionnaire néologique*, Marivaux est pris personnellement à partie, dès la préface, à l'occasion d'un passage du *Spectateur français*, et fait presque tous les frais de l'entrée en matière; dans le *Dictionnaire* même, il fournit son large contingent d'expressions tournées en ridicule. Quant à l'*Éloge de Pantalon-Phœbus*, né « dans le pays de Bizarrac, près de la ville de Néphélie », c'est une parodie du style de Fontenelle, La Motte, Marivaux, le P. Le Moyne, etc.

Ton sonnet n'est qu'un pompeux galimatias, et il y a dans la préface des expressions trop recherchées, des mots qui ne sont point marqués au coin du public, des phrases entortillées, pour ainsi dire. En un mot ton style est singulier, les livres de nos bons et anciens auteurs ne sont pas écrits comme cela. — Pauvre ignorant! s'écria Fabrice, tu ne sais pas que tout *prosateur*, qui aspire aujourd'hui à la réputation d'une plume délicate, affecte cette singularité de style, ces expressions détournées qui te choquent. Nous sommes cinq ou six novateurs hardis, qui avons entrepris de changer la langue du blanc au noir; et nous en viendrons à bout, s'il plait à Dieu, en dépit de tous les beaux esprits qui nous chicanent sur nos nouvelles façons de parler. Nous sommes secondés par un nombre de partisans de distinction; nous avons dans notre cabale jusqu'à des théologiens. Après tout, notre dessein est louable; et, le préjugé à part, nous valons mieux que ces écrivains naturels qui parlent comme le commun des hommes. Je ne sais pas pourquoi il y a tant d'honnêtes gens qui les estiment [1].

Suit un exemple, proposé par Fabrice, « du brillant », du « délicat », du « mignon », que les novateurs de style poursuivent en torturant les mots. Marivaux ne répondit pas plus à Le Sage qu'à Desfontaines [2]. « J'aime mon repos, disait-il à Mme de

1. *Gil Blas*, livre VII, chap. XIII. — Le Sage raille encore le précieux et le marivaudage, qu'il appelle « le langage proconchi », au chapitre LXII du *Bachelier de Salamanque*. Dans le prologue d'une de ses pièces du théâtre de la Foire, *les Désespérés*, il souhaitait à la Comédie-Française d'être préservée « de nouveaux *Serments indiscrets*. »
2. Pas plus qu'à Palissot, qui, dans sa comédie des *Tuteurs* (1752), désignait les comédies de notre auteur par ces deux vers souvent répétés :

Une métaphysique où le jargon domine,
Souvent imperceptible à force d'être fine.

Après la mort de Marivaux, Palissot revenait à la charge et lui donnait place dans sa *Dunciade* (1764). Voir aussi la première édition de ses *Mémoires pour servir à l'histoire de la Littérature française* (1761), où il le critique sévèrement. Dans les

Tencin, et je respecte celui des autres [1]. » Il avait le mépris des personnalités et s'en défendait comme d'une mauvaise action. On voulut voir dans le prologue d'une de ses comédies, *l'Ile de la Raison*, quelques traits indirects contre une pièce contemporaine, *le Français à Londres*, de Boissy [2]; il protesta avec une chaleur d'indignation, qui montre l'honnête homme profondément blessé par cette seule supposition : « La façon dont je me suis conduit jusqu'à présent, écrivait-il à ce sujet, prouve assez combien je suis éloigné de cette bassesse; ainsi, ce n'est pas une accusation dont je me justifie, c'est une injure dont je me plains [3]. »

éditions suivantes, il est plus équitable; voir celle de Genève, 1775, p. 134 et suiv.

1. De La Porte, *Préface* de 1765, p. 16.

2. C'était une satire plaisante, quoique un peu chargée, du caractère français. La comédie de Boissy est du 19 juillet 1727, celle de Marivaux du 20 septembre de la même année. Voici le passage de *l'Ile de la Raison* où l'on vit une critique : « Je t'accuse d'être vain, dit le chevalier au marquis; tu en conviens, tu badines de ta propre vanité : il n'y a peut-être que le Français au monde capable de cela.... Va-t'en, par exemple, chez une nation lui exposer ses ridicules, et y donner hautement la préférence à la tienne : elle ne sera pas assez forte pour soutenir cela, on te jettera par les fenêtres. Ici, tu verras tout un peuple rire, battre des mains, applaudir à un spectacle où on se moque de lui, en le mettant au-dessous d'une autre nation qu'on lui compare. L'étranger qu'on y loue n'y rit pas d'aussi bon cœur que lui, et cela est charmant. » (Prologue, sc. I.) D'Alembert ne fait aucune difficulté de croire au démenti de Marivaux. Dès 1759, l'abbé de La Porte avait écrit à ce sujet : « M. de Marivaux déclare qu'il n'a eu aucun dessein d'attaquer l'ouvrage de M. de Boissy; et il doit en être cru sur parole. M. de Boissy méritait des égards, et M. de Marivaux est incapable d'en manquer. » (*L'Observateur littéraire*, 1759, t. I, p. 78.)

3. *Préface* de *l'Ile de la Raison*. — Tous les confrères de Marivaux au théâtre n'observaient pas à son égard cette réserve délicate; on trouve dans une pièce de Destouches, apologie infatuée du poète par lui-même, cette allusion transparente contre le *marivaudage* : « Une comédie (la sienne) réussit de nos

Au-dessous de ses confrères, venaient les critiques « qui n'étaient que cela [1] »; or, au XVIII° siècle, l'espèce était médiocrement estimable. Marivaux n'aimait pas plus leurs éloges que leurs blâmes. Les premiers lui paraissaient trop souvent porter à faux, et, en ce cas, il en était « presque aussi révolté qu'il aurait pu l'être d'une épigramme ou d'une satire [2] ». Quant à leurs attaques, encouragées « par une modération dont ils n'ont que trop abusé [3] », il les traitait avec un mépris dont l'expression énergique est venue jusqu'à nous : « J'en fais justice en ne les lisant jamais, disait-il de leurs libelles, et si tous les honnêtes gens en faisaient de même, cette vile espèce périrait bientôt d'inanition [4]. » Favorables ou hostiles, il les comparait volontiers à un sot enfant « que son père aurait décoré d'une charge de judicature, ne pouvant en faire quelque chose de mieux [5]. »

Une seule fois Marivaux crut devoir riposter. L'attaque venait, en effet, d'un véritable écrivain et qu'on lui opposait volontiers, Crébillon fils [6]. Dans un roman oublié aujourd'hui, *l'Écumoire* [7], celui-ci

---

jours, dit-il ironiquement, sans pensées brillantes, sans mots hasardés, sans phrases nouvelles, sans métaphysique, sans allégories, sans pointes, sans équivoques. Je n'y survivrai pas.... Voilà donc le style naturel qui va revenir à la mode! Quoi! il faudra parler pour être entendu, et écrire comme on parle! J'aime mieux jeter la plume au feu. » (*L'Envieux ou la Critique du Philosophe marié*, XII.)

1. *Le Spectateur français*, cinquième feuille.
2. D'Alembert, p. 719, n. 5.
3. *Id.*, p. 597.
4. *Id., ibid.*
5. *Id.*, p. 596.
6. Ainsi un critique contemporain de Marivaux, Clément : « Quelqu'un qui, avec moins de génie peut-être, a bien autant d'esprit et beaucoup plus de goût que lui, M. de Crébillon le fils... » (*Les Cinq années littéraires*, t. I, p. 187.)
7. Ou *Tanzaï et Néadarné histoire japonaise* (1734). — C'est le ro-

s'était amusé à parodier le style de Marivaux, ses réflexions infinies, son goût d'analyse subtile, son peu de souci de l'intrigue et de l'action. Marivaux était personnifié par une taupe. Il serait difficile de résumer la fiction bizarre au moyen de laquelle cette métamorphose était présentée. Il suffira de dire que le prince Tanzaï et la princesse Néadarné s'en vont consulter sur une matière fort scabreuse le génie Mange-Taupes. Ils lui apportent sa nourriture favorite et l'une des taupes raconte son histoire. C'est une longue satire de la carrière de Marivaux, qu'elle personnifie : « Que je meure si j'ai entendu une syllabe, s'écrie Tanzaï; quelle langue parlez-vous? — Celle de l'île de Babiole, reprit la taupe. — Et comment faites-vous pour vous entendre? — Je me devine. » La taupe alors de se perdre en des réflexions interminables, sur l'esprit, la finesse, le bon sens, l'amour, la galanterie, etc. ; c'est une parodie assez amusante du *marivaudage*. Tanzaï s'impatiente : « Quelle misère de se servir de ce maussade jargon! Vous restez deux heures sur la raison et sur l'esprit, pour ne me donner ni de l'un ni de l'autre. » Mais la taupe poursuit, et, sans se déconcerter, raffine de plus belle sa quintessence de bel esprit. A la fin, Tanzaï se fâche :

Les belles réflexions, dit Néadarné. — Quand il serait vrai, reprit Tanzaï, qu'elles fussent aussi belles que vous le dites, je ne les aimerais pas davantage. Je les trouve longues et déplacées, et je ne sache rien de si ridicule que d'avoir de l'esprit mal à propos. Il y a trois heures au moins que Moustache (la taupe) nous tient en haleine pour une histoire que j'aurais faite en un quart d'heure. Je

man qui fit enfermer Crébillon fils à Vincennes, pour ses allusions à la bulle *Unigenitus*, au cardinal de Rohan et à la duchesse du **Maine**.

crois que, pour conter agréablement, il faut être naïf. Si par hasard un fait fournit une réflexion, qu'on la fasse, mais qu'elle n'anéantisse jamais le fond; qu'elle soit courte; qu'elle ramène l'auditeur à l'attention qu'il doit avoir pour le narré qu'on lui fait, et que l'on s'épargne surtout cette envie de briller qui contraint l'esprit et lui ôte le naturel.... A propos de quoi ce monceau d'idées, toujours les mêmes, quoique différemment exprimées? Pourquoi ces choses dites cent fois, et revêtues, pour reparaître encore, d'un goût qui les rend bizarres, sans les rendre neuves? Que me sert à moi, qui ai envie d'être promptement au fait de votre histoire, de savoir toutes les réflexions que vous avez faites après coup sur vos aventures? Et une bonne fois pour toutes, taupe mes amours, des faits et point de verbiages [1].

Mais Néadarné, qui est femme, défend la taupe :

Elle parle bien. Je ne sache rien de si charmant que de pouvoir parler deux heures où d'autres ne trouveraient pas à vous entretenir une minute. Qu'importe que l'on se répète, si l'on peut donner un air de nouveauté à ce que l'on a déjà dit. D'ailleurs, cette façon admirable de s'exprimer, que vous traitez de jargon, éblouit; elle donne à rêver; heureux qui dans sa conversation peut avoir ce goût galant. Quoi! ne trouver jamais que les mêmes termes, ne pas oser séparer les uns des autres ceux qu'on a accoutumé de faire marcher ensemble! Pourquoi serait-il défendu de faire faire connaissance à des mots qui ne se sont jamais vus, ou qui croient qu'ils ne se conviendraient pas? La surprise où ils sont de se trouver l'un avec l'autre n'est-elle pas une chose qui comble, et s'il arrive qu'avec cette surprise qui vous amuse ils fassent beauté où vous croyez trouver défaut, ne vous trouvez-vous pas singulièrement étonné? Faut-il qu'un préjugé.... — Par Singe! (l'idole du pays), s'écria Tanzaï, vous m'étonnez singulièrement vous-même, et j'admire le peu de temps qu'il vous a fallu pour vous infecter de ce mauvais goût [2].

---

1. Allusion à la *Vie de Marianne*, dans laquelle l'héroïne, racontant, sur le retour de l'âge, les aventures de sa jeunesse, en interrompt à chaque instant la suite par les réflexions qu'elles lui inspirent à distance.
2. *Tanzaï et Néadarné*, livre II, chap. XXII à XXVI.

Marivaux entendait si peu malice aux plaisanteries de cette nature, que tout en se reconnaissant dans la satire de Crébillon, « il crut qu'on voulait rendre hommage à sa manière d'écrire [1] ». On prit soin de le désabuser, et sa colère fut d'autant plus vive que, ayant commencé par être dupe, son amour-propre recevait en même temps deux blessures cuisantes. Il se vengea donc, pour la première et la dernière fois de sa vie.

Au lieu de prendre la voie détournée de son parodiste, il le mit franchement en scène, de telle sorte que personne ne put s'y tromper. Il supposait, dans *le Paysan parvenu*, « le jeune auteur d'un livre récemment paru » sollicitant dans un voyage à Versailles, en *coucou*, l'avis d'un vieil officier, chevalier de Saint-Louis, « homme de très bon sens, et qui, avec une physionomie respectable, était fort simple et fort uni dans ses façons ». L'officier se récuse d'abord : « Je ne suis guère en état d'en juger; ce n'est pas un livre fait pour moi; je suis trop vieux. » Mais l'auteur insiste. Il faut bien que l'officier s'exécute : « Oui, je crois, dit-il enfin, que dans une grande jeunesse on peut avoir du plaisir à le lire; tout est bon à cet âge où l'on ne demande qu'à rire, et où l'on est si avide de joie qu'on la prend comme on la trouve, mais, nous autres barbons, nous y sommes un peu plus difficiles; nous ressemblons là-dessus à ces friands dégoûtés, que les mets grossiers ne tentent point, et qu'on n'excite à manger qu'en leur en donnant des fins et des choisis. »

Suit une critique en règle, modérée et sévère, du talent de Crébillon fils. Son livre n'a point de dessein,

---

[1]. D'Alembert, p. 588, d'après le *Nécrologe* de 1764, p. 10, et la *Vie* anonyme de Marivaux, p. 3, dans la *Galerie française* publiée en 1771.

on ne sait à quoi il tend, ni quel en est le but; l'auteur ne s'est point donné la peine de chercher des idées; il a pris au hasard « toutes les imaginations qui lui lui sont venues ». On n'est un auteur digne de ce nom qu'à la condition de faire œuvre d'art, c'est-à-dire de choisir. Le beau mérite de prendre tout ce qui vient à l'esprit, car « il se présente toujours quelque chose, bon ou mauvais ». Quant au style de ces rapsodies, il est lâche, confus, embarrassé.

Tout cela est fort juste, mais ce n'est pas encore la partie la plus sévère de la leçon. Avec une rude franchise, l'officier va dire ce qu'il pense du goût de débauche qui est déjà la marque de Crébillon :

Au reste, si les choses purement extraordinaires peuvent être curieuses, si elles sont plaisantes à force d'être libres, votre livre doit plaire, si ce n'est à l'esprit, du moins aux sens; mais je crois encore que vous vous êtes trompé là dedans, faute d'expérience; et, sans compter qu'il n'y a pas grand mérite à intéresser de cette manière,... en général ce n'est pas connaître les lecteurs que d'espérer les toucher beaucoup par là. Il est vrai que nous sommes naturellement libertins, ou, pour mieux dire, corrompus, mais, en fait d'ouvrages d'esprit, il ne faut pas prendre cela à la lettre, ni nous traiter d'emblée sur ce pied-là. Un lecteur veut être ménagé. Vous, auteur, voulez-vous mettre sa corruption dans vos intérêts? Allez-y doucement du moins, apprivoisez-la, mais ne la poussez pas à bout. Ce lecteur aime pourtant les licences, mais non pas les licences extrêmes, excessives; celles-là ne sont supportables que dans la réalité, qui en adoucit l'effronterie; elles ne sont à leur place que là, et nous les y passons, parce que nous y sommes plus hommes qu'ailleurs; mais non pas dans un livre, où elles deviennent plates, sales et rebutantes, à cause du peu de convenance qu'elles ont avec l'état tranquille du lecteur. Il est vrai que ce lecteur est homme aussi; mais c'est un homme en repos, qui a du goût, qui est délicat, qui s'attend qu'on fera rire son esprit, qui veut pourtant bien qu'on le débauche, mais honnêtement, avec des façons et avec de la décence.

De temps en temps, quelques éloges, pour marquer l'impartialité du juge : « Vous m'avez paru avoir assez d'esprit pour réussir par d'autres voies.... Tout ce que je dis là n'empêche pas qu'il n'y ait de jolies choses dans votre livre; assurément j'y en ai remarqué plusieurs de ce genre (du badinage honnête et décent). » Et aussi des conseils d'une bienveillance un peu dédaigneuse : « Vous ne faites que commencer, Monsieur.... Vous aurez plus d'esprit que vous n'en avez; au moins j'ai vu de vous des choses qui le promettent; vous ne ferez pas même grand cas de celui que vous avez eu jusqu'ici, et à peine en ferez-vous un peu de tout l'esprit du même genre qu'on peut avoir. »

La conclusion est dure et sèche. Après avoir marqué la place de Crébillon, Marivaux prend la sienne propre, sans fausse modestie, et, rappelant la critique dont il a été l'objet, rétablit les rangs.

Vous vous corrigerez... (du défaut) de critiquer les autres, et surtout de les critiquer de ce ton aisé et badin que vous avez tâché d'avoir, et avec cette confiance dont vous rirez vous-même, ou que vous vous reprocherez quand vous serez un peu plus philosophe.... Je ne vous parle de critique, au reste, qu'à l'occasion de celle que j'ai vue dans votre livre, et qui regarde un de nos convives (et il le nomma) qui était avec nous le jour que nous dînâmes ensemble, et je vous avoue que j'ai été surpris de trouver cinquante ou soixante pages [1] de votre ouvrage pesamment employées contre lui; en vérité, je voudrais bien, pour l'amour de vous, qu'elles n'y fussent pas.... Vous m'avez demandé mon sentiment; je vous l'ai dit en homme qui aime vos talents, et qui souhaite vous voir un jour l'objet d'autant de critiques qu'on en a fait contre celui dont nous parlons. Peut-être n'en serez-vous pas pour cela plus habile homme qu'il l'est; mais du moins ferez-vous alors la figure d'un homme qui paraîtra valoir quelque chose [2].

---

1. Pages 225 à 274 de *Tanzaï et Néadarné*.
2. *Le Paysan parvenu*, quatrième partie. — Cette riposte de Marivaux semble, malgré son intérêt, n'avoir pas fait grand

Cette page du *Paysan parvenu* montre quel polémiste Marivaux aurait été, s'il l'avait voulu. Elle montre aussi dès maintenant ce qu'il appréciait surtout dans le talent du romancier, l'art d'observer et d'expliquer, plutôt que celui d'imaginer. C'est enfin le blâme le plus solidement motivé qu'ait provoqué chez un contemporain cette littérature licencieuse qu'aimait tant le xviii° siècle. Le passage est d'un intérêt toujours présent et il offre une solution acceptable d'un problème assez délicat : jusqu'à quel point la littérature a-t-elle le droit, sans devenir une excitation à la débauche et sans commettre de véritables attentats aux mœurs, de décrire certains désordres, ou comme « badinage », ou pour reproduire la réalité?

Après cette exception à la règle qu'il s'était imposée, tout au plus verrons-nous Marivaux faire allusion çà et là aux défauts qu'on lui reprochait et en prendre son parti avec une tranquillité où l'amour-propre souffrant se laisse à peine deviner. Parfois il s'amusait à persifler d'une manière détournée, sous le couvert de quelque fiction, le pédantisme de ceux qui le décriaient. Ainsi les écrivains du parti philosophique affectaient de traiter comme des frivolités sans conséquence ses causeries de moraliste dans le *Spectateur*. Il suppose donc, par une mise en scène renouvelée d'Addison, que, se trouvant un jour dans une boutique de libraire un acheteur se présente, ne sachant trop ce qu'il prendra. Le libraire lui offre les dernières feuilles du *Spectateur*, mais l'acheteur, « homme d'apparence un peu épaisse et suffisante »,

---

bruit en son temps. Nous ne voyons guère, dans les écrits des contemporains, qu'un passage qui s'y rapporte. Granet, analysant la quatrième partie du *Paysan parvenu*, relève en passant la leçon littéraire et morale qui en fait le début et ajoute : « Rien de plus sensé et de mieux rendu que ce discours. » (*Réflexions sur les ouvrages de littérature*, t. I, p. 134.)

se récrie vivement : « Que voulez-vous qu'on fasse de ces feuilles-là? Cela ne peut être rempli que de fadaises, et vous êtes bien de loisir d'imprimer de pareilles choses. — Mais, reprend le libraire, l'avez-vous lu, ce *Spectateur*? — Moi, le lire! répond l'autre; non : je ne lis que du bon, du raisonnable, de l'instructif, et ce qu'il me faut n'est pas dans vos feuilles. Ce ne sont ordinairement que de petits ouvrages de jeunes gens qui ont quelques vivacités d'écolier, et qui prennent les mauvaises contorsions de leur esprit pour des façons de penser légères, cavalières et délicates. Je ne suis point curieux d'originalités puériles. » Là-dessus, Marivaux intervient dans la conversation, sans se nommer :

Je suis du sentiment de Monsieur, dit-il avec un sérieux de mystificateur; il parle en homme sensé; pures bagatelles que des feuilles. La raison, le bon sens et la finesse peuvent-ils se trouver dans si peu de papier?... Un bon esprit s'avisa-t-il jamais de penser et d'écrire autrement qu'en gros volumes? Jugez de quel poids peuvent être les idées enfermées dans une feuille d'impression, que vous aller enlever d'un souffle; et quand même elles seraient raisonnables, ces idées, est-il de la dignité d'un personnage de cinquante ans, par exemple, de lire une feuille volante, de lire un colifichet? Cela le travestit en petit jeune homme, et déshonore sa gravité; il déroge. Non, à cet âge-là, tout savant, tout homme d'esprit ne doit ouvrir que des in-folio, de gros tomes, respectables par la pesanteur, et qui, lorsqu'il les lit, le mettent en posture décente, de sorte qu'à la vue du titre seul, et retournant chaque feuillet du gros livre, il puisse se dire familièrement en lui-même : Voilà ce qu'il faut à un homme aussi sérieux que moi, d'une aussi profonde réflexion.

Et présentant un fort volume à l'acheteur :

Voici un traité de morale, Monsieur; le volume n'est pas extrêmement gros, et, à la rigueur, on pourrait le chicaner sur la médiocrité de sa forme : mais je vous conseille

pourtant de lui faire grâce en faveur de la matière; c'est
de la morale, et de la morale déterminée, toute crue....
Cela fait une lecture importante, et digne du flegme d'un
homme sensé. Peut-être même le trouverez-vous ennuyeux,
et tant mieux; à notre âge, il est beau de soutenir l'ennui...
Si l'on avait du plaisir à lire, cela gâterait tout; voilà une
plaisante morale que celle qui instruit agréablement [1] !

Ceci est à la fois une jolie scène de comédie, et comme un essai d'humour à la manière anglaise. Marivaux a pris son cadre d'Addison; mais il ne lui a guère pris que cela; dans le passage qui vient d'être résumé, il se rapprocherait plutôt de Swift, moins l'amertume. On y trouve aussi le même procédé, la même mise en scène, les mêmes idées que dans un morceau fameux, l'un des petits chefs-d'œuvre de notre littérature, le *Pamphlet des Pamphlets* de Paul-Louis Courier. Qu'on relise celui-ci, et l'on se demandera si la conversation de Marivaux avec l'homme important qui n'aime pas les « petites feuilles », n'a point inspiré celle de Paul-Louis avec « M. Arthus Bertrand, libraire, le meilleur homme du monde, » mais qui n'aime pas « les écrits de peu de pages, d'une feuille ou deux seulement » :

Que voulez-vous, mon cher Monsieur, que voulez-vous
mettre de bon sens en une misérable feuille? Quelles idées
peuvent s'y développer? Dans les ouvrages raisonnés, au
sixième volume à peine entrevoit-on où l'auteur en veut
venir. — Une feuille, dis-je, il est vrai, ne saurait contenir
grand'chose. — Rien qui vaille, me dit-il, et je n'en lis
aucune.... Fi! ne m'en parlez pas, opprobre de la littérature, honte du siècle et de la nation, qu'il se puisse trouver
des auteurs, des imprimeurs et des lecteurs de semblables
impertinences.... Autant j'honore les grands ouvrages faits
pour durer et vivre dans la postérité, autant je méprise et

---

[1] *Le Spectateur français*, sixième feuille. — Voir encore, sur le même sujet, le *Cabinet du Philosophe*, première feuille.

je déteste ces petits écrits éphémères, ces papiers qui vont de main en main, et parlent aux gens d'à présent des faits, des choses d'aujourd'hui; je ne puis souffrir les pamphlets [1].

Paul-Louis avait-il lu le passage de Marivaux et s'en est-il souvenu? C'est bien possible, sinon probable. Tout voisin du dix-huitième siècle par son âge, élevé par un père très instruit et qui devait connaître même les pages peu connues de Marivaux, il avait sans doute présent à la pensée le souvenir du *Spectateur français* et il prit son bien où il le trouvait.

1. *Œuvres de Paul-Louis Courier*, édit. Jouaust, t. II, p. 139.

CHAPITRE IV

MARIVAUX HOMME DU MONDE ; MARMONTEL. — MARIVAUX HOMME PRIVÉ. — SES AMITIÉS : FONTENELLE, HELVÉTIUS, Mme DE TENCIN. — SON INDÉPENDANCE DE CARACTÈRE ; SA CHARITÉ. — RÉCEPTION A L'ACADÉMIE FRANÇAISE. — DERNIÈRES ANNÉES. — GÊNE CROISSANTE ; MARIVAUX ET Mme DE POMPADOUR. — Mlle DE SAINT-JEAN. — MORT DE MARIVAUX.

Le commerce de la société polie, des amitiés fidèles, la pratique de la bienfaisance et de toutes les vertus de l'honnête homme, une admission à l'Académie française qui fut « le seul événement de sa vie [1] », dédommagèrent Marivaux de sa ruine, de ses insuccès, des critiques méchantes ou injustes.

Il était l'hôte vivement goûté de plusieurs salons littéraires. Il y portait, en effet, des qualités assez rares de tout temps chez les gens de lettres, « une candeur aimable, une modestie sans fard, une affabilité pleine de sentiment [2]. » Au milieu des rivalités qui s'y exerçaient et faisaient souvent de cruelles blessures, il promenait cette ironie sans fiel qui distingue ses ouvrages. S'il avait lui-même beaucoup d'amour-propre, du moins le sien était « sociable [3] »,

---

1. Lesbros, p. 20.
2. *Id.*, *ibid.* De même l'abbé de La Porte, *l'Observateur littéraire*, 1759, t. I, p. 73.
3. « Mon amour-propre a toujours été sociable. » (*Le Paysan parvenu*, quatrième partie.) — Voir la pénétrante analyse qu'il

et encore s'étudiait-il à le cacher de son mieux ; car, disait-il, « il faut en avoir assez pour n'en point laisser paraître [1] ».

Cependant, quelques-uns de ses contemporains lui reprochent cette espèce de sensibilité maladive que Sainte-Beuve a spirituellement appelée « le rhumatisme littéraire [2] ». Avec la sévérité que nous lui connaissons, Grimm a dit de lui : « Il entendait finesse à tout; les mots les plus innocents le blessaient, et il supposait volontiers qu'on cherchait à le mortifier, ce qui l'a rendu malheureux et son commerce épineux et insupportable. » Ceci est en contradiction avec l'accueil que Marivaux recevait dans le monde et les amitiés que lui valurent ses qualités aimables. Collé ajoute : « Il était rempli d'amour-propre; et je n'ai jamais vu de nos jours à cet égard personne d'aussi chatouilleux que lui. Il fallait le louer et le caresser continuellement comme une jolie femme. » L'appréciation est déjà moins sévère; ne l'est-elle pas encore trop? D'Alembert, qui n'est pas, il s'en faut, un panégyriste sans réserve de Marivaux, mais qui, du moins, fait de visibles efforts pour demeurer impartial à son égard, semble plus près de la vérité lorsqu'il le représente simplement comme « sensible et ombrageux dans la société »; et il ajoute qu'il était « aussi prompt à revenir qu'à s'offenser [3] ». Le président Hénault se contentait de le trouver « un peu pointilleux par la délicatesse de son amour-propre [4] ».

Il semble résulter, en somme, de ces divers témoi-

fait de ce sentiment dans ses lettres au *Mercure*, troisième lettre, mars 1718.

1. D'Alembert, p. 593.
2. *Causeries du Lundi*, t. IX, p. 377.
3. Page 593.
4. *Mémoires*, p. 411.

gnages, que Marivaux était susceptible, mais assez aimable pour faire oublier ce défaut. A vrai dire, avec sa finesse pénétrante, avec la minutieuse clairvoyance qu'il appliqua toute sa vie à étudier le cœur humain, ces qualités devaient, à l'occasion, le faire souffrir lui-même. Ce qui eût passé inaperçu pour un œil moins pénétrant, il le voyait ; tel fait, insignifiant pour un autre, avait pour lui une cause. Sa clairvoyance avait-elle toujours tort? On le disait autour de lui, mais c'est le propre des natures délicates de sentir vivement des blessures légères dont ne se doutent même pas ceux qui les font. En accusant ces natures plus fines de susceptibilité excessive, on s'excuse soi-même de négliger les égards qu'elles méritent. Aussi, parmi les traits rapportés par les contemporains de Marivaux comme preuve du défaut qu'ils lui reprochent, en est-il qui tournent à son avantage.

Celui-ci, par exemple. L'aventure est racontée tout au long par le héros lui-même, Marmontel, qui, avec une amertume singulière, la présente à ses enfants comme une des « épines » les plus piquantes que « la vanité du bel esprit ait semées » sur le chemin qui conduit à l'Académie française. Mme Geoffrin, qui favorisait sa candidature au fauteuil qu'obtint Thomas, le prévient que Marivaux l'accuse « de se moquer de lui et de le tourner en ridicule. » Marmontel demande une explication à Marivaux : « Quoi, répond celui-ci, avez-vous oublié que chez Mme du Boccage, un soir étant assis à côté de Mme de Villaumont, vous ne cessâtes, l'une et l'autre, de me regarder et de rire en vous parlant à l'oreille? Assurément, c'était de moi que vous riiez, et je ne sais pourquoi, car ce jour-là je n'étais pas plus ridicule que de coutume. » Marmontel reconnaît l'exactitude du fait, mais explique qu'il y a eu méprise sur la cause : « Mme de Villaumont vous voyait pour la première fois; et, comme on faisait cercle autour de vous, elle me demanda qui vous étiez. Je vous nommai. Elle, qui connaissait dans les gardes françaises un officier de votre nom, me soutint que vous n'étiez pas M. de Marivaux. Son obstination me divertit, la mienne lui parut plaisante; et, en me décrivant la figure du Marivaux qu'elle connaissait, elle vous regardait; voilà tout le mystère. » Marivaux s'empressa de déclarer à Marmontel qu'il l'en croyait et que c'était une affaire finie, mais, selon Marmontel, « il ne laissa pas de dire à Mme Geoffrin qu'il n'avait pris cette explication que pour une manière adroite de s'excuser. » Il ajoute : « La mort m'enleva son suffrage, mais, s'il me l'avait accordé, il se serait cru généreux. » Et voilà l'épine dont la piqûre s'est enfoncée si profondément dans le souvenir de Marmontel! Si l'on pardonne à un candidat académique d'avoir l'épiderme facilement douloureux, on peut trouver que la sensibilité de Marmontel dépasse la mesure permise, surtout après des années et lorsque le succès intervenu aurait dû, selon l'usage, emporter sa rancune. Le plus susceptible des deux, en l'espèce, n'était pas celui que pensait Marmontel [1].

Marivaux avait un double succès dans le monde comme causeur et comme lecteur de ses propres ouvrages. Sa conversation « ressemblait à ses écrits [2] »,

1. Marmontel, *Mémoires*, liv. VII. — D'Alembert fait certainement allusion à cette histoire et, n'y étant pas intéressé, le présente de façon plus impartiale, lorsqu'il rapporte (p. 593) la réflexion suivante de Marivaux. Un de ses amis s'étonnait de la froideur qu'il lui marquait depuis quelque temps. « Il y a un an, lui dit Marivaux, que vous avez parlé en ma présence à l'oreille de quelqu'un; j'ai vu que vous parliez de moi, et ce n'était pas sûrement pour en dire du bien, car vous ne l'auriez pas dit à l'oreille. » L'ami s'étonne, proteste et Marivaux s'empresse de le croire.

2. D'Alembert, p. 592 et 585.

vive, rapide, originale, pleine de réflexions ingénieuses. « Le style qu'il prête à ses acteurs est celui qu'il avait lui-même, sans efforts comme sans relâche, dans la conversation. » On lui reprochait, il est vrai, de manquer de naturel, de fatiguer quelquefois par son goût continuel d'analyse métaphysique et son désir trop visible « de faire preuve de finesse et de sagacité [1] », de « mettre de l'esprit partout [2] », d'être « trop attentif à bien penser et à se bien exprimer [3] ». Dans un portrait sans bienveillance, mais qui semble bien observé, Marmontel, qui l'avait déjà montré chez Mme de Tencin laissant voir « l'impatience de faire preuve d'esprit et de sagacité », réunit avec agrément les traits épars de sa physionomie.

Marivaux avait dans la tête une affaire qui le préoccupait sans cesse et lui donnait l'air soucieux. Comme il avait conquis par ses ouvrages la réputation d'esprit subtil et raffiné, il se croyait obligé d'avoir toujours de cet esprit-là, et il était continuellement à l'affût des idées susceptibles d'opposition ou d'analyse, pour les faire jouer ensemble ou les mettre à l'alambic. Il convenait que telle chose était vraie jusqu'à un certain rapport; mais il y avait toujours quelque restriction, quelque distinction à faire dont lui seul s'était aperçu. Ce travail d'attention était laborieux pour lui, souvent pénible pour les autres, mais il en résultait quelquefois d'heureux aperçus et de brillants traits de lumière. Cependant, à l'inquiétude de son regard, on voyait qu'il était en peine du succès qu'il avait ou qu'il allait avoir. Il n'y eut jamais, je crois, d'amour-propre plus délicat, plus chatouilleux et plus craintif; mais, comme il ménageait soigneusement celui des autres, on respectait le sien, et seulement on le plaignait de ne pouvoir pas s'en résoudre à être simple et naturel [4].

1. Marmontel, *Mémoires*, livre IV.
2. Piron, *Œuvres*, t. VII, p. 189, note.
3. *Id., ibid.*, t. VI, p. 52.
4. *Mémoires*, livre VI.

Il portait ainsi la peine de sa manière de voir trop personnelle. Ce que l'on prenait pour de l'affectation était chose naturelle; sans effort ni recherche, il avait l'imagination subtile et l'observation rapide; voyant du premier coup ce que les autres ne voyaient qu'après une longue étude ou ne voyaient pas, il étonnait en l'exprimant. Ainsi, sous peine de renoncer à penser, il ne pouvait parler d'autre sorte. Nous le verrons expliquer lui-même son genre d'esprit et s'efforcer de prouver qu'on l'accusait à tort d'être « singulier » de parti pris [1]. Fontenelle le savait bien : « Il faut, disait-il, passer les expressions singulières à M. de Marivaux ou renoncer à son commerce [2]. » On s'aperçoit vite aujourd'hui, à étudier de près ses ouvrages, que cette singularité de pensée et d'expression tenait à sa nature même; on aurait dû s'en apercevoir de même en l'écoutant : « la facilité avec laquelle il parlait de la sorte semblait demander grâce pour ses écrits, parce qu'on pouvait croire, à sa brillante et abondante volubilité, qu'il parlait, en quelque sorte, sa langue maternelle, et qu'il lui aurait été impossible de s'exprimer autrement quand il l'aurait voulu [3]. » Beaucoup cependant, comme Marmontel, ne le voyaient pas ou refusaient de le voir, par jalousie, par antipathie naturelle, par différence profonde entre leur propre tournure d'esprit et celle de

---

1. Voir ci-après, 4° partie, chap. vi.
2. L'abbé Trublet, *Mémoires*, p. 210 : « Marivaux, ajoute Trublet, crut entrevoir de la raillerie dans ce mot, et y parut sensible. M. de Fontenelle s'en aperçut, et comme il n'avait voulu lui dire qu'une chose obligeante, il ajouta aussitôt en lui adressant la parole : « Marivaux, ne vous pressez pas de vous fâcher quand je parlerai de vous ». Fontenelle disait encore de Marivaux : « Son cœur est excellent, mais son esprit est bien vif. Me permettra-t-il d'ajouter que, quelquefois pas assez défiant, quelquefois aussi il l'est trop? » (*Ibid.*, p. 214).
3. D'Alembert, p. 585.

Marivaux. Sainte-Beuve l'a remarqué : il y a tout un public, tout un ordre d'esprits, incapables d'aimer Marivaux [1]. Cela explique la sévérité qu'il a trouvée, malgré tant de qualités aimables, chez beaucoup de ses critiques. C'est nous-mêmes que nous aimons dans autrui et celui qui diffère trop de nous risque fort de nous déplaire. Par là s'expliquent souvent les divergences de la critique sur les mêmes auteurs.

Si l'on blessait assez souvent Marivaux, lui-même blessait rarement ceux qui l'entouraient. Il mettait à respecter leurs faiblesses une attention que sa connaissance parfaite de l'amour-propre rendait sûre et sans oubli. Un contemporain vante chez lui « le soin le plus scrupuleux à éviter tout ce qui pouvait offenser ou déplaire [2] ». Chose remarquable pour un brillant causeur, il savait écouter et ne laissait jamais « voir une distraction blessante [3] ». Bien plus, chacun le quittait enchanté de soi-même, car son esprit, toujours en travail d'analyse, découvrait chez ses interlocuteurs « une finesse dont ceux mêmes qui lui parlaient ne se doutaient pas [4] ». Avec les sots, il pratiquait la méthode de Socrate, mais de manière à leur laisser tout l'honneur de la discussion ; ils se trouvaient alors, grâce à l'obligeante manière dont il provoquait leurs réponses, un esprit dont ils étaient émerveillés. Il n'était sévère que pour ceux qu'il jugeait affectés ; « plus il croyait être naturel et sans recherche, moins il pardonnait aux autres de ne pas l'être [5] ». Alors, si l'on en juge par bien des passages de ses études morales, il ne s'interdisait pas le per-

---

1. *Causeries du Lundi*, t, IX, p. 372.
2. De La Porte, *Préface* de 1765, p. 15.
3. D'Alembert, p. 592.
4. *Id., ibid.*
5. *Id. ibid.*

siflage; il disait pour le fat ce qu'il se contentait de penser pour le sot sans prétention. Original ou commun, simple ou subtil, il voulait avant tout que l'on fût soi-même; si l'on essayait de le tromper, il rompait brusquement. Un de ses amis s'amusait à lui écrire des lettres très ingénieuses et dans son propre style; Marivaux était tout heureux de rencontrer un homme dont la tournure d'esprit ressemblât à la sienne; cela lui prouvait du moins qu'il n'était pas seul de son espèce. Un jour, il va chez ce correspondant, ne le trouve pas, mais voit par hasard sur sa table les brouillons très raturés de ces lettres qu'il goûtait si fort. Dès ce jour, il cessa toutes relations avec l'auteur.

Une véritable fête, paraît-il, était de l'entendre lire ses comédies. On préférait alors à la mimique et au jeu de ses interprètes habituels « les légères inflexions [1] » qu'il savait donner à sa voix et qui lui permettaient, à elles seules, d'exprimer les mille variétés de sentiments qu'éprouvent ses personnages; c'est par elle qu'il avait ravi Sylvia dans leur première entrevue.

On peut croire que ces succès de causeur et de lecteur mondains étaient aussi chers à Marivaux que ceux du théâtre. Il se piquait d'être homme du monde, plutôt qu'auteur de profession. Au début de sa carrière, il n'écrivait, on l'a vu, que pour son plaisir; il aimait l'anonyme et attendait volontiers longtemps pour se faire imprimer. Lorsque sa ruine l'eut contraint à vivre de sa plume, il dut songer à poursuivre une réputation plus fructueuse; cependant, il ne renonça pas à ses préférences premières et entendit rester homme du monde. Bien qu'il eût parmi ses

---

1. D'Alembert, p. 591.

confrères des amis auxquels il était très dévoué, des
ennemis auxquels il ne dissimulait pas son antipathie,
il se tenait soigneusement à l'écart de ces coteries,
plus nombreuses au XVIIIe siècle que jamais, et dont
faisaient partie la plupart des gens de lettres, par
goût et par intérêt. Lorsqu'il donne, comme il le fait
volontiers, la théorie de son talent, il a bien soin
d'expliquer que le monde est son école. Il fut donc,
jusqu'à ses derniers jours, homme du monde dans
son langage, ses manières et ses goûts. Collé nous
le représente, à soixante-quinze ans, « n'en parais-
sant pas avoir cinquante-huit, curieux en linge et
en habits »; aussi le voyons-nous dans ses portraits [1] avec la tenue soignée de l'homme qui, vivant

1. Le principal de ces portraits, peint par L.-M. Vanloo, se
trouve à la Comédie-Française; il porte la date de 1753 et a
figuré au Salon de la même année, sous le n° 14. Il y en a une
copie anonyme, provenant de l'Académie française, au musée
de Versailles, sous le n° 2985. Le tableau de la Comédie-
Française a été gravé en 1882 par L. Massard, pour le présent
ouvrage; celui de Versailles est reproduit dans la publication
de Gavard. Il y avait un autre portrait, peint par Pougin de
Saint-Aubin et aujourd'hui perdu; il a été gravé en 1781 par
Ingouf junior et C.-P. Marillier, pour les *Œuvres complètes* de
Marivaux publiées par la veuve Duchesne. On ne sait pas
davantage ce qu'est devenue une miniature peinte vers 1752
par le peintre genevois J.-E. Liotard (Cunningham, édition des
Lettres d'Horace Walpole, t. II, p. 234, note). Le portrait de
Marivaux a été gravé d'original par Garand pour l'édition
des *Œuvres de théâtre de M. de Marivaux*, publiée en 1758
par Duchesne, et par Miger pour la *Galerie française ou Portraits des femmes et hommes célèbres qui ont paru en France*,
gravée en taille douce sous la conduite de Restout, 1771 et
années suivantes. Les divers portraits de Marivaux reproduits
jusqu'à nos jours par la gravure dérivent tous, sauf celui qui
est en tête du présent ouvrage, de Garand, de Miger et de Pougin de Saint-Aubin. — Un buste en terre cuite de Marivaux,
par Caffieri, figurait au Salon de 1789; on ignore ce qu'il est
devenu. M. Albert Lefeuvre a exécuté en pierre la statue de
Marivaux, en 1881, pour le nouvel Hôtel de ville de Paris; la
Comédie-Française possède deux bustes de Marivaux en marbre,

dans la société polie, porte dans ses habitudes extérieures cette recherche de délicatesse qui est un témoignage de respect pour les autres et pour soi-même. Svelte et bien pris dans la jeunesse, d'un embonpoint sans excès au déclin de l'âge, la physionomie aimable et douce, un peu « inquiète et travaillée [1] », l'œil extrêmement vif, la lèvre spirituelle, avec un sourire mêlé de bonté et d'ironie, Marivaux dut être, avec son désir de plaire, un des hommes les plus séduisants de son temps. D'Alembert nous a dit qu'il « ressentit vivement les passions [2] »; nous n'avons aucun renseignement qui nous permette de retrouver les romans de son existence et de préciser l'influence qu'ils eurent sur son talent; nous ne connaissons guère que l'histoire de l'ingénue au miroir; du moins savons-nous assez de sa vie pour le considérer avant tout comme un homme de société et un observateur mondain : l'auteur ne vient qu'après [3].

Depuis 1720 environ jusqu'à sa mort, il fut l'hôte de la plupart des salons littéraires du xviiie siècle. Ceux de Mme de Lambert et de Mme de Tencin, qui l'avaient accueilli à ses débuts, eurent longtemps ses préférences. Fontenelle y régnait et y donnait le ton; à côté de lui, Marivaux tenait la place d'honneur, et,

---

l'un par Fauginet, daté de 1843, l'autre par Mlle Fanny Dubois-Davesne, daté de 1873. Enfin, M. Albert Lefeuvre a exécuté le buste de Marivaux en marbre pour le théâtre de l'Odéon (1889) et en bronze pour le musée de Sens (1891).

1. Sainte-Beuve, *Causeries du Lundi*, t. IX, p. 377.
2. P. 601.
3. D'Alembert ajoute : « Réduit dans la vieillesse au calme de l'amitié, il n'affectait point sur cet état une fausse philosophie; il sentait tout ce que l'âge lui avait fait perdre; il ne cherchait point, comme tant de faux sages, à s'exagérer le bonheur du repos; il en jouissait seulement comme d'une ressource que la nature laisse à nos derniers jours pour adoucir la solitude de notre âme. »

comme il se sentait entouré d'amis, plus que partout son amour-propre était en sûreté. On le voyait aussi, à partir de 1753, chez Mme du Deffand ; ici encore il se trouvait à l'aise, car les encyclopédistes, qu'il n'aimait pas et qui le lui rendaient bien, n'y faisaient pas la loi. Chez Mme Geoffrin, qui avait recueilli les habitués du salon de Mme de Tencin, et lui avait succédé, mais « comme une bourgeoise à une princesse [1] », Marivaux eut plusieurs fois à souffrir. Malgré sa bonté fameuse, Mme Geoffrin était despote et régentait avec une certaine brusquerie son cercle de gens d'esprit. Lorsqu'une conversation se prolongeait ou ne lui plaisait pas, elle l'arrêtait tout net en disant : « Voilà qui est bien [2] ». Marivaux était de ceux qu'un pareil sans-gêne irrite et blesse : interrompu ou écouté avec distraction, il se levait et gagnait la porte, sans longue rancune, du reste. Aussi, c'est surtout chez Mme Geoffrin que dut se former sa réputation d'humeur difficile : Grimm, si sévère pour lui là-dessus, venait souvent aux mercredis de Mme Geoffrin. Sur la fin de sa vie, Marivaux retrouva chez Mme du Boccage l'éclat de ses anciens succès : Marmontel vient de nous dire que l'on faisait cercle autour de lui.

En dehors de ces maisons amies [3], où l'esprit était la seule supériorité, il recherchait peu les nobles amitiés si fort à la mode en ce temps-là parmi les

---

1. Villemain, *Littérature française au* XVIIIe *siècle*, onzième leçon.
2. Marmontel, *Mémoires*, livre VI.
3. Joignons-y celle de Mlle Quinault *la cadette*, la charmante actrice de la Comédie-Française, qui, outre son talent, mérita, par l'agrément de son esprit et son caractère, l'amitié des hommes les plus considérables du XVIIIe siècle. Marivaux y faisait partie du cercle qui s'était baptisé *Société du Bout du banc.*

gens de lettres. Il n'enviait nullement l'honneur d'être le familier d'un grand seigneur, qui lui eût accordé sa protection, en échange de quelques flatteries rimées ou de quelques plates dédicaces. Dans une lettre conservée par un de ses biographes [1], il raille finement un de ses amis, nous ne savons lequel, tout fier de ses hautes relations : « Il part jeudi par Compiègne, écrit-il ; le prince de... doit le prendre pour voyager avec lui. Je ne lui envie pas sa course, qu'il me céderait pour rien, s'il pouvait, à ce que je pense ; mais il a l'honneur d'appartenir à un prince, il faut qu'il marche ; et moi, j'ai la douceur de n'appartenir qu'à moi, et je ne marcherai point. » Il sentait bien que, dans cette tutelle accordée avec ostentation, il y avait d'ordinaire autre chose que le goût de la littérature. Il était alors de bon ton de s'intéresser au théâtre, à la philosophie, aux sciences, et l'on protégeait son homme de lettres, pour être à la mode. Marivaux s'estimait trop pour servir d'enseigne à de telles vanités. Il était d'autant plus ombrageux dans ses relations mondaines qu'il était pauvre, et, comme il arrive en pareil cas, il exagérait sa réserve naturelle. Il considérait la pauvreté et la fierté comme inséparables, et il aurait pu dire avec un de ses personnages, mais plus sérieusement : « Je suis fier, mais je suis pauvre ; qualités, comme vous jugez, très difficiles à accorder l'une avec l'autre, et qui pourtant ont la rage de se trouver presque toujours ensemble [2]. »

Cependant, il n'aurait eu qu'à se laisser faire pour être lui aussi des voyages princiers ; il suffisait de répondre à des avances qu'on ne lui ménageait pas. Le monde des châteaux goûtait beaucoup ses pièces

---

1. Lesbros, p. 31.
2. *La Fausse Suivante*, acte II, sc. III.

et les jouait avec une préférence naturelle, car il s'y reconnaissait [1]. Cependant, parmi ses comédies, deux seulement sont dédiées à de grands personnages, l'une, *la Double Inconstance*, à la marquise de Prie, l'autre, la seconde, *Surprise de l'Amour*, à la duchesse du Maine. Les épîtres dédicatoires qui les précèdent ne sentent en rien le courtisan ni le solliciteur : le ton en est aisé, sans emphase ni platitude. Il disait spirituellement dans une de ses pièces, par la bouche de la Vérité : « Quand j'ouvre un livre et que je vois le nom d'une vertueuse personne à la tête, je m'en réjouis : mais j'en ouvre un autre, il s'adresse à une personne admirable; j'en ouvre cent, j'en ouvre mille, tout est dédié à des prodiges de vertu et de mérite. Et où se tiennent donc tous ces prodiges? Où sont-ils? Comment se fait-il que les personnes vraiment louables soient si rares, et que les épîtres dédicatoires soient si communes [2]. » Il est vrai que lui-même avait antérieurement dédié son *Iliade travestie* au duc de Noailles, en vers très médiocres de forme et de fond, mais c'est une erreur unique dans sa carrière [3].

---

1. Marivaux était joué notamment à Berny, chez le comte de Clermont, son confrère à l'Académie française à partir de 1754. Dans le répertoire du théâtre de Berny, dressé par M. Jules Cousin, nous trouvons trois pièces de Marivaux, *la Femme fidèle*, comédie en un acte, inédite, en prose (il sera question de cette pièce ci-après, 2ᵉ partie, chap. v), *le Legs*, et *les Serments indiscrets*. Voir J. Cousin, *le Comte de Clermont*, t. II, p. 37 à 56.

2. La *Réunion des Amours*, scène vi.

3. On ne pourrait guère relever dans ses œuvres, en dehors des trois dédicaces citées, que deux allusions qui sentent plus ou moins la courtisanerie, et encore ont-elles leurs circonstances très atténuantes. Dans cette *Réunion des Amours*, qui vient d'être citée, et qui fut jouée le 9 novembre 1731, la sage Minerve s'efforce de concilier, en les corrigeant l'un par l'autre, l'Amour discret et réservé du xviiᵉ siècle et le Cupidon effronté mis à la mode par la Régence (voir ci-après, 2ᵉ partie, chap. vi). Elle les engage à s'unir, « pour former le cœur du fils d'un

En revanche, s'il s'éloignait de ceux qui effarouchaient son indépendance, il s'abandonnait davantage avec ses amis; il les aimait assez pour accepter parfois leurs bienfaits. Connaissant la gêne dont il souffrait sans jamais en parler, ils s'efforçaient de désarmer, à force de tact, sa délicatesse ombrageuse. C'était entre eux et lui une lutte dans laquelle d'aucun côté on ne voulait avoir le dessous.

Fontenelle et Helvétius surtout réussissaient à vaincre sa réserve. Deux traits permettent d'apprécier de quelle manière ils savaient donner, et comment Marivaux acceptait. Il était malade depuis quelque temps et ses ressources s'épuisaient; Fontenelle s'empresse de lui apporter cent louis, mais à son grand étonnement, Marivaux les refuse, en disant : « Je sais tout le prix de votre amitié et de la preuve touchante que vous m'en donnez. J'y répondrai comme je le dois et comme vous le méritez : je regarde ces cent louis comme reçus; je m'en suis servi et je vous les rends avec reconnaissance [1] ».

---

grand roi » (sc. xiv). Ce « fils d'un grand roi » ne pouvait être que le dauphin Louis (père de Louis XVI, de Louis XVIII et de Charles X), qui fut, en effet, par ses vertus, un reproche vivant pour la cour de Louis XV. Il n'avait encore que deux ans, et Marivaux s'y prenait de bonne heure pour contribuer au genre délicat d'éducation dont il est question dans la pièce.

Dans la *Vie de Marianne* (sixième partie), le portrait du ministre qui « gouverne à la manière des sages, dont la conduite est douce, simple et sans faste, » qui fait tout « discrètement, uniment, avec aussi peu d'agitation que possible », ce portrait est une allusion évidente au cardinal de Fleury; allusion désintéressée et hommage bien excusable à l'homme d'État honnête qui succédait au duc de Bourbon et à Dubois; voir ci-après, 3ᵉ partie, chap. iv. Il a aussi quelques mots pour Fleury dans son discours de réception à l'Académie.

1. D'Alembert, p. 599. — En dépit de la fameuse histoire des jetons et du calcul mathématique appliqué aux sentiments du cœur, Fontenelle était susceptible d'attachements profonds et

L'homme de toutes les contradictions, Helvétius, fermier général honnête homme, philosophe partageant sa vie entre l'étude d'une doctrine desséchante et la pratique de la charité [1], avait réussi non sans peine à lui faire accepter quelque argent. Un soir qu'il exagérait encore ses théories habituelles, Marivaux perd patience et se met à le réfuter avec chaleur; enfin, de colère, il quitte la partie : « Ah! dit Helvétius, comme je lui aurais répondu, si je ne lui avais pas eu l'obligation d'avoir bien voulu accepter mes bienfaits! » Parole charmante, qui honore également les deux amis : Helvétius considérait ses bienfaits comme n'enchaînant que sa propre indépendance; quant à Marivaux, il estimait assez son bienfaiteur « pour ne pas se croire tenu envers lui à plus de ménagements que s'il n'avait pas été son obligé [2] ».

Il trouvait la même délicatesse et la même attention pour ses besoins chez deux amies excellentes, qui, chacune à sa manière, savaient lui être utiles, Mme Lallemant de Bez et Mme de Tencin. Mme Lallemant de Bez, femme d'un fermier général ami des lettres, se chargeait de distraire Marivaux et de le

durables : on n'a, pour s'en convaincre, qu'à parcourir les *Mémoires* de l'abbé Trublet, et l'on y relèvera de nombreux traits de bienfaisance, de fidélité, d'affection désintéressée. Ce qui est vrai, c'est qu'en raison de sa prudence et de son scepticisme, dans les relations habituelles, il s'en tenait, comme dit Chamfort (*Correspondance*, 20 août 1765), « à un sentiment de bienveillance proportionné au mérite de chacun ». E. Bersot (*Études sur le* XVIIIe *siècle*, t. I, p. 242 et suiv.) défend à ce point de vue Fontenelle d'une manière spirituelle et probante.

1. « Helvétius avait l'âme tout le contraire de ce qu'il a dit. Il n'y avait pas un meilleur homme : libéral, généreux sans faste, et bienfaisant parce qu'il était bon, il imagina de calomnier tous les gens de bien et lui-même, pour ne donner aux actions morales d'autre mobile que l'intérêt. » (Marmontel, *Mémoires*, livre VI.)

2. D'Alembert, p. 599 et 620, n. 31.

reposer de ses fatigues d'écrivain et d'homme du monde. A la fin de l'hiver, lorsque Marivaux était las de ses succès mondains, il venait prendre chez elle ses quartiers d'été. Elle l'emmenait à la campagne [1] et le rendait à Mme de Tencin, prêt à recommencer ses dépenses d'esprit, ses conversations et ses lectures. Quant à Mme de Tencin, non contente de lui procurer les plaisirs élégants qu'il aimait et de lui donner chez elle une des premières places [2], elle se chargeait même d'avoir de l'ambition pour lui.

Marivaux avait près de cinquante ans, et il n'était pas encore de l'Académie française, qui avait accueilli depuis longtemps La Chaussée, Destouches et Danchet. En effet, au dire de ses biographes, « jamais il n'avait songé à briguer cette faveur, peut-être même à la désirer [3] », non par dédain, mais par « modestie sans fard [4] ». Ils exagèrent un peu cette modestie ou ne sont pas très bien renseignés. Marivaux répugnait sincèrement aux intrigues académiques et il disait de quelques-uns de ses prédécesseurs : « Ces parvenus de la littérature mieux pourvus d'adresse pour usurper que de titres pour obtenir, ont eu le secret que je ne pourrai jamais apprendre d'employer à leur petite fortune de bel esprit plus de bons amis que de bons ouvrages [5] ». Mais, s'il ne posa pas ouvertement sa candidature avant 1742, du moins laissa-t-il mettre son nom en avant. En effet, dès 1732, l'abbé d'Olivet écrivait au président Bouhier :

---

1. Lesbros, p. 37.
2. Il faisait partie de son cercle le plus intime et Piron (Œuvres, t. VI, p. 37) le rangeait parmi les « sept sages » de la marquise; c'étaient, d'après lui, Miraband, Mairan, de Boze, Duclos, Fontenelle et Marivaux.
3. D'Alembert, p. 590.
4. Lesbros, p. 20.
5. D'Alembert, p. 590.

Le successeur de M. de Metz à l'Académie n'est pas encore désigné. L'élection ne se fera qu'au commencement de janvier…. Marivaux n'a fait aucune visite, que je sache. Mais en tout cas vous me permettrez d'être assez franc pour vous dire qu'il n'aura de sa vie mon suffrage, à moins qu'il n'abjure son diabolique style. Je ne laisserai pas, s'il vient, de lui faire politesse, et de lui bien dire que vous m'avez écrit avec vivacité en sa faveur [1].

La candidature de Marivaux ne fut pas maintenue, car, le 3 janvier 1733, jour de l'élection, l'abbé annonçait au président que Moncrif et l'évêque de Vence restaient seuls en présence.

En 1736, nouvelle tentative, ou, du moins, le nom de Marivaux est encore prononcé. Le commissaire Dubuisson, correspondant du marquis de Caumont, lui écrivait, le 8 juin :

MM. de Mirepoix et de la Chaussée sont destinés à remplacer MM. Portail et Mallet à l'Académie française. A l'égard de M. de Marivaux, qui y prétendait, il est exclu par une raison que je tiens d'un des membres glorieux de cet illustre corps. La voici mot à mot : « Notre métier à l'Académie est de travailler à la composition de la langue, et celui de M. de Marivaux est de travailler à la décomposer ; nous ne lui refusons pas de l'esprit, mais nos emplois jurent l'un contre l'autre, et cette différence lui interdira toujours l'entrée de notre sanctuaire [2]. »

Dans ce « membre glorieux de l'illustre corps », qui donnait une forme si solennelle à ses dédains pour le marivaudage, il est permis de soupçonner d'Olivet : on vient de voir ce qu'il écrivait au prési-

---

[1]. Correspondance du président Bouhier, t. X, 18 décembre 1732, mss. de la Bibliothèque nationale. M. Ch. Livet a cité les principaux passages de cette correspondance relatifs à l'Académie dans son édition de l'*Histoire de l'Académie française* par Pellisson et d'Olivet, 1857.

[2]. *Lettres du commissaire Dubuisson au marquis de Caumont*, 1735-1741, publiées par M. Roux, 1882, p. 221.

dent Bouhier ; c'est le même reproche avec moins d'emphase. Au reste, si c'était lui, l'abbé ne disait pas tout. Dans son hostilité contre Marivaux, il n'y avait pas seulement une antipathie de grammairien puriste, mais aussi une rancune de partisan des Anciens et de traducteur. Nous savons avec quelle ardeur Marivaux soutenait la cause des Modernes et on verra plus loin [1] qu'il ne cachait nullement son mépris pour les traducteurs; à peine s'il consentait à les ranger parmi les écrivains. Or, outre d'Olivet, les « traducteurs » ou érudits étaient en nombre à l'Académie. On n'en comptait pas moins d'une douzaine : l'abbé Bignon, numismate et bibliothécaire du roi, Gros de Boze, conservateur du cabinet des antiques, l'abbé Mongault, traducteur des lettres de Cicéron, l'abbé Gédoyn, traducteur de Quintilien, l'abbé Dubos, historien des quatre Gordiens, l'abbé Alary, qui n'avait rien traduit ni rien écrit, mais qui était sous-précepteur du roi, Amelot, traducteur de Tacite, l'abbé de Rothelin, collectionneur de médailles et collaborateur en poésie latine du cardinal de Polignac, l'abbé Sallier, *dissertateur* savant et fécond, Hardion, professeur d'histoire des princesses, l'abbé Terrasson, helléniste, latiniste et antiquaire.

Parmi les autres académiciens, Marivaux n'avait guère plus d'amis. Les auteurs dramatiques étaient au nombre de cinq, Danchet, Destouches, Crébillon, Moncrif et La Chaussée. Nous ne savons rien des dispositions de Danchet, mais celles de Destouches n'étaient pas douteuses : dans les préfaces de ses pièces, il attaquait Marivaux par des allusions très claires. Le vieux Crébillon devait avoir sur le cœur la leçon de morale que son fils le romancier avait reçue

---

1. Ci-après, 4ᵉ partie, chap. IV.

de Marivaux, à propos de *Tanzaï et Neadarné*. Moncrif, protégé du comte de Clermont, qui voulait du bien à Marivaux, devait être plus favorable; mais le larmoyant La Chaussée pouvait-il aimer beaucoup un genre de talent si fort opposé au sien?

Marivaux devait compter encore avec des hostilités autrement puissantes, les rancunes religieuses. Dans ses romans, il avait tourné en ridicule les faux dévots et les directeurs envahissants; il avait montré avec quelle habileté perfide certains couvents provoquaient ou forçaient les vocations. Il lui fallait cependant briguer le suffrage du cardinal de Rohan, l'un des chefs du parti moliniste, de l'évêque de Bazas, de Languet de Gergy, archevêque de Sens, de l'évêque de Vence, Surin, de l'ancien évêque de Mirepoix, Boyer, académicien remuant, activement mêlé à toutes les intrigues menées dans la compagnie.

Je ne vois guère, comme amis déclarés de Marivaux, que Fontenelle, le plus puissant, à vrai dire, des parrains académiques, le cardinal de Fleury, qui allait mourir dans sa maison d'Issy, mais qui, jusqu'au dernier jour, voulut exercer en tout et partout le pouvoir et l'influence, le duc de Richelieu, dont Mme de Tencin était l'âme damnée, le président Hénault, familier de Mmes de Lambert et du Deffand, le président Bouhier, dont on vient de voir les démarches en faveur de Marivaux, Montesquieu, habitué des mêmes salons que lui.

Ces quelques amitiés viendraient-elles à bout de tant d'inimitiés? Elles eussent sans doute été impuissantes, sans l'entremise active, toute dévouée et fort peu scrupuleuse de Mme de Tencin.

Le 8 novembre 1742, on annonce la mort de l'abbé Houtteville, secrétaire perpétuel de l'Académie. Aussitôt Mme de Tencin se met en campagne. Nous lisons, en effet, dans un rapport de police [1], à la date du 23 : « On dit que Mme de Tencin se donne de grands mouvements pour obtenir une place d'académicien à M. de Marivaux [2]. » En moins de quinze jours, elle a vaincu toutes les résistances et assuré le succès de son protégé, car le policier écrit le 24 : « Il est décidé que M. de Marivaux sera de l'Académie. »

Marivaux avait cependant un redoutable concurrent, Voltaire, son ennemi, qui remuait ciel et terre, parvenait à intéresser en sa faveur le duc de Mirepoix, et, par celui-ci, s'efforçait d'obtenir l'appui du roi lui-même. Mme de Tencin fit tourner les intrigues de Voltaire au profit de Marivaux. Celui-ci avait surtout à craindre les dévots. Entre les deux rivaux, un ami de la religion peut-il hésiter? Voltaire a déjà commencé la guerre contre « l'infâme »; Marivaux, au contraire, aime sincèrement la religion; plusieurs fois, dans ses romans ou ses journaux de morale, il a fait profession de croire; sa fille est entrée au couvent; s'il a tourné les faux dévots en ridicule, il a tracé des gens véritablement pieux un beau portrait, plein d'une admiration sincère pour les vertus que la religion inspire [3]. Somme toute, en attaquant l'hypocrisie et la dévotion maladroite, il n'a rien fait de plus que de grands chrétiens, comme Bossuet et Bourdaloue, que des moralistes sincèrement soumis

---

1. *Journal de police* (1742-1743), imprimé, pour la première fois, en 1834, dans la *Revue rétrospective* de Taschereau, et réimprimé, en 1857, dans le huitième volume du *Journal de Barbier*.

2. Le biographe de Voltaire, G. Desnoiresterres, ne dit rien de cette candidature pour le fauteuil de Houtteville, en concurrence avec Marivaux, quoiqu'il s'étende sur les autres. (*Voltaire et la société au* XVIIIe *siècle*, t. II, p. 95, 96 et p. 353-359.)

3. Voir ci-après, 3e partie, chapitre IV.

à l'Église, comme La Bruyère. Mme de Tencin écrivait donc au duc de Richelieu :

> Voltaire a écrit à M. de Nivernois qu'il avait le consentement du roi. Je doute que cette démarche soit de votre aveu. Il a envoyé ce matin, pour me demander de me voir à dix heures ; j'ai répondu que je sortais. J'ai parlé à mes serviteurs de Dieu ; ils m'ont dit que je ne pouvais trop vous représenter qu'il ne convenait pas à un homme comme vous de protéger un athée ; que vous aviez la réputation de parler toujours de la Religion comme il convenait, et que, si vous faisiez recevoir Voltaire à l'Académie, on dirait qu'il vous a perverti ; que ceux qui ne le voulaient pas aimeraient mieux, quand ils parleraient au roi contre lui, vous mettre en jeu que Mme de la Tournelle ; que certainement M. de Mirepoix ne se départirait point de ce qu'il avait dit sur cela à tous ceux qui lui en avaient parlé, et qu'il ne fallait point qu'il pût croire que vous vous mettiez sur son chemin [1].

Voltaire comptait, en effet, sur l'amitié du duc de Richelieu, amitié intermittente, dédaigneuse, puissante cependant. Mme de Tencin parvenait à détacher le duc du poète, pour en faire le protecteur de Marivaux.

Deux jours après, nouvelle lettre, plus pressante encore que la première. Le nom de Marivaux n'est pas prononcé, mais Richelieu sait assurément, par

---

[1]. On remarquera de nombreuses obscurités dans les citations qui suivent de la correspondance de Mme de Tencin (*Correspondance du cardinal de Tencin, ministre d'État, et de Mme de Tencin, sa sœur, avec le duc de Richelieu*, 1790, p. 26 et suiv., sans indication de lieu ni de libraire). Tout, en effet, dans cette correspondance politique et secrète, est dit à demi-mot ou en langage concerté, et l'on a souvent beaucoup de peine à comprendre. En outre, le travail de l'éditeur abonde en incorrections et en erreurs, notamment pour la chronologie. Les dates des lettres citées ci-dessus, sont presque toutes fausses ; les deux dernières portent le 10 et le 12 décembre et Marivaux était élu depuis le 10.

une conversation antérieure, qui Mme de Tencin voudrait voir passer au lieu de Voltaire :

> Il est certain que M. de Mirepoix n'a fait que répondre au roi, qui lui a parlé le premier de Voltaire ; que Mirepoix, bien loin de charger sur Voltaire, l'a excusé et a très bien parlé de ses talents... Je pense qu'il faut laisser Voltaire de côté.

Voici enfin la suprême démarche en faveur de Marivaux. Richelieu résistait. Voltaire, peu scrupuleux, avait fait plaider sa cause auprès de lui par la marquise du Châtelet, sa maîtresse, qui l'avait pris comme successeur de Richelieu. Après la séparation, la marquise avait offert au duc une amitié sincère et loyale. Le duc avait accepté et entretenait avec elle un commerce où elle apportait les qualités viriles de sa nature. Sollicité en sens contraire par Mme du Châtelet et Mme de Tencin, il se trouvait dans un grand embarras. Mme de Tencin lui écrivait :

> Soyez assuré que, quand on viendra à fondre la cloche, M. de Mirepoix manquera. On n'aura pour cela qu'à lâcher les dévots contre lui [1]. Il croit (et je le sais de bon lieu) qu'il n'est pas question de Voltaire pour la place actuellement vacante. Je vous mets au fait autant que je puis, pour que vous puissiez agir ou ne pas agir. Ce que je vous recommande toujours, c'est de ne point vous montrer. J'aime aussi bien que vous Mme du Châtelet ; je connais la vivacité qu'elle met à cette affaire ; mais c'est à ceux qui ne sont pas aussi vifs et aussi prévenus à agir comme il convient, et à ne pas se charger en donnant une profession trop déclarée à Voltaire.

---

1. Ce qui fut fait. Languet de Gergy disait à Marivaux, en le recevant à l'Académie : « Combien de personnages dont le public a vanté la poésie, et dont l'Académie a craint ou la langue, ou l'humeur, ou l'irréligion, et qu'elle a exclus de l'espérance d'y être associés ! Par une raison contraire, elle s'est empressée de vous choisir.... » etc.

Tant d'efforts réussissent pleinement : le 10 décembre, l'Académie, « convoquée par billets, s'est assemblée au nombre de vingt-deux pour la proposition d'un académicien à la place de feu M. l'abbé Houtteville et M. de Marivaux a eu la pluralité des suffrages »; le 24, elle « a procédé au second scrutin [1] », confirmant le premier : Marivaux est élu et son élection approuvée par le roi. Mme de Tencin adresse aussitôt à Richelieu ce billet, aussi concis que possible, comme la nouvelle écrite en toute hâte d'une victoire chèrement souhaitée : « Marivaux a été élu unanimement [2] ».

L'unanimité des vingt-deux votants! Le résultat était d'autant plus beau qu'il était plus laborieux. Il avait coûté tant de peine à Mme de Tencin qu'elle déclarait par la suite ne plus vouloir se mêler d'élections académiques; elle écrivait au même duc de Richelieu :

Mme d'Aiguillon remue ciel et terre pour faire obtenir à M. de la Bletterie la place que M. de Saint-Aulaire a laissé vacante à l'Académie. Elle chargea Pont-de-Veyle de m'engager à solliciter mes amis. Il a répondu que je n'avais jamais fait aucune sollicitation que pour Marivaux, qui était mon ami depuis trente ans; que cette affaire m'avait donné tant de peine que je m'étais promis et que j'avais promis à mes amis de ne plus parler pour personne [3].

Le public, cependant, accueille cette élection avec une défaveur marquée : « La cabale tourne en ridi-

---

1. Registres des séances de l'Académie française, au secrétariat de l'Institut.
2. Plusieurs biographes de Marivaux, entre autres Lesbros (p. 24), disent, comme Mme de Tencin, que Marivaux « fut reçu d'une voix unanime »; mais il n'y a pas lieu de s'étonner que les registres de l'Académie annoncent simplement « la pluralité des suffrages : cette mention était alors d'un usage constant, même lorsqu'il y avait unanimité.
3. *Correspondance* citée, p. 40.

cule l'Académie pour son choix, écrit le policier déjà cité, et l'on dit qu'à l'avenir elle ne pourra plus trouver de sujets. » Il ajoute ce détail qui ne nous surprend guère : « L'abbé d'Olivet, son propre membre, n'est pas son apologiste [1]. » Selon la mode du temps, des couplets satiriques circulent, où le nouvel élu et la compagnie sont « fort maltraités »; celui-ci, par exemple, plus méchant que spirituel :

> Pour couronner ses travaux,
> Fontenelle met Marivaux
> A la célèbre Académie.
> N'a-t-il donc tant vécu que pour cette infamie [2]?

On préfère cette épigramme-ci, autrement piquante, quoique en prose : on disait que Marivaux « serait mieux placé à l'Académie des sciences, comme inventeur d'un idiome nouveau, qu'à l'Académie française, dont assurément il ne connaissait pas la langue [3] ».

On a peine aujourd'hui à comprendre cette hostilité. Que pouvait-on reprocher à Marivaux? Ce n'était assurément pas l'insuffisance de son bagage : ses meilleures pièces, ses deux romans, *le Spectateur français* sont antérieurs à sa réception. Ce n'était pas davantage une réputation trop spéciale et restreinte : tout Paris l'avait applaudi; la province et l'étranger le goûtaient encore plus que Paris. Il faut voir là sans doute un nouvel effet de cette singulière malechance qui le poursuivait partout et toujours : les confrères, les cafés, le parti philosophique le traitaient comme d'habitude, Voltaire en tête, dont les colères étaient terribles, et qui dut jeter feu et flamme contre son heureux concurrent : « On trouva surtout très mau-

---

[1]. *Journal de police*, t. VIII, p. 199.
[2]. *Id.*, 6 décembre.
[3]. D'Alembert, p. 591.

vais, dit d'Alembert que les portes de la Compagnie fussent ouvertes à l'auteur de *Marianne* et d'*Annibal*, dans le temps qu'elles étaient fermées à celui de la *Henriade* et de *Zaïre* [1]. » Marivaux n'est pas plus l'auteur d'*Annibal* que Voltaire celui de la *Henriade* : la gloire du premier n'a jamais été là et celle du second n'y est plus. La postérité se contente de trouver bon, à distance, que l'un et l'autre aient fait partie de l'Académie française, mais elle ne s'indigne pas trop que Marivaux y soit entré avant Voltaire. Celui-ci n'était pas encore, en 1742, le génie incontesté, le patriarche littéraire qu'il devint ensuite. C'était déjà assurément le plus illustre des auteurs tragiques et un grand historien, mais c'était aussi, et avant tout, le plus violent, le moins scrupuleux et le plus redouté des polémistes [2].

Quant à Marivaux, avec sa candeur habituelle, il fut de l'avis de ses adversaires : « Il disait sincèrement qu'on lui avait fait trop d'honneur et qu'il n'avait pas assez de mérite pour être élu [3]. »

Il prit séance le 4 février 1743, le même jour que le duc de Nivernois. Les solennités académiques n'étaient pas moins suivies au xviii° siècle que de nos jours; à la réception de Marivaux, qui tenait à la fois

---

1. D'Alembert, p. 616, n. 2. Il se croit obligé de plaider les circonstances atténuantes du choix de l'Académie : « Si Pline et Lucain eussent vécu du temps de Cicéron et de Virgile, et qu'il y eût eu dans Rome une Académie, croit-on qu'il eût été juste d'y refuser à Lucain et à Pline une place au-dessous de l'orateur et du poète latins? » Mais, toujours la même colère et la même excommunication contre le « bétail esclave » des imitateurs de Marivaux, contre les « détestables copistes d'un mauvais genre. »

2. Voir, sur les obstacles de tout genre que Voltaire, par son intempérance de langage et de plume, se créait, comme à plaisir, pour son entrée à l'Académie, Desnoiresterres, t. II, p. 354.

3. Lesbros, p. 21.

au parlement et à la finance par son origine, aux salons à la mode par ses habitudes sociales, à la Comédie-Française comme ou Théâtre-Italien, l'assemblée dut être particulièrement nombreuse et brillante. A côté de Mmes de Tencin, du Deffand, Geoffrin, du Boccage, Lallemant de Bez, on se montrait sans doute, dans la tribune réservée aux amis du récipiendaire, Mlles Sylvia et Flaminia, Gaussin, Quinault et Dangeville. L'autre tribune, où avaient pris place les amis du directeur en charge, l'archevêque Languet de Gergy, offrait un aspect moins profane. Ici les gens d'Église faisaient une masse sombre, peu favorable à Marivaux, le peintre des dévots et des directeurs de conscience, l'adversaire des vœux trop habilement provoqués. On s'attendait des deux côtés à peu de sympathie du directeur pour le récipiendaire. L'intérêt de la séance était doublé par l'espoir d'un peu de scandale.

L'Académie siégeait alors au rez-de-chaussée du Louvre, près du pavillon Sully, dans deux des salles qui sont affectées aujourd'hui au musée de sculpture moderne et qui portent les noms de Puget et de Coustou [1]. La salle Puget, haute, vaste, décorée avec un luxe sobre, était consacrée aux séances publiques. Nous pouvons aisément nous représenter son aspect des grands jours par un passage des *Mémoires* du duc de Luynes, écrit trois mois après la réception de Marivaux. Assistant à celle du cardinal son frère, le duc qui, à la cour, passait sa vie à observer et à noter les minuties de l'étiquette, prêta naturellement une attention particulière au cérémonial académique. Il

---

[1]. Voir *Paris à travers les âges*, troisième livraison, *le Louvre*, par Edouard Fournier, p. 65-66; on trouve, à la page 47, la reproduction d'une estampe représentant une séance publique de l'Académie en 1673.

est impossible de mieux remplir son office de greffier exact et badaud :

> Tous les académiciens sont assis dans des fauteuils autour d'une table fort longue; le directeur est au bout d'en haut, et celui qui est reçu à l'autre bout, vis-à-vis de lui; les évêques et les prêtres y sont en habit court, comme à l'ordinaire, mais un évêque, le jour de la réception, y est en habit noir long. Quoique le nombre des académiciens soit de quarante et presque toujours complet, ils ne s'y trouvent presque jamais tous ensemble; il ne serait pas possible même que les quarante tinssent autour de la table, telle qu'elle est aujourd'hui. Les dames qui veulent se trouver à ces assemblées sont placées dans les tribunes qui sont dans les deux fenêtres de la salle; l'une de ces tribunes est à la disposition du nouvel académicien, le jour de sa réception, l'autre c'est le directeur qui donne les places. Le auditeurs sont sur des chaises, derrière les académiciens. Lorsque tous les académiciens ont pris séance, le directeur et celui qui doit être reçu, ayant leur chapeau sur la tête, le premier ôte son chapeau; c'est pour annoncer au nouvel académicien qu'il peut parler. Celui-ci ôte son chapeau toutes les fois qu'il dit : « Monsieur » ou qu'il parle du roi. L'usage est de lire son discours; on ne le prononce pas par cœur. Chaque discours dure un quart d'heure [1].

Tout entier à la joie que lui causait un honneur inespéré, Marivaux laissa éclater sa reconnaissance avec une effusion assez rare, bien que les élus ne ménagent pas d'ordinaire l'expression de leurs remerciements :

> L'instant où j'appris que j'avais l'honneur d'être élu, me parut l'instant le plus intéressant que vous pussiez jamais me procurer. Je me trompais; je ne l'avais pas encore comparé à celui où j'ai la joie de voir tous mes bienfaiteurs assemblés, et j'avoue que la nouvelle de mon élection ne m'a pas fait plus de plaisir que je n'en ai à vous marquer ma reconnaissance. Voici le seul jour où il m'est

---

1. *Mémoires du duc de Luynes*, 17 mai 1743, t. V, p. 41.

permis de la rendre éclatante : le public n'en sera témoin qu'une fois ; ce sont vos usages ; mais mon cœur s'en dédommagera en vous la conservant toujours.

Laissant ensuite de côté la feinte modestie d'usage en pareil cas, il ne craint pas de parler de lui-même ; il prend son rang avec une fierté simple, ingénieusement motivée par le choix même de l'Académie :

> Ma reconnaissance sera naïve et non pas imprudente ; je ne vous la témoignerai pas en méprisant moi-même les efforts que j'ai faits pour attirer vos regards. Ce serait là vous remercier mal et vous compromettre. Je sais la valeur de mes ouvrages ; je n'ai pas de peine à penser qu'ils ne méritaient pas vos suffrages ; mais vos suffrages méritent d'être ménagés, et ils ne doivent point souffrir de la médiocre opinion que j'ai de moi-même. Non, messieurs, j'écarterai tous ces aveux d'insuffisance dont la sincérité est toujours suspecte, et qui ne rapportent à celui qui les fait de bonne foi que l'affront de n'être pas cru [1].

C'était alors un usage de beaucoup louer ; Marivaux s'y conforma en excellents termes et paya son tribut, non seulement à Louis XV, qu'on pouvait, à la rigueur, louer à ce moment, car il n'avait encore rien fait, au cardinal de Fleury, mort quelques jours avant, au duc Louis d'Orléans, son bienfaiteur, mais au récipiendaire admis en même temps que lui, le duc de Nivernois. Quant à ses confrères il acquittait sa

---

1. D'après la classification généralement adoptée (voir Paul Mesnard, *Histoire de l'Académie française*, p. 339), le fauteuil de Marivaux est le quatorzième. Il est occupé aujourd'hui par M. Sully-Prudhomme. Par une piquante rencontre, le titulaire actuel exprimait, au début de son discours de réception (23 mars 1882) la même idée que Marivaux dans le sien : « Le sentiment qui domine aujourd'hui dans mon cœur est un orgueil que j'aurais mauvaise grâce à dissimuler. L'humilité n'est pas toujours de mise ; elle ne saurait être chez votre élu ni bien sincère, car il a dû se désigner lui-même à votre choix, ni bien décente, car il ne lui siérait pas de déprécier en sa personne ce que vous avez jugé digne de votre plus haute récompense. »

dette envers eux dans un langage vraiment noble, comparable aux plus beaux éloges qui aient été faits de l'Académie dans l'Académie même :

> Si les hommes ne s'accoutumaient pas à tout, si les idées les plus hautes, les plus capables de leur en imposer, ne leur devenaient pas familières, avec quel plaisir, avec quelle avidité, et même avec quel étonnement respectueux ne vous verraient-ils pas? C'est la raison que j'en atteste; que pourrait-elle trouver de plus frappant pour elle, de plus digne de son admiration, qu'une compagnie d'hommes, qui, malgré l'inégalité du rang, de la naissance et de la fortune, viennent se dégager ici de toutes les distinctions de l'orgueil humain, les anéantissent et ne forment plus qu'une société d'esprits, entre qui toute différence d'état et de condition cesse, comme absolument étrangère à eux : parmi lesquels enfin j'en vois à qui, pour obtenir la place qu'ils occupent, il n'a servi de rien d'être grands dans l'ordre des dignités du monde, et que vous n'avez reçus que parce qu'ils étaient grands dans l'ordre où les rois mêmes, tout puissants qu'ils sont, ne sauraient élever personne?

Le plus difficile de sa tâche était l'éloge de son prédécesseur, l'abbé Houtteville, théologien d'une science douteuse, orateur emphatique, écrivain médiocre. Il s'en tira brièvement, avec adresse et mesure; parlant du principal titre de celui qu'il remplaçait, *la Religion prouvée par les faits*, il trouva dans la sincérité de ses croyances religieuses une belle pensée, que Bossuet n'aurait pas désavouée : « Il a confondu, dit-il, l'incrédulité des esprits; il ne reste plus que l'incrédulité des cœurs, qu'il n'appartient qu'à Dieu seul de vaincre. »

Il faut croire, cependant, que l'Académie et le public attendaient autre chose, car le discours de Marivaux fut diversement jugé. Le policier déjà cité assistait à la séance; il écrivait : « On n'a pas été content du discours de M. de Marivaux, cependant, il s'est trouvé plusieurs gens d'esprit qui ont préféré la naïveté de ses expressions aux tours académiques auxquels on est accoutumé [1]. » Le duc de Luynes disait de son côté : « Le discours de M. de Nivernois fut extrêmement approuvé; celui de M. de Marivaux le fut beaucoup moins [2]. »

Lorsque Marivaux eut fini, l'archevêque de Sens, Languet de Gergy, se leva pour répondre. Singulier contraste que celui d'un prélat recevant un homme de théâtre. Ceux qui comptaient sur un peu d'imprévu ne furent pas déçus.

Frère du célèbre curé de Saint-Sulpice connu pour sa fougue tracassière et sa charité, Jean-Joseph Languet de Gergy était lui-même un des prélats les plus remuants, les plus intolérants et les plus raillés de cette époque; il est souvent question de lui dans l'histoire anecdotique du temps, notamment dans le *Journal* de Barbier, qui le qualifie d' « homme dangereux et outré [3] ». Ami dévoué des jésuites, le premier il avait raconté l'histoire de Marie Alacoque et provoqué une dévotion en son honneur; mais son livre, attribué à l'abbé Tournely, avait excité un feu roulant de couplets satiriques et d'épigrammes. Partisan acharné de la bulle *Unigenitus*, il la soutint par une série d'ouvrages polémiques d'une telle violence, que, lorsqu'il voulut les réunir, un arrêt du Conseil les supprima, « comme étant imprimés sans approbation ni permission, et n'étant pas même de nature à en avoir ». Un peu plus tard, il donnait à son clergé des instructions d'une intolérance scandaleuse, et, pour les avoir suivies, le curé de Joigny était condamné à neuf ans de bannissement. Rigoriste

---

1. *Journal de police*, 5 février 1743.
2. *Mémoires du duc de Luynes*, t. IV, p. 405.
3. T. V, p. 385.

et ennemi de la littérature « légère », il partageait sur le théâtre les idées fameuses de Bossuet. Pouvait-il être indulgent pour celui de Marivaux, où les faiblesses amoureuses tiennent tant de place, pour ses romans qui peignent au naturel des mœurs très relachés? Bien plus, dans ces romans, les excès de la dévotion sont blâmés et raillés ; les directeurs de conscience y sont tournés en ridicule!

Une pareille littérature encourait d'autant plus les sévérités de Languet de Gergy, que ses amis étaient visés dans la *Vie de Marianne* et *le Paysan parvenu* : les modèles de Marivaux ressemblent plus à des jésuites qu'à des jansénistes. A ces rancunes religieuses se joignait peut-être chez l'archevêque un peu d'aigreur provinciale. Marivaux s'était marié à Sens; il avait, paraît-il, emprunté quelques noms propres aux familles de la ville pour ses divers romans [1] et tels Sénonais pouvaient peut-être se reconnaître dans quelques types de *Marianne* et du *Paysan*. En ce cas, Languet de Gergy, en traitant sévèrement Marivaux, aurait vengé non seulement la religion et la morale, mais encore ses ouailles, son chapitre, ses directeurs livrés au ridicule.

Dès le début, il le prit sur son ton dédaigneux qui n'était pas pour plaire au récipiendaire. Il commença par dire en propres termes, que ce qui avait valu à Marivaux les suffrages de l'Académie, c'était ses qualités d'homme privé :

> Quoique vous ayez acquis la place que vous venez occuper parmi nous par une multitude d'ouvrages que le public a lus avec avidité, ce n'est point tant à eux que vous devez notre choix qu'à l'estime que nous avons faite de vos mœurs, de votre bon cœur, de la douceur de votre

1. Voir ci-dessus, p. 69, n. 2.

société, et, si j'ose le dire, de l'*amabilité* de votre caractère.... C'est là ce qui concilie nos suffrages plus efficacement que les écrits brillants et les dissertations savantes.

La raison est médiocrement flatteuse, car on peut être un fort honnête homme et un très méchant écrivain ; Boileau l'a dit depuis longtemps. L'archevêque aurait donc pu, tout en louant les vertus de Marivaux, comme c'était son droit, n'y pas tant insister — car le passage est long et je ne le cite pas tout entier — surtout n'en pas faire le principal titre académique du nouvel élu. A peine avoua-t-il connaître personnellement ses « feuilles philosophiques » ; pour le reste, il s'en tint aux on-dit : « Ceux qui ont lu vos ouvrages racontent.... Le célèbre La Bruyère paraît, dit-on, ressusciter en vous.... Voilà, m'a-t-on dit, ce qui se trouve répandu dans une foule d'écrits, de romans, de pièces de théâtre, de brochures amusantes que vous avez données au public avec une prodigieuse fécondité. » Mais, s'il a peu lu les ouvrages de Marivaux, il les connaît assez pour faire le procès du *marivaudage* :

Dans ces pièces diverses vous avez semé à pleines mains cette vivacité, ce brillant, qui vous est propre ; chaque phrase, chaque mot quelquefois est une pensée. Les expressions figurées, les métaphores hardies coulent naturellement de votre plume. Elles sont employées souvent avec succès, quelquefois hasardées aussi avec un peu trop de confiance. Car vos nouveaux confrères, en approuvant ce qu'il y a de beau dans votre style, veulent que j'y ajoute cette légère critique, dans la crainte que ceux qui, sous nos auspices, aspirent à la perfection, ne s'autorisent de votre exemple et de son suffrage pour copier d'après vous quelques expressions et quelques métaphores que votre génie fertile vous a fait risquer.

Bien plus, il se croit en droit d'adresser à son nouveau confrère une morale assez verte :

J'ai appris que vous paraissiez vous proposer pour terme une morale sage et ennemie du vice; mais qu'en chemin vous vous arrêtiez souvent à des aventures tendres et passionnées ; que, tandis que vous voulez combattre l'amour licencieux, vous le peignez avec des couleurs si naïves et si tendres, qu'elles doivent faire sur le lecteur une impression tout autre que celle que vous vous proposez; et qu'à force d'être naturelles, elles deviennent séduisantes. La peinture trop naïve des faiblesses humaines est plus propre à réveiller la passion qu'à l'éteindre : de quelques préceptes qu'on l'assaisonne, un jeune homme y prendra plus de goût pour le vice que vos morales ne lui en inspireront pour la vertu; et votre *Paysan*, *parvenu* à la fortune par des intrigues galantes, aura beau prêcher la modestie et la retenue qu'il n'a pas pratiquées ; il aura beau exagérer les périls de l'amour et ses suites funestes, il trouvera plus de gens disposés à copier ses intrigues, que de ceux qui voudront bien profiter de ses leçons.

Ici encore, pour n'être pas trop long, je ne donne qu'une partie du passage. Languet concluait par une condamnation formelle de la littérature d'imagination, comme corruptrice, impuissante pour le bien, toute-puissante pour le mal : « Les peintures vives de l'amour profane qu'on emploie pour en garantir le cœur humain, suffisent souvent pour l'y faire germer, et y porter des impressions funestes que la plus sage morale n'efface point. »

Non seulement la tolérance et la mesure, mais les plus simples convenances sont également violées dans ce singulier discours, aussi compromettant pour l'Académie que blessant pour le récipiendaire. L'archevêque avait beau, en finissant, présenter la sévérité de ses critiques comme un devoir sacré d'un prélat envers lui-même, le prétexte n'est que spécieux. Languet parlait ce jour-là non pas comme prélat, mais comme directeur de l'Académie; il pouvait, sans capitulation de conscience, concilier les devoirs de sa charge temporaire et ceux de sa dignité ecclésiastique. En effet, le rôle d'un directeur a été très justement défini par d'Alembert : « Quelque jugement que l'orateur de la Compagnie porte en secret sur celui qu'il est chargé de recevoir, lui eût-il refusé son suffrage, eût-il traversé son élection, fût-il même son ennemi, il doit oublier tout, dès qu'il se trouve à la tête de la société respectable qui vient d'adopter le nouvel académicien. Simple organe de ses confrères en cette circonstance, et réduit à exprimer leurs sentiments, lors même qu'ils ne sont pas les siens, il est, au moins pour ce moment, voué ou, si l'on veut, condamné à l'éloge, comme le récipiendaire l'est à la timidité et à la modestie [1]. » Si, par excès de scrupule, Languet avait cru ne pouvoir se départir d'un rigorisme sacerdotal, il aurait dû laisser à un autre de ses confrères, libre de cette obligation, le soin de répondre à Marivaux. Cela lui eût été d'autant plus facile qu'au moment de l'élection de celui-ci, il sortait de charge et qu'un nouveau directeur devait être en fonctions à l'époque de la réception. Il aimait trop la représentation et le bruit pour prendre ce parti; il avait fait ou laissé décider par l'Académie, le 17 décembre 1742, que « M. l'archevêque de Sens, directeur du présent trimestre, ferait dans le trimestre prochain la réception de MM. le duc de Nivernois et Marivaux; et que le directeur qui serait élu au commencement du trimestre de janvier lui céderait cette fonction [2]. » En persistant à faire acte de directeur, il devait parler comme tel; il parla en sectaire [3].

---

1. Cité par Sainte-Beuve, *Causeries du Lundi*, t. XI, p. 347.
2. Registres de l'Académie française.
3. Cet homme, qui avait tant aimé le bruit et l'éclat, fut puni par où il avait péché; il avait tellement lassé l'attention et la

On devine les sentiments du récipiendaire en s'entendant traiter de la sorte : « Nous savons de M. de Marivaux lui-même, dit d'Alembert, qu'il fut sur le point de demander publiquement justice à l'Académie et à l'assemblée d'une leçon, qui pouvait être juste, mais qui, par la circonstance et par la forme, n'était pas à ce moment fort à sa place [1]. » L'attitude du public empêcha heureusement ce petit scandale; loin de marquer son approbation au directeur, il couvrit de risée le passage relatif aux romans de Marivaux. Le policier écrivait : « Pour le discours de M. l'archevêque de Sens, il a assommé l'assemblée; il a été d'une longueur d'autant plus ennuyeuse que rien de fin n'en a diminué le cours. Sans le respect dû au lieu et à l'assemblée, il n'y a pas de doute qu'il n'eût été interrompu; mais les longs éclats de rire dont on a honoré sa mercuriale à M. de Marivaux sur son *Paysan parvenu* ont dû lui faire comprendre ce qu'on pensait de lui. Rien de plus singulier ne s'est jamais passé à l'Académie. » Il ajoutait le lendemain : « Le discours de M. l'archevêque de Sens est l'objet de la raillerie publique. Ce prélat trouve très peu de défenseurs [2]. » Le duc de Luynes, toujours respectueux des gens constitués en dignité, est cependant obligé de reconnaître que ce discours « fut trouvé trop dogmatique et trop long [3] ».

Il est heureux que nous ayons les témoignages de ces deux témoins oculaires, dignes de foi l'un et l'autre, malgré l'extrême différence de leurs conditions, car le compte rendu de la séance, rédigé par l'abbé

---

patience, que Buffon, son successeur à l'Académie, crut pouvoir ne faire aucune mention de lui dans son discours de réception.
1. Page 617, n. 25.
2. *Journal de police*, 5 février 1743.
3. *Mémoires du duc de Luynes*, t. IV, p. 405.

Desfontaines, nous prouverait, si nous ne le savions par une expérience journalière, que les récits faits pour le public sont rarement la vérité vraie. Il n'y a trace chez Desfontaines de l'incident relevé plus haut; tout semble s'être passé pour le mieux. Le critique fait des prodiges de souplesse pour ménager également deux orateurs dont l'un a si fort maltraité l'autre. A ce moment, sans doute, il était en assez bons termes avec Marivaux; d'autre part, ecclésiastique et *bien pensant*, il tenait à ne pas désobliger un prélat. Pour Marivaux, il se contente d'analyser son discours, en relevant çà et là quelques expressions affectées et cette partie de son compte rendu, si elle est timide et pédante, renferme cependant des observations judicieuses. Pour Languet, il affirme qu'il a « critiqué poliment et modérément les écrits de Marivaux » et, qu'en blâmant leur genre, il a déployé « un zèle vraiment apostolique[1] ».

Telle fut cette réception, qui mérite d'être rapprochée de quelques autres où le langage tenu au récipiendaire contrastait singulièrement avec l'honneur qu'il recevait. On avait eu auparavant celle de M. de Noyon, agréablement persiflé par l'abbé de Caumartin; on eut plus tard celle de M. de Roquelaure, évêque de Senlis, à qui l'abbé de Voisenon adressait une harangue soulignée à chaque phrase par les rires du public; celle de La Harpe, l'irritable et belliqueux critique, devant lequel l'éloge de Colardeau, l'aimable et doux poète, parut, dans la bouche de Marmontel, une satire personnelle; enfin, plus près de nous, celle d'Alfred de Vigny, vraiment malmené par M. Molé, à la grande joie de Sainte-Beuve[2].

---

1. *Observations sur les écrits modernes*, t. XXXII, p. 13 et suiv.
2. Voir *Nouveaux Lundis*, t. VI, p. 420 et suiv.

Cependant, après la réception de Marivaux, l'Académie avait essayé de prévenir les incidents de ce genre. Trois mois après, et encore sous l'impression de cette séance, elle prenait la résolution que voici :
« La Compagnie a décidé aujourd'hui qu'aucun académicien ne lirait un ouvrage de sa façon dans une séance, qui n'eût été lu auparavant dans une séance particulière ou examiné par trois commissaires; et que cette décision serait rapportée à la séance générale pour y être confirmée. » L'assemblée générale trouva la décision trop étroite et la modifia ainsi :
« La Compagnie, ayant délibéré sur ce qui avait été décidé le 18 de ce mois touchant la lecture des ouvrages que les académiciens font dans les séances publiques, il a été résolu qu'on n'en lirait plus aucun qui n'eût été auparavant communiqué au directeur et au secrétaire. Il ne s'agit dans cette décision que des lectures extraordinaires : les réponses que le directeur fait au récipiendaire, ni les discours qu'il peut faire en d'autres occasions n'y sont point compris [1] ».

Il serait curieux de lire les procès-verbaux détaillés des discussions qui précédèrent ces deux décisions; ils n'existent malheureusement plus. Sans doute, il se trouva des académiciens personnellement visés, pour protester contre cette mesure de défiance et obtenir un amendement au projet primitif. On sait que, depuis, la Compagnie est revenue à celui-ci et que, actuellement, discours des récipiendaires et réponses des directeurs sont soumis à l'avis préalable d'une commission. Sage mesure, qui a prévenu bien des incidents fâcheux. Si elle ne peut les empêcher tous, comme on le vit par la réception d'Alfred de

---

1. Registres de l'Académie française, 18 et 30 mai 1743.

Vigny, du moins est-on sûr, grâce à elle, qu'il ne se produira plus de scandale aussi fâcheux que celui dont Marivaux eut à souffrir [1].

Mme de Tencin ne borna pas ses bienfaits envers Marivaux à le faire valoir de son mieux et à briguer en sa faveur. Elle veillait sur lui avec une sollicitude attentive. Dans les affaires ordinaires de la vie, il était incapable de se diriger seul; il lui fallait une tutelle prévoyante, surtout en matière d'intérêts. Mme de Tencin l'avait logé près d'elle, « rue Saint-Honoré, près de Saint-Roch [2] ». L'histoire anecdotique du XVIIIe siècle a souvent parlé de la générosité qu'elle mettait au service de « ses bêtes », comme elle appelait, par antiphrase, sa société de gens d'esprit : dans cette « ménagerie », Marivaux était le plus choyé.

Il n'avait pour vivre, on le sait, que le mince produit de ses ouvrages. Le temps allait venir où la littérature, surtout la littérature dramatique, grâce à Beaumarchais, nourrirait son homme. En attendant, les *parts d'auteur*, assez libéralement fixées en principe, par un arrêt de 1697, — au neuvième de la

---

[1]. Après sa mort, Marivaux ne rencontra pas à l'Académie plus de justice que de son vivant. L'abbé de Radonvilliers, son successeur, fit son éloge de très mauvaise grâce, avec les mêmes réserves qu'autrefois Languet de Gergy : « Vous n'attendez pas de moi que j'approuve le genre des romans et des comédies dans lesquels M. de Marivaux s'est exercé ; des lois d'un ordre supérieur me le défendent.... » etc. De même le cardinal de Luynes, qui répondit. Bachaumont fit la remarque de cette singulière malechance (*Mémoires secrets*, édit. de Londres, 1780, t. I, p. 194) et Grimm lui-même ne put s'empêcher de trouver que Marivaux méritait mieux. (*Correspondance littéraire*, édit. Tourneux, t. V, p. 275.)

[2]. *Almanach royal* de 1744, p. 318, dans la liste des membres de l'Académie française. Mme de Tencin demeurait rue et porte Saint-Honoré. Dans cette rue habitait aussi le meilleur ami de Marivaux, Fontenelle.

recette pour les pièces en cinq actes, et au douzième pour les pièces en trois [1], — se trouvaient en fait réduites à très peu de chose par le droit que s'étaient arrogé les comédiens de s'approprier définitivement toute pièce dont la représentation aurait produit *deux fois de suite* ou *trois fois en divers temps* une somme inférieure aux frais journaliers du théâtre ; et ils avaient plusieurs moyens d'amener ce résultat [2]. En dehors du théâtre, les journaux de Marivaux avaient échoué. Quant à ses romans, ils n'étaient sans doute pas mieux payés par les libraires que ceux de ses confrères, Le Sage et Prévost, qui travaillèrent toute leur vie, enrichirent leurs éditeurs et moururent pauvres. On ne sera pas très au-dessous de la vérité en évaluant en moyenne à quinze cents ou deux mille livres, dans les bonnes années, le produit que Marivaux tirait de sa plume, avec ses premières représentations et ses reprises [3], ses publications et ses

---

1. Déduction faite des frais journaliers du théâtre, comptés à 500 livres l'hiver et 300 l'été.
2. Voir V. Fournel, *Curiosités théâtrales*, chap. ix, et L. de Loménie, *Beaumarchais et son temps*, chap. xix.
3. Les registres du Théâtre-Français et ceux du Théâtre-Italien montrent combien les pièces de Marivaux lui rapportaient peu, surtout au Théâtre-Français. Prenons comme exemple deux pièces jouées à ce dernier théâtre : l'une, *les Serments indiscrets* (cinq actes), lui rapportait 269 livres pour neuf représentations, l'autre, la seconde *Surprise de l'Amour* (trois actes), 341 livres pour quatorze. Au Théâtre-Italien, il dut toucher 496 l. 14 s. pour les seize représentations de la première *Surprise de l'Amour* et 1373 l. 4 s. pour les dix-sept du *Prince travesti*. On ne peut affirmer, cependant, que l'édit fût appliqué par les Italiens, car leurs registres, à la différence de ceux des Français, ne portent pas le calcul des parts d'auteur. Ils indiquent simplement le chiffre de chacune des parts d'acteur. En raison de la gêne primitive, ces parts furent de 125 l. pour la première *Surprise de l'Amour*; pour le *Prince travesti*, elles sont de 852 l. Je pencherais à croire que les Italiens appliquaient l'édit, avec frais journaliers moins élevés que pour le Théâtre-Français ; leurs registres portent 120 l. de frais par soirée pour

réimpressions[1]. Marivaux était d'autant moins sûr de ses moyens d'existence qu'il dépensait sans compter, au jour le jour. Avec ses habitudes d'élégance et de recherche, il songeait d'abord au superflu, et bientôt le nécessaire lui manquait. Mme de Tencin intervenait alors et, avec une délicatesse inventive, le décidait à recevoir ce qu'il eût refusé d'une main moins habile aux ménagements[2]. Malheureusement pour lui, elle mourut trop tôt, en 1749, à peine six ans après l'avoir fait entrer à l'Académie. Marivaux écrivait sur cette mort à la comtesse de Verteillac : « Mme de Tencin n'est plus. La longue habitude de la voir qui m'avait lié à elle n'a pu se rompre sans beaucoup de sensibilité de ma part[3]. » C'est le style du temps, et, sous la modération discrète de la forme, il est permis de supposer un profond regret.

C'est encore à l'amitié de Mme de Tencin qu'il dut une autre protection, celle de Mme de Pompadour, fort obligée à Mme de Tencin, qui avait grandement aidé la « petite d'Etioles » à parvenir jusqu'au roi. Collé estime à ce sujet qu'il fut conduit « à recevoir des bienfaits de gens dont il n'eût jamais dû en accepter[4] »; ce pluriel désigne la favorite. C'est,

---

la première *Surprise de l'Amour*, et 150 pour le *Prince travesti*. Il faut ajouter qu'au Théâtre-Italien les pièces de Marivaux tombaient rarement au-dessous du minimum, tandis qu'aux Français cette mésaventure leur arrivait souvent. Enfin, à ce dernier théâtre, une fois jouées dans leur nouveauté, elles reparaissaient rarement; aux Italiens, au contraire, elles entraient au répertoire et reprenaient souvent l'affiche.

1. Deux mois avant sa mort, le 30 novembre 1761, Marivaux vendait pour 500 livres au libraire Duchesne deux volumes de pièces détachées; la quittance de ce marché se trouve en fac-similé dans l'édition Duviquet.

2. Lesbros, p. 9.

3. Lettre du 14 décembre 1649, reproduite en fac-similé dans l'*Isographie des hommes célèbres*, de Delarue, 1843, t. III.

4. *Journal*, t. II, p. 288.

pour le temps, montrer beaucoup de sévérité, car Marivaux se trouvait ici en compagnie de gens tels que Voltaire, Crébillon père, Buffon, Montesquieu, sans parler de littérateurs de moindre importance, comme Marmontel. Si pourtant l'on pense comme Collé, il faut tenir compte à Marivaux de ceci, qu'il ignora longtemps cette obligation. Il avait obtenu sur la cassette du roi une pension de trois mille livres. Avec ses habitudes, cette pension ne l'avait pas mis à l'abri du besoin, et un jour, dans une visite à l'abbé de Voisenon, il lui avouait en confidence que, si la générosité du roi ne lui venait encore en aide, il serait obligé de quitter Paris pour aller chercher en province une modeste retraite [1]. Quoique Marivaux ne l'eût chargé de rien, Voisenon s'empresse, dans une excellente intention, de faire part à la duchesse de Choiseul de cette confidence. La duchesse en parle de son côté à Mme de Pompadour; celle-ci s'étonne et répond qu'elle a fait tout le possible pour Marivaux : elle lui a obtenu, en effet, une pension de quinze cents livres, portée depuis à trois mille. Voisenon eut le tort de ne pas taire ce qu'il venait d'apprendre; il le rapporta à Marivaux, qui se croyait uniquement le pensionné du roi, et pour lequel ce fut un cruel chagrin de se savoir protégé depuis plusieurs années par la favorite. Cette découverte aurait hâté sa fin [2].

Une passion aussi coûteuse que noble, dont la pauvreté n'avait pu guérir Marivaux, la charité, prenait beaucoup sur ses modestes ressources. « Avec une fortune très bornée et que beaucoup d'autres auraient appelée indigence, il se dépouillait de tout en faveur

---

1. Voisenon, *Œuvres*, t. IV, p. 89.
2. *Id.*, *ibid.*, t. IV, p. 90 : « Marivaux, voyant que j'avais découvert le mystère, me battit froid, tomba dans la mélancolie, et mourut quelques mois après. »

des malheureux [1]. » Ses ouvrages et sa pension lui donnaient « environ quatre mille livres, mais il n'en dépensait que quinze cents pour ses besoins, et le reste était employé pour ceux des autres [2] ». On le vit souvent « sacrifier jusqu'à son nécessaire pour rendre la liberté et même la vie à des particuliers qu'il connaissait à peine, mais qui étaient ou poursuivis par des créanciers impitoyables ou réduits au désespoir [3] ». Connaissant par lui-même la pudeur de la pauvreté fière, il excellait à ménager la susceptibilité des cœurs aigris par les souffrances; « il sauvait aux malheureux en les soulageant la honte qu'on a attachée aux bienfaits qu'un état peu aisé nous met dans le cas de recevoir [4] ».

Il avait surtout le respect de la misère digne, la plus poignante de toutes, la plus lourde à porter, celle qui se cache, au lieu de s'étaler, qui ne mendie point, et qui voudrait être comprise à demi-mot. Un vrai pauvre, attiré par sa réputation de bienfaisance, vint lui parler de sa triste situation; il n'était pas mal vêtu; son extérieur était propre et décent. Craignant d'être dupe ou ne comprenant pas, Marivaux le laissa partir sans lui rien donner. Le malheureux revint quelques jours après, couvert de haillons cette fois : Marivaux fit en sa faveur tout ce qu'il pouvait et s'excusa avec effusion d'avoir réduit un malheureux à montrer sa détresse [5].

Sa bonté était parfois aussi spirituelle que tou-

---

1. De La Porte, *Préface* de 1765, p. 20.
2. Lesbros, p. 27.
3. *Id.*, p. 22.
4. *Id.*, p. 35. — Voir, dans la *Vie de Marianne*, première partie, ce qu'il dit de la manière blessante dont trop de gens pratiquent la charité.
5. Lesbros. p. 23 à 25; il raconte cette anecdote avec beaucoup de détail.

chante. Une jeune fille qui se destinait au théâtre vient le consulter sur le talent qu'elle se croyait ; elle allait partir pour la Pologne, où elle était engagée. Marivaux l'écoute, puis, avec toutes sortes de ménagements, l'engage à renoncer à la scène : elle n'avait ni figure ni esprit. « Que puis-je donc faire, s'écrie-t-elle, je suis orpheline et sans ressources! » Marivaux lui conseille alors d'entrer au couvent. Mais les frais de la profession? Marivaux les payera. Il les paya, en effet, et comme on s'étonnait de cette vocation religieuse provoquée chez une actrice par un auteur de comédies : « Elle eût longtemps fait bailler les Polonais avant de les faire rire », répondait-il pour s'excuser. Plaisanterie bien innocente, et que pourtant « son cœur reprocha toujours à son esprit [1] ».

Son goût pour la franchise, pour tout ce qui était premier mouvement et réflexion naïve, lui fit accueillir avec une amusante bonhomie la singulière réponse d'un malheureux qui lui demandait l'aumône. Il montait en carrosse avec Mme Lallemant de Bez, lorsque, à la portière, se présente un mendiant, mais un mendiant comme on en voit peu, « de dix-huit à vingt ans, gras, potelé, du teint le plus frais et le plus vermeil. » D'abord Marivaux s'indigne : « N'as-tu pas

---

1. Lesbros, p. 28. — Il ne faudrait point, d'après cela, attribuer à Marivaux un rigorisme excessif pour un homme de théâtre. Il y a telles comédiennes auxquelles il eût conseillé de rester à la scène, comme le prouve cette anecdote (d'Alembert, p. 610, n. 10) : « Marivaux, qui avait fort connu Mlle Lecouvreur, racontait d'elle un trait singulier.... Elle passait un jour avec (lui) devant la porte d'une communauté religieuse, où elle avait reçu la première éducation, et, se tournant vers cette porte, elle se mit à pleurer : « Qu'avez-vous donc? lui dit Marivaux? — Hélas, répondit-elle, je pleure d'avoir si mal suivi les principes que j'ai reçus dans cette maison. — Mademoiselle, lui dit-il, je ne puis que respecter vos pleurs, mais choisissez donc ou d'être la plus grande princesse du monde, ou la personne du monde la plus raisonnable ».

honte, misérable, s'écrie-t-il, jeune comme tu es, et te portant le mieux du monde, d'avoir la bassesse de mendier ton pain, que tu pourrais gagner par un honnête travail ! » Alors le mendiant consterné, se grattant l'oreille et moitié sanglotant : « Ah ! Monsieur, si vous saviez comme je suis paresseux ! » Marivaux lui donna sur-le-champ un écu de six livres, et, comme Mme Lallemant de Bez s'étonnait : « Je n'ai pas pu, ajouta-t-il, me refuser à récompenser un trait de sincérité [1]. »

Cette passion de la charité s'unissait chez lui à une qualité bien rare : nul n'était plus discret que lui sur le bien qu'il avait fait. On ne pouvait lui causer un plus vif dépit que de le dévoiler. « Si la reconnaissance le publiait, il n'en convenait qu'avec peine. Il avait la même attention à recommander le secret à ceux qu'il obligeait qu'à cacher à ses plus intimes amis ses chagrins domestiques et ses propres besoins [2] ».

Au nombre de ses obligés était un homme qui devait devenir illustre et qu'il aida, non pas de sa bourse, mais de sa collaboration. On l'aurait toujours ignoré sans l'aveu de l'obligé : « Je lui montrai, nous apprend J.-J. Rousseau, ma comédie de *Narcisse*. Elle lui plut et il eut la complaisance de la retoucher [3]. » Contraste piquant, qui nous montre ainsi

1 Lesbros, p. 37.
2. *Id.*, p. 35.
3. *Les Confessions*, deuxième partie, liv. VII. — Cette comédie de *Narcisse* (ou *l'Amant de lui-même*), que les comédiens italiens reçurent sans la jouer et que les comédiens français se décidèrent à donner assez longtemps après (*Ibid.*, II, VIII), est fort médiocre. On y retrouve cependant la main de Marivaux, dans la manière adroite dont certaines scènes sont coupées et qui dénote un homme du métier, ce que Rousseau n'était nullement, dans la conduite de la scène capitale entre les deux amoureux (scène IX), dans la tournure donnée au rôle

réunis pour une œuvre commune les deux esprits les plus opposés peut-être de tout le xviiie siècle. Collé [1] nous apprend quelle opinion Marivaux avait gardée de son collaborateur : « Il l'avait vu l'homme du monde le plus simple, le plus uni et le moins enthousiaste ». Jean-Jacques, en effet, commença par la naïveté et la confiance; plus tard, aigri et soupçonneux, il ne put trouver chez Marivaux prétexte à sa misanthropie : c'est avec Fontenelle et Mably, un des seuls hommes de lettres qu'il ait continué à voir lorsqu'il commença à trouver insupportables les relations du monde [2].

Pour prix de ses bienfaits, il ne récoltait souvent que l'ingratitude, car « personne n'était plus aisé à tromper [3] », mais il ne s'en étonnait pas. Il estimait qu'en matière de bienfaisance, il faut se résigner à bien des déceptions; il plaignait les ingrats plus encore qu'il ne les blâmait :

> N'en doutez pas, écrivait-il à un ami, Dieu récompense toujours les bons cœurs; à la vérité ce n'est pas toujours par ceux que les bons cœurs ont obligés. Il y a des ingrats de qui vous ne tirez rien, mais en revanche il y a de belles âmes qui vous payent pour eux, et qui regardent comme un service tout rendu la seule envie que vous auriez de leur en rendre; ainsi vous ne perdez rien, ainsi les ingrats sont punis parce qu'ils vous perdent, pendant qu'il vous reste sur eux l'avantage de les connaître et de les laisser honteux du tort qu'ils ont avec vous : car ils ont beau faire, mon ami, leur conscience ne saurait être ingrate, tout s'y

---

du valet Frontin et de la soubrette Marton, dans quelques réflexions qui sont du pur Marivaux — du bon, comme celle-ci : « Il a trop de dépit pour n'avoir plus d'amour » (scène ix); du mauvais, comme cette autre : « La beauté se plaît à parer des visages qui ne tirent leur fierté que d'elle » (scène iii).

1. *Journal*, t. II, p. 65
2. *Confessions*, II, vii.
3. D'Alembert, p. 558.

trouve. Elle a des replis où les reproches que nous méritons se conservent, où nos devoirs se plaignent de n'avoir pas été satisfaits; oui, mon ami, des replis où se sauve la dignité de notre être, où elle se venge contre nous de lui avoir manqué [1].

Cependant, à force de donner sans compter, Marivaux en était venu à la véritable gêne. Il se faisait vieux; Mme de Tencin était morte; il allait connaître la plus triste des misères, celle des vieillards isolés et négligés après une existence mondaine et brillante. Une dernière amitié lui vint en aide, celle de Mlle de Saint-Jean [2]. Celle-ci n'était pas une femme célèbre et elle n'avait qu'une bien modeste aisance; Marivaux cependant lui dut plus encore qu'aux nobles et riches amies de son âge mûr. Lorsqu'il fut vieux et malade, Mlle de Saint-Jean lui proposa de venir habiter avec elle : leur âge les mettait à l'abri de la médisance. Marivaux accepta d'autant plus volontiers qu'il se croyait le plus riche des deux. Ils s'établirent donc dans un riant appartement de la rue de Richelieu, dont les fenêtres donnaient sur le jardin du Palais-Royal [3], et c'est là que Marivaux, dès lors à l'abri du besoin et débarrassé de ses préoccupations habituelles, passa les dernières années de sa vie.

Cette amitié inspirait à d'Alembert, dont on sait la tendre liaison avec Mlle de Lespinasse, un retour sur lui-même, d'un tour discret et d'une touchante mélan-

---

1. Lettre citée par Lesbros, p. 33.
2. Collé, *Journal*, t. II, p. 288; Lesbros, p. 37; D'Alembert, p. 611.
3. Marmontel, *Mémoires*, liv. VII, et *Almanach royal* de 1762, p. 358. A cette époque, les maisons en façade sur la rue de Richelieu ouvraient par derrière, jusqu'à la hauteur de la rue Neuve-des-Petits-Champs, sur le jardin du Palais-Royal. C'est de 1781 à 1786 que le duc d'Orléans fit construire, en bordure sur le jardin, les fameuses galeries et les rues de Valois, de Beaujolais et de Montpensier.

colie : « Il fut assez heureux, disait-il, pour trouver, longtemps après (la mort de sa femme), un autre objet d'attachement, qui, sans avoir la vivacité de l'amour, remplit ses dernières années de douceur et de paix.... C'est surtout lorsque le temps des passions est fini pour nous que nous avons besoin de la société d'une femme complaisante et douce, qui partage nos chagrins, qui calme ou tempère nos douleurs, qui supporte nos défauts. Heureux qui peut trouver une telle amie! plus heureux qui peut la conserver et n'a pas le malheur de lui survivre [1] »! Cette manière de parler avec délicatesse de choses délicates est autrement appropriée au sujet que la touche lourde et brutale de Collé, qui, lui aussi, parle de cette liaison, mais sur un ton de commérage et dans des termes tout à fait fâcheux pour Marivaux : « Si j'en dois croire, dit-il, une vieille demoiselle Saint-Jean, avec laquelle il demeurait depuis près de trente ans (?), elle l'avait soutenu pendant plusieurs années, et il avait vécu à ses dépens; et indépendamment que je ne crois pas que cette bonne fille mente, la dépense que Marivaux faisait et aimait à faire me persuade aisément qu'elle n'avance rien à cet égard qui ne soit vrai [2]. » Collé ne nous fera pas croire qu'après de longues années de dévouement, Mlle de Saint-Jean ait ainsi parlé de l'ami perdu. Au reste, un acte authentique, récemment découvert [3], nous prouve que Marivaux, en acceptant l'hospitalité de Mlle de Saint-Jean, apportait sa part de revenus dans la communauté et qu'il lui laissa autre chose que des dettes. C'est un acte, passé le 16 octobre 1757, devant

---

1. P. 611.
2. *Journal*, t. II, p. 268.
3. Par M. Em. Campardon, et publié dans les *Comédiens du roi de la troupe italienne*, t. II, p. 9.

Mᵉ Guillaume Bioché, notaire au Châtelet, par lequel M. Frécot de Lanty, conseiller au Grand Conseil, constitue une rente viagère de 2 800 livres « au sieur Pierre Carlet de Chamblain de Marivaux, de l'Académie française, et à demoiselle Gabrielle-Angélique Anquetin de la Chapelle Saint-Jean, demeurant ensemble rue de Richelieu, paroisse Saint-Eustache ». Cette rente est le revenu à dix pour cent des capitaux versés par eux entre ses mains, montant à 8 000 livres pour Marivaux et 20 000 pour Mlle de Saint-Jean : « Lesdits sieurs de Marivaux et demoiselle de Saint-Jean, dit l'acte, pour se donner des preuves réciproques de l'amitié qu'ils ont dit se porter, se sont, par ces présentes, fait donation pure, simple et irrévocable, en meilleure forme et manière que donation puisse valoir, au survivant d'eux, du droit respectif qu'a ledit survivant de jouir de la totalité de ladite rente viagère. » Si l'on ajoute à cette rente la pension sur la cassette du roi et les droits d'auteurs de Marivaux, on verra qu'en somme il ne vécut pas tout à fait « aux dépens » de Mlle de Saint-Jean, selon l'expression excessive de Collé.

Il dut à cette amitié de sentir moins vivement l'oubli qui se faisait de plus en plus autour de son nom. Depuis sa réception à l'Académie française, il n'avait presque plus écrit et ses rares appels à la curiosité de son ancien public étaient mal accueillis : une petite comédie en un acte, *la Dispute*, était sifflée au Théâtre-Français [1]; de même *les Acteurs de bonne*

---

1. 19 octobre 1744. Le *Mercure* (octobre 1744) enregistre en ces termes ce piteux échec : « Cette nouveauté n'ayant pas été goûtée du public, l'auteur l'a retirée après la première représentation ». Deux ans après, il est vrai, Marivaux prenait sa revanche avec le *Préjugé vaincu* : « Quoiqu'elle eût été bien reçue, l'auteur a jugé à propos d'y faire quelques changements, qui ont fait redoubler les applaudissements et l'affluence

foi [1]. Quelques articles donnés au *Mercure*, les meilleurs assurément qui soient sortis de sa plume, passaient inaperçus [2]. La plupart avaient déjà été présentés au public, sous forme de lectures, dans les séances de l'Académie [3], et n'avaient reçu que le plus froid accueil [4] ; une fois même l'inattention fut si marquée, que Marivaux termina brusquement sa lecture avec un mécontentement visible [5]. Il avait eu jadis de ces accès d'humeur ; on les lui pardonnait, car il les faisait vite oublier, et il ennuyait rarement deux fois de suite. Maintenant il n'y avait plus guère de revanche possible : son heure était passée. Une nouvelle génération littéraire s'emparait de la seconde

des spectateurs. L'auteur ne se nomme point malgré son succès. Quelques personnes ont cru que cet ouvrage était de M. de Marivaux : nous n'éclaircirons pas ce mystère, mais on peut dire qu'on trouve dans cette pièce la vivacité du dialogue, l'abondance des pensées fines et l'art d'intéresser le spectateur que l'on trouve dans les autres pièces de M. de Marivaux ». (*Mercure*, août 1746). Le succès de ce petit acte fut pour Marivaux le dernier que, de son vivant, il ait obtenu au théâtre.

1. Si toutefois la pièce a été jamais représentée, ce qui est plus que douteux (voir ci-après, Appendice).

2. Voir ci-après l'énumération de ces articles, Appendice, et leur appréciation, 4ᵉ partie, chap. III.

3. Voir ci-après, Appendice.

4. A l'occasion de l'une d'elles, un critique du temps déclare à Marivaux qu'il force son talent, et lui signifie nettement le *solve senescentem* : « Si ce célèbre et très aimable académicien osait me croire, il s'en tiendrait à la réputation qu'il s'est justement acquise par ses *Surprises de l'Amour*, par sa *Marianne* et son *Paysan parvenu* ; mais il est de l'Académie ; il faut soutenir cette dignité, et il pense le faire en forçant son génie par des sujets qui lui répugnent : c'est ainsi qu'une jolie femme se trompe tous les jours sur les intérêts les moins délicats de son amour-propre. Je puis me tromper à mon tour, mais c'est mon avis ; tout ce que M. de Marivaux avait à nous dire de bon, il nous l'a dit plus d'une fois. » (Clément, *Les cinq années littéraires*, t. I, p. 187).

5. D'Alembert, p. 516, n. 1. — D'après Piron (*Lettres inédites à l'abbé Dumay*, 1884), c'est à la réception de Châteaubrun, en 1753, que lui arriva cette mésaventure.

moitié du siècle : d'Alembert, Diderot, Buffon remplaçaient l'école plus délicate que forte dont Marivaux était le plus aimable esprit; ce « souffle vigoureux de la philosophie », dont parle Grimm, effeuillait les roses légères qui avaient paré la jeunesse du siècle. Les nouveaux venus reprochaient injustement à leur prédécesseur de manquer de sérieux et d'y prétendre en vain : la place n'était plus, disaient-ils, aux aimables diseurs de riens [1].

Marivaux se prépara donc avec résignation à mourir dans le silence et la paix. Les croyances religieuses de sa jeunesse le consolèrent; comme il arrive d'habitude, elles se réveillèrent plus vives aux approches de la fin, et il se donna tout entier à la piété, aux bonnes œuvres, aux lectures édifiantes. Une curieuse histoire, contée par La Place [2], le montre, dans ces dernières années, « avec tout l'esprit et toute la bonne philosophie dont un mortel peut-être doué », mais « poussant la crédulité sur certaines matières jusqu'au point d'exciter la surprise la mieux fondée ». Un soir d'hiver, il arrivait chez La Place, au sortir de l'Académie, tout transi de froid, « ce qui me surprit d'autant plus, dit l'anecdotier, que je savais de tous les temps combien sa santé lui était chère ». Sur un reproche amical de son hôte, il répondait : « Quels que soient les risques que je brave en sortant par ce temps-ci, je crois, sur des raisons à moi connues, et dont je ne puis douter, n'en avoir rien à craindre de funeste. » Et alors, il racontait l'histoire que voici. Durant sa première jeunesse, il avait eu l'occasion de faire un séjour à Lyon. Un jour, dans un café, il est « frappé par la

---

1. Voir Sainte-Beuve, *Causeries du Lundi*, t. IX, p. 379.
2. *Pièces intéressantes*, t. II, p. 357 et suiv.

figure d'un petit vieillard, qui lui parut aussi vieux qu'on nous peint le temps », mais dont la physionomie et le regard retenaient l'attention par leur vivacité et leur distinction. Il essaie de le joindre et de lier conversation, mais l'inconnu l'évite et s'esquive. Marivaux le suit, le retrouve sur une promenade et manœuvre de même : le vieillard disparaît encore. Le lendemain, Marivaux se décide à l'aborder directement et lui demande permission de lier conversation avec lui :

Je vous connais, me dit-il en souriant, Monsieur de Marivaux ; et dès lors vous pouvez présumer que tout votre manège, depuis hier, pour tâcher à votre tour de me connaître, ne m'est point échappé. Mais c'est à quoi, du moins quant à présent, vous chercheriez en vain de parvenir.... J'ai même connu votre père, ainsi que la plupart de vos parents.... Mais des raisons que je ne puis vous dire me forcent à vous prier de n'exiger de moi rien de plus.... Gardez-vous de me suivre, car, loin d'obtenir rien de plus, vous risqueriez, sans aucun fruit, de me nuire autant qu'à vous-même ! Je puis pourtant vous dire que vous m'intéressez, et qu'il dépendra de vous d'en avoir un jour de vraies preuves... Quelque chose qui puisse m'arriver, soyez au moins sûr, et recevez-en ma parole, que vous ne mourrez point sans m'avoir revu. Adieu, vous dis-je, encore un coup, on nous regarde et je ne puis m'arrêter ici plus longtemps.

« Depuis près de quarante ans, ajoutait Marivaux, je n'en eus nulle espèce de révélation. » Il n'avait rencontré, sans doute, qu'un vieil original ami de sa famille, mais, conclut La Place, ce souvenir « le tranquillisait sur les suites de ses maladies ». Aussi, mourut-il « pour ainsi dire sans s'en douter, et toujours avec l'espoir de revoir son petit bonhomme ».

Il mourut le 12 février 1763, « après une assez

longue maladie [1]. » Il vit arriver sa dernière heure « avec la tranquillité d'un philosophe chrétien, qui regarde le terme nécessaire de la vie comme un bienfait de la Providence qui nous attire à elle [2] ». Il instituait Mlle de Saint-Jean comme légataire universelle; elle s'empressa d'accepter, bien qu'il laissât surtout des dettes à acquitter [3] et des pauvres à secourir [4].

Cette mort passa presque inaperçue. Les recueils périodiques du temps l'enregistrent très brièvement ; à peine si l'un d'entre eux honore Marivaux d'une courte oraison funèbre [5]. Les deux auteurs les plus

---

1. D'Alembert, p. 601.
2. De La Porte, *Préface* de 1765, p. 21; Lesbros, p. 39. — L'acte d'inhumation de Marivaux a été brûlé, comme son acte de baptême, dans les incendies de mai 1871. Ses funérailles eurent lieu sans doute à sa paroisse, l'église Saint-Eustache, mais son nom ne figure pas dans la *Liste des principales familles inhumées dans l'église Saint-Eustache*, dressée par l'abbé Gaudreau (*Notice historique et descriptive de l'église Saint-Eustache*, 1855, p. 115 et suiv.). En 1763, la paroisse Saint-Eustache était desservie par un cimetière situé au faubourg Montmartre, sur l'emplacement de la rue qui porte aujourd'hui ce nom. Ce cimetière fut supprimé en 1793.
3. De La Porte, *Préface* de 1775, p. 19 : « En acceptant le titre de sa légataire universelle, (elle) a continué noblement d'être sa bienfaitrice après sa mort. »
4. « Sa seule inquiétude (en mourant) se portait sur les infortunés qu'il avait adoptés; il les légua à Mlle de Saint-Jean, qui accepta la donation, trait d'amitié qu'il est impossible de rapporter sans attendrissement ». (Petitot, *Notice sur Marivaux*, dans le *Répertoire du Théâtre-Français*, t. XXII. p. 25).
5. La *Gazette de France*, qui consacrait quelques jours auparavant à Louis Racine un article nécrologique relativement développé, s'acquitte envers Marivaux avec une courte note. Le *Mercure*, dont Marivaux avait été si souvent le collaborateur, enregistre la mort de plusieurs personnages plus ou moins obscurs, et ne fait aucune mention de celle de Marivaux. Il sentit, cependant, ce que ce silence avait de singulier et il répara un peu tard cette négligence en se faisant adresser une *Lettre sur M. de Marivaux*, qu'il inséra dans le volume de juin 1764. Cette lettre, signée « l'abbé D. L. P. », c'est-à-dire « de La Porte »,

marquants de correspondances intimes et de journaux personnels, Grimm et Collé [1], donnent un peu plus de développement à leur notice nécrologique, mais ni l'un ni l'autre ne parlent de Marivaux avec cet accent d'intérêt qu'excitent d'ordinaire ceux qui disparaissent après avoir tenu une grande place. Pour eux, Marivaux appartient au passé et le présent aime d'autres talents; ils ne pensent pas que l'avenir doive s'occuper beaucoup de celui qu'ils traitent avec une politesse un peu pressée. La postérité revisera ces jugements.

---

reproduit la notice publiée par cet auteur dans l'*Observateur littéraire*.

1. Il faut y joindre Bachaumont, très court, comme la *Gazette* (*Mémoires secrets*, t. I, p. 176.)

DEUXIÈME PARTIE

L'AUTEUR DRAMATIQUE

CHAPITRE I

ORIGINALITÉ DU THÉATRE DE MARIVAUX; FONTENELLE ET LA MOTTE; MOLIÈRE; REGNARD. — THÉORIE ET CARACTÈRE GÉNÉRAL. — LA PEINTURE DES MŒURS DU TEMPS. — MARIVAUX ET WATTEAU. — L'AMOUR ET L'AMOUR-PROPRE. — L'ACTION ET LES CARACTÈRES. — UNIFORMITÉ DES SUJETS; VARIÉTÉ DES DÉTAILS [1].

Depuis la mort de Regnard et de Dancourt, depuis la retraite de Le Sage, qui, après avoir donné un chef-d'œuvre à la Comédie-Française, boudait les comédiens

---

1. Pour caractériser le théâtre de Marivaux dans son ensemble, on ne peut étudier que les pièces généralement connues, celles qui ont établi sa réputation. Mais, à côté de ces sept ou huit pièces, il en est d'autres, presque ignorées, et qui sans être supérieures aux premières, leurs sont parfois égales. Or, celles-ci ressemblent fort peu à celles-là. J'étudierai dans les chapitres IV et V ces pièces d'ordre particulier. Ce qu'on va lire dans les trois premiers chapitres s'applique plus spécialement à celles qu'on pourrait appeler d'un nom générique les *Surprises de l'Amour*.

Voici, du reste, comment peuvent être classées les pièces qui composent le théâtre de Marivaux, en laissant de côté le *Père prudent* et *Annibal* :

I. Surprises de l'Amour. — Les deux *Surprises de l'Amour*, la *Double Inconstance*, la *Fausse Suivante*, le *Dénouement im-*

du Roi et bornait volontairement son ambition au théâtre de la Foire, la comédie de mœurs semblait frappée de stérilité. Durant dix ans, de 1710 à 1720, elle ne parvenait à produire aucune œuvre remarquable; quelques pièces régulières et froides, des farces amusantes plutôt que des peintures de la vie reçues avec une espèce de résignation par le public, les derniers et pénibles efforts de Dufresny, les tâtonnements de Destouches qui cherche va voie, les débuts timides du Théâtre-Italien, voilà tout ce que l'histoire dramatique peut enregistrer durant cette période [1]. Les auteurs qui travaillent pour la scène

prévu, le Jeu de l'Amour et du Hasard, les Serments indiscrets, l'Heureux Stratagème, la Méprise, le Legs, les Fausses Confidences.

II. Comédies de mœurs. — *L'Héritier de Village, l'École des Mères, le Petit-maître corrigé, la Joie imprévue, les Sincères, l'Épreuve, le Préjugé vaincu.*

III. Comédies philosophiques. — *L'Ile des Esclaves, l'Ile de la Raison, la Colonie.*

IV. Comédies mythologiques. — *Le Triomphe de Plutus, la Réunion des Amours.*

V. Comédies héroïques. — *Le Prince travesti, le Triomphe de l'Amour, la Dispute.*

VI. Féeries. — *Arlequin poli par l'Amour, Félicie.*

VII. Fantaisie. — *Les Acteurs de bonne foi.*

VIII. Drames bourgeois. — *La Mère confidente, la Femme fidèle.*

Il va de soi que cette classification ne saurait être qu'approximative. On peut en voir une assez différente dans l'ouvrage de M. J. Fleury, *Marivaux et le marivaudage*, p. 61 à 63.

1. Sauf *Turcaret* (14 février 1709), on ne trouve pas dans les catalogues dramatiques une seule pièce dont le souvenir soit venu jusqu'à nous; il n'y a guère, signées de noms connus, que la *Joueuse* de Dufresny (22 octobre 1709), *les Agioteurs* de Dancourt (26 septembre 1710), *le Curieux impertinent* (17 novembre 1710), *l'Ingrat* (28 janvier 1712), *l'Irrésolu* (15 janvier 1713), *le Médisant* (23 février 1715), *la Fausse Veuve* (20 juillet 1715), et *l'Obstacle imprévu* (18 octobre 1717) de Destouches, et *le Dédit* de Dufresny (12 mai 1719).

De ces trois auteurs comiques, il n'y en a guère qu'un, Destouches, qui puisse être mis en parallèle avec Marivaux. Dan-

refont, en les affaiblissant, des comédies déjà faites ; aucun d'eux ne se sent la force ou le courage d'être original. Molière semble avoir tari la veine comique et condamné ses successeurs à l'impuissance.

Avec Marivaux, la comédie entre dans une période nouvelle. Il ne se rattachait directement à aucun de ses devanciers. Très désireux de ne pas les imiter, même les plus illustres [1], il prétendait ne relever

court lui ressemble aussi peu que possible, et, quant à Dufresny, les contemporains de Marivaux lui faisaient trop d'honneur en le comparant volontiers à Marivaux.

Pour Destouches, Villemain, sans le mettre expressément au-dessus de Marivaux, lui donne une place plus considérable dans son *Tableau de la Littérature française au* xviiie *siècle* (douzième leçon). Cependant, que reste-t-il de Destouches ? Un chef-d'œuvre du répertoire du second ordre, *le Glorieux*, et une pièce simplement amusante, *la Fausse Agnès*, que l'on ne reprend plus guère ni l'une ni l'autre. Le grand défaut de Destouches, est de manquer du *don* théâtral, de n'imaginer, sauf une fois et par une bonne fortune qu'il ne retrouva plus, que des caractères invraisemblables et des situations forcées. Il en a un aussi grave, relevé avec beaucoup de justesse par M. Fr. Sarcey : c'est de ne faire le plus souvent, comme la plupart de ses contemporains, au lieu de comédies, que « des épitres morales, coupées en forme de dialogue et écrites du ton de la satire », de soutenir au théâtre « des thèses du genre de celles qu'Horace, Pope, Boileau et Voltaire ont développées en vers prudents et spirituels. » (*Le Temps*, 6 février 1882.) On fait un mérite à Destouches d'avoir introduit dans la comédie l'élément sérieux et d'avoir ainsi préparé les voies à La Chaussée et Diderot ; mais, ce mérite, Marivaux l'a eu aussi, et sa *Mère confidente* (voir ci-après, chap. v) est très supérieure au *Philosophe marié*. On le loue encore d'avoir facilité le renouvellement de la comédie, en renonçant à l'imitation de Molière et de Regnard. Mais, ici, il faut distinguer : la plus grande partie des pièces de Destouches est dans la tradition de Molière ; les autres, comédies de mœurs ou de caractères, sont coulées dans le vieux moule et n'innovent rien. Ce n'est qu'avec *le Philosophe marié* (1727) et *le Glorieux* (1732), que, désespérant d'atteindre à la philosophie de Molière et la gaieté de Regnard, il essaye de créer un genre nouveau, et alors il tombe plus que jamais dans le défaut signalé par M. Sarcey. A ce moment, Marivaux a trouvé sa voie.

1. Telle était du moins son intention ; en réalité il n'a pu se

que de lui-même. C'est à tort qu'on a voulu faire de lui, pour la comédie comme pour tout le reste, un disciple de Fontenelle et de La Motte. S'il avait tenu, en débutant, à se mettre sous leur patronage, il ne se proposait nullement de les prendre comme modèles. Tout au plus se rapproche-t-il d'eux par une communauté de doctrines critiques, par un même tour d'esprit fin, curieux et observateur ; mais rien de plus différent que son talent et celui de ses deux amis, comparés dans l'ensemble de leur œuvre et non pas seulement dans quelques détails communs. Au théâtre, Fontenelle, le génie le moins dramatique qui fut jamais, quoique neveu du grand Corneille, ne s'éleva jamais au-dessus du médiocre. Veut-on que ses tragédies d'*Aspar*, de *Bellérophon* ou de *Brutus* aient servi de modèle à *Annibal*? Il écrivit encore, outre la pastorale héroïque d'*Endymion*, oubliée en naissant, quelques opéras, comme *Psyché*, *Lavinie*, *Thétis et Pélée*, qui ont leur mérite d'intérêt et même de versification, tandis que Marivaux dut une partie de son succès à des féeries et à des comédies mythologiques. Mais les

garder complètement des réminiscences de détail. Nous avons déjà vu que Molière était imité dans plusieurs scènes du *Père prudent et équitable*; Racine l'est aussi, et très faiblement, au moins à quatre reprises, dans *Annibal*. La scène VII, acte III, des *Serments indiscrets*, entre Damis et Lucile, est une pâle copie de la fameuse scène du second acte de *Tartufe* entre Marianne et Valère. L'*Héritier de Village* rappelle à chaque instant *Georges Dandin* et le *Bourgeois gentilhomme*. L'*École des Mères* s'inspire évidemment de l'*École des Femmes*. Regnard pourrait réclamer comme sienne l'invention de la scène VIII, acte II, de la seconde *Surprise de l'Amour* et de la scène VII du *Dénouement imprévu*, qui viennent, la première du *Joueur* (acte IV, scène X), la seconde des *Folies amoureuses* (acte II, cène VI). La scène VII d'*Arlequin poli par l'amour* rappelle une fable de La Fontaine, *Tircis et Amarante* (liv. VIII, fable VIII). Les souvenirs de *Turcaret* sont assez nombreux dans le *Triomphe de Plutus*, etc.

scénarios de Fontenelle, sans originalité, coulés dans
le moule uniforme du genre, destinés surtout à
servir l'inspiration du musicien, ne sauraient être
comparés aux fantaisies de Marivaux, neuves, personnelles, vivant de leur vie propre et ne demandant à la musique d'autres secours que quelques
airs pour les divertissements qui les terminaient.
Enfin, les *Poésies pastorales* de Fontenelle, les plus
faux exemplaires, sans contredit, d'un genre déjà
faux au temps de Virgile, badinages de salon dans
un cadre champêtre, n'ont aucun rapport avec les
paysanneries de Marivaux, d'une observation souvent prise sur le vif. Même différence pour le caractère propre des deux auteurs. Fontenelle aime les
demi-mots et les sous-entendus, et ne dit jamais
que la moitié de sa pensée; Marivaux développe la
sienne jusqu'au bout et en tire souvent plus qu'elle
ne contient. Fontenelle affecte la familiarité dans
l'expression des pensées les plus hautes et l'exposition des théories scientifiques les plus grandioses;
Marivaux dit avec recherche les choses les plus simples et analyse les sentiments les moins compliqués
dans un langage que l'on accuse d'être toute une
science. Fontenelle vise à la simplicité, même lorsqu'il est prétentieux et singulier; Marivaux est fin,
même lorsqu'il veut être simple. Le style de Fontenelle est toujours soigné, et même recherché; Marivaux semble écrire au courant de la plume. Fontenelle
enfin ne s'échauffe jamais et ne connaît pas l'enthousiasme, Marivaux est sensible et rencontre l'éloquence par la force de l'émotion [2].

1. L'abbé Trublet, *Mémoires*, p. 110.
2. « Fontenelle, dit Villemain, avait lui-même appliqué à la
comédie le mélange de familiarité coquette et de finesse qui
caractérise sa manière habituelle. Ses pièces de théâtre, qu'on

La différence entre Marivaux et La Motte n'est pas moins frappante. La Motte, auteur tragique applaudi, souvent à juste titre, n'a que des échecs avec ses comédies, et, sur ce même Théâtre-Italien où Marivaux devait exceller, il saisit si mal, dans ses *Originaux*, le genre particulier de la comédie de mœurs, que, sifflé outrageusement, il se fait trappiste, pendant six mois, de désespoir et de honte. Dans tout ce qu'il écrit, La Motte, malgré beaucoup de talent, est sec, pénible et tendu; Marivaux, s'il tombe parfois dans la recherche, ne connaît jamais l'effort. La Motte passe sa vie à imiter, tantôt Homère, tantôt Racine, tantôt La Fontaine et cela le plus sérieusement du monde, avec la prétention affichée de faire ou mieux ou autrement que ses modèles; Marivaux, après quelques essais de parodie, renonce pour toujours à imiter qui que ce soit; il est si parfaitement original qu'on l'accuse de ne ressembler à personne. Comme pour Fontenelle, l'opposition de caractère est complète entre Marivaux et La Motte. Celui-ci, par une contradiction singulière, naturellement doux, aimable, sans rancune, cherche dispute à tout le monde et bataille sans relâche, contre Mme Dacier, contre J.-B. Rousseau, contre le parti des Anciens; Marivaux, très bon lui aussi, mais d'amour-propre difficile et d'humeur

ne lit plus, ont, pour le tour du dialogue, la subtilité des sentiments et la recherche de la naïveté maligne, un air de parenté avec le théâtre de Marivaux. Il y manque l'intrigue, et cette invention de scène, qui soutient l'attention du spectateur. » (*Littérature au xviii° siècle*, treizième leçon.) Il est impossible de découvrir entre ces deux théâtres la ressemblance qu'y trouve Villemain. Les comédies de Fontenelle ressembleraient plutôt aux drames bourgeois de Marivaux (voir ci-après, chap. v). D'Alembert institue (p. 594) un excellent parallèle entre le genre d'esprit des deux écrivains et conclut à une différence complète.

inquiète, se fait un principe de n'attaquer personne, laisse passer sans se défendre les agressions dont il est l'objet, et cependant, à toutes ses tentatives, semble en butte à des haines impitoyables, qui ne perdent aucune occasion de s'affirmer; tandis que La Motte, après une existence de luttes, ne trouve enfin que des amis et désarme sans effort les adversaires les plus acharnés [1].

Marivaux renonça donc volontairement aux avantages que l'imitation peut donner à un jeune auteur : la facilité des débuts, la certitude d'être soutenu dans les premières tentatives, toujours si difficiles, l'appui intéressé des auteurs à la mode, qui protègent volontiers les jeunes gens, tant qu'ils peuvent voir en eux des disciples et non des rivaux. Il préférait, disait-il, « être humblement assis sur le dernier banc dans la petite troupe des auteurs originaux, qu'orgueilleusement placé à la première ligne dans le nombreux bétail des singes littéraires [2] ». Le point de vue auquel il se place pour étudier à son tour le cœur humain, la manière dont il représente les mœurs de son temps, le cadre de ses tableaux, son style, tout lui appartient par droit de création.

Il semble cependant qu'après Molière et Regnard

[1]. Fontenelle était le premier à protester contre cette prétendue imitation de lui-même. De même La Motte. Nous avons à ce sujet le témoignage très bien informé de l'abbé Trublet : « On a mis M. de Marivaux... au nombre des imitateurs de M. de Fontenelle. Je suis bien éloigné de penser ainsi, et M. de Fontenelle lui-même ne le pensait pas. Il regardait M. de Marivaux non seulement comme un homme de beaucoup d'esprit, mais comme un esprit original, un homme de génie; comme celui de tous nos bons écrivains peut-être dont le caractère et la manière de penser et d'écrire sont le plus à lui, et lui appartiennent le plus en propre; et, en conséquence, il était, avec M. de La Motte, un de ses plus grands admirateurs. (*Mémoires*, p. 210.)

[2]. Propos rapporté par d'Alembert, p. 578.

il fût bien difficile d'inventer encore. Molière avait fait de la comédie l'image de la nature humaine dans ses traits éternels et de la société française dans ses traits passagers. Il l'avait consacrée surtout à la peinture des caractères, résumant dans quelques personnages les traits d'une foule de modèles. Il avait épuisé, pour une longue période, les grands sujets comiques; il fallait attendre, pour les reprendre après lui, que le temps eût renouvelé, sinon l'homme, du moins la société dont l'aspect change avec chaque siècle [1]. Après Molière, Regnard, laissant à son devancier la profondeur de l'observation et la conception créatrice, ne songeant qu'à faire rire et s'amusant tout le premier de ses inventions, avait trouvé dans les ridicules passagers, dans le côté plaisant des situations, présentés en de vives intrigues et se déroulant à travers une action qui ne languissait jamais, un fonds inépuisable de saillies et de traits, des torrents de verve amusante et de gaieté facile [2]. Ainsi, comédie de caractères, comédie de mœurs, comédie d'intrigue semblaient, après Molière et Regnard, ou pliées à une forme définitive ou épuisées pour longtemps.

Marivaux réussit néanmoins, sinon à renouveler le fonds comique, du moins à donner une forme nouvelle au genre qu'il employa de préférence, la comédie de mœurs; il fit, lui aussi, des découvertes dans le domaine du cœur et de l'esprit; il étudia ses contemporains avec un tour particulier d'observation; il fit monter sur la scène des personnages qu'on n'y avait pas vus avant lui [3].

---

1. Marivaux avait du reste le tort de ne pas aimer Molière et il ne s'en cachait pas (voir ci-après, 3ᵉ partie, chap. IV.)
2. Sur Marivaux et Regnard, voir ci-après, conclusion I.
3. Dans son étude sur *la Comédie de Marivaux*, p. 145 et suiv.,

Il nous a donné la théorie de son talent et de la manière dont il entendait, après tant d'autres, l'art de représenter les hommes sur le théâtre, car, Sainte-Beuve l'a remarqué, de tous les écrivains Marivaux est celui qui cherche le plus à se rendre compte des autres et de lui-même [1]. D'abord, il est « né de manière que tout lui devient une matière de réflexion »; « c'est, dit-il, comme une philosophie de tempérament que j'ai reçue et que le moindre objet met en exercice [2]. » L'auteur idéal qu'il représente quelque part, et qui, suivant l'usage, n'est autre que lui-même, ou du moins ce qu'il voudrait être, cet auteur serait « doué d'une pénétration profonde, d'une vue fine et déliée, d'un sentiment nourri partout d'un goût de réflexion philosophique [3]. » Mais il n'est pas le premier qui ait observé les hommes avec ce goût de réflexion et de philosophie; d'autres pourraient peut-être lui servir de guides. Il se gardera bien de les suivre, car il ne reconnaît de modèles dans aucun temps et dans aucune littérature [4]. Il veut, avant

---

M. F. Brunetière estime avec raison que Marivaux est le seul, entre les auteurs comiques du xviii° siècle, qui se montre « tout à fait émancipé de Molière », dont Regnard, Le Sage et Beaumarchais suivent tous la trace. En revanche, dit-il, Marivaux, libre du côté de Molière, « va se mettre à l'école de Racine », et « la comédie de Marivaux, c'est la tragédie de Racine, transportée de l'ordre de choses où les événements se dénouent par la trahison et la mort dans l'ordre de choses où les complications se dénouent par le mariage. » Vinet disait aussi : « Quant à la peinture du cœur (Marivaux) c'est Racine en miniature ». (*Histoire de la Littérature française au* xviii° *siècle*, t. I, p. 256.)

1. *Causeries du Lundi*, t. IX. p. 343.
2. *Le Spectateur français*, première feuille. Il parle en ce même passage, de sa « longue habitude de ne vivre que pour voir et pour entendre. »
3. *Ibid.*, septième feuille.
4. D'Alembert, p. 602, n. 2 : « Marivaux ne reconnaissait en aucun genre, en aucune nation, en aucun siècle, ni maître, ni

tout, être naturel; or, pour lui, « être naturel, ce n'est pas écrire dans le goût de tel ou tel, ce n'est pas se mouler sur personne quant à la forme de ses idées, mais, au contraire, se ressembler fidèlement à soi-même, et ne pas se départir ni du tour, ni du caractère d'idées pour qui la nature nous a donné vocation [1] ».

Il veut aussi être naturel dans son style. Il n'aime pas celui des auteurs et on sait qu'il prétend être auteur le moins possible : « Ils en ont un qui leur est particulier; on n'écrit presque jamais comme on parle; la composition donne un autre tour à l'esprit; c'est partout un goût d'idées pensées et réfléchies ». Il veut rompre avec ces habitudes de composition étudiée : « c'est la nature, c'est le ton de la conversation qu'il essayera de prendre »; il s'efforcera « de saisir la tournure des idées familières et variées qui y viennent ». Ce ton, si différent selon lui du style auquel le théâtre a depuis longtemps habitué le public, ce ton plaira peut-être « comme singulier »; il voudrait qu'il plût « comme naturel »; on aurait tort d'y trouver trop d'esprit, de finesse, de recherche : « entre gens d'esprit, les conversations dans le monde sont plus vives qu'on ne pense, et tout ce qu'un auteur peut faire pour les imiter, n'approchera jamais du feu et de la naïveté fine et subtile qu'ils y mettent [2]. »

Marivaux se propose donc de représenter sous des couleurs vraies le monde dans lequel il vit, de le faire agir et de parler dans la reproduction exacte de son

---

modèle, ni héros et disait quelquefois en plaisantant sur ce sujet :

Je ne sers ni Baal, ni le Dieu d'Israël. »

1. *Le Spectateur français*, huitième feuille.
2. *Avertissement* en tête des *Serments indiscrets*.

langage et de ses actions. Mais ce monde est celui de la Régence; n'y a-t-il point là un danger pour la morale? Le peintre sera vrai avec décence; il ne lui viendra dans l'esprit « ni rien de malin, ni rien de trop libre », car il « hait tout ce qui s'écarte des bonnes mœurs [1] ».

Telles sont, en résumé, les théories littéraires de Marivaux : observer à sa manière, le mieux qu'il pourra, suivant la direction naturelle de son coup d'œil. Mais, ainsi réduit à ses seules forces, ne va-t-il point se tromper? Il en court volontiers le risque. On l'accusera peut-être d'être « singulier », comme il disait tout à l'heure; il en prend aisément son parti, non sans un peu de suffisance : « Avec ce génie-là, on est nécessairement singulier, et d'un singulier très rare [2]. »

Il est naturel que cette tendance à l'observation directe, que ce désir de découvrir le vrai sous les apparences qui le voilent, s'unissent à une rare clairvoyance, à une singulière aptitude pour démêler les infiniment petits de l'esprit et du cœur. Nos qualités, en effet, naissent les unes des autres. De là, chez Marivaux, le goût de l'analyse, le besoin de philosopher sur les menues lois de la raison et du sentiment. Or, ce curieux d'analyse et de philosophie est un homme aimable et bon, indulgent aux faiblesses de notre nature, sans amertume ni parti-pris de dénigrement. Il est aussi causeur spirituel; il aime la raillerie délicate, les plaisirs de l'esprit qui font le charme d'une société raffinée, où les sentiments, plus vifs que passionnés, sans exagération ni violence, se revêtent de grâce délicate et d'ingénieuse

---

1. *Le Spectateur français*, première feuille.
2. *Ibid.*, huitième feuille.

politesse; où les amours-propres, toujours en lutte, sont courtois dans leurs rivalités; où l'amour est l'affaire importante et la conversation le plus agréable des passe-temps.

Marivaux était admirablement doué pour peindre une telle société. L'occupation de sa vie fut de l'étudier, avec indulgence, parce qu'il était bon, avec complaisance, parce qu'il lui ressemblait dans ce qu'elle avait d'aimable.

Il en a laissé, dans le roman et au théâtre, une image d'autant plus charmante que ses modèles ont à jamais disparu. Que reste-t-il aujourd'hui de ce monde brillant qui peuplait les salons parisiens sous la Régence et durant les premières années du règne de Louis XV? Sa grâce évanouie ne renaîtra plus. La société moderne a d'autres mœurs, d'autres idées, d'autres passions; ce qui occupait les contemporains de Marivaux ne nous touche plus guère, et ils auraient de la peine à comprendre ce qui nous passionne aujourd'hui. Nous les trouvons frivoles et superficiels; nos thèses de sentiment les feraient sourire. Mais, si nous ne leur ressemblons plus, nous aimons à les comprendre; malgré leurs défauts et leurs vices, malgré la corruption profonde que dissimule leur délicatesse, ils représentent l'époque la plus aimable peut-être de la société française. Peintre fidèle et unique, Marivaux nous expose au vrai leur langage, leur métaphysique amoureuse, leurs raffinements; entre tous les auteurs dramatiques d'alors, il est celui qui a le moins sacrifié la vérité aux exigences du théâtre; il n'a rien donné à cette pompe un peu solennelle et convenue que la comédie conservait encore du siècle précédent.

Il ne faut donc pas chercher dans Marivaux l'homme universel et commun, mais des portraits, reproduisant, avec les grâces mignardes des modes contemporaines, les différences minutieuses d'une même série de modèles : une de ses comédies, *les Sincères*, n'est, d'un bout à l'autre, qu'une galerie de portraits. Il se borne à l'étude du monde qu'il aime et auquel il doit son éducation morale; content de saisir et de fixer des ressemblances passagères, il ne s'inquiète pas de chercher cette ressemblance éternelle avec l'homme même, que Molière atteint. Il ne faut pas lui demander davantage une intrigue solidement nouée, allant droit au dénouement et provoquant des situations fortes. Pour lui, l'intrigue n'est qu'un prétexte; sauf dans une ou deux pièces soigneusement construites, il y attache peu d'importance; souvent ses comédies sont moins des pièces de théâtre que des études de mœurs dialoguées. Ce qui n'est ailleurs que hors-d'œuvre — réflexions, dissertations, morale mondaine — devient ici l'essentiel. Aussi, quelquefois, l'intérêt est-il plus philosophique que dramatique. De là, l'échec de plusieurs comédies de Marivaux devant le public et leur succès de lecture auprès des lettrés. Dans ses cadres légers, l'auteur du *Legs* dispose de petits tableaux de genre, rarement de grandes toiles; il y groupe cinq ou six personnages au plus — un couple de maîtres, un couple de valets, un ou deux personnages épisodiques. Il se contente, suivant la donnée du sujet, d'un acte ou de trois; avec *les Serments indiscrets* il voulut pousser jusqu'à cinq et eut lieu de s'en repentir [1]. On a dit [2] que Molière, décrivant en

---

1. Une fois cependant Marivaux confirma le succès d'une pièce en trois actes, *le Prince travesti*, en l'étendant jusqu'à cinq. Voir ci-dessus, p. 58, n. 2.
2. Voir Sainte-Beuve, *Portraits littéraires*, t. II, p. 32 et 33, et *Port-Royal*, t. III, p. 293 à 295.

beaux vers la *Gloire du Val-de-Grâce*, aurait pu s'appliquer à lui-même ce qu'il dit des « mâles appas » de la grande peinture, de ces fiers et larges coups de brosse, qui demandent

> Une main prompte à suivre un beau feu qui la guide,
> Et dont, comme un éclair, la justesse rapide
> Répande dans ses fonds, à grands traits non tâtés,
> De ses expressions les touchantes beautés.

Marivaux pourrait prendre pour lui ce que dit le même Molière d'une peinture plus lente, qui admet la minutie léchée, car il y excelle : il peint des miniatures sur ivoire.

L'amour, l'éternel sujet de la comédie, est aussi le sentiment qui anime les personnages de Marivaux, mais plutôt une galanterie aiguisée de sentiment qu'un vif entraînement, encore moins la passion telle que nous l'entendons aujourd'hui. Marivaux répugnait aux exagérations de ce genre :

> Passion! dit une de ses marquises, passion! j'ai vu ce mot-là dans *Cyrus* ou dans *Cléopâtre*. Eh! Dorante, vous n'êtes pas indigne qu'on vous aime;... je vous dirai même que vous m'auriez peut-être plu; mais je n'ai jamais pu me fier à votre amour; je n'y ai point de foi, vous l'exagérez trop. Il révolte la simplicité de caractère que vous me connaissez. M'aimez-vous beaucoup? ne m'aimez-vous guère? faites-vous semblant de m'aimer? c'est ce que je ne saurais décider. Eh! le moyen d'en juger mieux, à travers toutes les emphases et toutes les impostures galantes dont vous enveloppez vos discours? Je ne sais plus que soupirer, dites-vous. Y a-t-il rien de si plat? Un homme qui aime une femme raisonnable ne dit point : Je soupire; ce mot n'est pas assez sérieux pour lui, pas assez vrai; il dit : Je vous aime; je voudrais bien que vous m'aimassiez; je suis bien fâché que vous ne m'aimiez pas; voilà tout, et il n'y a que cela dans votre cœur non plus. Vous n'y verrez ni que vous m'adorez, car c'est parler en poète; ni que vous êtes désespéré, car il faudrait vous enfermer; ni que je

suis cruelle, car je vis doucement avec tout le monde; ni peut-être que je suis belle, quoiqu'à tout prendre il se pourrait que je le fusse [1].

Il n'aurait eu cependant qu'à regarder autour de lui pour étudier d'après nature l'amour positif et net. Le XVIIIe siècle ne se piquait guère de platonisme : jamais l'amour ne fut moins scrupuleux et plus positif qu'à cette époque [2]. Marivaux n'y voulut prendre que ce qu'il retenait encore de délicatesse et de grâce : le reste ne pouvait tenter qu'un satirique énergique, et il ne l'était pas, ou un écrivain licencieux par goût, et il l'était moins encore. Il sut voir cette corruption, non pour la peindre, mais pour l'indiquer en la regrettant. Ainsi purifié, l'amour du XVIIIe siècle devint un des sentiments les plus aimables dont un auteur dramatique ait animé ses créations : un mélange de sensibilité et d'ironie, de sincérité et de feinte, de discrétion et de hardiesse [3].

On a comparé plusieurs fois, au sujet de cette peinture épurée d'un sentiment médiocrement pur,

---

1. *Les Sincères*, sc. x. On trouvera, ci-après, p. 270, un passage de Shakespeare, tout semblable à celui-ci, de tour et d'idée.
2. Voir le chapitre sur l'*Amour* dans la *Femme au* XVIIIe *siècle*, par MM. de Goncourt, IV, p. 150 et suiv.
3. Villemain dit excellemment : « Il y eut, dans les mœurs du XVIIIe siècle, un côté de licence qui passait la comédie régulière; mais la partie élégante et ostensible de ces mœurs n'eut pas d'interprète plus piquant et plus fidèle que Marivaux... Cette comédie a sans doute exagéré la nature, comme tous les types expressifs, mais elle fait partie de l'histoire morale du dernier siècle. » (*Littérature au* XVIIIe *siècle*, treizième leçon.) M. Alphonse Daudet voit même dans cette épuration une cause du reproche d'excessive finesse fait à Marivaux : « Le style de Marivaux, son observation subtile, ses délicatesses de sentiment devaient paraître alambiqués à un siècle qui se prétendait arrivé au vrai des choses, et se vantait d'avoir supprimé en amour les exagérations, les grimaces et l'affectation. » (*Journal officiel*, 9 juillet 1877.)

Marivaux à Watteau [1]; en effet, l'écrivain et l'artiste se complètent et s'expliquent l'un par l'autre. Le sourire qui égaye la physionomie mutine des héroïnes de Watteau, voltige sur les lèvres de celles de Marivaux; chez les unes et les autres, l'abandon des poses a de la décence, le costume est galant sans impudeur; les soupirants sont empressés avec réserve, tendres avec respect. L'*Embarquement pour Cythère* est comme l'apothéose du théâtre de Marivaux, mais quelles illustrations plus appropriées trouverait-on pour celui-ci que *l'Accord parfait*, *les Entretiens amoureux*, *l'Arlequin jaloux*, *la Promenade*, etc.? L'amour, ici comme là, semble transfiguré; il est pourtant vrai, d'une vérité idéale, dont tous les éléments sont pris à la réalité. Nous ne connaissons pas les décors du théâtre italien, mais on peut les supposer d'après les toiles de Watteau. Ces architectures dorées par le temps, ces allées de parc jaunies par l'automne, ces Termes dressés parmi la verdure grimpante, ces pièces d'eau argentées dans le lointain, ces salons aux grandes baies ouvrant sur les jardins à la française dont le dessin géométrique se perd dans les libres frondaisons de la forêt voisine, tout ce cadre semble préparé pour les personnages de Marivaux. De fait, ce sont eux qui le peuplent. Les modèles favoris de Watteau, ce sont les acteurs de la Comédie-Italienne, avec

1. Sur l'amour, tel que le peint Watteau, voir MM. de Goncourt, *Watteau*, dans l'*Art au* xviiie *siècle*, première série, p. 8 à 11. — Dans cette prédilection pour les costumes italiens, qui fait de son œuvre comme une illustration perpétuelle de Marivaux, Watteau suivait l'exemple de son maître Gillot, qui, avant lui, « s'était enfermé à représenter les sujets de la Comédie-Italienne » (Comte de Caylus, *Vie de Watteau*); surtout, il avait lui-même une véritable passion pour l'Opéra et la décoration théâtrale. Voir une jolie page de Charles Blanc, *Histoire des Peintres*, école française, t. II, Watteau, p. 6, sur le symbolisme commode des costumes italiens.

leurs attitudes de ballet et leurs costumes de soies brillantes; ils peuplent cette nature à moitié imaginaire, à moitié vraie, où le peintre a évoqué son rêve de Décaméron galant et de tristesse voluptueuse, tous ces motifs sans cesse interprétés et variés, depuis ses études dans les jardins du Luxembourg, jusqu'à sa retraite dernière à Nogent-sur-Marne, près de ces parcs et de ces châteaux, Ormesson, Gros-Bois, Lagrange, surtout, dont la svelte silhouette, dans sa ceinture de bois, évoque invinciblement des visions de Watteau et de Marivaux. Esprits inquiets, mécontents de la vie et épris de vérité, observateurs indulgents de mœurs souvent très libres, hantés par une évocation intellectuelle ou plastique de fine élégance, tous deux ont mêlé l'observation et la fiction pour en tirer une création sans autre exemple dans la littérature et l'art. A la vérité contemporaine ils ont pris tout ce qu'elle contenait de délicat ou de spirituel, en éliminant tout ce qu'elle offrait de vulgaire ou de grossier; ils y ont joint ce qu'il n'y avait qu'en eux : le sentiment d'une élégance chimérique, que ni la nature, ni la société n'ont jamais réalisé sous une forme aussi séduisante. De cette union est résulté une poésie incomparable, d'un charme unique, mêlée de bonheur et de tristesse, de volupté et de décence; se complétant l'une par l'autre, ils ont créé un monde enchanté où la vérité semble imaginaire, où la fiction semble vraie [1].

Marivaux a non seulement sa manière propre de concevoir l'amour, mais encore celle de le faire naître et de le terminer. La plupart des auteurs dramatiques

---

[1]. Th. de Banville (*Lettres chimériques*, XVIII) disait très justement de Watteau : « Cet artiste divin, frère de Marivaux, est le seul qui, dans ses figures idéales, ait délicieusement amalgamé le théâtre et la vie ».

le prennent déjà grand et fort, à ce moment décisif où il s'agit pour lui d'obtenir ce qu'il désire; chez eux, à peine l'action engagée, il se déclare et s'affirme. Chez Marivaux au contraire, l'amour est un sentiment timide, qui se défend d'exister, qui se nie ou se dissimule, et dont ceux qui l'éprouvent ne conviennent qu'à la dernière extrémité, au moment de s'épouser, c'est-à-dire à la fin de la pièce. Autre différence que Marivaux a lui-même pris soin de marquer : « Chez mes confrères, disait-il, l'amour est en querelle avec tout ce qui l'environne, et finit par être heureux malgré les opposants; chez moi, il n'est en querelle qu'avec lui seul, et finit par être heureux malgré lui. Il apprendra dans mes pièces à se défier encore plus des tours qu'il se joue que des pièges qui lui sont tendus par des mains étrangères[1]. » En effet, il n'y a presque jamais, dans les comédies de Marivaux, de résistance extérieure qui traverse l'amour; les cœurs des amants sont d'accord dès le début, mais la résistance qu'un penchant mutuel trouve d'ordinaire dans autrui, il la trouve ici dans sa propre nature; plusieurs comédies de Marivaux pourraient porter un titre renouvelé de Térence : ce serait, non pas « le père, » mais « l'amant qui se tourmente lui-même ». Cet amour chicanier à ses dépens[2], Mari-

---

1. D'Alembert, p. 583.
2. « Chicanes de cœur », dit Sainte-Beuve (*Causeries du Lundi*, t. IX, p. 371) et aussi chicanes de mots. Ils n'aiment rien tant qu'ergoter sur les termes, avec une sorte de pédantisme sémillant. — Ainsi : « LA COMTESSE. Fiez-vous à moi, je suis généreuse, je vous ferai peut-être grâce. — LE CHEVALIER. Rayez le *peut-être*; ce que vous dites en sera plus doux. — LA COMTESSE. Laissons-le; il n'est peut-être là que par bienséance. — LE CHEVALIER. Le voilà un peu mieux placé, par exemple. — LA COMTESSE. C'est que j'ai voulu vous raccommoder avec lui. » (*La Fausse Suivante*, II, VIII.) Et encore : « DAMIS. Je n'en sais rien; nous verrons. — LUCILE. Le prenez-vous sur ce

vaux en cherche, dans les replis du cœur, le germe imperceptible : « J'ai guetté, disait-il, dans le cœur humain, toutes les niches différentes où peut se cacher l'amour, lorsqu'il craint de se montrer, et chacune de mes comédies a pour objet de le faire sortir d'une de ces niches [1]. » Dire que cette manière de représenter l'amour était entièrement neuve, ce serait exagérer. Marivaux le croyait, mais, s'il est un sentiment où la littérature ne puisse plus, et depuis longtemps, se flatter de faire des découvertes, c'est bien celui-là. Dans Molière, dont il voulait s'éloigner, se trouve tout au moins en germe et à l'état d'indication un amour à la Marivaux; il y a, dans les *Amants magnifiques*, un Clitidas et une Ériphyle qui ne sont pas sans analogie avec le Dubois et l'Araminte des *Fausses confidences*. Mais cette ressemblance est, somme toute, assez lointaine pour qu'il n'y ait pas lieu de contester à Marivaux le mérite de nouveauté auquel il tenait tant.

Tantôt cet amour sournois manœuvre pour s'éclairer, jusqu'au moment où, ne pouvant plus feindre ni avec lui-même, ni avec autrui, il termine par un aveu désespéré un malentendu qu'il prolongeait sans le savoir : ici les deux amants luttaient et contre eux-mêmes et l'un contre l'autre; ils déguisaient leur cœur, leur langage, jusqu'à leur condition et leur costume [2]. Ailleurs, craignant de blesser par un aveu

ton-là, monsieur? Oh! j'en dirai bien autant; je n'en sais rien, et nous verrons. — DAMIS. Mais oui, madame, nous verrons; je n'y sache que cela moi. Que puis-je répondre de mieux? — LUCILE. Quelque chose de plus net, de plus positif, de plus clair; *nous verrons* ne signifie rien. » (*Les Serments indiscrets*, II, VIII). — Et, dans le même scène : « Voudriez-vous bien supprimer votre *qui est-ce qui croira*, qui n'est pas de mon goût? » Etc.

1. D'Alembert, p. 611, n. 12.
2. *Le Jeu de l'Amour et du Hasard.*

qu'il ne sait pas attendu avec impatience, il le retient jusqu'à ce qu'il lui soit arraché, et tout le nœud de l'intrigue est dans cette réserve, d'autant plus obstinée qu'elle est plus combattue : ici, par un contraste unique peut-être, les rôles habituels sont renversés : l'amant, qui devrait être hardi en vertu de son sexe, tremble devant la déclaration; l'amante, condamnée à faire les premiers pas, triomphe par d'ingénieuses avances de sa propre réserve et des hésitations d'un amant trop respectueux [1]. Nous le voyons encore, par excès de méfiance, se couvrir d'un faux air de protection bienfaisante, et, refusant de croire à la sincérité du sentiment qu'il fait naître, ne se rendre à l'évidence qu'après une épreuve où l'héroïne évite, à force de droiture, le piège qui lui est tendu [2]. C'est dans la *Double Inconstance* surtout que se laisse le mieux étudier et saisir le manège des amoureux de Marivaux; tous les ressorts de cette mécanique subtile y jouent en même temps. Le dénouement est particulièrement original : pour une fois l'obstacle à la réunion des amants venait du dehors; ils étaient séparés par une volonté étrangère. Ils se juraient donc, gémissant chacun de son côté, une fidélité inébranlable; mais, à peine sont-ils réunis, ils s'aperçoivent qu'ils ne s'aiment plus : leur passion, vive et sincère au début, a graduellement cédé la place à une passion non moins sincère et non moins vive.

1. *Le Legs.* — Alfred de Musset s'est amusé à refaire le *Legs* dans un petit proverbe, l'*Ane et le Ruisseau*, publié dans ses *Œuvres posthumes*. D'ordinaire il se contente, comme dans *Il ne faut jurer de rien* (voir ci-après, p. 190 n. 1), de prendre à Marivaux une idée et une situation, et il la transforme si bien qu'il la fait sienne. Ici, au contraire, il décalque la comédie de Marivaux; que l'on compare, par exemple, les scènes x et xix du *Legs*, et les scènes v et vii de l'*Ane et le Ruisseau*.
2. *L'Épreuve.*

Cette manière de présenter l'amour ne saurait aller sans quelque invraisemblance. Obligé de le conduire, dans l'espace d'un acte ou de trois, depuis la naissance jusqu'à la mort ou du moins jusqu'au mariage, Marivaux se condamne à un singulier mélange de lenteur et de rapidité dans l'exposition ; de lenteur parce qu'il faut être complet pour être vraisemblable, de rapidité parce que le temps est mesuré. On objecte donc que, dans la réalité, les choses ne se passent pas de la sorte. Cela est vrai, mais le temps trop court dont il dispose, Marivaux l'emploie si bien qu'il sauve presque la vraisemblance. Il condense en quelques heures ce qui demanderait des mois et des années, mais il rapproche les transitions avec un art si adroit que le spectateur se prête de bonne grâce à l'illusion. La vérité particulière de la scène n'en demande pas davantage. C'est une question toujours agitée que de savoir jusqu'à quel point le théâtre doit être l'image de la vie réelle, quelle part de convention il y faut admettre, quelle place on y doit donner à la stricte vérité. En fin de compte, on est bien obligé d'admettre que, sans un ensemble de conventions, il cesserait d'exister. Il n'est pas en effet de chef-d'œuvre dramatique où l'on ne puisse découvrir quelque invraisemblance ; aucun n'est une copie exacte de la réalité. Cela est vrai surtout du théâtre ancien, qui traitait si librement la vérité réelle ; ce l'est aussi du théâtre moderne et du théâtre contemporain, malgré leurs scrupules plus grands d'exactitude. Mais, de toutes les conventions, il en est une dont le théâtre classique français ne pouvait se passer et qu'il dissimulait de son mieux, en enlevant au spectateur, à force d'intérêt, la liberté de réfléchir sur l'invraisemblance qu'on lui présentait comme vraie : c'est la concentration, dans l'espace de vingt-quatre heures, d'une série de faits que la vie réelle développe à travers des mois et des années. La révolution romantique a donné la liberté du temps et de l'espace au théâtre contemporain, mais Voltaire comme Racine, Marivaux comme Molière, se soumettent encore à la loi des vingt-quatre heures, et il ne faut jamais, avec eux, perdre de vue la nécessité où ils étaient de finir dans un espace de temps très borné. Alors tombe de lui-même le reproche si souvent adressé à Marivaux, de dérouler en quelques scènes une série de sentiments que le cœur met beaucoup plus longtemps à éprouver.

Plusieurs sentiments aident et provoquent, dans le théâtre de Marivaux, les diverses phases de l'amour; l'amour-propre est celui qui le fait naître, le dirige et le termine le plus souvent. S'il est très exagéré de dire que Marivaux « n'a vu dans l'amour que ce qu'il y entre d'amour-propre [1] », du moins faut-il reconnaître que l'amour-propre n'est jamais tout à fait absent dans l'amour tel que Marivaux le représente; parfois c'est lui qui mène tout. Deux jeunes désabusés, une veuve rendue méfiante par l'expérience, un sceptique suffisant, qui croit assez connaître les femmes pour avoir le droit de les mépriser, marquent un égal éloignement pour le mariage. Les voilà bien d'accord, ce semble, pour ne pas s'aimer : au contraire, chacun d'eux croit être une exception dans son propre sexe et mériter une place à part. Leur amour-propre s'engage dans une petite guerre, d'où naît l'amour et que l'amour termine [2]. Une jeune femme croit faire preuve d'une sincérité méritoire en disant au prochain tout ce qu'elle pense de lui, surtout lorsque la vérité, qu'elle croit aimer d'un amour désintéressé, doit faire briller son esprit mordant. Elle rencontre

---

[1]. La Harpe, *le Lycée*, xviiie siècle, chap. v, sect. v.
[2]. La première *Surprise de l'Amour*.

un homme d'une sincérité égale à la sienne; ils s'aiment donc, par communauté de goûts et d'humeur, ou plutôt ils croient s'aimer, car, dès que leur sincérité s'exerce à leurs mutuels dépens, la vanité blessée les sépare [1]. Voici un amour tranquille et confiant, trop tranquille même car il s'endort dans une quiétude qui le conduit insensiblement à l'indifférence; l'amour-propre lui fait craindre une rivalité : il se ranime aussitôt, plus ardent que jamais [2]. Une mère a élevé sa fille avec une rigueur excessive; elle l'a rendue docile et soumise, incapable en apparence d'une velléité de révolte, elle va la marier à un vieillard et, au premier abord, la victime n'essaye même pas de résister. Mais l'amour-propre s'éveille chez cette jeune fille, elle s'indigne qu'on dispose ainsi d'elle-même sans la consulter, et elle puise dans sa dignité blessée le courage de se laisser aimer et d'aimer à son tour [3].

Comment imaginer des situations intéressantes et créer des personnages vivants avec des éléments aussi simples et des combinaisons de sentiments aussi délicats? C'est pourtant de cette simplicité même que Marivaux fait naître l'intérêt.

Puisque les obstacles à l'amour ne viennent pas du dehors, puisque les amants les créent eux-mêmes et en eux-mêmes, Marivaux déroulera devant nous, en guise d'action et à défaut de péripéties, des analyses de sentiments, non pas sèches et métaphysiques, mais vivantes et colorées. Il reproche quelque part à son ami La Motte de « parler plus à l'homme intelli-

---

1. *Les Sincères.* — C'est la même donnée que *le Misanthrope et l'Auvergnat* de Labiche (10 août 1852), mais il serait difficile, au demeurant, d'imaginer contraste plus complet que celui de ces deux pièces.
2. *L'Heureux Stratagème.*
3. *L'École des Mères.*

gent qu'à l'homme sensible, ce qui est un désavantage avec nous, qu'un auteur ne peut affectionner ni rendre attentifs qu'en donnant pour ainsi dire des chairs à ses pensées [1] ». Aussi prend-il bien soin de mettre dans ses peintures la couleur et le mouvement de la vie ; Collé le constate, « il peint l'homme d'après le nu [2] ». Le théâtre nous avait habitués, dans la représentation de l'amour, à une rapidité et à des *raccourcis*, qui semblaient une nécessité de l'art dramatique. L'action, resserrée en un court espace, marchait rapidement au but ; les caractères étaient vivement accusés. Chez Marivaux, l'action est lente, les transitions d'un sentiment à un autre sont graduées avec soin. Encore le mot d'action n'est-il pas très juste ici. Qu'est-ce que l'action au sens ordinaire de ce mot ? La suite d'un événement dramatique, avec une exposition, un nœud, un dénouement. Or, il serait souvent difficile de trouver dans les pièces de Marivaux un événement bien défini ; on ne saurait trop dire où l'exposition commence, où elle s'arrête ; le dénouement seul répond aux exigences habituelles de la comédie, en ce sens qu'à la fin de la pièce les deux principaux personnages sont sur le point de se marier. Il y a plutôt une donnée qu'un événement, des transitions insensibles que des péripéties, des nuances que des incidents [3]. Les moyens matériels

1. *Préface* de l'*Homère travesti*.
2. *Journal*, t. II, p. 290.
3. M. Fr. Sarcey définit ainsi le genre d'action propre à Marivaux : « La distance entre le point de départ et le point d'arrivée est très faible ; mais Marivaux nous y pousse par un progrès continu. Chaque scène est un pas en avant. Marivaux possède cette grande qualité sans laquelle il n'est point d'auteur dramatique : il a le mouvement, non le mouvement endiablé d'un Beaumarchais, qui a toujours l'air de courir, même alors qu'il piétine sous lui, mais un mouvement doux et lent, presque insensible, comme celui d'un bateau sur une rivière

que les autres auteurs emploient si volontiers et qu'ils varient à l'infini, sont chez lui d'une simplicité élémentaire. On voit qu'il n'y attache pas d'importance et qu'il les emploie sans grand souci de les rendre vraisemblables. Ainsi, dans *l'École des Mères*, M. Damis, barbon d'âge respectable, a besoin de surprendre un secret; il s'affuble d'un domino et d'un masque, et son propre fils s'empresse, comme il est nécessaire, de le prendre pour une ingénue [1]. Dans *la Mère confidente*, Mme Argante veut se donner pour la tante de sa fille, et faire parler sa propre suivante, la rusée Lisette, qui la sert depuis longtemps; elle se contente, pour cela, de rabattre sa coiffe en disant : « Lisette ne me reconnaîtra pas sous cet habit. » Et en effet, Lisette se garde bien de la reconnaître [2]. Est-il besoin d'un notaire, du notaire classique, Marivaux ne s'inquiète guère de préparer son arrivée et d'expliquer son intervention; on n'a qu'à l'appeler, il est tout près, sous la main, dans un cabinet, venu « pour autre chose » et occupé à « ranger des papiers [3] ».

De ce genre d'action dérive la nature des caractères. Moins en relief, mais plus curieusement fouillés, ils se laissent deviner peu à peu, au lieu de s'accuser avec force dès le début. Les personnages appartien-

---

tranquille.... Il va au but marqué, lentement, mais par la droite ligne. Ce but, il le montre d'avance, et il le montre presque à la portée de la main. Mais il sait que le chemin de l'amour est semé d'une foule de petits obstacles, chicanes de la vanité, du préjugé, de la timidité, que sais-je? par-dessus lesquels il faut sauter, hop, hop! et la pièce reprend, jusqu'à la prochaine barrière, son allure bénigne. » (*Le Temps*, 4 avril 1881.)

1. Scène XVIII
2. Acte III, sc. VIII.
3. *Les Sincères*, sc. XXI. Voir sur le notaire classique au théâtre, un charmant passage de Maurice Sand (*Masques et Bouffons*, t. II, p. 332 à 337).

nent, en effet, à un monde où il serait de mauvais goût de sentir trop vivement. Même lorsqu'ils sont émus, — autant que le permet la modération d'idées dont ils font profession, — il n'est pas à craindre qu'ils parlent sans détour et mettent leur cœur à nu. Ils échangent leurs pensées sans que leur voix s'échauffe, sans que leur parole cesse d'être calme et mesurée. Aussi le spectateur doit-il faire comme eux, comprendre à demi-mot, interpréter telle expression insignifiante en apparence, deviner la valeur d'un sourire ou d'un regard. Il a devant lui des raffinés ; il doit être un peu raffiné lui-même pour goûter ce manège plein de finesse et ce langage plein de sous-entendus. Certes, Marivaux est bien différent en cela de Molière et de la plupart des grands comiques, qui, depuis Aristophane, ont imprimé leur marque à l'art dramatique. Ceux-là, chacun les comprend et les suit sans effort ; avec eux, les esprits cultivés poussent plus loin que le vulgaire, mais tous applaudissent du même cœur. Ces comiques, en effet, sont humains, au plus large sens du mot, et tous les hommes peuvent s'y plaire ; les uns analysent leur plaisir en lettrés, les autres se contentent de sentir sans raffiner leur sensation, et se laissent, comme dit Molière, prendre aux entrailles. Marivaux n'est pas de ces génies accessibles à tous, une élite seule peut le comprendre ; c'est là son charme, c'est aussi son infériorité. Pourtant, lui aussi a ses ancêtres, ainsi Ménandre et Térence, génies délicats et subtils, qui, derrière les types généraux et les sentiments universels, savaient distinguer les êtres d'exception et comme les nuances de l'âme. Ils n'ont pas, comme les autres, tout le public pour eux, mais ceux qui les préfèrent les aiment d'un amour singulier, où, peut-être, ces fervents sont trop portés à voir une marque d'aristocratie intellectuelle, mais qui leur donne un plaisir très vif et très relevé [1].

Cette simplicité d'action, cette discrétion raffinée dans la peinture des caractères, ont valu à Marivaux deux reproches qu'il importe d'examiner de près. La plupart de ses pièces, dit-on, reposent sur un malentendu trop facile à dissiper ; il n'y aurait qu'à s'y prendre d'une certaine façon pour dénouer ce fil léger qu'il emmêle de cent manières, et qui se romprait à chaque instant sans des prodiges d'adresse. Dans le *Legs*, par exemple, un mot, qui est à chaque instant sur les lèvres du marquis, terminerait tout s'il était prononcé, et on le trouve un peu long à venir ; plusieurs fois on s'écrierait volontiers avec la comtesse : « Qu'on me dise en vertu de quoi cet homme-là s'est mis dans la tête que je ne l'aime point [2] ! » Le spectateur en effet commence à ne plus le savoir lui-même, et cependant il faudrait, en vertu du principe posé par Marivaux [3], qu'il comprît sans

---

1. Le passage suivant du trop raisonnable Suard marque bien son inintelligence de Marivaux, mais, par cela même, il caractérise cette famille d'esprits pour laquelle, selon la remarque déjà citée (p. 150) de Sainte-Beuve, le répertoire de Marivaux est lettre close : « Une erreur familière à la plupart de ceux qui ont fait des comédies, depuis Molière, Regnard, Dufresny, etc., a été de croire, comme Marivaux, qu'on pouvait produire de l'effet au théâtre avec de la finesse d'observation, de l'aptitude à saisir et à peindre des ridicules à peine marqués, des nuances du caractère, des ressorts de petites passions. Ce ne sont point des traits fins, des nuances délicates qui composent le véritable comique ; ce sont des couleurs fortes, des traits saillants, ce que les peintres appellent la charge de la figure ; le bouffon en est la caricature. C'est dans la charge que se trouve presque toujours la ressemblance du portrait ; cette ressemblance diminue à mesure que les détails se multiplient et un travail trop recherché finit quelquefois par la détruire tout à fait. » (*Mélanges de littérature*, t. V, p. 360.)

2. Scène xx.

3. Voir ci-dessus, p. 46.

effort. Ailleurs, dans les *Serments indiscrets*, la pièce est finie avec le troisième acte; Marivaux cependant trouve moyen de prolonger durant deux actes encore un malentendu dont il a tiré tout ce qu'il contenait; ici le fil dont nous parlions tout à l'heure est décidément rompu, et l'auteur le rattache maladroitement. Dans plusieurs autres pièces ce parti-pris est moins visible; on le découvre toutefois : un mot ambigu saisi au vol, un brusque dépit, une réflexion mal interprétée, autant de prétextes pour repartir sur nouveaux frais; mais il y a trop de petits détails expliqués, interprétés, tourmentés; c'est du « tatillonnage [1] » fatigant et l'on trouve juste cette réflexion maligne que Marivaux inspirait à une femme d'esprit : « C'est un homme qui se fatigue et qui me fatigue moi-même, en me faisant faire cent lieues avec lui sur une feuille de parquet [2]. »

On ne saurait nier que Marivaux ne justifie souvent cette boutade; toutefois, chez les modèles qu'il étudiait, dans les conversations dont il était l'écho fidèle, les choses se passaient-elles autrement? L'échange des sentiments les plus naturels n'était-il pas un tissu de réticences, de sous-entendus, de petites finesses prolongées à dessein? Si on lui accorde cette prétention, à laquelle il tenait tant, d'être le peintre

---

1. Sainte-Beuve, *Causeries du Lundi*, t. IX, p. 373.
2. Rapporté par d'Alembert, p. 587. Ajoutons avec lui : « Mais il faut observer que si l'auteur fait tant de chemin dans ce petit espace, ce n'est pas précisément en repassant par la même route, c'est en traçant des lignes très proches les unes des autres, et cependant très distinctes pour qui sait les démêler. » — Voltaire disait aussi : « C'est un homme qui sait tous les sentiers du cœur humain, mais qui n'en connaît pas la grande route. » — Enfin le président Hénault : « C'était l'anatomiste du cœur : il se plaisait peut-être trop aux détails, mais il n'ennuyait pas; il aurait prouvé la divisibilité de l'âme à l'infini. » (*Mémoires*, p. 411.)

fidèle de la vie réelle et d'écrire comme on parlait, on lui rendra cette justice qu'il atteint pleinement son but. Ses personnages n'ont qu'un défaut : pour reprendre un mot de Villemain, ils font comme tous les types expressifs, ils exagèrent parfois la nature. Marivaux raffine la subtilité des amants, il enchérit sur leurs habitudes de discrétion et de réserve, car il voit plus avant dans leur jeu qu'ils n'y voyaient eux-mêmes; il démêle, mieux qu'ils n'auraient pu faire, cette foule de pensées et de sentiments qui tourbillonne dans leur tête et dans leur cœur; il saisit ce qui échappe à ces amateurs d'analyse à outrance, et, comme il aime à philosopher et à se rendre compte de tout, il complète ce que l'observation lui apprend et la rend ainsi plus profonde et plus juste [1].

On dit encore que toutes les comédies de Marivaux se ressemblent, « au point qu'on peut à peine distinguer l'une de l'autre [2] »; elles ne feraient que retourner, avec quelques variantes de détail, une situation unique; toutes pourraient s'appeler *la Surprise de l'Amour*[3]. L'observation est en partie juste; cependant, Marivaux refusait absolument d'y souscrire; il

---

[1]. Cette habileté dans la découverte des petits secrets, cette habitude de voir l'invisible et de saisir l'insaisissable, donnent parfois à l'observation de Marivaux quelque chose de mesquin et d'étroit, de *féminin* : en ce cas, dit Vinet, « sa psychologie est du *commérage*, appliqué non à tel individu, mais à la nature humaine. » (*Histoire de la Littérature française au* xviii° *siècle*, t, I, p. 255.)

[2]. De Barante, *De la Littérature française pendant le* xviii° *siècle*, p. 93. On disait déjà du temps de notre auteur que « si les comédiens ne jouaient que des ouvrages de Marivaux, ils auraient l'air de ne point changer de pièces. » (D'Alembert, p. 583.)

[3]. Le premier, croyons-nous, qui ait formulé cette critique, bien souvent répétée, est le marquis d'Argens, *Réflexions historiques et critiques sur le goût*, 1743, p. 233 : « Il y a dans ses pièces, d'ailleurs très jolies, un défaut, c'est qu'elles pourraient être presque toutes intitulées *la Surprise de l'Amour.* »

soutenait même « qu'un auteur ne saurait mettre plus de diversité dans ses sujets qu'il n'en avait mis dans les siens ». Et il ajoutait : « Dans mes pièces, c'est tantôt un amour ignoré des deux amants; tantôt un amour qu'ils sentent et qu'ils veulent se cacher l'un à l'autre; tantôt un amour timide et qui n'ose se déclarer; tantôt enfin, un amour incertain et comme indécis, un amour à demi né, pour ainsi dire, dont ils se doutent sans en être bien sûrs, et qu'ils épient au dedans d'eux-mêmes, avant de lui laisser prendre l'essor. Où est en tout cela cette ressemblance qu'on ne cesse de m'objecter [1] ? » Ailleurs, plaidant la même cause, au sujet des *Serments indiscrets* et de la *Surprise de l'Amour*, qu'on accusait d'être calqués l'un sur l'autre, il disait encore : « Je ne vois rien là qui se ressemble. Il est vrai que dans l'une et dans l'autre situation tout se passe dans le cœur; mais ce cœur a bien des sortes de sentiments, et le portrait de l'un ne fait pas le portrait de l'autre [2]. »

Cette explication est plus subtile que probante. Sans doute, toutes les comédies qui peignent les diverses phases de l'amour ont pour théâtre le cœur; mais au moins chaque auteur dramatique s'efforce-t-il de varier la donnée, les causes, la marche de l'éternel sujet, et de tout tirer du cœur humain, mais par des voies différentes. Marivaux n'en emploie guère qu'une, l'amour-propre décrit par l'analyse; de là sa ressemblance continuelle avec lui-même, ressemblance qu'il faut bien reconnaître, mais qui n'est point la monotonie. Il est presque toujours intéressant, car, s'il se contente de fouiller les cachettes du cœur, il est rare qu'il n'en trouve pas de nouvelles.

---

1. D'Alembert, p. 584.
2. *Avertissement* des *Serments indiscrets*.

Chacune de ses tentatives est marquée par une découverte qui a toujours son prix; il n'est pas une de ses pièces, bonne ou médiocre, qui n'apprenne quelque chose sur la manière dont l'amour naît ou meurt [1]. N'est-ce point là une suffisante nouveauté, et, au lieu de reprocher à Marivaux une stérile ressemblance dans les sujets qu'il traite, ne conviendrait-il pas d'admirer plutôt avec quelle souplesse il varie, au point de la transformer chaque fois, une situation dont le point de départ est, en effet, toujours le même?

---

1. Théophile Gautier voit dans cette manière de représenter l'amour toute une révolution, qui assurerait à Marivaux une supériorité sur Molière : « Chez Marivaux, dit-il, on commence à sentir le véritable cœur humain. A travers mille fanfreluches coquettes, on découvre quelque chose de bien nouveau pour le temps, l'analyse sérieuse de l'amour. Molière, qui excellait dans la peinture des caractères en toute autre chose, n'avait fait vibrer qu'une seule fois cette corde-là, dans le *Misanthrope*; autrement ses amoureux sont de simples jeunes premiers, n'émettant que des sentiments traditionnels et se ressemblant tous. Ce sont les Pamphile et les Chéréas de la comédie latine — des amoureux si l'on veut, des gens qui aiment, jamais. » (*Histoire de l'art dramatique*, t. V, p. 292.)

CHAPITRE II

RÔLES PRINCIPAUX. — LES AMOUREUX; MARIVAUX ET ALFRED DE MUSSET : LE DÉSESPOIR EN AMOUR. — LES AMOUREUSES; IMPORTANCE DE LEURS RÔLES : MARIVAUX ET MÉNANDRE. — LA COQUETTERIE. — ARAMINTE ET SYLVIA. — LES INGÉNUES; ANGÉLIQUE ET AGNÈS.

La ressemblance des sujets dans les pièces de Marivaux entraînerait, a-t-on dit, celle des personnages. Amoureux et amoureuses, valets et soubrettes, ne seraient que les copies peu variées des mêmes types. Ce reproche me semble tout à fait injuste. La principale cause de cette prétendue monotonie pourrait bien être que Marivaux, fidèle à la tradition de notre ancien théâtre, ne désigne ses personnages que sous les noms consacrés de chaque rôle, Lélio et Mario, Sylvia et Flaminia, Pasquin et Colombine, etc., pour la comédie italienne; le comte et la comtesse, le marquis et la marquise, Lisette et Frontin, etc., pour la comédie française. Mais, sous ces noms uniformes, les caractères sont bien tranchés; chacun a sa marque propre, malgré l'air de famille qu'ils doivent à une même origine. Essayons d'abord d'indiquer les traits communs que ces divers personnages ont reçus et de leur temps et du talent qui les a créés. Nous verrons mieux ensuite avec quel relief et quelle netteté les types particuliers se détachent de l'ensemble.

Les amoureux se distinguent avant tout par une qualité qui se retrouvera chez les amoureuses, une élégance aisée de manières et de langage. Ce n'est pas l'affectation de bel air, familière, railleuse, impertinente, des marquis de Molière, ce verbe haut, cette fatuité bruyante, ce ton tranchant poussés jusqu'à la caricature dans Mascarille et Jodelet, pris sur le vif dans les marquis de *l'Impromptu de Versailles* et du *Remerciment au Roi*. C'est la distinction du galant homme, bien né, poli par l'habitude des salons, ouvert à toutes les idées par la littérature, un peu léger et superficiel, car il appartient à une époque de plaisir et de scepticisme, mais capable d'émotion et de sérieux. Ces amoureux vont jusqu'à la tendresse; ils préfèrent cependant la galanterie. Dans leurs heures de plus grande sincérité, ils se garderont d'une exaltation qui les exposerait au ridicule, car le ridicule est ce qu'ils craignent par-dessus tout. Ils excellent dans les escarmouches de sentiment, l'attaque brillante, la riposte adroite. Ils déclarent leur amour avec un mélange léger de badinage et de sincérité; encore font-ils cette déclaration le moins possible. Ils procèdent par voie d'allusion et de sous-entendus, dans un langage si respectueux et si caressant, qu'on ne saurait ni s'en fâcher, ni s'y montrer insensible. Il n'est pas une des pièces de Marivaux, même les moins heureuses, où, de concert avec les amoureuses, ils n'amènent une ravissante scène d'explication [1]. Des deux côtés on veut être compris sans trop s'expliquer; les paroles n'expriment que la moitié de la pensée; c'est une lutte courtoise à qui ne dira pas ce mot décisif, que chacun brûle d'entendre

---

1. *La Fausse Suivante*, acte II, sc. VII; *les Serments indiscrets*, IV, VI; *le Prince travesti*, II, VII; *les Sincères*, XVI; la première *Surprise de l'Amour*, II, VII.

et redoute de prononcer. Les deux interlocuteurs se devinent, disent bien qu'ils ne sont pas dupes l'un de l'autre, tournent et retournent autour d'une pensée commune, invoquée, niée des deux parts. Quel souple et gracieux manège! Si l'un fait un pas, l'autre recule aussitôt; et pourtant aucun d'eux ne veut laisser à l'adversaire un pouce de terrain : le résultat, c'est qu'ils ne cessent d'en perdre l'un et l'autre, jusqu'au moment où les armes leur tombent des mains en même temps. Mais cette tactique, dira-t-on, est le privilège des femmes; chez Marivaux, elle appartient aux deux sexes. Ce qu'il y a de féminin dans son talent se retrouve dans le caractère de ses héros, leur finesse, leur goût de ruse et d'intrigue, leur élégance nerveuse et coquette.

Avec ces traits communs, chacun d'eux, ai-je dit, accuse une physionomie originale. On ne saurait étudier en détail tous ces rôles d'hommes, mais les plus connus sont peut-être aussi les plus tranchés. Voici Lélio [1], l'amoureux triste et désabusé; tout saignant d'une blessure récente [2], il maudit l'enchanteresse sans parvenir à la détester : « Femmes, s'écrie-t-il, vous nous ravissez notre raison, notre liberté, notre repos; vous nous ravissez à nous-mêmes! » Que sommes-nous entre leurs mains? « Des pauvres fous, des hommes troublés, ivres de douleur, de joie, toujours en convulsion, des esclaves! » Conséquence logique, il faut fuir ces tyrans capricieux et perfides? Non, car « sans l'aiguillon du plaisir et de l'amour, notre cœur est un vrai paralytique; nous restons là comme des eaux dormantes, qui attendent

---

1. La première *Surprise de l'Amour*.
2. Voir l'histoire des malheurs de Lélio plaisamment racontée par Jacqueline, acte I, sc. 1.

qu'on les remue pour se remuer [1]. » Il faut donc
souffrir, puisque l'amour et la souffrance sont inséparables, et bénir cette blessure qui ne doit se fermer
que pour se rouvrir bientôt. Il y a du don Juan dans
cette singulière figure de Lélio, non pas du don Juan
de Molière, mais de celui de Byron et d'Alfred de
Musset [2]. Lélio, en effet, ne pousse pas des cris de
désespoir, cela n'est pas de son temps, mais son sourire n'est pas sans amertume ; avant la fin du siècle,
il s'appellera Werther; plus près de nous, il sera le
poète des *Nuits*. Que l'on relise, par exemple, la *Nuit
d'octobre* : c'est l'admirable développement du thème
éternel qu'effleure Lélio. Bien des strophes aussi,
dans la *Nuit de décembre*, reviennent à la mémoire
quand on lit la scène de la *Surprise de l'Amour*, dans
laquelle Arlequin et son maître exhalent leur plainte,
chacun à sa manière. A la fin de la pièce, ou même
dès le début, Lélio pourrait, comme le poète, s'écrier
au souvenir de l'infidèle :

>Partez, partez, et dans ce cœur de glace
>   Emportez l'orgueil satisfait.
>Je sens encor le mien jeune et vivace,
>Et bien des maux pourront y trouver place
>   Sur le mal que vous avez fait.

Certes, la pensée n'est pas nouvelle; sans parler
des poètes de l'anthologie grecque et de ces lyriques ioniens dont les fragments exhalent encore une
flamme brûlante, les élégiaques latins l'ont exprimée en vers immortels. Mais on ne saurait nier que
le sentiment de la souffrance causée par l'infidélité et de la passion toujours renaissante n'ait trouvé
chez les modernes une expression plus variée, plus

1. La première *Surprise de l'Amour*, acte I, sc. ii.
2. *Namouna*, chant II, 23 à 55.

profonde, plus sincère aussi, malgré ses exagérations déclamatoires. Or, dans le passage dont il s'agit, et dans plusieurs autres de son théâtre, Marivaux devance cette expression : son Lélio est à la fois, comme tant de fils du romantisme, ironique et ému, railleur et passionné, chérissant sa souffrance et puisant en elle une nouvelle force pour aimer et souffrir encore.

Après Lélio, voici le marquis du *Legs*, timide, presque rougissant, qui ose à peine s'avouer son amour à lui-même, et qui, jeune homme à l'époque de la Régence, tremble devant une déclaration. S'attendrait-on à trouver ainsi, toutes différences gardées, l'amour de Daphnis chez un marquis de Marivaux [1] ?

Après l'amour timide, l'amour audacieux, qui s'attaque au plus fort de tous les anciens préjugés, celui de la naissance, et donne au roturier Dorante assez de hardiesse pour demander et obtenir, « par droit de conquête », la main de la noble et fière Angélique [2]. Amour moderne, comme celui de Lélio, bien que tout différent.

Marivaux en offre un plus moderne encore, celui de l'intendant d'Araminte, bien né, mais pauvre, de condition très subalterne, mais de sentiments supé-

---

1. Les critiques du xviiie siècle faisaient, selon Cailhava, au marquis du *Legs* une critique bien cherchée. Ils lui reprochaient d'avoir « vingt ans de trop », sous prétexte « que la timidité n'est ordinairement que le partage des jeunes gens, qui, peu instruits des usages du monde, craignent de déplaire à une femme en lui disant qu'ils l'aiment; ou des vieillards, qui, assez raisonnables pour comprendre que l'amour est un sentiment ridicule, n'osent pas l'avouer. » (*L'Art de la Comédie*, t. I, p. 51.) Cailhava réfute ce reproche par d'assez bons arguments, quoique délayés et pédantesques. On peut dire simplement que la timidité, surtout en matière amoureuse, se rencontre à tout âge.

2. *Le Préjugé vaincu*. Voir ci-après, p. 248 et suiv.

rieurs à son état, qui mérite, par une gradation rapide, la bienveillance, l'estime, l'intérêt, l'amour, non pas d'une romanesque et fière jeune fille, mais d'une aimable et nonchalante veuve qui lui donne son cœur et sa main, après n'avoir voulu lui confier que ses intérêts [1].

1. *Les Fausses Confidences.* — C'est une comparaison souvent reprise que celle du *Roman d'un jeune homme pauvre* d'Octave Feuillet, et des *Fausses Confidences.* « M. Octave Feuillet, dit M. Fr. Sarcey, a récrit (le roman des *Fausses Confidences*) et lui a donné je ne sais quoi de plus sombre. Son jeune homme pauvre est fier, cassant et tombe parfois dans le mélodrame; sa jeune fille riche est agitée et nerveuse; leurs débats sont souvent violents et tristes. Le roman des *Fausses Confidences* est joué au contraire dans le pays lumineux des songes, et Dorante et Araminte charmeront encore les générations futures quand déjà il ne sera plus parlé du Maxime Odiot de M. Feuillet et de sa Marguerite Laroque. » (*Le Temps,* 4 avril 1881.) C'est trop sévère, à mon avis. Il est certain qu'Araminte est plus *aimable* que Marguerite. Mais à qui la faute? Marivaux représente une jeune veuve de 1736, Parisienne indulgente, d'humeur douce, polie par le monde, et Octave Feuillet une jeune fille de 1858, Bretonne fière, défiante, aigrie par le triste milieu où elle vit : chacun d'eux est dans la vérité de son temps. Voir un très juste parallèle de deux œuvres dans la réponse de Vitet au *discours de réception* d'Octave Feuillet à l'Académie française (26 mars 1863).

Malgré le charme des *Fausses Confidences,* il y a un côté déplaisant dans le caractère de Dorante et quelque chose de pénible dans le rôle qu'on fait jouer à Araminte. Je reviendrai tout à l'heure (p. 206) sur ce dernier point de vue; quant à Dorante, M. Henri de Bornier fait justement remarquer combien est, au fond, peu sympathique « ce rôle d'un homme qui met au service de l'amour une sorte de friponnerie. » (*Nouvelle Revue,* 15 mars 1881.) Le Maxime Odiot d'Octave Feuillet est, au contraire, parfaitement loyal : « Votre Dorante à vous, disait Vitet, n'est pas amoureux d'Araminte : il ne la connait pas; cet emploi au-dessous de son rang n'est pas un subterfuge pour conquérir son cœur; il ne l'accepte que par détresse; et la passion qu'il inspire, il ne commence à la comprendre et ne lit dans son propre cœur que lorsqu'il a déjà cessé d'en être maître ». — Hippolyte Lucas rapproche la pièce de Marivaux d'une comédie de Lope de Vega, *le Chien du Jardinier* (*Histoire du théâtre français,* t. I, p. 335.) Cette ressemblance,

Ces types d'amoureux sont très sympathiques ; d'autres dans Marivaux le sont moins ; ceux mêmes que je viens de citer ne le sont pas tous au même degré. Le grand défaut des plus aimables, c'est qu'ils ont moins de sentiment que de raison, moins de cœur que d'esprit. L'excès de l'analyse dessèche la source des émotions généreuses ; aussi, la crainte continuelle d'être dupes les entretient dans un état de réserve obstinée, de méfiance incurable ; ils se sont retranché le meilleur de la nature humaine, l'élan spontané, le premier mouvement qui ne calcule pas. De plus, à force de tout considérer en souriant, ils ne prennent plus rien au sérieux ; ils raillent les autres et eux-mêmes, ils médisent même de l'amour, qui est pourtant la grande occupation de leur vie. Enfin, ils ont tous quelque chose d'affecté, leur éternel sourire agace ; on voudrait les voir tristes d'une vraie tristesse ; on leur voudrait en un mot plus de naturel et d'abandon.

Tel est, à divers degrés, le défaut essentiel des types d'amoureux chez Marivaux. Chez quelques-uns, il est à peine sensible ; on le devine plus qu'on ne le voit ; chez d'autres, copies trop vraies des jeunes gens à la mode, il s'étale et gâte tout le personnage. Lucidor, de *l'Épreuve*, nous irrite par sa longue méfiance ; le petit-maître Rosimond, par ses airs évaporés et cette manie de persiflage qu'un dénouement où il joue un assez sot personnage ne corrigera pas pour longtemps [1] ; le Prince, de *la Dis-*

---

assez lointaine, me semble purement fortuite. Il est peu probable que Marivaux connût l'espagnol et Lope de Vega ne fut traduit en notre langue qu'en 1822, par La Beaumelle, le fils.

1. *Le Petit-Maître corrigé.* — A vrai dire, c'est moins la faute de Marivaux que de son sujet : il voulait peindre les naïfs qui affectent des airs de scélératesse ; et il y a parfaitement réussi.

pute, par l'impertinente profession de foi qui sert de point de départ à toute une pièce, vide et fade, semblable à un chapitre dialogué du *Cyrus* ou de la *Clélie*; Lélio, de *la Fausse Suivante*, par son affectation de cynisme calculateur et de rouerie. Tous sont punis à la fin de la pièce, mais après nous avoir fatigués. Ils font porter à Marivaux la peine d'avoir été un peintre trop fidèle des mœurs de son temps. D'autant plus qu'à ces défauts, dont il n'était pas responsable, il en ajoute assez souvent qui lui appartiennent en propre : un caractère difficile et pointilleux, un goût excessif de la quintessence, une subtilité sophistique de sentiment et de pensée.

Pour l'intrigue, sa pièce a servi de modèle (ce que l'on n'a pas remarqué) au *Méchant* de Gresset (1747). Dans toutes les deux, il s'agit d'un petit-maître, qui, fiancé à une charmante jeune fille, croit indigne de lui, non pas d'être amoureux, mais de le paraître et de l'avouer, et qui, vaincu peu à peu par la simple droiture de celle qu'on lui destine, abjure sa fatuité. Certaines scènes de Gresset sont calquées sur celle de Marivaux; ainsi la scène vii de l'acte III du *Méchant*, qui suit pas à pas la scène xii de l'acte I du *Petit-Maître corrigé*. Certains rôles de Marivaux ne font que changer de nom et de sexe pour passer dans celle de Gresset, ainsi Lisette du *Petit-Maître* qui devient Ariste du *Méchant*; quant au valet de Cléon, il s'appelle Frontin, comme lorsqu'il était au service de Rosimond. On trouve chez Gresset jusqu'à des imitations de mots. Ainsi le fameux vers du *Méchant* (III, ix) :

Elle avait de beaux yeux pour des yeux de province,

se trouve en germe dans cette réflexion de Rosimond : « Ce visage-là pourrait devenir quelque chose s'il appartenait à une femme du monde, et notre provinciale n'en fait rien » (II, iv). Cependant, les contemporains de Gresset, qui accusèrent *le Méchant* d'être copié sur le *Tartufe* de Molière, le *Flatteur* de J.-B. Rousseau, *le Médisant* de Destouches, etc., ne mirent pas Marivaux au nombre des auteurs pillés. *Le Petit-Maître corrigé* était oublié.

La donnée du *Petit-Maître corrigé* se retrouve encore dans *Il ne faut jurer de rien*, d'Alfred de Musset, pur chef-d'œuvre de comique, de sentiment et de poésie, très supérieur à l'agréable esquisse de Marivaux.

Toutefois, sympathiques ou déplaisants, ces rôles d'hommes ne jouent qu'au second plan ; le premier appartient aux femmes. Ici encore Marivaux se sépare nettement de ses devanciers. Chez Regnard, même chez Molière, la femme retenait au théâtre quelque chose de son infériorité sociale. Célimène, Elmire, Henriette sont reléguées en arrière par Alceste, Tartufe, Clitandre, Vadius et Trissotin eux-mêmes. Les femmes sont au contraire les modèles préférés de Marivaux [1]. Il fait pour elles dans la comédie ce que Racine avait déjà fait dans la tragédie ; il leur donne la première place. En ceci, la littérature française offre une ressemblance frappante avec la littérature grecque : Racine et Marivaux accomplissent dans le théâtre de leur temps la transformation que le théâtre grec avait subie entre les mains d'Euripide et de Ménandre.

De la sphère héroïque et divine où Eschyle et Sophocle avaient établi la tragédie, Euripide la fit descendre sur la terre. Avec lui, les fables mythologiques, les anciennes légendes nationales ne furent plus que des cadres librement employés, dans lesquels le poète, non plus croyant respectueux, mais observateur sceptique, peignit des tableaux de mœurs ; avec lui se dissipèrent la sombre horreur du drame d'Eschyle, l'épouvante que la fatalité faisait planer sur la scène ; l'homme fut moins le jouet des dieux

---

1. J.-J. Rousseau ne s'y est pas trompé ; c'est à partir des pièces de Marivaux que les femmes prennent la première place dans la comédie ; il le constate en le regrettant, et c'est bien Marivaux qu'il vise dans ce passage : « Ne sachant plus nourrir la force du comique et des caractères, on a renforcé l'intérêt de l'amour.... Les auteurs concourent à l'envi, pour l'utilité publique, à donner une nouvelle énergie et un nouveau coloris à cette passion dangereuse ; et, depuis Molière et Corneille, on ne voit plus réussir au théâtre que des romans sous le nom de pièces dramatiques.... » (*Lettre à d'Alembert sur les spectacles.*)

que celui de ses passions. Or, quelle passion plus puissante et plus universelle que l'amour? Il devint donc la passion dominante au théâtre, et, avec lui, les femmes prirent et gardèrent le premier rôle. Même évolution dans le théâtre français. Après Corneille, qui faisait naître l'intérêt dramatique de l'admiration et de la terreur, et qui, en quelque sorte, écrasait l'amour par la comparaison des sentiments avec lesquels il le mettait aux prises — honneur chevaleresque, patriotisme, enthousiasme religieux — Racine donne aux passions amoureuses la même importance qu'aux plus grands sentiments de l'âme humaine et les met aux prises avec ceux-ci sur un pied d'égalité; bien plus, il fait de l'amour le ressort principal de son drame, le maître souverain de ses personnages.

Ménandre après Euripide [1], Marivaux après Racine font subir à la comédie une transformation du même genre. Avec eux l'amour comique n'est plus seulement un moyen commode pour imaginer une intrigue et dérouler une action, un sentiment utile servant de lien et de prétexte à des sentiments plus intéressants et plus forts, mais la cause même et le but de toute conception dramatique, celui qui inspire tout, auquel tout est subordonné, dont tout porte la marque, qui donne à tout le mouvement de la vie. Par suite, les femmes, dont l'amour est le grand mobile et qui ne s'intéressent guère qu'à lui, entrent en maîtresses dans la comédie; le principal objet du poète est de les bien connaître, de pénétrer le secret de leurs sentiments, de déchiffrer les énigmes que ces sphinx

---

1. Voir, sur ce caractère de la comédie grecque chez Ménandre, Guillaume Guizot, *Ménandre, étude sur la comédie et la société grecque*, notamment chap. IV et VII, et Ch. Benoît, *Essai sur la comédie de Ménandre*, ch. IV.

inquiétants ne cessent de proposer. Pour avoir ainsi compris le théâtre, Ménandre a transformé la comédie grecque, et, tout mutilé qu'il est, ses moindres fragments, cette « poussière du marbre brisé », comme disait Villemain [1], inspirent une admiration pleine de regrets ; pour les mêmes raisons, Marivaux, malgré ses défauts et ses faiblesses, est un des maitres de notre théâtre ; seul, ou à peu près, entre les auteurs comiques de son temps, il conserve des spectateurs et ses pièces ne sont pas ensevelies dans les oubliettes du livre. Il n'y a pas lieu d'instituer entre Ménandre et lui un parallèle qui accuserait autant de différences que de ressemblances ; mais il convient de dire qu'il y a chez l'un et chez l'autre la même science psychologique, la même connaissance du cœur des femmes, qu'ils sont tous deux polis et tempérés, moyens, au meilleur sens du mot, que chacun d'eux possède au souverain degré l'élégance propre de son pays et de son temps, un art délicat, plein de ressources et de nuances ; qu'ils plaisent par une sorte de grâce souriante, naturelle chez l'un, comme la beauté antique, voulue chez l'autre, comme la beauté minaudière du xviiie siècle.

Ainsi, les femmes ont de grandes obligations à Marivaux ; mais, en revanche, comme elles le défendent victorieusement contre le reproche de ressemblance monotone adressé à ses personnages ! C'est, en effet, une galerie de figures toujours nouvelles que celles des femmes de Marivaux, depuis la veuve, de tous ses personnages le plus amoureusement traité, jusqu'à l'ingénue, créatures à demi vraies, à demi factices, portraits dont on n'a jamais vu les modèles, mais qu'on veut croire ressemblants. Comme elles sédui-

---

1. *Rapport sur les concours de* 1853.

sent malgré leurs défauts! Je regrettais tout à l'heure le maniéré des rôles d'amoureux; certes, le naturel n'est pas toujours ce qui distingue ses rôles de femmes, mais ce qui nous déplaisait alors nous ravit maintenant. N'y a-t-il pas chez toute femme, si droite qu'elle soit, un peu de complication et d'apprêt, surtout lorsque l'amour se met de la partie? Ce mélange d'émotion et de raillerie, de tendresse et de persiflage, de franchise et d'astuce, de mélancolie et de gaieté, est le charme le plus vif du théâtre de Marivaux [1].

C'est la coquette que Marivaux peint le plus volontiers et avec le plus de bonheur; à vrai dire, il voit toutes les femmes plus ou moins coquettes : « Notre vanité et notre coquetterie, dit la franche Lucile, voilà les deux plus grandes sources de nos passions [2]. » Elles peuvent être naïves et vraies : la coquetterie ne leur est jamais étrangère; elle est au fond de tous leurs sentiments, même ceux qui en paraissent le plus dégagés, « partout, à toute heure, en tout lieu ». « Madame se tait, madame parle; elle regarde, elle est triste, elle est gaie; silence, discours, regards, tristesse et joie, c'est tout un; il n'y a que la couleur de différente; c'est vanité muette, contente ou fâchée; c'est coquetterie babillarde, jalouse ou curieuse; c'est Madame toujours vaine et coquette, l'un après l'autre ou toutes les deux à la fois [3]. » Quel est le plus grand chagrin qu'on puisse leur causer? C'est de ne pas les croire irrésistibles. Une veuve a juré d'être inconsolable; il lui faut pourtant des adorateurs, qu'elle aura

---

1. Voir un aperçu analogue dans le travail, déjà cité, de M. Brunetière, *la Comédie de Marivaux*, p. 151 et suiv.
2. *Les Serments indiscrets*, acte V, sc. II.
3. *L'Ile des Esclaves*, sc. III. — Voir encore sur la coquetterie féminine, ci-après, p. 254, et 4ᵉ partie, chap. II.

le mérite de désespérer. L'un d'eux se permet-il de renoncer à une cour sans espérance, grande colère de la veuve, qui se dit insultée :

> Mon veuvage est éternel : en vérité, il n'y a point de femme au monde plus éloignée du mariage que moi, et j'ai perdu le seul homme qui pouvait me plaire; mais, malgré cela, il y a de certaines aventures désagréables pour une femme. Le chevalier m'a refusée; mon amour-propre ne lui en veut aucun mal : il n'y a là dedans que le ton, que la manière que je condamne; car, quand il m'aimerait, cela lui serait inutile; mais enfin, il m'a refusée, cela est constant : il peut se vanter de cela; il le fera peut-être; qu'en arrive-t-il? Cela jette un air de rebut sur une femme; les égards et les attentions que l'on a pour elle en diminuent; cela glace tous les esprits pour elle : je ne parle point des cœurs, car je n'en ai que faire; mais on a besoin de considération dans la vie; elle dépend de l'opinion qu'on prend de vous : c'est l'opinion qui nous donne tout, qui nous ôte tout; au point qu'après ce qui m'arrive, si je voulais me marier, je le suppose, à peine m'estimerait-on quelque chose; il ne serait plus flatteur de m'aimer [1].

C'est que leur beauté est leur souci, leur fierté, leur raison d'être; cette beauté mobile et piquante, où l'esprit, le regard, le sourire, et surtout la volonté de plaire ont encore plus de part que la nature. Rien de surprenant à cela, et les femmes de Marivaux, si femmes qu'elles soient, n'ont pas le privilège de ce souci; mais elles parlent de leur « visage » avec une franchise que l'on n'a jamais égalée. Elles y reviennent sans cesse; leur pensée n'a d'autre objet que de la faire valoir et triompher. Pourquoi l'une d'elles ne veut-elle point se marier? De peur que sa beauté ne lui appartienne plus :

---

1. La seconde *Surprise de l'Amour*, acte II, sc. VI.

Toute jeune et toute aimable que je suis, je n'en aurais pas pour six mois, et mon visage serait mis au rebut ! De dix-huit ans qu'il a, il sauterait tout d'un coup à cinquante ? Non pas, s'il vous plaît ; ce serait un meurtre ; il ne vieillira qu'avec le temps, et n'enlaidira qu'à force de durer ; je veux qu'il n'appartienne qu'à moi, que personne n'ait à voir ce que j'en ferai, qu'il ne relève que de moi seule. Si j'étais mariée, ce ne serait plus mon visage ; il serait à mon mari qui le laisserait là, à qui il ne plairait pas, et qui lui défendrait de plaire à d'autres ; j'aimerais autant n'en point avoir.... Se range qui voudra sous la loi du mariage [1] !

Être aimées, voilà donc le but de leur vie. Or, l'amour consiste pour elles dans les hommages sans cesse renouvelés qu'il leur procure : « Être aimée d'un homme, c'est être l'objet de toutes ses complaisances, c'est régner sur lui, disposer de son âme ; c'est voir sa vie consacrée à vos désirs, à vos caprices ; c'est passer la vôtre dans la flatteuse conviction de vos charmes, c'est voir sans cesse qu'on est aimable. Ah ! que cela est doux à voir, le charmant point de vue pour une femme [2] ! » Aussi pour ne jamais changer de point de vue, se piquent-elles peu de fidélité ; accusées d'inconstance, elles ont un raisonnement très simple pour se justifier : « Lorsque je l'ai aimé, c'était un amour qui m'était venu ; à cette heure, je ne l'aime plus ; c'est un amour qui s'en est allé ; il est venu sans mon avis, il s'en retourne de même ; je ne crois pas être blâmable [3]. » En vérité, que répondre

---

1. *Les Serments indiscrets*, acte I, sc. II.
2. *Le Prince travesti*, acte I, sc. II. La même Hortense, qui fait cette théorie sur l'amour avant le mariage, s'aperçoit, une fois mariée, que son mari ne l'aime plus : elle est plus sensible à la blessure que reçoit sa vanité qu'à la triste certitude d'une erreur irréparable et d'une vie manquée. Elle s'écrie : « Cet homme dont vous étiez l'idole, concevez qu'il ne vous aime plus.... Quel opprobre !... Quelle vie !... Cela fait frémir l'amour-propre. » (*Ibid.*)
3. *La Double Inconstance*, acte III, sc. VIII.

à cela? N'ayez garde d'insister; elles sont prêtes à soutenir qu'elles ont rempli un devoir :

> Eh bien! infidèle, soit! (dit l'une d'elles à sa suivante, qui lui reproche timidement une coquetterie toujours en éveil). Crois-tu me faire peur avec ce mot? Infidèle! ne dirait-on pas que ce soit une grande injure? Il y a comme cela des mots dont on épouvante les esprits faibles, qu'on a mis en crédit faute de réflexion et qui ne sont pourtant rien!... Un cœur qui trahit sa foi! qui manque à sa parole! eh bien! ce cœur qui manque à sa parole, quand il en donne mille, il fait sa charge; quand il en trahit mille, il la fait encore; il va comme ses mouvements le mènent et ne saurait aller autrement.... Bien loin que l'infidélité soit un crime, je soutiens, moi, qu'il ne faut pas hésiter d'en faire une, quand on en est tenté, à moins que de vouloir tromper les gens, ce que nous devons éviter à quelque prix que ce soit.... Dorante est en vérité plaisant! N'oserai-je, à cause qu'il m'aime, distraire un regard de mes yeux? N'appartient-il qu'à lui de me trouver jeune et aimable? Faut-il que j'aie cent ans pour tous les autres, que j'enterre tout ce que je vaux, que je me dévoue à la plus triste stérilité de plaisir qu'il soit possible d'imaginer? Sans doute, avec ces messieurs-là, voilà comment il faut vivre. Si vous les en croyez, il n'y a plus pour vous qu'un seul homme, qui doit composer tout votre univers; tous les autres sont rayés, ce sont autant de morts pour vous. Peut-être que votre amour-propre n'y trouve point son compte, et qu'il les regrette quelquefois. Eh! qu'il pâtisse; la sotte fidélité lui a fait sa part. Elle lui laisse un captif pour sa gloire; qu'il s'en amuse comme il pourra, et qu'il prenne patience. Quel abus, Lisette, quel abus!

Et Lisette, qui est femme et coquette, elle aussi, devient toute songeuse : « Mais, mais,... dit-elle à son tour, de la manière dont vous tournez cette affaire-là, je crois, de bonne foi, que vous avez raison. Oui, je comprends que l'infidélité est quelquefois un devoir; je ne m'en serais jamais doutée [1]. »

1. *L'Heureux Stratagème*, acte I, sc. v. — On retrouve le sujet de *l'Heureux Stratagème* dans *la Coquette corrigée* de La

Le mariage n'est donc pas ce qu'il faut à ces charmantes infidèles :

Les hommes ne sont bons qu'en qualité d'amants; c'est la plus jolie chose du monde que leur cœur, quand l'espérance les tient en haleine; soumis, respectueux et galants, pour le peu que vous soyez aimable avec eux; votre amour-propre est enchanté ; il est servi délicieusement ; on le rassasie de plaisirs; folie, fierté, dédain, caprices, impertinences, tout nous réussit, tout est loi; on règne, on tyrannise, et nos idolâtres sont toujours à genoux. Mais les épousez-vous, la déesse s'humanise-t-elle, leur idolâtrie finit où nos bontés commencent. Dès qu'ils sont heureux, les ingrats ne méritent plus de l'être [2].

Noue, représentée longtemps après, le 23 février 1756. La Noue a imité Marivaux avec adresse et agrément. *La Coquette corrigée* s'est maintenue longtemps au répertoire, tandis que l'*Heureux Stratagème* a disparu depuis longtemps.

1. *Les Serments indiscrets*, acte 1. sc. IV. Voir la même théorie, spirituellement développée dans *le Prince travesti* (I, II). Marivaux se rencontre en ces deux passages, de façon assez imprévue, avec Corneille, qui, dans *Polyeucte* (I, III), fait tenir à Pauline un langage tout semblable. — Dans un agréable pastiche de la comédie du XVIII° siècle, *le Chevalier Trumeau*, *Théâtre chez Madame*, p. 15), que l'auteur donne lui-même comme une imitation du Théâtre-Italien, M. Édouard Pailleron emprunte aux passages cités ci-dessus, non seulement des idées, mais des phrases qu'il fait habilement entrer dans ses vers; ainsi dans le rôle d'Isabelle :

> Pour n'être pas coquette, encor veut-on savoir
> Le peu que sur un cœur nos yeux ont de pouvoir.
> Mais non : « Je veux ! je veux ! » pas même : « Je vous prie ».
> J'entends me marier, et non qu'on me marie.
> Si je le fais jamais ! Car, malgré leurs serments,
> Les hommes ne sont bons qu'en qualité d'amants,
> Quand leur désir veut bien nous trouver adorables;
> Mais en cessant d'aimer, ils cessent d'être aimables.
>
> MARTON
> Cela vaut fait. Alors qu'ils ont touché le but...
> Serviteur !
>
> ISABELLE
> Et voilà des attraits au rebut,
> Une femme esseulée, un homme atrabilaire,
> A qui l'on ne plaît plus et qui défend de plaire !
> Que non ! non ! si tant est qu'on ait quelques appas,
> Pour un tel avenir je ne les garde pas.

Nous trouverons tout à l'heure, et bien plus piquante, car

De cette manière d'entendre l'amour découlent tous les devoirs des hommes vers elles. Un amant doit être empressé, docile, patient, point jaloux surtout; ou du moins, si la jalousie lui est parfois permise, voici la jalousie qu'aime sa maîtresse et celle qu'elle ne peut souffrir :

> Je vous passerais de la jalousie; je ne parle pas de la vôtre, elle est insupportable; c'est une jalousie terrible, odieuse, qui vient du fond du tempérament, du vice de votre esprit. Ce n'est pas délicatesse chez vous : c'est mauvaise humeur naturelle.... Oh! telle n'est pas la jalousie que je vous demandais; je voulais une inquiétude douce, qui a sa source dans un cœur timide et bien touché, et qui n'est qu'une louable méfiance de soi-même. Avec cette jalousie-là, Monsieur, on ne dit point d'invectives aux personnes que l'on aime; on ne les trouve ni ridicules, ni fantasques; on craint seulement de n'être pas toujours aimé, parce qu'on ne se croit pas digne de l'être. Mais cela vous passe; ces sentiments-là ne sont pas du ressort d'une âme comme la vôtre. Chez vous, ce sont des emportements, des fureurs, ou c'est pur artifice; vous soupçonnez injustement; vous manquez d'estime, de respect, de soumission.... Vous appelez cela de l'amour! C'est un amour à faire peur [1].

La plupart des femmes de Marivaux ont ce ton décidé, ce tour incisif dans la raillerie [2], cette indépendance mutine, même lorsqu'elles aiment d'un amour vrai. C'est que le manège de l'amour, dépits, ruptures, querelles, réconciliations, les amuse autant que l'amour même. Personne mieux que Marivaux n'a su démêler le chaos de ces jolies têtes en travail

---

elle est dans la bouche d'une ingénue, Angélique, de *l'École des Mères*, cette spirituelle réflexion de Marton :

> Trumeau! ce mari-là me ferait plus d'envie
> Pour huit jours seulement qu'un autre pour la vie.

1. *La Fausse Suivante*, acte II, sc. II.
2. Même les jeunes filles; voir, par exemple, la tirade de Mlle Argante dans le *Dénouement imprévu*, sc. VII.

d'intrigue amoureuse, ce tourbillonnement de pensées, de projets, de résolutions, prises, reprises, abandonnées [1]; ce flux de paroles où le vrai et le faux, l'absurde et le raisonnable, s'accordent et se combattent [2]. Elles-mêmes ne s'y reconnaissent plus : « Où en suis-je donc ? » s'écrient-elles tout à coup, perdues dans ces écheveaux de sentiments ténus [3]. Marivaux les aide en souriant à se retrouver. S'il était né satirique, comme il eût montré qu'il y a, chez ces filles d'un siècle trop raffiné, beaucoup d'étourderie, de sécheresse et d'égoïsme; qu'elles abusent du droit de leur sexe d'avoir plus de sentiment que de raison! Mais il ne saurait leur être sévère : il est lui-même un de leurs amoureux. Il a beau les connaître et voir leurs défauts; comme Cléonte, ils trouvent que ces défauts leur vont à ravir [4]. A peine, pour montrer qu'il n'est pas leur dupe, un léger sourire qui joue à travers tout son théâtre. Il ne les blâme pas, même lorsqu'il les raille doucement; il est pour elles, comme l'a dit un de ses contemporains, « tendrement épigrammatique [5] », et, souvent, c'est dans cette ironie voilée que consiste tout le comique de Marivaux, quand il peint les travers de l'esprit et du cœur féminins.

Je me hâte d'ajouter que les héroïnes de Marivaux ne sont pas toujours aussi capricieuses. Après les premières scènes leur humeur taquine s'adoucit;

---

1. *La Double Inconstance*, acte II, sc. XI.
2. *La seconde Surprise de l'Amour*, acte II, sc. VII.
3. « Je m'y perds, la tête me tourne, je ne sais où j'en suis, » s'écrie Hortense dans le *Prince travesti* (II, v), après avoir inutilement essayé de se rendre compte de ses propres sentiments et de ceux de sa rivale.
4. *Le Bourgeois gentilhomme*, acte III, sc. IX.
5. L'abbé de La Porte, *l'Observateur littéraire*, 1759, t. I, p. 92.

contentes d'avoir mis à l'épreuve la patience de leurs amants et librement exercé aux dépens du mariage leur verve spirituelle, elles « s'humanisent » et consentent à prendre un époux. Que seront-elles pour celui-ci? Marivaux ne le dit pas; sans doute parce que l'amour conjugal n'est pas une sorte d'amour très dramatique. Une fois mariées, nous ne voyons plus ces jeunes filles déjà fort émancipées avant le mariage; si elles reparaissent, c'est en qualité de veuves, et alors elles s'empressent de reprendre leurs idées d'autrefois, avec plus de piquant, si c'est possible, et de liberté dans la coquetterie.

Deux caractères, une jeune fille et une jeune veuve, Sylvia, du *Jeu de l'Amour et du Hasard*, et Araminte des *Fausses Confidences*, tranchent sur ceux dont nous venons de marquer les traits principaux, la première par sa franchise mêlée d'espièglerie, la seconde par sa droiture et sa bonté.

Très décidée à ne pas accorder sa main à la légère, Sylvia n'a aucun éloignement de parti pris pour le mariage; seulement elle pense sur cette grave question comme Alceste sur l'amitié :

> Avec lumière et choix cette union veut naître;
> Avant que se lier il faut se mieux connaître [1].

Elle dispenserait à la rigueur son futur de bonne mine et de beauté : « Ce sont là des agréments superflus. Dans le mariage, on a plus souvent affaire à l'homme raisonnable qu'à l'aimable homme; je ne lui demande qu'un bon caractère, et cela est plus difficile à trouver qu'on ne pense [2]. » Elle se déguise donc en soubrette pour recevoir le prétendant qu'on

---

1. *Le Misanthrope*, acte I, sc. II.
2. *Le Jeu de l'Amour et du Hasard*, acte I, sc. I.

lui destine, l'étudier à loisir et peut-être aussi, car elle est femme, trouver dans cette situation piquante un ragoût de coquetterie. Mais, comme il sied dans une comédie, le futur n'est pas moins méfiant et il arrive déguisé en valet. Trompés l'un et l'autre, les deux jeunes gens s'aiment sans le vouloir; situation extrêmement délicate, que Marivaux traite avec un tact dont il n'y a pas un autre exemple au théâtre. Surprise, inquiète, Sylvia jure de se vaincre; elle lutte donc avec un vrai courage, une vraie douleur, contre un sentiment dont elle rougit. Enfin, lorsqu'elle a deviné la ruse, soulagée d'un grand poids, libre de suivre un penchant maîtrisé à grand peine, elle s'écrie : « Ah! je vois clair dans mon cœur [1]! » Elle avait bien besoin que Bourguignon fût Dorante, mais, entre son amour et son honneur, elle n'eût pas hésité. Rassurée dès lors et, comme le dit son frère, mêlant à tous ses propos la douceur dont son cœur est plein, va-t-elle livrer à son amant le secret d'une situation qu'il prend toujours au sérieux et dont il souffre lui aussi? Elle préfère continuer l'épreuve : maintenant elle peut être espiègle, coquette et mutine sans danger; surtout elle veut savoir jusqu'à quel point elle est aimée et si Dorante l'eût épousée soubrette. L'amour triomphe; Dorante bravera le préjugé [2] : « Je t'adore, je te respecte, lui dit-il avec une émotion vraie, peu commune chez les amants de Marivaux; il n'est ni rang, ni nais-

---

1. *Le Jeu de l'Amour et du Hasard*, acte II, sc. XII.
2. Voir à ce sujet, ci après p. 248, n. 1. C'est là proprement qu'est le nœud de la pièce, qui pourrait s'appeler aussi bien le *Préjugé vaincu*, comme une autre pièce de Marivaux (voir ci-après, p. 248 et suiv.) que *le Jeu de l'Amour et du Hasard*. Aug. Vitu le premier a fait ressortir tout ce qu'il y a de neuf et de hardi dans cette intrigue, et l'a rapprochée du *Marquis de Villemer* (*Le Figaro*, 3 juillet 1877).

sance, ni fortune, qui ne disparaisse devant une âme comme la tienne. J'aurais honte que mon orgueil tînt encore contre toi, et mon cœur et ma main t'appartiennent! » Sylvia n'a plus rien à désirer, son triomphe est complet : « Enfin, j'en suis venue à bout! Vous... vous ne changerez jamais [1]? » Et après cet élan de fierté satisfaite, après cette question pleine d'une douce espérance, voici l'aveu de sa ruse et de son amour : « Oui, Dorante, la même idée de nous connaître nous est venue à tous deux. Après cela, je n'ai plus rien à vous dire; vous m'aimez, je n'en saurais douter; mais, à votre tour, jugez de mes sentiments pour vous, jugez du cas que j'ai fait de votre cœur par la délicatesse avec laquelle j'ai tâché de l'acquérir [2]. »

1. *Le Jeu de l'Amour et du Hasard*, acte III, scène VIII.
2. *Ibid.*, acte III, sc. IX. — Cette piquante situation se trouvait déjà chez deux devanciers de Marivaux, dans *l'Épreuve réciproque* et le *Galant Coureur*, de Legrand, et le *Portrait* de Beauchamp. Bien plus, selon Cailhava, *le Jeu de l'Amour et du Hasard* serait tiré « d'une comédie danoise intitulée *Harni et Périne*, et qui est remplie de choses très plaisantes exactement ». (*L'Art de la comédie*, t. III, p. 217, note.) Cette comédie (*Henrich et Pernille*) se trouve dans une traduction française du théâtre de Holberg, publiée à Copenhague, en 1746, par G. Fursmann, alors que *le Jeu de l'Amour et du Hasard* est de 1730. Amusante et bien conduite, elle offre, en effet, une grande analogie avec *le Jeu de l'Amour et du Hasard;* mais il est probable qu'au lieu de lui servir de modèle, elle en est imitée. Holberg, en effet, a beaucoup imité le théâtre français, notamment Molière (voir A. Legrelle, *Holberg considéré comme imitateur de Molière*, 1864). Il faudrait, pour trancher la question, savoir à quelle date fut représenté *Henrich et Pernille* et aucun des travaux français que j'ai pu consulter sur Holberg, ne donne ce renseignement (voir J.-J. Ampère, *Revue des Deux Mondes*, 1er juillet 1832; X. Marmier, *Revue de Paris*, t. LIII, 1838; Fr. Soldi, *Revue germanique*, janvier à mars 1850.)

Ce qui distingue essentiellement la comédie de Marivaux de ces diverses pièces, c'est le tact avec lequel il traite une donnée très scabreuse. Comme le fait remarquer M. Alphonse Daudet, « si l'on excepte Sedaine venu plus tard, on cherche-

Araminte est avec l'Elmire et l'Henriette de Molière, le plus aimable caractère de femme que nous offre le théâtre comique. Bienveillante pour tous, résistant à une mère impérieuse sans manquer ni au respect filial, ni à ses droits de veuve indépendante, libre de préjugés, d'une dignité sans raideur, se sachant belle et ne s'adorant pas, c'est peut-être la seule amoureuse de ce théâtre qui ne soit pas coquette. On lui reproche sa prompte défaite : n'épouse-t-elle pas le soir un intendant qu'elle ne connaissait pas le matin? La gradation habile de sentiments, qui est le grand mérite de Marivaux, n'est nulle part plus adroitement conduite que dans cette pièce des *Fausses Confidences*, son chef-d'œuvre avec *le Jeu de l'Amour et du Hasard* [1]. La vraisemblance est partout dans un événement si extraordinaire. Dorante est pauvre; il est passionnément amoureux; un valet rusé lui ménage les honneurs de la discrétion, en dévoilant à Araminte le sentiment qu'elle inspire. Peut-elle s'en fâcher? Dorante est d'autant plus intéressant à ses yeux que tout le monde semble s'acharner contre lui; il n'a que la jeune veuve pour le défendre. Celle-ci n'y manque pas, et, à force de le

---

rait vainement dans tout le xviiie siècle un écrivain autre que Marivaux capable de tirer de cet impertinent imbroglio une œuvre aussi chaste et aussi distinguée. » (*Journal officiel*, 9 juillet 1877.) Voir aussi Nisard, *Histoire de la Littérature française*, t. III, p. 219.

1. Il est même assez difficile de décider laquelle des deux l'emporte sur l'autre. Th. Gautier leur préfère la première *Surprise de l'Amour*, qu'il déclare la meilleure « et la plus remarquable de toutes les pièces de Marivaux ». « C'est celle, dit-il, où il a poussé le plus loin le système qui consiste à tirer des sentiments seuls toutes les péripéties qui ordinairement sont le produit des circonstances extérieures. On prétend que cela n'est pas dramatique; il faudrait voir de bons acteurs dans une pareille pièce. » (*Hist. de l'art dramatique*, t. V, p. 292.)

protéger, elle éprouve pour lui plus que de l'intérêt. Il peut maintenant avouer lui-même son amour; il sera écouté sans colère; encore quelques attaques de la part de ceux dont les tracasseries impatientent de plus en plus Araminte, elle épousera Dorante pour assurer à la fois sa propre indépendance, son repos et son bonheur. Ce caractère est si droit que le défaut de la pièce serait peut-être dans la sympathie trop vive, presque la pitié, à certains moments, qu'il éveille chez le spectateur, en voyant la machination montée contre elle, la trame matrimoniale où son valet Dubois veut la prendre. C'est une race terrible que les marieurs; celui-ci va jusqu'à la cruauté et il a des mots qui révoltent : « Si vous lui plaisez, dit-il à Dorante, elle en sera si honteuse, elle se débattra tant, elle deviendra si faible qu'elle ne pourra se soutenir qu'en épousant. » Et plus loin : « Oh! oui, point de quartier. Il faut l'achever pendant qu'elle est étourdie [1]. » Mais cette âpreté dans la poursuite d'un succès où Dubois voit un double bonheur, n'est-elle pas une vérité de plus et les Araminte ne sont-elles pas dans la vie les victimes nécessaires des Dubois et des Dorante? Ainsi le défaut de la pièce serait dans sa trop grande conformité avec la vie. Rare et beau défaut [2].

Marivaux excelle encore dans la peinture de l'ingénue [3], tantôt d'une grâce piquante et d'un esprit déjà

---

1. Les *Fausses Confidences*, acte I, sc. II et acte III, sc. I.
2. Voir, dans la *Revue de France* du 15 mars 1881, une pénétrante étude de M. Edouard Thierry sur cet aspect du rôle.
3. « De jolis rôles d'ingénues, on en trouve (dans l'ancien répertoire), mais ils sont courts.... Dancourt en a quelques parties qui donnent un espoir; mais elles le trompent de suite.... Il n'y a que Marivaux qui fasse des scènes développées et complètes pour les jeunes filles, comme pour les femmes et les mères. » (Ed. Thierry, *Revue de France*, 15 janvier 1879.)

éveillé : telle est Angélique de l'*École des Mères*[1], digne pendant, par son espièglerie mutine, du caractère de Sylvia ; tantôt fière, candide et droite, désarmant d'injurieux soupçons à force de sincérité : telle est une autre Angélique, celle de l'*Épreuve*.

La première est une sœur de l'Agnès de Molière ; élevée avec une sévérité si austère qu'elle ne sait rien du monde, son amour-propre blessé se plaint amèrement :

Quand ma mère me parle, je n'ai plus d'esprit. Cependant, je sais que j'en ai assurément, et j'en aurais bien davantage si elle avait voulu ; mais n'être jamais qu'avec elle, n'entendre que des préceptes qui me lassent, ne faire que des lectures qui m'ennuient, est-ce là le moyen d'avoir de l'esprit ? Qu'est-ce que cela vous apprend ? Il y a des petites filles de sept ans qui sont plus avancées que moi. Cela n'est-il pas ridicule ? Je n'ose pas seulement ouvrir ma fenêtre. Voyez, je vous prie, de quel air on m'habille ! suis-je vêtue comme une autre ? regardez comme me voilà faite ! Ma mère appelle cela un habit modeste ; il

---

1. Duviquet (t. II, p. 419 et suiv.) et Ed. Fournier, après et d'après lui (p. 32), se montrent trop sévères pour cette pièce vive, amusante, romanesque et cependant d'une observation vraie. C'est une des rares comédies de Marivaux dont la représentation ait eu un franc succès (*Mercure*, août 1732), longtemps prolongé, car Desboulmiers disait en 1769 : « C'est une des pièces que le public a revues le plus souvent et avec le plus de plaisir. » (T. III, p. 491.) C'est aussi une de celles que préférait Mlle Mars, pour qui la Comédie-Française la reprit en 1809. Lorsque, le 18 décembre 1878, le théâtre de l'Odéon la remonta, ce fut une surprise générale, et, dans ce petit acte ignoré, la presse tout entière salua une œuvre exquise. — Douze ans après Marivaux, La Chaussée faisait représenter (27 avril 1744) une autre *École des Mères*, dont le sujet est tout différent. Celle-ci roule sur les dangers que présente la prédilection aveugle des parents pour un de leurs enfants, au détriment des autres. Voir le parallèle des deux pièces indiqué dans la *Dramaturgie de Hambourg*, de Lessing, vingt-sixième soirée, p. 193, dans la traduction de E. de Suckau et L. Crouslé. Lessing rend pleine justice à la pièce de Marivaux.

n'y a donc de la modestie nulle part qu'ici, car je ne vois que moi d'enveloppée comme cela; aussi suis-je d'une enfance, d'une curiosité ! Je ne porte point de rubans, mais qu'est-ce que ma mère y gagne? que je suis émue quand j'en aperçois. Elle ne m'a laissé voir personne, et avant que je connusse Éraste, le cœur me battait quand j'étais regardée par un jeune homme. Voilà pourtant ce qui est arrivé.... Serait-ce de même si j'avais joui d'une liberté honnête? En vérité, si je n'avais pas le cœur bon, je crois que je haïrais ma mère d'être cause que j'ai des émotions pour des choses dont je suis sûre que je ne me soucierais pas si je les avais. Aussi, quand je serai ma maîtresse,... laisse-moi faire, va... je veux savoir tout ce que les autres savent [1].

Ceci est une réflexion presque inquiétante; pure boutade heureusement. Dans les moments critiques, une honnêteté native préservera la jeune révoltée. Lorsque Éraste lui propose de l'enlever, elle répond fièrement : « Je me passerais mieux de bonheur que de vertu [2]. » Et pourtant, elle l'aime bien : « C'est lui qui est aimable, qui est complaisant, et non pas ce M. Damis, que ma mère a été prendre je ne sais où.... J'aimerais mieux être sa femme pendant huit jours que de l'être toute ma vie de l'autre [3]. » Mais elle se défend à force de droiture; c'est un délicieux mélange de franchise, de réserve et de tristesse que cet aveu :

Si ma mère m'avait donné plus d'expérience, si j'avais été un peu dans le monde, je vous aimerais peut-être sans vous le dire; je vous ferais languir pour le savoir,... mais je ne saurais me contrefaire. Mettez-vous à ma place; j'ai

---

1. *L'École des Mères*, scène VI. — Voir dans le *Spectateur français*, douzième feuille, une tirade toute semblable dans la bouche d'une jeune fille, à qui sa mère, par rigorisme dévot, refuse toute parure. Marivaux s'est copié lui-même.

2. *L'École des Mères*, sc. VII. Voir la même réponse, ci-après, p. 281.

3. *Ibid.*, sc. VI.

tant souffert de contrainte! ma mère m'a rendu la vie si triste! j'ai eu si peu de satisfaction! elle a tant mortifié mes sentiments! Je suis si lasse de les cacher, que, lorsque je suis contente et que je puis le dire, je l'ai déjà dit avant de savoir que j'ai parlé. Imaginez-vous à présent ce que c'est qu'une fille qui a toujours été gênée, qui est avec vous, que vous aimez, qui ne vous hait pas, qui vous aime, qui est franche, qui n'a jamais eu le plaisir de dire ce qu'elle pense, qui ne pensera jamais rien d'aussi touchant; et voyez si je puis résister à tout cela [1].

Mais, sauf ce cri de vraie passion, on voit déjà en germe chez la jeune fille, dans ce cœur et cette intelligence qui s'éveillent, l'esprit malicieux qui anime les femmes de Marivaux émancipées par le mariage [2].

Bien différente, mais aussi vraie, se montre l'Angélique de *l'Épreuve*. Chez elle, tout est franc, sans détours, et, si l'ingénue de tout à l'heure pourra devenir un jour la marquise ou la comtesse de *l'Heureux Stratagème*, celle-ci ne saurait ressembler qu'à la veuve des *Fausses Confidences*. Lucidor lui impose une épreuve qui va jusqu'à la cruauté : « Tout sûr que je suis de son cœur, déclare-t-il, je veux savoir à qui je le dois, et si c'est l'homme riche, ou seulement moi qu'on aime [3]. » Il lui présente donc son valet Frontin comme prétendant, et prétendant fort riche; mais Frontin a beau déployer ses grâces d'antichambre, Angélique répond à ses empressements par ce refus d'un mépris écrasant : « Je vous dirai, Monsieur, que je serais mortifiée, s'il fallait vous aimer. Non que vous ne soyez fort aimable, pourvu que ce ne soit pas moi qui vous aime. Je ne finirai point de vous louer, quand ce sera pour une autre.... Ce n'est pas moi qui ai été vous chercher,

---

1. *L'École des Mères*, sc. xix.
2. Voir notamment sa conversation avec M. Damis, sc. xii.
3. *L'Épreuve*, scène i.

une fois; je ne songeais pas à vous, et si je l'avais pu, il ne m'en aurait pas plus coûté de vous crier : Ne venez pas! que de vous dire : Allez-vous-en ¹! » C'est Lucidor qu'elle aime, malgré l'espèce d'intérêt presque insultant qu'il lui témoigne; jamais elle n'a eu à rougir d'un calcul intéressé et son amant ne peut plus en douter après les deux scènes touchantes où elle laisse voir la pureté candide de son âme ².

De tels caractères, Araminte, Sylvia, Angélique, sont d'un charme délicieux : ils montrent enfin l'amour vrai à la place de la coquetterie, la tendresse fidèle et la simple franchise à la place de l'inconstance et des petites perfidies. Ces jeunes veuves, qui ne sont plus naïves, mais qui sont toujours sincères, ces jeunes filles pures et franches reposent des coquettes minaudières. Le sentiment prend sa revanche sur la raison qui l'avait chassé de l'amour; la tête seule jouait un rôle, le cœur est enfin de la partie. C'est en vain que l'éducation mondaine avait tout fait pour restreindre chez ces jeunes femmes la part du naturel; enfin victorieux, il reparaît et l'emporte; un souffle d'amour vrai s'élève, comme une brise rafraîchissante, dans ces oasis du théâtre de Marivaux.

---

1. *L'Épreuve*, scène XXI.
2. Scènes VIII et XVII. — C'est dans le rôle d'Angélique de *l'Épreuve* que Mme Favart débuta aux Italiens, le 5 août 1749 (Frères Parfaict, *Dict. des théâtres*).

CHAPITRE III

RÔLES SECONDAIRES : LES VALETS; LEUR NOUVEAUTÉ; UN ANCÊTRE DE FIGARO, TRIVELIN; MARIVAUX ET BEAUMARCHAIS. — LES SOUBRETTES. — LES PAYSANS. — LES PÈRES : LEUR BONTÉ; LES MÈRES : LEUR RUDESSE. — PERSONNAGES ÉPISODIQUES : LE PÉDANT; LE PROCUREUR REMY; LE COURTISAN.

Si les critiques de Marivaux lui contestent trop la variété dans les caractères d'amoureux et d'amoureuses, ils s'accordent à reconnaître la nouveauté de ses types de valets. Ils leur reprochent seulement l'abus du bel esprit et leur phœbus entortillé.

D'abord, c'était une loi, dans la poétique de l'ancien théâtre, qu'un valet doit avoir plus d'esprit que son maître. Souvent même celui-ci passe au second plan et ne semble là que pour donner sujet et matière aux inventions plaisantes de son valet et se plier aux inventions d'un « génie » toujours en travail; souvent c'est le valet qui donne un titre à la pièce qu'il remplit : *Crispin heureux fourbe* vient après les *Fourberies de Scapin* et *Crispin rival de son maître* [1].

Mais le principal motif de cette dépense d'esprit, c'est que les valets de Marivaux ont été à l'origine le

---

[1]. Sans compter *Crispin médecin* (1670) de Hauteroche, *Crispin gentilhomme* (1677) de Montfleury, *Crispin précepteur* (1679), *Crispin bel-esprit* (1681), etc.

Pasquin et l'Arlequin de la comédie italienne : ils devaient amuser par une bizarrerie intentionnelle de manières et de langage. Le merveilleux Pasquin du *Jeu de l'Amour et du Hasard* jouait, avant de passer à la Comédie-Française, sous l'habit d'Arlequin[1] et en portait le nom. Quant aux rôles de valets écrits par Marivaux pour ce dernier théâtre, ils ne donnent pas dans la même exagération. On pourrait plutôt leur reprocher de trop ressembler à leurs maîtres, dont ils prennent au besoin l'habit et les manières. Tel maître, tel valet, ou, comme dit Arlequin retournant le proverbe, « tel valet, tel maître[2] » ; au besoin même politesse, presque la même distinction. Ces valets ne sont pas, comme dans Molière, d'effrontés coquins, parfois dignes de la potence ou des galères ; tout au plus sont-ils fripons. Voyez leur façon presque honnête de vendre un secret ; ils refusent d'abord, puis se ravisant : « Du moins faudrait-il savoir auparavant de quoi il s'agit. » Ou bien encore : « Je prends ; le respect défend que je raisonne[3] ». Sans doute, ils sont légers de scrupules et professent que, « pour se mettre à son aise, il faut quelquefois risquer son honneur[4] », mais ils n'auront guère ce que Scapin appelle « des démêlés avec la justice[5] ». Plusieurs sont plutôt des amis de condition inférieure, des espèces de *confidents* comiques que de véritables valets ; l'un d'eux dit en parlant de son maître : « J'ai l'honneur d'être son associé ; c'est lui

---

1. C'était Tomasini qui tenait le rôle, avec un merveilleux brio (Favart, *Mémoires*, t. I, p. 41). De même, dans les *Fausses Confidences*, Arlequin est devenu Lubin, en passant à la Comédie-Française.
2. La première *Surprise de l'Amour*, acte II, scène VI.
3. *Le Legs*, scène II.
4. *L'École des Mères*, scène II.
5. *Les Fourberies de Scapin*, acte I, scène II.

qui ordonne, c'est moi qui exécute [1]. » Ces maîtres, ils les imitent en toutes choses, surtout en amour. La plupart des pièces de Marivaux sont en partie double : valets et soubrettes copient à leur profit l'intrigue que poursuivent leurs maîtres [2].

Trois de ces valets sont de véritables créations : Dubois des *Fausses Confidences*, Trivelin de la *Fausse Suivante*, Lépine du *Legs*.

Dubois a pris la direction de son maître et s'est juré de faire réussir pour lui le plus difficile des mariages. En effet, grâce à une surprenante connaissance du cœur féminin, il vient à bout de son projet, et peut dire sans fatuité à la fin de la pièce : « Je mériterais bien d'appeler cette femme-là ma bru [3]. »

---

1. *Le Dénouement imprévu*, scène viii. — Ils n'aiment pas le titre de *valet* et le changeraient volontiers pour un autre : « Son valet, s'écrie Trivelin, le terme est dur; il frappe mes oreilles d'un son désagréable; ne purgera-t-on jamais le discours de tous ces noms odieux.... De grâce, ajustons-nous; convenons d'une formule plus douce. » (*La Fausse Suivante*, I, v.)

2. « Quand nos maîtres passent par le mariage, dit Frontin, nous autres nous quittons le célibat; le maître épouse la maîtresse et nous la suivante; c'est la règle. » (*Le Petit-Maître corrigé*, II, xi.)

Paul de Saint-Victor est bien sévère pour ces mêmes valets : « La livrée galante qui encombre les boudoirs de Marivaux n'en gâte-t-elle pas l'exquise élégance?... Dorante me choque, malgré l'esprit qu'il met à cette mascarade, lorsqu'il se travestit en valet pour éprouver sa maîtresse. Tous les déguisements vont bien à l'amour, excepté pourtant celui de laquais. On n'aime pas à le voir, même lorsqu'il s'amuse aux *Jeux du Hasard*, moucher son flambeau, galonner sa draperie volante, et monter derrière la voiture de Vénus. La société de l'ancien régime paya cher, du reste, sa familiarité avec les laquais. Elle essuie d'abord les chiquenaudes de Gil Blas, puis elle reçoit le fouet de Jean-Jacques ; enfin, elle tend la gorge au rasoir de Figaro, qui l'expédie en la faisant rire. » (*Moniteur universel*, 26 janvier 1874.) On peut tout condamner dans l'ancien théâtre en se plaçant au même point de vue, c'est-à-dire en ne tenant compte ni de la différence des mœurs et des idées, ni, surtout, de la convention.

3. *Les Fausses Confidences*, acte III, scène xiii. — Le mot, a

On a vu dans Molière des valets habiles, mais c'étaient des vauriens sans scrupules, dont le talent consistait surtout à dépouiller des pères trop avares : Dubois, au contraire, est un homme qui n'emploie que des moyens avouables, et qui ruse, non pas avec un barbon facile à duper, mais avec une jeune femme, plus fine, sinon plus clairvoyante.

Trivelin devance et fait pressentir Figaro, l'incarnation la plus complète et le type définitif de la race [1]. Intrigant, hardi, sauvant son cynisme à force d'esprit, se vengeant par l'ironie des injustices du sort et de l'inégalité sociale, dont il est une victime, car son esprit est supérieur à sa condition, Trivelin raconte ses malheurs dans une tirade étincelante de verve :

> Depuis quinze ans que je roule dans le monde, tu sais combien je me suis tourmenté, combien j'ai fait d'efforts pour arriver à un état fixe. J'avais entendu dire que les scrupules nuisaient à la fortune ; je fis trêve avec les miens, pour n'avoir rien à me reprocher. Était-il question d'avoir de l'honneur ? j'en avais. Fallait-il être fourbe ? j'en soupirais, mais j'allais mon train. Je me suis vu quelquefois à mon aise, mais le moyen d'y rester avec le jeu, le vin et les femmes ? Comment se mettre à l'abri de ces fléaux-là ?... Tantôt maître, tantôt valet ; toujours industrieux ; ami des fripons par intérêt, ami des honnêtes gens par goût ; traité po-

semblé trop vif pour les spectateurs d'aujourd'hui, et, quoiqu'il résume toute la pièce, la Comédie-Française l'a supprimé dans une récente reprise (5 mars 1881). La toile tombe sur le mot d'Araminte : « Laissons passer sa colère (de Mme Argante) et finissons. »

1. Voir Marc-Monnier, *les Aïeux de Figaro*. L'auteur de ce spirituel ouvrage passe en revue toutes les incarnations du valet dans la comédie ancienne et moderne ; il a un chapitre sur ceux de Marivaux (xi, pages 254 à 266), mais il ne fait pas même allusion à Trivelin et à sa tirade. L. de Loménie, traitant plus brièvement le même sujet (*Beaumarchais et son temps*, ch. xxviii, *Du valet de comédie depuis l'esclave de la comédie antique jusqu'à Figaro*, t. II, pages 349 à 365), passe entièrement Marivaux sous silence.

liment sous une figure, menacé d'étrivières sous une autre ; changeant à propos de métier, d'habit, de caractère, de mœurs ; risquant beaucoup, résistant peu ; libertin dans le fond, réglé dans la forme ; démasqué par les uns, soupçonné par les autres, à la fin équivoque à tout le monde, j'ai tâté de tout. Je dois partout. Mes créanciers sont de deux espèces : les uns ne savent pas que je leur dois ; les autres le savent et le sauront longtemps. J'ai logé partout, sur le pavé, chez l'aubergiste, au cabaret, chez le bourgeois, chez l'homme de qualité, chez moi, chez la justice, qui m'a souvent recueilli dans mes malheurs ; mais ses appartements sont trop tristes et je n'y faisais que des retraites. Enfin, mon ami, après quinze ans de soins, de travaux et de peines, ce malheureux paquet est tout ce qui me reste ; voilà ce que le monde m'a laissé. L'ingrat ! après ce que j'ai fait pour lui [1].

Ne croirait-on pas entendre le barbier de Séville, avec moins d'amertume et de mordant, mais avec le même fonds d'idées, presque les mêmes expressions ? Ou même, ne semble-t-il pas que Beaumarchais se soit inspiré de Marivaux ? On le croirait, car Trivelin est créé et Figaro n'est plus aussi original pour qui connaît Trivelin. Sainte-Beuve disait de Beaumarchais : « En mêlant au vieil esprit gaulois les goûts du moment, un peu de Rabelais et de Voltaire, en y jetant un léger déguisement espagnol et quelques rayons du soleil de l'Andalousie,... il a redonné cours à toutes sortes de vérités d'expérience ou de vieilles satires en les rajeunissant [2]. » A ces éléments divers, nous pouvons ajouter l'imitation directe d'une des pièces de Marivaux les moins applaudies au début, par suite les moins connues en 1775 et en 1785 [3].

1. *La Fausse Suivante*, acte I, scène 1. — Le mérite original de cette tirade n'avait point échappé à l'abbé de La Porte, qui la signale dans son étude sur le théâtre de Marivaux (*l'Observateur littéraire*, t. I, p. 88-89).
2. *Causeries du Lundi*, t. VI, p. 226.
3. M. J. Reinach (*la Réforme*, 1ᵉʳ février 1881, p. 408) et

Sans doute Trivelin n'est qu'une esquisse légère, tandis que Figaro est un portrait criant de couleur et de vie. Mais l'idée-mère du personnage est pour beaucoup dans sa fortune. Marivaux n'a pas mis dans Trivelin ce qui fait de Figaro un type si neuf et si redoutable : le sentiment de la justice, dans une société fondée sur les abus, le mépris du grand seigneur, une éloquence enflammée; en revanche, Trivelin n'a pas le temps de se gâter comme Figaro, qui, sous les fameux marronniers où il croit attendre le sort de Sganarelle, tourne au « clubiste [1] », et se décerne les honneurs d'une apothéose qui fait sourire.

Lépine est un « Gascon froid [2] », pièce rare, mais d'autant plus plaisante. A la suffisance de sa race, il joint le flegme imperturbable qu'elle donne quelquefois : « Le marquis votre maître vous estime, » lui dit Hortense : « Extrêmement, Madame, répond Lépine, il me connaît [3]. » Ou bien : « Il vous a semblé que j'étais un serviteur excellent, Madame ; ce sont les termes mêmes de la louange dont votre justice m'a gratifié [4]. » Avec cela, un génie d'intrigue qui vient à bout de tout, notamment de marier son timide maître à la comtesse et de se marier lui-même

---

M. J. Fleury (*Marivaux et le Marivaudage*, ch. ix, p. 73) voient aussi dans la tirade de Figaro une imitation directe de celle de Trivelin.

1. Sainte-Beuve, *Causeries du Lundi*, t. VI, p. 223. — Beaucoup de valets et même de soubrettes, chez Marivaux, accusent déjà ce vif sentiment des inégalités sociales injustifiées et des privilèges exorbitants attachés à la naissance et au nom, qui est une part de l'esprit « philosophique ». Voir, à ce sujet, Edmond Robert, *les Domestiques, études de mœurs et d'histoire*, chap. iii, p. 88, et de Lescure, *Éloge de Marivaux*, p. 86. Dans plusieurs pièces, cette tendance philosophique peut être regardée comme l'inspiration dominante; voir ci-après, chap. iv.

2. *Le Legs*, scène i.
3. *Ibid.*, scène ii.
4. *Ibid.*, scène xxi.

avec Lisette, qui a résisté pourtant au mariage de la comtesse et au sien propre. Il ne s'est pas troublé d'un premier refus très net : « Quelquefois pourtant nombre de gens ont estimé que j'étais un garçon assez revenant, a-t-il dit à Lisette; mais nous y retournerons; c'est partie à remettre. » Et en effet, il manœuvre si bien pour son maître et pour lui-même, que Lisette se laisse épouser d'admiration : « Maraud! s'écrie-t-elle au dénouement, je crois en effet qu'il faudra que je t'épouse. » « Je l'avais entrepris [1] », répond avec calme « de tous les fous de la Gascogne le plus effronté mais aussi le plus divertissant [2] ».

Plus encore que les valets, les soubrettes ressemblent à leurs maîtresses. Elles ont bon air et bon usage, elles sont polies, munies de souvenirs et de comparaisons littéraires : « Les plus courtes folies sont les meilleures, dit l'une d'elles; l'homme est faible; tous les philosophes du temps passé nous l'ont dit et je me fie bien à eux [3]. » La cordialité familière avec laquelle on leur parle, les confidences qu'elles reçoivent en font des amies de condition inférieure, très dévouées, peu respectueuses. Écoutez Colombine se promenant avec sa maîtresse : « Je songe à une chose, dit la comtesse. — Voyons ce que c'est, répond Colombine; suivant l'espèce de la chose, je ferai l'estime de votre silence [4]. » Un moment auparavant elle déclarait à sa maîtresse et à Lélio, épris l'un de l'autre sans vouloir l'avouer, qu'ils « lui donnaient tous deux la comédie [5] ». Plus loin, la comtesse se

---

1. *Le Legs*, scène xxv.
2. *Ibid.*, scène v.
3. La première *Surprise de l'Amour*, acte II, scène iv.
4. *Ibid.*, acte II, scène i.
5. *Ibid.*, acte I, scène vii.

fâche : « Mademoiselle Colombine, vos fades railleries ne me plaisent pas du tout. » Mais Colombine continue sans s'émouvoir et, de la part de la comtesse, le *vous* succède au *tu*[1] : c'est la plus grande marque de sa colère. Presque partout les maîtresses parlent à leurs suivantes comme à d'intimes compagnes, à qui l'on ne cache rien de ses secrètes pensées[2]. Aussi spirituelles que Pasquin et Lépine, Lisette, Jacqueline, Marton, conduisent la pièce de concert avec eux et les épousent presque toujours, mais elles donnent moins dans le jargon et le phœbus, elles ont la plaisanterie plus naturelle et les sentiments plus relevés. Presque toujours elles accusent une bonne humeur qui pétille en fusées de franc rire, une espièglerie alerte et mutine, un esprit de repartie qui ne les laisse jamais dans l'embarras. Quant à la finesse, on pourrait leur appliquer la plaisante exagération de Crispin à propos de leur ouïe : « Cette oreille-là, voyez-vous, d'une demi-lieue entend ce qu'on dit, et d'un quart de lieue ce qu'on va dire[3]. »

On retrouve parmi elles la même variété des caractères que parmi les valets. Marton, des *Fausses Confidences*, est une bonne et honnête fille, d'origine honorable quoique modeste[4], dévouée franchement

---

1. La première *Surprise de l'Amour*, acte III, scène II. Voir, dans la seconde *Surprise de l'Amour*, la suivante de la marquise, Lisette, aussi familière avec sa maîtresse.
2. Dans les *Serments indiscrets* (acte II, scène III) Frontin dit à Lisette : « Tu me parais être le mieux du monde avec ta maîtresse. » Et Lisette répond : « C'est moi qui suis la sienne, je la gouverne. » Cette manière de représenter les soubrettes n'est point de pure convention : Marivaux a pris, dans la réalité contemporaine, quelques-uns des traits sous lesquels s'offrent ces suivantes; voir de Goncourt, *la Femme au XVIIIe siècle*, chap. III, p. 111.
3. *Le Dénouement imprévu*, scène IX.
4. Elle est fille d'un procureur, c'est-à-dire issue d'une famille de petite bourgeoisie. M. Remy dit à Dorante : « C'est moi qui

à sa maîtresse, sans désir de gain ; elle souffre de sa condition subalterne, mais, au lieu de coqueter avec les valets, elle les tient à distance et attend patiemment le mari dont elle est digne et qui lui donnera un rang. C'est déjà la demoiselle de compagnie, la lectrice, l'institutrice, que le théâtre nous montrera un siècle plus tard. Flaminia, de *la Double Inconstance*, est au contraire la jolie fille sans ambition, coquette avec fureur, uniquement occupée de faire tourner la tête à qui la regarde, évaporée, minaudière : « On voit dans ta petite contenance un dessein de plaire, lui dit son amie Lisette ; tu mets je ne sais quoi d'étourdi et de vif dans ton geste ; quelquefois c'est du nonchalant, du tendre, du mignard ; tes yeux veulent être fripons, veulent attendrir, veulent frapper, font mille singeries ; ta tête est légère ; ton menton porte au vent, tu cours après un air jeune, galant, dissipé. Parles-tu aux gens, leur réponds-tu ? Tu prends de certains tours, tu te sers d'un certain langage, et le tout finement relevé de saillies folles[1]. » Lisette, du *Legs*, froide, égoïste, perfide au besoin, indispensable à sa maîtresse, mais exigeante et prompte à faire valoir ses services, crée, par son désir de ménager son repos, une plaisante situation, que le vaudeville contemporain a plusieurs fois reprise avec succès ; elle s'efforce de faire échouer les projets de mariage de sa maîtresse : « Ma maîtresse

---

ai succédé à son père ; il était fort ami du vôtre, homme un peu dérangé ; sa fille est restée sans bien. La dame d'ici a voulu l'avoir ; elle l'aime, la traite bien moins en suivante qu'en amie.... » (I, vi.) De même Lisette du *Préjugé vaincu*. Elle dit à Lépine : « Je suis la fille d'un homme qui était en son vivant procureur fiscal du lieu, et qui mourut l'an passé, ce qui fait que notre jeune dame, faute d'une fille de chambre, m'a prise depuis trois mois chez elle, en guise de compagnie. » (I, i.)

1. *La Double Inconstance*, acte I, sc. iii.

est veuve, dit-elle d'abord, elle est tranquille, son état est heureux ; ce serait dommage de l'en tirer : je prie le ciel qu'elle y reste [1]. » Un peu plus tard, elle ne se donne même pas la peine de déguiser sa véritable pensée : « Je vous prédis qu'ils ne se marieront point. Je ne veux pas, moi. Ma maîtresse... tient l'amour au-dessous d'elle ; et j'aurai soin de l'entretenir dans cette humeur, attendu qu'il n'est pas de mon petit intérêt qu'elle se marie [2]. »

Dans plusieurs de ses pièces [3], Marivaux a mis en scène des paysans ; l'une d'elles même, *l'Héritier de Village*, qui leur est entièrement consacrée, a une importance sur laquelle je reviendrai. Où Marivaux avait-il pu les connaître et les observer ? Sans doute dans les courts séjours à la campagne qu'il faisait de temps à autre. Mais, alors surtout, la vie de château était si peu champêtre qu'il ne pouvait même pas soupçonner la condition des vrais paysans de l'ancienne France, ceux que La Bruyère a dépeints dans une page fameuse [4]. S'il avait pu les voir de près, facilement ému, comme il l'était, par la souffrance

1. *Le Legs*, scène II.
2. *Ibid.*, scène III. — MM. Henri Meilhac et Ludovic Halévy, ont fait d'une donnée du même genre le point de départ de la *Boule* (24 novembre 1874). La suivante Lisette est devenue le valet de chambre Modeste, qui travaille, non pas à empêcher un mariage, mais, ce qui est plus grave, à mettre la discorde dans le ménage de son maître déjà marié.
3. Dans *les Acteurs de bonne foi*, *la Surprise de l'Amour*, *l'Heureux Stratagème*, *la Mère confidente*, *l'Épreuve*, *le Dénouement imprévu*.
4. *De l'Homme*, § 128. — Sur la condition du paysan au XVIIIe siècle, voir H. Taine, *les Origines de la France contemporaine*, t. I, livre V, ch. I. Taine estime (p. 430) que « pour le premier quart du siècle qui précède la Révolution, la peinture (de La Bruyère), bien loin d'être trop forte, est trop faible ;... que, pendant un demi-siècle et davantage, jusqu'à la mort de Louis XV, elle demeure exacte ; peut-être même, au lieu de l'atténuer, faudrait-il la charger. »

et l'injustice, il eût laissé quelque part dans ses ouvrages un mot de pitié pour eux. Il ne vit que les paysans attachés aux châteaux par des liens de domesticité ou de dépendance, heureux de leur condition et jouissant d'un facile bien-être, grâce à la générosité, aux plaisirs, aux vices de leurs maîtres, conservant juste assez de leur naïveté première pour amuser, par un contraste piquant avec les manières raffinées du beau monde. Ce sont les seuls que les écrivains des deux derniers siècles aient connus, sauf un observateur moraliste, comme La Bruyère, un économiste, comme Vauban, un philanthrope, comme Turgot.

Cependant, malgré la convention et l'enjolivement, Marivaux a donné de ces paysans trop peu rustiques une image, non seulement amusante, mais encore relevée d'observation vraie. Marivaux était Normand; plusieurs de ses paysans le sont aussi, avec leur âpreté au gain, leur finesse matoise, leur dureté de cœur, leur français jargonné. Dans un genre différent, Blaise, de *l'Heureux Stratagème*, est, au contraire, un vrai bonhomme, plein de gaieté et de franchise, saisi dans la vérité de ses compliments embarrassés, de son dévouement plus sincère qu'ingénieux, de sa vieille naïveté. Un autre Blaise, celui de *l'Épreuve*, est un des caractères les plus neufs et les plus naturellement comiques de l'ancien théâtre. Il aime Angélique, ou plutôt les cinq mille livres de dot qu'elle doit lui apporter; il est donc désolé d'apprendre qu'il a un rival. Mais Lucidor lui promet de le dédommager, en cas d'échec, en lui donnant douze mille livres, à la condition qu'il fera une cour assidue à Angélique. Le voilà donc désireux d'échouer, et, en même temps, obligé de feindre la passion. Si Angélique se décide pour lui, il explique avec embarras que Mme Argante, mère d'Angélique, ne le trouvera pas assez riche. Lucidor lève l'obstacle, en offrant vingt mille livres qui décident Mme Argante. Blaise pose donc pour la seconde fois sa candidature à la main d'Angélique, mais celle-ci lui déclare qu'elle ne l'épousera point, s'il est assez vil pour accepter le présent de Lucidor. Blaise désespéré se voit, en fin de compte, obligé de se contenter de douze mille livres au lieu de vingt, et d'épouser la suivante Lisette, au lieu d'Angélique [1].

Il est une sorte de caractères, très sacrifié dans l'ancien théâtre, et que Marivaux semble avoir voulu relever, celui des pères de comédie. Sauf de rares exceptions, comme don Louis du *Festin de Pierre* et Géronte du *Menteur*, qui parlent à des fils indignes ou égarés un langage plein de noblesse, la plupart sont plus ou moins ridicules; franchement odieux, comme Harpagon, ou d'une bonhomie trop simple, comme Chrysale. C'est chose surprenante, à une époque où, dans la vie réelle, l'autorité paternelle était entourée de respect, et affectait elle-même une dignité solennelle. Peut-être, en ceci comme en d'autres choses, la comédie voulait-elle tempérer par le ridicule l'excès d'une autorité trop absolue, et, en montrant que l'amour filial souffrait de cette contrainte, travaillait-elle à préparer un adoucissement des mœurs. Il est plus probable, cependant, qu'elle se contentait de suivre la tradition qui, depuis le bonhomme Strepsiade et le bourgeois Chremes, tournait

---

[1]. Dancourt eut, avant Marivaux, le mérite de créer au théâtre le genre villageois, largement indiqué déjà dans le *Don Juan* de Molière; il le fit non pas factice et convenu, comme on le vit plus tard, mais fidèle et vrai. Très supérieur, comme valeur d'ensemble, à son devancier, Marivaux est loin de l'égaler comme observateur des paysans. Voir Jules Lemaître, *Le Théâtre de Dancourt*, 1883.

en ridicule ce qui est triste, avare et grondeur, au profit de ce qui est gai, généreux et souriant, la vieillesse et la laideur au profit de la jeunesse et de la beauté. Quoi qu'il en soit, devançant la comédie moderne, qui représente sous un aspect moins rébarbatif l'autorité adoucie de la famille, Marivaux donne toujours aux pères qu'il met en scène un caractère de raison, d'indulgence et de bonté, caractère d'autant plus sympathique qu'il était alors plus nouveau. Ils exercent leur autorité le plus rarement possible, et toujours d'une manière insinuante et persuasive. Ainsi, M. Orgon, proposant un mariage à sa fille, au lieu de l'imposer avec la tyrannie traditionnelle, lui dit avec une grande douceur d'accent : « Ma chère enfant, tu sais combien je t'aime. Dorante vient pour t'épouser.... J'arrêtai ce mariage-là avec son père, qui est mon intime et ancien ami, mais ce fut à condition que vous vous plairiez tous deux et que vous auriez entière liberté là-dessus; je te défends toute complaisance à mon égard [1]. » Comparez à ce langage celui d'Argan [2], qui n'est pourtant pas un méchant homme, ou celui du père de Mariane [3]; prompte colère, menace du couvent, ceux-ci vont du premier coup jusqu'au bout de leurs droits; ceux de Marivaux au contraire restent toujours en deçà.

Quant à leurs fils, s'agit-il de ces erreurs de jeunesse, de ces peccadilles, qu'un châtiment trop rude ne corrige pas, au lieu de les déshériter du premier coup, les pères de Marivaux songent plus volontiers à tirer une leçon utile d'un égarement passager. Damon a perdu au jeu, contre un chevalier trop adroit, une partie de l'argent destiné à l'achat d'une

1. *Le Jeu de l'Amour et du Hasard*, acte I, scène II.
2. *Le Malade imaginaire*, acte I, scène v.
3. *Le Tartufe*, acte I, scène I et II.

charge : « Il est jeune, dit son père; il a fait une faute, il n'y a rien d'étonnant et je la lui pardonne pourvu qu'il la sente; c'est ce qui décidera de son caractère [1]. » Damon cependant se prépare à perdre de la même manière le reste de son argent. Que fait le père? Il prend, dans un bal masqué, le costume du chevalier fripon, joue contre son fils, lui gagne tout, et se démasquant après lui avoir donné ainsi la meilleure des leçons : « J'oublie tout, mon fils; si cette scène-ci vous corrige, ne craignez rien de ma colère. Je vous connais et ne veux vous punir de vos fautes qu'en vous donnant de nouveaux témoignages de ma tendresse; ils feront plus d'effet sur votre cœur que mes reproches [2]. » M. Damis se trouve tout à coup, à l'égard de son fils, dans la plus délicate et la plus pénible situation : il est, comme Harpagon, son rival en amour. Mais, tandis qu'Harpagon ne recule pas devant cette odieuse rivalité, M. Damis s'empresse d'oublier une passion qui n'était que ridicule et qui va devenir coupable; il s'empresse de demander lui-même pour son fils la main d'Angélique [3]. Les pères de Marivaux se fâchent quelquefois, mais pas pour longtemps : l'un d'eux, dans un accès de colère, va jusqu'à la menace consacrée; il dit en parlant de son fils : « Je ne veux le voir de ma vie; je le déshérite! » — « Eh! eh! répond en riant le valet Frontin, je remarque que ce n'est qu'en baissant le ton que vous prononcez le terrible mot de deshériter; vous en êtes effrayé vous-même [4]. »

1. *La Joie imprévue*, scène vii.
2. *Ibid.*, scène xxi.
3. *L'Ecole des Mères*, scène xix.
4. *Les Serments indiscrets*, acte III, scène iv. — Pour trouver au théâtre des pères semblables à ceux de Marivaux, d'une fermeté tempérée d'indulgence et d'adresse, c'est encore à Ménandre qu'il faudrait remonter. Voir à ce sujet Ch. Benoit,

Ils ne méritent qu'un reproche ces pères si aimables, c'est de pousser parfois la bonté trop loin ; il arrive que leurs filles en abusent et leur manquent de respect. Dans une scène de folie simulée, qui rappelle la plus joyeuse fantaisie de Regnard[1], M. Argante poussé à bout par les extravagances voulues de sa fille s'écrie : « Je vous montrerai que je suis votre père! » Et Mlle Argante de répondre : « Je n'en ai jamais douté ; je vous dispense de la preuve, tranquillisez-vous[2]. » Ici Marivaux a forcé le ton ; la plaisanterie est tout à fait choquante chez une jeune fille.

Mais, si Marivaux a représenté les pères toujours bons, parfois débonnaires, comme il s'est dédommagé avec les mères! Celles-ci sont presque toutes grondeuses et revêches, cupides et vaines. Sous le nom commun de Mme Argante, elles tiennent plutôt de la caricature que de l'observation ; comme le traître dans les mélodrames modernes, elles semblent uniquement destinées à faire valoir les qualités aimables des autres personnages et à rendre leurs filles encore plus sympathiques. Quant à leurs maris, il n'en est pas question ; elles sont veuves, comme si un homme n'avait d'autre sort possible avec elles que de mourir au plus tôt. Dans *les Fausses Confidences*, Mme Argante n'a conservé de relations avec sa fille, désormais maîtresse d'elle-même, que pour la tracasser et lui jeter à la tête le triste et plaintif comte Dorimont, à qui la qualité doit tenir lieu de tout. Dans *l'École des Mères*, elle réussit à mériter l'aversion de sa fille, et jamais l'autorité maternelle ne parla plus aigre langage que par la bouche de

---

Essai sur la comédie de Ménandre, chap. v, p. 57 et suiv., et G. Guizot, *Ménandre*, chap. vii, p. 29 et suiv.

1. Réminiscence déjà relevée, page 155, n. 1.
2. *Le Dénouement imprévu*, scène vii.

cette impérieuse personne. Admirez avec quelle douceur, dans l'*Épreuve*, elle prépare sa fille au mariage : « Approchez, Mademoiselle, approchez; n'êtes-vous pas bien sensible à l'honneur que vous fait monsieur de venir vous épouser malgré votre peu de fortune et la médiocrité de votre état? » Frontin ne peut s'empêcher de remarquer : « Ah! madame Argante, vous avez le dialogue d'une rudesse insoutenable [1] ». Lorsqu'elle change de nom, elle n'est pas plus aimable. Elle s'appelle Mme Damis dans la *Joie imprévue*, et voici de quel style elle apostrophe Pasquin qui s'est permis une réflexion : « Vous êtes bien hardi, mon ami, allez, passez votre chemin! Qu'est-ce que cet impertinent-là [2]? » Dans tout le théâtre de Marivaux, on ne voit guère que trois rôles de mère qui soient à peu près sympathiques : la marquise, mère du petit-maître Rosimond, Mme Amelin qui avoue qu'elle « aime à rire », qu'elle « aime la joie innocente [3] », et Mme Argante, dans la *Mère confidente*; mais cette dernière est d'un ordre à part et nous la retrouverons.

D'où vient, chez Marivaux, une telle antipathie pour les mères? On a supposé qu'il avait eu à se plaindre de la sienne, et l'on donne pour raison que, dans ses œuvres, il ne la nomme jamais [4]. Nous verrons plus loin [5] ce qu'il faut penser de cette rancune filiale. En attendant, je verrais plutôt dans cette sévérité une protestation contre le système d'éducation maternelle employé par le xviiie siècle jusqu'à la révolution salutaire que Rousseau eut le mérite de

---

1. Scène xv.
2. Scène x.
3. *Les Acteurs de bonne foi*, scène vii.
4. M. de Lescure, *Éloge*, p. 87.
5. Ci-après, 4e partie, chap. ii.

provoquer. L'enfant a besoin non seulement de protection et de soins matériels, mais encore d'affection toujours en éveil. Ce rôle d'amour, les mères y manquaient du temps de Marivaux, au moins dans les hautes classes [1], et le philosophe qui se cachait en lui sous l'auteur dramatique, censurait à sa manière ce défaut contre nature.

J'aurai terminé cette revue des caractères dans le théâtre de Marivaux, en signalant encore quelques rôles épisodiques. Les uns sont purement comiques, et, en accentuant le ridicule, en relevant de vivacité cette « raillerie entre deux sourires [2] » que ne dépasse guère Marivaux, reposent du manège des amoureux. Traités avec une amusante fantaisie, ils forment une galerie vivante et variée. De ce nombre est le chevalier gascon de *l'Heureux Stratagème*, dont l'imperturbable assurance ne se dément jamais : « Cette dame est-elle prévenue en ta faveur? » lui demande Dorante. — « De faveur, je m'en passe, répond le chevalier; elle me rend justice. » — « C'est-à-dire que tu lui plais? » — « Dis que je l'aime, tout est dit; épargne ma modestie. » Et pour récompenser Dorante de vouloir bien être son confident, il lui jure une amitié éternelle : « Je me donne à toi pour un siècle. Cela passé, nous renouvellerons bail [3]. » De ce nombre aussi est le pédant Hortensius, type consacré dans notre ancien théâtre et dont Marivaux a fait un usage excellent. Par une idée renouvelée peut-être de Regnard, et néanmoins fort originale [4], il amène,

1. De Goncourt, *la Femme au* XVIIIe *siècle*, chap. I, p. 16, H. Taine, *les Origines de la France contemporaine*, t. I, p. 174 et suiv.
2. Jules Janin, *Œuvres diverses, Critique dramatique*, t. I, p. 174.
3. Acte I, sc. XVI.
4. Déjà relevé, ci-dessus, p. 155, n. 1.

par sa lecture de Sénèque entre deux amoureux qui ne l'écoutent pas et songent à tout autre chose qu'à la philosophie, une scène d'un excellent comique [1]. Sa manière de tourner une déclaration galante à Lisette ne vaut pas celle de Thomas Diaforius; toutefois, elle a son prix :

HORTENSIUS

(Vos beaux yeux) ont mis mon cœur en état de soutenir thèse, Mademoiselle, et, pour essai de ma science, je vais, si vous l'avez pour agréable, vous donner un petit argument en forme.

LISETTE

Un argument à moi! je ne sais ce que c'est, je ne veux point tâter de cela : adieu.

HORTENSIUS

Arrêtez, voyez mon petit syllogisme; je vous assure qu'il est concluant.

LISETTE

Un syllogisme! eh! que voulez-vous que je fasse de cela?

HORTENSIUS

Écoutez. On doit son cœur à ceux qui vous donnent le leur : je vous donne le mien : *ergo*, vous me devez le vôtre.

LISETTE

Est-ce là tout? Oh! je sais la rhétorique aussi, moi. Tenez : on ne doit son cœur qu'à ceux qui le prennent : assurément, vous ne prenez pas le mien : *ergo*, vous ne l'aurez pas. Bonjour!

Et vite elle se sauve, poursuivie par le pédant qui lui offre « de petits vers latins sur ses beautés [2] ».

---

1. La seconde *Surprise de l'Amour*, acte II, sc. VIII. — Cet Hortensius, qui rappelle à quelques égards M. Bobinet, de la *Comtesse d'Escarbagnas*, est un prétexte pour Marivaux, à lancer, chemin faisant, quelques traits comme les anciens. Voir ci-après, 4ᵉ partie, chap. V.
2. La seconde *Surprise de l'Amour*, acte I, sc. V.

La marquise arrive sur ces entrefaites et coupe court à cette églogue d'antichambre : « Madame, dit Hortensius penaud, mais toujours pédant, c'est un trait de l'histoire des Grecs dont Mlle Lisette me demandait l'explication [1] ».

Le procureur Remy, dans les *Fausses Confidences*, est un type moins ridicule qu'Hortensius, mais encore plus plaisant, car Hortensius n'est qu'une charge et M. Remy est un portrait, une sorte d'oncle Van Buck tout à fait original. Oncle à succession, très vert malgré ses soixante et dix ans, qui peut se remarier, qui le dit volontiers et qui en a peut-être envie, M. Remy aime à sa manière son neveu Dorante; il le rudoie volontiers, quitte à le défendre quand on l'attaque; sorte de bourru bienfaisant, il dit son fait à tout le monde avec une rudesse de langage nourrie d'une forte sève plébéienne [2]. Il ne pouvait manquer de se prendre de querelle avec Mme Argante, que tout le monde craint, sauf lui; et cette fois, l'acariâtre douairière trouve à qui parler. Dans la scène où Marivaux les met aux prises, un souffle de comique circule, digne de Molière [3]. Au théâtre, elle est irrésistible. On n'oublie plus cette douairière et ce procureur en présence, l'une, roulant les yeux de fureur, agitant comme un panache de guerre les plumes de sa coiffure, prête à se faire une arme de son éventail; l'autre, rouge sous sa perruque blanche, le tricorne en bataille, appuyé sur sa canne d'un air martial.

Les caractères que je viens d'analyser n'ont pour but que de faire rire, en amenant quelques scènes plaisantes; il en est d'autres qui laissent voir une intention satirique. Deux d'entre eux notamment qui

---

1. La seconde *Surprise de l'Amour*, acte I, sc. vi.
2. Voir à ce sujet Aug. Vitu, *Figaro* du 6 mars 1881.
3. Acte III, sc. v.

sortent des classifications ordinaires, les courtisans Frédéric et Trivelin [1].

On sait de quelle haine vigoureuse le XVIIe siècle poursuivait les vices de l'homme de cour. Par une contradiction singulière, prédicateurs, moralistes, auteurs dramatiques, tous admirateurs de la monarchie absolue et de ses gloires, ne cessent de dénoncer au mépris, avec une liberté qui nous étonne, les vices que la cour engendre fatalement. Bourdaloue frappe sur les courtisans « comme un sourd [2] », Massillon voit en eux le résumé de toutes les bassesses [3], Molière ne leur accorde en somme que le sens exquis des choses littéraires [4] et, sans parler de ses marquis ridicules, diseurs de riens ou rimeurs de sonnets, il trace avec don Juan le type effrayant du « grand seigneur méchant homme [5] »; La Fontaine fait provision, en leur compagnie, de traits malins qu'il sème tout le long de ses fables. Quant à La Bruyère, qui a passé sa vie avec eux, il leur consacre un chapitre entier de ses *Caractères*, dans lequel, avec la cruauté froide d'une rancune longtemps amassée et l'amertume des humiliations dévorées en silence, il étale en pleine lumière leur laideur morale.

Le XVIIIe siècle continue la guerre, par la satire non plus désintéressée, mais pratique, et avec l'espérance d'un état social fondé sur l'égalité. Alors tous les auteurs dramatiques, d'Allainval, dans *l'École des bourgeois*, La Chaussée dans *l'École des Mères*, Gresset dans *le Méchant*, La Noue dans *la Coquette corrigée*,

---

1. Dans *le Prince travesti* et *la Double Inconstance*.
2. Voir Anatole Feugère, *Bourdaloue, sa prédication et son temps*, 3e partie, chap. II.
3. *Petit Carême*, premier dimanche.
4. Dans la réponse de Clitandre à Trissotin (*Femmes savantes*, IV, III).
5. *Don Juan*, acte I, sc. I.

Saurin dans *les Mœurs du temps*, Poinsinet de Sivry dans *le Cercle*, Chamfort dans *le Marchand de Smyrne*, Voltaire dans *le Droit du Seigneur*, Beaumarchais enfin, démontrent à l'envi que le gentilhomme de cour est un être corrompu, nuisible, à supprimer [1].

Marivaux n'est pas l'homme des solutions radicales ; aussi ne donne-t-il pas dans un excès d'attaques d'où naît parfois une pitié sympathique, si l'on songe au châtiment terrible que la Terreur réservait à ces inutiles. Il se contente de montrer les courtisans tels qu'ils étaient, sans tirer une conclusion de ses satires. Trivelin, de *la Double Inconstance*, sorte de chambellan, naïvement servile et plat, a complètement perdu, dans le long usage de la cour, le sentiment de la liberté et de la dignité humaines. Lorsqu'il est obligé de vivre avec Arlequin, franche nature de paysan, qui ne comprend rien aux conventions du monde étrange dans lequel le caprice d'un prince l'a jeté, il est stupéfait des réflexions audacieuses et simples de son nouveau compagnon. Le bon sens grossier du campagnard lui paraît le comble de la déraison ; les plaisanteries les plus innocentes prennent pour lui les proportions d'hérésies scandaleuses : c'est la fable du chien et du loup développée en deux scènes excellentes [2]. A force de bonhomie, Arlequin rencontre naturellement l'ironie socratique ; à force de vivre d'une vie artificielle, Trivelin a l'esprit faussé sans remède ; ce n'est plus un homme, c'est le produit absurde et bizarre d'une civilisation mauvaise.

Avec Frédéric, du *Prince travesti*, la satire a plus de force encore et de profondeur. Frédéric n'est pas

---

1. Voir Léon Fontaine, *le Théâtre et la Philosophie au* XVIIIe *siècle*, 2e partie, chap. IV.
2. *La Double Inconstance*, acte I, sc. IV et V.

un simple courtisan; c'est un ministre. Tous les vices dont la cour est la patrie ont grandi en lui avec l'élévation du rang. Orgueilleux et bas, rampant devant ses maîtres, hautain avec ses inférieurs, calomniateur de ceux qui lui font ombrage, flatteur de ceux qui peuvent le servir, il veut devenir premier ministre, et, pour atteindre son but, rien ne lui coûte; jamais l'ambition n'a plus avili l'orgueil que dans la scène où il sollicite, à tout prix et par tous les moyens, l'appui de Lélio, le généreux prince de Léon déguisé en aventurier. Démasqué par Lélio, il croit s'excuser en disant : « Qui est-ce qui n'aimerait pas à gouverner? » « Celui qui en serait digne », répond Lélio, mais Frédéric ne comprend même pas [1]. Ne pouvant réussir avec le maître, il se rabat sur le valet, Arlequin, qui le traite avec un mépris familier, encore plus humiliant que la froideur dédaigneuse du maître. Lorsque ses intrigues sont découvertes, la princesse dont il est le ministre l'écrase de ces mots : « Vous êtes le plus indigne et le plus lâche des hommes [2] ». De qui va-t-il alors mendier l'appui pour rentrer en grâce? De Lélio qui lui répond : « Je ne saurais refuser ma pitié aux opprobres dont vous couvrez votre caractère [3] ». Et un moment après, se croyant rappelé au pouvoir, il laisse entendre que Lélio est trop dangereux pour qu'on lui laisse la liberté. Mais sa disgrâce est définitive, et il disparaît sur ce jugement : « Votre méchanceté vous met hors d'état de nuire à d'autres qu'à vous-même [4] ».

Ce caractère est tracé avec une énergie que Mari-

---

[1]. *Le Prince travesti*, acte I, sc. x.
[2]. *Ibid.*, II, xii.
[3]. *Ibid.*, II, xix.
[4]. *Ibid.*, acte III, sc. vii. Voir notamment, acte II, sc. xiii, la longue tirade où Frédéric étale, avec un cynisme inconscient, sa bassesse et sa perfidie.

vaux accuse rarement. Frédéric appartient plutôt au drame qu'à la comédie : force, vérité, progression, rien ne manque à ce rôle. Du reste, la pièce où nous le trouvons est elle-même fort originale et curieuse; elle appartient à une partie du théâtre de Marivaux généralement ignorée et dédaignée, mais où son talent se révèle sous un aspect inattendu.

CHAPITRE IV

PIÈCES MYTHOLOGIQUES : L'AMOUR SOUS LA RÉGENCE; L'HOMME D'ARGENT; MARIVAUX ET FÉNELON. — PIÈCES PHILOSOPHIQUES : LA PHILOSOPHIE AU THÉATRE; LE PRÉJUGÉ DE LA NAISSANCE; LE PRÉJUGÉ CONTRE LE MARIAGE; LES GRIEFS DES FEMMES : MARIVAUX ET ARISTOPHANE. — FÉERIES. — PIÈCES HÉROÏQUES : UN DRAME DE PASSION, « LE PRINCE TRAVESTI ». — LA POÉSIE DE MARIVAUX. — MARIVAUX ET SHAKESPEARE.

Nous avons remarqué déjà[1] le goût de Marivaux pour les sujets héroïques ou mythologiques; dans dix pièces[2] de son théâtre, il s'est plu à sortir du monde réel; il ne dédaignait même pas la féerie. La liberté d'allures de la comédie italienne, toujours prête à quitter la réalité pour la fantaisie, le goût marqué du XVIIIe siècle pour la fable et les légendes héroïques, n'invitaient que trop Marivaux à ce genre de sujets. Il se plut à les traiter, même à la Comédie-Française[3]; mais il les renouvela en les appropriant à sa tournure d'esprit; en cela, comme en toutes choses, il fut personnel. Il y donna libre car-

---

1. Ci-dessus, p. 24.
2. *L'Ile de la Raison, la Réunion des Amours, la Dispute, Félicie, Arlequin poli par l'amour, le Prince travesti, l'Ile des Esclaves, le Triomphe de Plutus, le Triomphe de l'Amour, la Colonie.*
3. Dans trois pièces, *l'Ile de la Raison, la Réunion des Amours* et *la Dispute*. Toutes les autres furent représentées au Théâtre-Italien, sauf *Félicie*, imprimée dans le *Mercure* de mars 1757 et non représentée.

rière à ses goûts de moraliste, à ses caprices d'imagination, à ses raffinements de dialectique amoureuse, et aussi à cette poésie discrète, qui se joue, plus ou moins apparente, à travers toutes ses œuvres.

Si les pièces mythologiques étaient en grand honneur au xviie et au xviiie siècle, jamais la mythologie elle-même ne fut moins bien connue et comprise qu'en ces époques éprises d'antiquité. D'abord, la religion des Grecs et celle des Romains étaient toujours confondues l'une avec l'autre, malgré leur profonde différence; divinités grecques et latines, appelées des mêmes noms, étaient considérées comme identiques[1]. Chose plus grave, le costume, la pantomime, la musique travaillaient de concert à défigurer les terribles ou gracieuses légendes de la Grèce, les mythes sévères de la religion romaine. Au lieu de les goûter dans leur poésie propre, on les considérait simplement comme la principale ressource d'un merveilleux conventionnel, comme des prétextes commodes à intermèdes et à divertissements, à ballets et à carrousels. L'art du maître à danser, du machiniste et du costumier y primaient l'invention littéraire.

Bien que de véritables écrivains, sans compter Molière, eussent mis leur talent au service de pièces de ce genre, Marivaux les dédaigna. Il ne comprenait pas mieux que ses contemporains la mythologie ancienne; il donna le nom de divinités de l'Olympe ou de personnages héroïques à des créations fort éloignées de leurs prétendus modèles, mais il fit œuvre purement littéraire, et, au lieu travailler pour le simple plaisir des yeux et de l'oreille, il resta fidèle

---

1. Voir, sur cette confusion, la *Préface* mise par Alfred Maury en tête de la *Mythologie romaine* de Preller, traduite par M. L. Dietz (*les Dieux de l'ancienne Rome*).

à la devise de la comédie; il voulut corriger les mœurs par le ridicule [1]. Il prit donc deux des vices les plus étalés au xviiie siècle, le libertinage et la puissance de l'argent; les *roués* et les financiers lui fournirent le sujet de *la Réunion des Amours* et du *Triomphe de Plutus*.

La Réunion des Amours fut représentée en 1731, huit ans après la Régence, c'est-à-dire à l'époque où la licence des mœurs atteignait le plus haut degré. La Régence a eu dans l'histoire le triste honneur d'attacher son nom au libertinage du siècle dernier : à vrai dire, elle fut surtout une école de débauche, mais c'est après elle que ses leçons portèrent tous leurs fruits. Le mal s'étend de 1730 à 1750; c'est à cette dernière date qu'il a tout envahi et gâté pour le reste du siècle. Le règne du *roué* commence; la « débauche crue [2] » ne daigne même plus se couvrir d'un prétexte de sentiment : « L'amour est devenu une tactique, la passion un art, l'attendrissement un piège, le désir même un masque, afin que ce qui restait de conscience dans le cœur du temps, de sincérité dans ses tendresses, s'éteignît sous la risée suprême de la parodie [3]. » Marivaux se garde bien

---

1. Remarquons en passant que la fameuse devise *Castigat ridendo mores*, souvent attribuée à Horace, est due à Santeuil, qui l'improvisa pour l'Arlequin de la troupe italienne de Louis XIV, Dominique Biancolelli. Gherardi la mit en tête d'un frontispice gravé pour son *Théâtre* par Verdier et Audran et portant au bas, comme un gage de résurrection, un phénix renaissant de ses cendres, avec cette inscription : « *De la mia morte eterna vita i vivo.* » Lorsque, en 1716, les comédiens italiens revinrent, ils s'emparèrent de la devise de Santeuil et du phénix de Gherardi, et firent peindre la première au fronton de leur scène, le second sur leur rideau. L'Opéra-Comique, héritier de la Comédie-Italienne, hérita aussi de sa devise et l'on pouvait voir celle-ci dans la salle de la place Boïeldieu.
2. *Le Paysan parvenu*, 4e partie.
3. De Goncourt, *la Femme au* xviiie *siècle*, chap. iv, p. 185.

de prendre ses moyens dramatiques dans la peinture directe de cette corruption : on a vu comment, peu soucieux d'une vérité répugnante, il épurait l'amour de son temps [1]. Il attaque le dérèglement des mœurs, sous le couvert d'une allégorie de conception un peu froide, attachante cependant par l'esprit et le piquant des détails.

Une censure plus directe eût certes mieux valu ; puisqu'il voulait flétrir les mœurs contemporaines, il fallait les mettre franchement en scène. Était-il l'homme d'une pareille entreprise? La réponse n'est pas douteuse, pour qui connaît bien des passages de ses œuvres où la vigueur ne manque pas. Il ne l'a point fait. Peintre indulgent, il ne voulut pas montrer à ses modèles des images trop sévères ; il fut moraliste avec discrétion ; il plaida même les circonstances atténuantes du relâchement des mœurs, et ne conclut pas à une réforme radicale, à un retour impossible vers l'ancienne galanterie, trop respectueuse et façonnière, fade pour des blasés. Il se contenta, en signalant le mal, d'indiquer un remède facile et engageant : une alliance entre l'amour ancien et l'amour nouveau [2].

L'Amour, dieu de la tendresse, et Cupidon, dieu de la volupté, sont en présence et se querellent, l'Amour avec sa politesse habituelle, Cupidon avec une effronterie railleuse : « Vous ne devez ma retraite, dit

1. Ci-dessus, p. 166 et suiv.
2. La première tentative de Marivaux au théâtre, *l'Amour et la Vérité*, était aussi une satire de l'amour de son temps ; seulement, dans cette première pièce, qui précédait de onze ans la *Réunion des Amours*, l'Amour délicat et tendre est représenté « avec un air libertin et cavalier répandu sur ses habits et sur sa physionomie même, » déguisement sous lequel il essaye de faire concurrence à Cupidon. Voir ci-dessus, p. 33 et suiv.

l'Amour, qu'à l'indignation qui m'a saisi quand j'ai vu les hommes capables de vous souffrir. — C'est-à-dire, répond Cupidon, que vous n'avez fui que parce que vous étiez glorieux, et vous êtes un héros fuyard. » Pour lui, il explique tout autrement sa victoire, dans un parallèle entre lui-même et son rival :

De votre temps, les amants n'étaient que des benêts ; ils ne savaient que languir, que faire des hélas ! et conter leurs peines aux échos d'alentour. Oh ! parbleu ! ce n'est plus de même. J'ai supprimé les échos, moi. Je blesse. Ah ! vite au remède. On va droit à la cause du mal. Allons, dit-on, je vous aime : voyez ce que vous pouvez faire pour moi ; car le temps est cher, il faut expédier les hommes. Mes sujets ne disent point, je me meurs ! il n'y a rien de si vivant qu'eux. Langueurs, timidité, doux martyr, il n'en est plus question : fadeur, platitude du temps passé que tout cela. Vous ne faisiez que des sots, que des imbéciles ; moi je ne fais que des gens de courage. Je ne les endors pas, je les éveille : ils sont si vifs, qu'ils n'ont pas le loisir d'être tendres ; leurs regards sont des désirs ; au lieu de soupirer, ils attaquent ; *ils ne demandent point d'amour, ils le supposent.* Ils ne disent point, faites-moi grâce, ils la prennent ; ils ont du respect, mais ils le perdent, et voilà ce qu'il faut [1].

La querelle entre les deux divinités doit se vider au tribunal de Minerve ; Cupidon s'y rend, un peu inquiet au fond, mais encouragé par Plutus, son allié naturel : « Va, va, mon ami, laisse-le venir, ce dieu de la tendresse ; quand on le rétablirait, il ne ferait pas grande besogne ; on n'est plus dans le goût de l'amoureux martyre ; on ne l'a retenu que dans les chansons. Le métier de cruelle est tombé ; ne t'embarrasse pas de ton rival, je ne veux que de l'or pour le battre, moi [2] ! » Mais l'Amour, admis à plaider sa

---

1. *La Réunion des Amours*, scène i.
2. *Ibid.*, scène iii.

cause, et qui jusqu'alors a dédaigné les injures de son rival, répond à Cupidon avec une véritable éloquence :

Qui êtes-vous, pour oser me disputer quelque chose? vous qui n'avez pour attribut que le vice, digne héritage d'une origine aussi impure que la vôtre! Divinité scandaleuse, dont le culte est un crime ; à qui la seule corruption des hommes a dressé des autels! vous à qui les devoirs les plus sacrés servent de victimes! vous qu'on ne peut honorer qu'en immolant la vertu! Funeste auteur des plus honteuses flétrissures des hommes; qui, pour récompense à ceux qui vous suivent, ne leur laissez que le déshonneur, le repentir et la misère en partage! Osez-vous vous comparer à moi, au dieu de la plus noble, de la plus estimable, de la plus tendre des passions; et j'ose dire de la plus féconde en héros?... Qu'est-ce que c'était autrefois que l'envie de plaire? Qu'est-ce que c'était que l'amour? Je l'appelais tout à l'heure une passion : c'était une vertu;... c'était du moins l'origine de toutes les vertus ensemble. La nature me présentait des hommes grossiers, je les polissais ; des féroces, je les humanisais ; des fainéants, dont je ressuscitais les talents enfouis dans l'oisiveté et la paresse. Avec moi, le méchant rougissait de l'être. L'espoir de plaire, l'impossibilité d'y arriver autrement que par la vertu forçaient son âme à devenir estimable. De mon temps, la Pudeur était la plus estimable des grâces.

Délicate peinture, digne du sentiment qu'elle décrit, touchante oraison funèbre, derrière laquelle se dissimulent comme un sourire et une pointe d'aimable raillerie pour ces grâces fanées [1].

Cupidon riposte avec esprit et sauve la faiblesse de sa cause à force d'entrain et de gaieté :

Eh bien! il ne faut pas tant de bruit; c'est encore de même. Je n'en connais point de si piquante, moi, que la Pudeur. Je l'adore et mes sujets aussi. Ils la trouvent si charmante, qu'ils la poursuivent partout où ils la trouvent.

---

1. Voir encore ci-après, 4ᵉ partie, chap. II.

Mais je m'appelle l'Amour ; mon métier n'est pas d'avoir soin d'elle. Il y a le Respect, la Sagesse, l'Honneur, qui sont commis à sa garde, voilà ses officiers ; c'est à eux à la défendre du danger qu'elle court et ce danger, c'est moi. Je suis fait pour être son vainqueur ou son vaincu. Nous ne saurions autrement vivre ensemble, et sauve qui peut. Quand je la bats, elle me le pardonne ; quand elle me bat, je ne l'en estime pas moins, et elle ne m'en hait pas davantage.... Minerve, toute la nature est intéressée à ce que vous renvoyiez ce garçon-là. Il va l'appauvrir à un tel point qu'il n'y aura plus que des déserts. Vivra-t-elle de soupirs ? Il n'a que cela de vaillant. Autant en emporte le vent ; et rien ne reste que des romans de douze tomes : encore à la fin n'y aura-t-il personne pour les lire.... La nature avait besoin d'un Amour, n'est-il pas vrai ? Un conteur de fades sornettes, un trembleur qui a toujours peur d'offenser, qui n'eût fait dire aux femmes que *ma gloire !* et aux hommes que *vos divins appas !* non ! cela ne valait rien. C'était un espiègle tel que moi qu'il fallait à la nature ; un étourdi, sans souci, plus vif que délicat, qui mit toute sa noblesse à tout prendre et à ne rien laisser.... Mais, dites-vous, vous êtes le dieu du vice. Cela n'est pas vrai ; je donne de l'amour, voilà tout : le reste vient du cœur des hommes. Les uns y perdent, les autres y gagnent, je ne m'en embarrasse pas. J'allume le feu ; c'est à la raison à le conduire, et je m'en tiens à mon métier de distributeur de flammes au profit de l'univers [1].

Fort embarrassée entre ces deux éloquences, Minerve appelle la Vertu à son secours, et l'Amour reprend sa cause [2] devant celle-ci qui lui répond avec

---

1. *La Réunion des Amours*, scène x.
2. L'exorde que Marivaux lui prête est une aimable parodie du style galant d'autrefois : « Madame, mon respect a réduit mes sentiments à se taire. Ils n'ont osé se produire que dans mes timides regards, mais il n'est plus temps de feindre ni de dérober votre victime. Je sais tout ce que je risque à vous déclarer ma flamme. Vos rigueurs vont punir mon audace. Vous allez accabler un téméraire ; mais, Madame, au milieu du courroux qui va vous saisir, souvenez-vous du moins que ma témérité n'a jamais passé jusqu'à l'espérance et que ma respectueuse ardeur.... » Ici Cupidon l'interrompt. (Scène xii.)

une nuance de persiflage : « Voilà qui est bien ; votre langage est décent. Il n'étourdit point la raison. On a le temps de se reconnaître. » Cupidon devine que l'austère déesse ne lui veut point de mal ; il lui adresse sur-le-champ cette adroite déclaration :

Déesse adorable, ne m'exposez pas à dire que je vous aime. Vous regardez ceci comme une feinte ; mais vous êtes trop aimable et mon cœur pourrait bien s'y méprendre. Je vous dis la vérité ; ce n'est pas d'aujourd'hui que vous me touchez. Je me connais en charmes : ni sur la terre, ni dans les cieux, je ne vois rien qui le cède aux vôtres. Combien de fois n'ai-je pas été tenté de me jeter à vos genoux ! Quelles délices pour moi d'aimer la vertu, si je pouvais être aimé d'elle ! Eh ! pourquoi ne m'aimeriez-vous pas ? Que veut dire ce penchant qui me porte à vous, s'il n'annonce pas que vous y serez sensible ? Je sens que tout mon cœur vous est dû ; n'avez-vous pas quelque répugnance à me refuser le vôtre ? Aimable Vertu, me fuirez-vous toujours ? Regardez-moi, vous ne me connaissez pas : c'est l'Amour à vos genoux qui vous parle. Essayez de le voir ; il est soumis, il ne veut que vous fléchir [1].

La Vertu est troublée par ces accents passionnés ; elle prend la fuite pour ne pas succomber, tandis que l'effronté Cupidon s'écrie : « Ah ! ah ! ah ! la Vertu se laissait apprivoiser. Je la tenais déjà par la main, toute vertu qu'elle est ; et si elle me donnait un quart d'heure d'audience, je vous la garantirais mal nommée [2]. » Il faut que Minerve reprenne le rôle de juge, et voici l'arrêt qu'elle rend :

Cupidon, la Vertu décidait contre vous ; et moi-même j'allais être de son sentiment, si Jupiter n'avait pas jugé à propos de vous réunir en vous corrigeant pour former le cœur du prince [3]. Avec votre confrère, l'âme est trop

---

1. *La Réunion des Amours*, scène XII.
2. *Ibid.*, scène XIII.
3. Voir ci-dessus, p. 111, n. 3.

tendre, il est vrai ; mais avec vous elle est trop libertine. Il fait souvent des cœurs ridicules ; vous n'en faites que de méprisables. Il égare l'esprit : mais vous ruinez les mœurs. Il n'a que des défauts ; vous n'avez que des vices. Unissez-vous tous deux : rendez-le plus vif et qu'il vous rende plus tendre et plus raisonnable ; et vous serez sans reproche [1].

J'ai cru que cette longue analyse d'une courte pièce à peu près oubliée contribuerait à faire bien connaître le caractère et la nature d'esprit de Marivaux. Il vaut mieux que son temps, mais il en est ; il aime la vertu, mais il la veut coquette ; il blâme le vice, mais il ne peut se défendre de le trouver séduisant. Il rêve donc une alliance entre deux contraires ; alliance chimérique, mais, au lendemain de la Régence, c'est un honneur relatif de l'avoir souhaitée.

Lorsque Marivaux fit représenter *le Triomphe de Plutus*, près de vingt ans s'étaient écoulés depuis que Le Sage avait pour la première fois mis sur la scène la bassesse naturelle et les vices d'emprunt du parvenu de la finance [2]. On sait quelle résistance désespérée les hommes d'argent mirent en œuvre pour empêcher la représentation de *Turcaret* ; Marivaux ne rencontra pas de semblables obstacles : cuirassés par l'habitude, les financiers avaient pris leur parti des

---

1. *La Réunion des Amours*, scène XIV.
2. *Turcaret* est de 1709 et le *Triomphe de Plutus* de 1728. Entre les deux pièces parut une des satires les plus sanglantes dont les traitants aient été l'objet, *Arlequin traitant*, opéra comique en trois actes, de d'Orneval, représenté le 22 mars 1716 sur le théâtre de la Foire, dans le mois même où avait été promulgué l'édit établissant une chambre de justice contre les traitants (voir *le Théâtre de la Foire*, publié par E. d'Auriac, p. 177 et suiv.). D'Orneval surpasse de beaucoup Le Sage, non certes pour le talent dramatique, mais pour la vigueur brutale de la satire. — Sur les financiers qu'a peints Le Sage, ceux de la fin du XVIIe siècle et du commencement du XVIIIe, voir E. Bertin, *les Mariages dans l'ancienne société française*, livre V, chap. I.

attaques dont ils pouvaient être l'objet ; elles ne troublaient pas plus leur orgueil que leur quiétude. Au reste, *le Triomphe de Plutus* n'était pas de nature à les inquiéter beaucoup ; au lieu de leur porter à plein corps, comme Le Sage, de profondes blessures, Marivaux les criblait de fines épigrammes, peu sensibles à des épidermes épais ; c'est pour le roman et les œuvres morales qu'il réservait une satire plus sérieuse. Ici, il se contente de railler agréablement les vices que Le Sage a flétris : insolence et lourdeur, ignorance et grossièreté, prétentions risibles, ostentation de prodigalité, surtout en amour. A peine, en deux ou trois passages, une saillie mordante, et encore est-ce plutôt le sourire discret de l'homme d'esprit qui se venge des sots que le rire indigné du satirique.

Le Triomphe de Plutus n'emprunte à la mythologie qu'un titre. Apollon et Plutus se disputent le cœur d'Aminte, une mortelle du xviiie siècle, et, pour lui plaire, ils ont pris la forme, l'un du financier Richard, l'autre du bel esprit Ergaste. Piqué au vif par les railleries d'Apollon, qui persifle la tournure gauche et le langage « massif » de son rival [1], Plutus entreprend de lui prouver qu'en amour, comme en toutes choses, l'or est tout-puissant. En effet, tandis qu'Apollon tourne en pure perte des petits vers, Plutus a bientôt gagné, c'est-à-dire acheté, et la suivante et l'oncle d'Aminte, Spinette et Amidas, et Aminte elle-même ; jusqu'au valet d'Apollon, Arlequin qui attendait ses gages depuis trop longtemps. Il pousse sa fastueuse insolence jusqu'à louer les musiciens que son rival avait amenés pour offrir un divertissement à Aminte ; puis il s'en va avec un gros rire : « Ne vous alarmez pas, dit-il à ses dupes, je vous laisse les présents que

---

1. *Le Triomphe de Plutus*, scène ii.

je vous ai faits. Vous vous passerez bien de moi avec cela, n'est-ce pas [1]? »

Voilà, ce semble, un dénouement tout à l'avantage de Plutus, c'est-à-dire du personnage le moins sympathique de la pièce. C'est que, pour rester dans la vérité, Marivaux renonce à la convention en vertu de laquelle, au dénouement de toute comédie, le vice doit être puni et la vertu récompensée. La moralité de la pièce est dans la laideur du caractère de Plutus, dans la grossièreté de ses sentiments et de son langage, et aussi dans son mépris trop justifié pour les hommes. Elle est dans des traits comme ceux-ci : « Un homme comme moi! s'écrie Plutus, c'est un trésor. » Il a raison : ce n'est même que cela. « Homme de mérite, lui! dit-il de son rival, il n'a pas le sou [2]. » Ni l'art ni la morale ne gagnent à une moralité de convention; un écrivain sert la morale par cela seul qu'il peint de couleurs vraies le vice, même triomphant; pourvu qu'il inspire la sympathie pour l'honnêteté vaincue, son œuvre est saine et bonne. Mais, si c'est là une vérité, elle a du mal à faire son chemin; on la discute encore à cette heure, et, surtout au théâtre, un auteur ne fait pas admettre sans peine un dénouement défavorable à la vertu [3]. Marivaux un des premiers eut le courage de rompre en ceci avec une convention affadissante.

Écrites d'un style coulant, d'une allure un peu traînante et nonchalante, relevées de grâce facile,

---

1. *Le Triomphe de Plutus,* scène xviii.
2. *Ibid.*, scène vi. — On peut rapprocher de la pièce de Marivaux une mythologie du même genre, *l'Amour charlatan,* que Dancourt fit représenter le 5 août 1710 et où Plutus joue un rôle semblable.
3. Voir sur cette délicate question des rapports de l'art et de la morale, l'ingénieuse étude de M. Martha, *la Moralité dans l'art* dans la *Revue des Deux Mondes* du 15 avril 1879.

offrant un agréable mélange d'indulgence et de sévérité, à peu près exemptes de préciosité, les deux pièces que je viens d'analyser offrent une singulière ressemblance avec ces *Dialogues des morts* de Fénelon, dans lesquels une morale insinuante se dégage d'elle-même des propos échangés. Si l'ingénieux prélat avait pu traiter des sujets aussi profanes qu'une querelle entre Cupidon et l'Amour, ou une rivalité entre Apollon et Plutus, il n'eût pas désavoué bien des pages où Marivaux semble lui avoir dérobé son style limpide et son ironie souriante.

Une autre pièce de Marivaux, *Félicie*, ressemble à *la Réunion des Amours* et au *Triomphe de Plutus* par la simplicité de l'intrigue, la pureté de l'intention morale, et aussi l'absence d'intérêt dramatique. Elle s'en distingue en ce que, cette fois, la féerie se mêle à la mythologie. Dans un pays enchanté, vit une jeune fille, Félicie, qu'une bonne fée a parée de tous les dons. Félicie n'a qu'un défaut, « l'envie de plaire », c'est-à-dire la coquetterie. En vain la Modestie, en vain la Vertu, sous les traits de Diane, s'efforcent de lui prouver que, sans la réserve et la pudeur, les dons les plus heureux sont autant de dangers : il faut que l'expérience d'une passion, arrêtée juste à temps par le pouvoir de la fée, instruise et corrige la jeune coquette. Avec un tel sujet, Marivaux a moins écrit une comédie mythologique qu'une sorte de *moralité*. La pièce plaît à la lecture pour l'agrément du dialogue; on l'eût sans doute moins goûtée à la scène. Aussi l'auteur ne l'y a-t-il point présentée [1].

L'Ile des Esclaves est encore consacrée au développement d'une idée philosophique; mais, outre l'in-

---

1. Voir ci-après, Appendice.

térêt moral, elle a aussi un intérêt dramatique. A ce double titre, elle est une des meilleures du théâtre de Marivaux. Révoltés contre leurs maîtres, les esclaves de la Grèce se sont réfugiés dans une île ignorée ; lorsque la tempête jette chez eux des Grecs de condition libre, ils se vengent des injustices passées en leur donnant pour maîtres leurs esclaves. De cette donnée, Marivaux a tiré quelques scènes excellentes. Une des meilleures est celle où la suivante Cléanthis, chargée par le magistrat de l'île, Trivelin, de détailler les défauts de sa maîtresse Euphrosine, fait de la coquette un portrait d'une vérité impitoyable [1]. Charmante aussi la scène où Cléanthis et Arlequin, devenus maître et maîtresse, s'efforcent d'imiter les grâces du beau monde ; on dirait que Marivaux a voulu s'y parodier lui-même [2]. Sainte-Beuve appelle *l'Ile des Esclaves* « les saturnales de l'âge d'or » ; « c'est presque à l'avance, dit-il, une bergerie révolutionnaire de 1792 [3]. » Mais le dénouement n'a rien de sanguinaire ; tout le monde s'embrasse et pleure ; maîtres et valets reconnaissent leurs torts réciproques, sur cette réflexion dans laquelle Marivaux parle en 1725, plus sincèrement qu'on ne le fera plus tard, ce langage « sensible » que la fin du siècle mettra si fort à la mode : « Il s'agit de pardonner, et, pour avoir cette bonté-là, que faut-il être, s'il vous plaît ? Riche ? non ; noble ? non ; grand seigneur ? point du tout.... Il faut avoir le cœur bon, de la vertu et de la raison ; voilà ce qu'il faut, voilà ce qui est estimable, ce qui distingue, ce qui fait qu'un homme est plus qu'un autre [4]. »

---

1. *L'Ile des Esclaves*, scène III.
2. *Ibid.*, scène VI.
3. *Causeries du Lundi*, t. IX, p. 374.
4. *L'Ile des Esclaves*, scène X. — Même réflexion dans le

Par les réflexions de ce genre, fort nombreuses dans son théâtre [1], Marivaux cède, non seulement à un goût louable de leçon morale, mais encore au penchant qui entraîne la plupart des auteurs dramatiques de son temps. Le théâtre est alors l'auxiliaire de la « philosophie », c'est-à-dire de la guerre aux préjugés, du désir de réformes, de la philanthropie, car, de tous les moyens de propagande, il est le plus puissant. A vrai dire, ce n'est jamais impunément qu'il se fait l'auxiliaire d'une cause, pour juste qu'elle soit; il contracte, dans un pareil rôle, de graves défauts qu'il serait trop long d'énumérer ici, et qui reparaîtront toutes les fois qu'il abandonnera, pour se lancer dans les discussions politiques, l'étude désintéressée de la nature humaine [2]. Quoi qu'il en

---

Prince travesti : « Personne n'a si bon cœur que vous, dit Arlequin à son maître; et il m'est avis que c'est là la marque d'un prince. » Et le prince répond : « On peut avoir le cœur bon sans être prince, et, pour l'avoir tel, un prince a plus à travailler qu'un autre. »

1. Elles viennent quelquefois lorsqu'on les attend le moins et marquent d'autant mieux une manière de penser habituelle. Dans le *Prince travesti*, qui ne vise nullement à la leçon morale, Arlequin se promenant dans un palais fait remarquer : « Que de fatras de meubles, de drôleries, de colifichets! Tout un village vivrait un an de ce que cela vaut. » (I, III.) Réflexion bien innocente, mais qui contient en germe les théories de P.-L. Courier sur la destruction des anciens châteaux et des grands parcs, et leur remplacement par des maisons de paysans et des champs cultivés. (*Simple discours.*) Voir encore ci-après, 4º partie, chap. III.

2. Voir, outre l'ouvrage de M. L. Fontaine, *le Théâtre et la Philosophie au xviiiº siècle*, l'article déjà cité de G. Planche, qui contient, malgré des exagérations systématiques et des erreurs, quelques vues assez justes (*le Théâtre et l'esprit public en France*, dans la *Revue des Deux Mondes* du 1ᵉʳ septembre 1846), et aussi une page nourrie de Paul Albert (*la Littérature française au xviiiº siècle*, p. 187). La question est traitée d'une manière complète dans deux articles de Cuvillier-Fleury (*la Politique dans le roman et la comédie*, première série de ses *Études et portraits*, p. 392 et suiv.). — En date, Marivaux est

soit, si Marivaux tomba dans un travers alors universel, ce fut à un degré bien moindre que la plupart de ses contemporains. Il ne considéra jamais le théâtre comme une chaire ou comme une tribune; seulement, pénétré du sentiment de la justice et de l'égalité originelle des hommes, il s'était fait un avis sur des questions dont l'importance grandissait tous les jours, et il l'exprimait à l'occasion; de là, un autre côté sérieux de son théâtre. L'esprit « philosophique » se laisse deviner dans le caractère de Trivelin, analysé plus haut, et dans beaucoup de rôles de valet; il inspire ouvertement le *Préjugé vaincu* [1].

Le préjugé que vise Marivaux est celui de la naissance, de tous ceux de l'ancien régime le plus insupportable, car il blessait un sentiment français par excellence, l'amour de l'égalité. Il était facile, en un pareil sujet, de tomber dans la déclamation; Mari-

---

un des premiers auteurs dramatiques qui fassent du théâtre l'auxiliaire de la philosophie; il ouvre une série qui ne se fermera qu'après la Révolution, lorsque les esprits seront pacifiés et les idées de réforme enfin traduites par des lois. Avec lui, nous sommes, pour reprendre le mot de Sainte-Beuve, dans l'âge d'or de la comédie philosophique.

1. Cela n'empêche pas Gustave Planche d'écrire : « Plusieurs fois j'ai entendu soutenir, à propos de Marivaux, une opinion qui, à défaut d'évidence, se recommande par la singularité.... On allait jusqu'à dire que l'auteur des *Fausses Confidences* n'était pas demeuré étranger au mouvement de son temps, qu'il avait servi à sa manière, dans la mesure de ses forces, la cause de l'émancipation politique du tiers état. J'avouerai franchement que cette intention libérale qu'on lui prête si généreusement n'a jamais frappé mes yeux.... Il ne songeait qu'à divertir et n'appelait de ses vœux aucune réforme. » (*loc. cit.*, p. 117.) Aujourd'hui, on est tout aussi affirmatif que Planche, mais en sens contraire, et avec beaucoup plus de raison. Même souffle moderne dans les *Fausses Confidences*, qui sont, à ce point de vue, le pendant du *Jeu de l'Amour et du Hasard;* au lieu d'un jeune homme de condition, c'est une jeune veuve qu'elles nous montrent, dédaigneuse de la naissance et bravant le préjugé.

vaux l'a soigneusement évitée. Nulle part, dans cette pièce, il ne prêche ni ne plaide; la leçon se dégage toute seule. C'est à une jeune fille qu'il prête ce préjugé, et en cela, observe Duviquet, il se montre bon observateur, car « on a remarqué de tous temps que les femmes sont plus sensibles que les hommes au sentiment des préférences, et qu'elles attachent un prix infini à toute espèce de supériorité [1]. » Il fait encore preuve d'observation en se servant de l'amour, le sentiment qui rapproche le plus les distances, pour corriger la jeune fille de ce mépris de la roture. On regrette même, en lisant cette comédie intéressante et bien conduite [2], que Marivaux se soit contenté d'un seul acte pour développer un sujet d'où il eût pu tirer une grande comédie de mœurs.

Cette pièce n'est pas la seule où Marivaux ait tourné en ridicule le préjugé nobiliaire; il l'avait raillé déjà dans plusieurs scènes de la *Double Inconstance*, surtout dans celle [3] où l'on apporte à Arlequin

---

1. *OEuvres de Marivaux*, t. II, p. 380.
2. On a vu plus haut (p. 146, n. 1) le succès du *Préjugé vaincu* à la première représentation. C'est une des pièces de Marivaux qui restèrent le plus longtemps au répertoire avant la Révolution. Elle reparut à la Comédie-Française, le 15 septembre 1868, mais elle passa inaperçue. De nos jours, la donnée du *Préjugé vaincu* a été reprise avec succès par M. Ern. Legouvé, dans une comédie en trois actes, *Par droit de conquête* (Théâtre-Français, 7 juin 1855).
3. *La Double Inconstance*, acte III, sc. IV. Et aussi dans une de ses premières pièces, *le Dénouement imprévu* (10 décembre 1724), où il fait dire par un paysan : « Un sang noble? Queu guiable d'invention d'avoir fait comme ça du sang de deux façons, pendant qu'il viant du même russiau! » M. Brunetière n'admet pas que Marivaux ait pensé sur la noblesse comme ses contemporains : « Ne brouillons pas les temps, dit-il, ne transportons pas nos idées de revendication et de protestation dans le passé, ne voyons pas plus une attaque à la noblesse dans *les Fausses Confidences* que, dans *les Plaideurs*, une attaque à la magistrature, et, par grâce, dans le fin cristal de Marivaux, si délicatement taillé, ne versons pas le gros vin de nos utopies

des lettres de noblesse, dont il se moque très agréablement.

L'Héritier de Village appartient aussi au genre de la satire philosophique, mais en sens inverse. Après les vrais nobles infatués de leur titre, voici des roturiers qui achèteraient volontiers des savonnettes à vilains. Molière avait pris ce dernier travers dans la bourgeoisie; Marivaux descend jusqu'aux paysans, et les montre, dans l'ivresse d'une fortune récente, songeant du premier coup à s'anoblir. C'est, cette fois encore, une très agréable esquisse, mais ce n'est que cela, car la pièce n'a qu'un acte et aurait demandé un plus long développement [1]. Blaise et sa femme Claudine, enrichis par un héritage subit, songent d'abord à changer de manière et de mœurs; de là, peinture satirique du beau monde, qu'ils veulent imiter, et de l'amour mondain. Encore une fois, Marivaux se parodie lui-même avec esprit [2], et, chemin faisant, il relève un des plus tristes défauts de son temps, le ridicule jeté sur l'amour conjugal [3]. M. Jourdain avait Dorante et

---

socialistes. » (*La Comédie de Marivaux*, p. 139.) Outre que la satire du préjugé nobiliaire n'est pas « une utopie socialiste », il n'y a pas dans Marivaux que *les Fausses Confidences;* si l'on y joint *le Préjugé vaincu, la Double Inconstance*, plusieurs scènes éparses dans d'autres comédies, de nombreux passages des romans (voir ci-après, troisième partie, chapitre III), on verra s'accuser nettement chez Marivaux les sentiments du tiers état de 1789.

1. *L'Héritier de Village* est de 1725; trois ans plus tard d'Allainval reprenait le même sujet dans *l'École des Bourgeois*, avec des personnages intermédiaires entre ceux de Molière et ceux de Marivaux. D'Allainval approche de Molière et dépasse Marivaux dans deux scènes excellentes.

2. Scène II.

3. Scène II : « Je te varrions, dit Blaise à sa femme, un régiment de galants à l'entour de toi, que je sis obligé de passer mon chemin; c'est mon savoir-vivre que ça; li aura trop de froidure entre nous. » Claudine résiste d'abord : « Cette froidure me chiffonne, ça ne vaut rien en ménage; je sis d'avis

la marquise pour le berner et l'exploiter; de même
Claudine et Blaise ont Mme Damis et le chevalier,
qui, les sachant riches, demandent aussitôt la main
de leurs enfants. C'est une mésalliance, mais qu'importe! Mme Damis hésite : « La démarche me
paraît humiliante. — Cousine, répond le chevalier,
savez-vous de quoi vit l'orgueil de la noblesse? De
ces petites hontes qui vous arrêtent [1]. » Quant à
Blaise, il s'empresse d'agréer la demande, et, pour
ne point faire rougir son gendre et sa belle-fille, il
sera noble lui aussi : « J'achèterons de la noblesse;
elle sera toute neuve, elle en durera plus longtemps [2]. » Et déjà, escomptant sa future grandeur,
il veut imiter en tout cette noblesse, dont il va être.
Il ne payera donc pas ses créanciers : « On a un rang
qui brille, des équipages qui roulent toujours, des
laquais qui grugeont tout.... Les petites gens sont
bian heureux. Mais il y a une bonne coutume; on
emprunte aux marchands, et on ne les paye point;

---

que je nous aimions bian au contraire. » Mais Blaise lui
explique que cela serait du dernier ridicule; sa femme prendra
donc au moins un galant, et lui aura une maîtresse, « queuque
chiffon de femme, qui sera bian laide, bian sotte, qui ne
m'aimera point, que je n'aimerai point non pus, qui me fera
des niches; mais qui me coûtera beaucoup, et qui ne vaura
guère, et c'est là le plaisir. » D'Allainval a visiblement imité
cette scène dans la pièce citée tout à l'heure, l'École des Bourgeois. On connaît le passage fameux où le marquis de Moncade fait à sa future, Benjamine, la même leçon que Blaise à
Claudine. Voir, sur les singuliers ménages qui résultaient de
ces théories, outre le livre de M. Bertin, les Mariages dans
l'ancienne société française, de Goncourt, la Femme au xviii° siècle, chap. v, p. 230-239; H. Taine, les Origines de la France
contemporaine, t. I, p. 170 à 174, et, sur la peinture au théâtre
du préjugé contre le mariage, Saint-Marc-Girardin, Cours de
littérature dramatique, t. V, p. 166-186, et A. Fontaine, le
Théâtre et la Philosophie, deuxième partie, chap. iv.
1. L'Héritier de Village, scène iv.
2. Ibid., scène v.

ça soutient un ménage [1]. » Blaise ferait un excellent gentilhomme, mais, néant de ses rêves, un instant l'avait enrichi, un instant va le ruiner. On lui annonce tout à coup que le dépositaire de sa fortune a fait banqueroute; le chevalier et Mme Damis décampent prestement, tandis que nouvelle Perrette, Claudine s'écrie : « V'là bien des équipages chus et des casaques de reste. » Blaise est plus philosophe : « Moi je pense qu'il y a encore du vin dans le pot et que j'allons boire [2].

Ces satires et d'autres semblables se retrouvent chez la plupart des auteurs dramatiques contemporains de Marivaux; il n'est guère plus agressif que d'Allainval, Destouches ou Gresset, mais, dans une curieuse pièce, *la Nouvelle Colonie ou la Ligue des Femmes*, il dépasse de beaucoup ses contemporains.

Il est aisé de voir par l'ensemble des œuvres de Marivaux qu'il est très favorable aux femmes. Non seulement il les traite toujours avec galanterie, même lorsqu'il les raille, et seul leur donne au théâtre la première place jusqu'alors réservée aux hommes [3],

---

1. *L'Héritier du Village*, scène VI.
2. *L'Héritier de Village* fut une des pièces de Marivaux les plus mal accueillies du public. Jouée, sans nom d'auteur, devant une salle à peu près vide, elle n'eut que six représentations, et le *Mercure* n'en rendit même pas compte. Plus tard, les comédiens essayèrent de la reprendre au retour d'un voyage à Fontainebleau (Desboulmiers, t. II, p. 413); elle n'eut pas plus de succès. La pièce, cependant, est amusante, originale, et paraît fort soignée. En Allemagne, elle obtint un vif succès avec la traduction de Kriegern, et Lessing en parle avec un véritable enthousiasme dans la *Dramaturgie de Hambourg*, trente-troisième soirée (traduct. Ed. de Suckau et L. Crouslé, p. 137). — On a vu plus haut que d'Allainval avait imité *l'Héritier de Village*; Picard en a tiré l'idée principale de sa comédie des *Marionnettes*.
3. Voir ci-dessus, p. 132 et suiv.

mais il n'admet en droit ni la manière humiliante dont on les élève [1], ni leur infériorité sociale. Il laisse entendre que la frivolité qu'on leur reproche vient plutôt d'une éducation mal entendue que de la nature; il signale les dangers que leur faiblesse et les mœurs leur font courir. Nous le verrons déplorer, avec une émotion sincère, le sort d'une orpheline seule au milieu de Paris [2], celui d'une jeune fille que la misère pousse au déshonneur [3], etc. Il voudrait pour elles à la fois plus de protection et plus d'indépendance. Dans *la Nouvelle Colonie*, il a résumé d'une manière fort plaisante les griefs qu'elles pourraient faire valoir contre les hommes, et les a montrées en révolte ouverte contre l'oppression. A vrai dire, il ne prend pas ouvertement parti pour elles; il leur donne même tort par l'exagération de la thèse qu'il leur prête et le dénouement de l'intrigue où il les jette, mais on sent bien, aux justes plaintes mêlées à leurs griefs imaginaires, qu'il espère faire passer, à la faveur de la satire, quelques vérités dont elles profiteront tôt ou tard [4].

La scène de *la Nouvelle Colonie* est encore dans une de ces îles de géographie fantaisiste, dont Marivaux a créé tout un archipel. Celle-ci est peuplée d'exilés, seigneurs et nobles dames de l'antiquité, comme

1. Voir *l'École des Mères*, et ci-dessus, p. 226.
2. Voir, ci-après, 3° partie, chap. III.
3. Voir, ci-après, 4° partie, chap. I et II.
4. Ces idées de Marivaux sur les femmes étaient celles des salons qu'il fréquentait. Il puisa certainement chez Mme de Lambert une partie des théories qu'il développe dans *la Nouvelle Colonie*. Celle-ci (1729) n'est antérieure que de quelques années aux *Réflexions sur les Femmes*, publiées en 1732, dans lesquelles la marquise, reprochant hardiment à Molière le ridicule jeté sur les femmes savantes, défend celles qui, par goût, ou même par un orgueil qui n'est que le sentiment d'une juste égalité, ne craignent pas de cultiver encore les sciences et les lettres.

Timagène et Arthénice, bourgeois et bourgeoises très modernes, comme M. et Mme Sorbin. Timagène et M. Sorbin sont chargés par les hommes de rédiger les lois de la colonie, mais Arthénice et Mme Sorbin trouvent l'occasion favorable pour s'insurger contre la tyrannie masculine et légiférer elles aussi. Vite une assemblée de femmes est convoquée, dans laquelle Arthénice prononce un grand discours, résumé des griefs féminins :

> L'oppression dans laquelle nous vivons sous nos tyrans, pour être si ancienne, n'en est pas devenue plus raisonnable ; n'attendons pas que les hommes se corrigent d'eux-mêmes ; l'insuffisance de leurs lois a beau les punir de les avoir faites à leur tête et sans nous, rien ne les ramène à la justice qu'ils nous doivent, ils ont oublié qu'ils nous la refusent. Dans l'arrangement des affaires, il est décidé que nous n'avons pas le sens commun, mais tellement décidé que ça va tout seul et que nous n'en appelons pas nous-mêmes.
> — Eh ! que voulez-vous, répond une des femmes. On nous crie dès le berceau : vous n'êtes capables de rien, ne vous mêlez de rien, vous n'êtes bonnes à rien qu'à être sages ; on l'a dit à nos mères qui l'ont cru, qui nous le répètent ; on a les oreilles rebattues de ces mauvais propos ; nous sommes douces, la paresse s'en mêle, on nous mène comme des moutons.

Arthénice reprend ; elle fait l'éloge de la beauté des femmes, leur première et incontestable supériorité, puis :

> Venons à l'esprit, et voyez combien le nôtre a paru redoutable à nos tyrans ; jugez-en par les précautions qu'ils ont prises pour l'étouffer, pour nous empêcher d'en faire usage ; c'est à filer, c'est à la quenouille, c'est à l'économie de leurs maisons, c'est au misérable tracas d'un ménage que ces messieurs nous condamnent. Ou bien, c'est à savoir prononcer sur des ajustements, c'est à les réjouir dans leurs soupers, c'est à leur inspirer d'agréables passions, c'est à régner dans des bagatelles, c'est à n'être nous-

mêmes que la première des bagatelles ; voilà toutes les fonctions qu'ils nous laissent ici-bas ; à nous qui les avons polis, qui leur avons donné des mœurs, qui avons corrigé la férocité de leur âme, à nous sans qui la terre ne serait qu'un séjour de sauvages qui ne mériteraient pas le nom d'hommes.... Il est vrai qu'on nous traite de charmantes, que nous sommes des astres, qu'on nous distribue des teints de lys et de roses, qu'on nous chante dans des vers où le soleil pâlit de honte à notre aspect, et, comme vous le voyez, cela est considérable [1].... Qu'en arrive-t-il? que par simplicité nous nous entêtons du vil honneur de leur plaire et que nous nous amusons bonnement à être coquettes, car nous le sommes, il faut en convenir.

Aveu qui amène cette juste réplique d'une des femmes : « Est-ce notre faute? Nous n'avons que cela à faire [2]. »

Tant d'éloquence transporte les femmes. Guerre aux hommes! Malheureusement Mme Sorbin compromet tout. Matrone déjà mûre, elle a renoncé, et pour cause, à la coquetterie; elle engage donc ses compagnes à l'imiter : « Allons, point de quartier, je fais vœu d'être laide, et votre première ordonnance sera que nous tâchions de l'être toutes. » A ces mots, les protestations éclatent : « Quoi! s'enlaidir exprès pour se venger des hommes? Eh! tout au contraire,

---

1. Marivaux devance ici J.-J. Rousseau, qui écrira vingt-neuf plus tard, en 1758 : « Il ne serait pas difficile de montrer qu'au lieu de gagner (à la galanterie des hommes pour elles), les femmes y perdent... Pour moi, j'ai peine à concevoir comment on rend assez peu d'honneur aux femmes pour leur oser adresser sans cesse ces fades propos galants, ces compliments insultants et moqueurs, auxquels on ne daigne pas même donner un air de bonne foi : les outrager par ces évidents mensonges, n'est-ce pas leur déclarer assez nettement qu'on ne trouve aucune vérité obligeante à leur dire?... » etc. (*Lettre à d'Alembert sur les spectacles.*)

2. *La Nouvelle Colonie*, scène IX. — On retrouve ici plusieurs idées exprimées déjà par La Bruyère, *Des Femmes*, § 9, et Montesquieu, *Lettres persanes*, XXXVIII.

embellissons-nous, s'il est possible, afin qu'ils nous regrettent davantage. » La discorde éclate. Mme Sorbin est une femme du peuple, Arthénice est une dame noble; le tiers état se plaint : « C'est votre faute, mesdames, je ne voulais ni de cette artisane, ni de cette princesse, mais on ne m'a pas écoutée [1]. »

Les hommes arrivent sur ces entrefaites; ils essayent d'apaiser la révolte. En vain ils rappellent les femmes au devoir : « Vous marier quand vous serez filles, obéir à vos maris quand vous serez femmes, veiller sur votre maison : on ne saurait vous ôter cela, c'est votre lot [2]. » Pour défendre leur suprématie, ils ne trouvent que d'assez pauvres raisons, des arguments à la Chrysale. L'éloquence des femmes, au contraire, intarissable, véhémente, les étourdit et les confond. Sur l'ordre de Mme Sorbin, le tambour bat, le manifeste insurrectionnel des femmes est affiché; les hommes sont vaincus. Heureusement Timagène s'avise d'un ingénieux stratagène : « Madame, dit-il à Arthénice, on vient d'apercevoir une foule innombrable de sauvages qui descendent dans la plaine pour nous attaquer. Nous avons déjà assemblé les hommes; hâtez-vous de votre côté d'assembler les femmes, et commandez-nous aujourd'hui avec Mme Sorbin, pour entrer en exercice des emplois militaires; voilà des armes que nous vous apportons. » Aussitôt le bataillon féminin perd contenance; Mme Sorbin elle-même n'avait pas songé à cela : « Va te battre, dit-elle à son mari, je vais à notre ménage [3]. » Et ses compagnes de l'imiter.

En écrivant cette fantaisie, Marivaux ne prévoyait guère qu'un jour viendrait où ces inventions seraient

---

1. *La Nouvelle Colonie*, scène IX.
2. *Ibid.*, scène XIII.
3. *Ibid.*, scène XVIII.

une terrible réalité, où les femmes, moins faciles à effrayer, ouvriraient des clubs, et marcheraient en milice hurlante, avec des têtes coupées au bout de leurs piques, au son du tambour de Maillard; de ce tambour qui bat pour la première fois, et très innocemment, dans *la Nouvelle Colonie*. Il jouait une fois de plus avec des idées que la Révolution devait traduire en actes terribles.

Il ne se doutait pas davantage qu'il reprenait une situation traitée deux mille ans auparavant par Aristophane. Quoique *la Nouvelle Colonie* soit une mince idylle à côté de *Lysistrata*, il y a de frappantes analogies entre les deux pièces. On dirait, en comparant Aristophane et Marivaux, une bacchanale apaisée, épurée, et traduite par Watteau d'un pinceau élégant. Telle scène du second semble calquée sur le premier, ainsi la prestation de serment de Mme Sorbin et d'Arthénice sur celle de Calonice et de Lysistrata [1], la dispute d'Arthénice et d'Hermocrate sur celle de Lysistrata avec le magistrat qu'elle met en déroute [3]. Cependant, il est presque impossible que Marivaux ait connu Aristophane; il ne savait pas le grec, et, en 1729, lorsqu'il composa *la Colonie*, il n'y avait encore dans notre langue aucune traduction complète d'Aristophane : le *Théâtre des Grecs* du P. Brumoy, ne parut que l'année suivante.

Les trois pièces que l'on vient de voir nous avaient fait quitter le monde de fantaisie où se passent

---

1. *La Nouvelle Colonie*, scène vi; *Lysistrata*, v. 209-237.
2. *Id.*, scène xiii; *Lysistrata*, v. 430-610.
3. Peut-être Marivaux tenait-il l'idée de sa pièce de Fontenelle; celui-ci connaissait assez bien Aristophane, comme le prouvent ses *Remarques sur quelques comédies d'Aristophane*, dans lesquelles *Lysistrata* est analysée brièvement (voir t. IV, p. 241, des *Œuvres de Fontenelle*). — *La Nouvelle Colonie* rappelle encore une autre pièce d'Aristophane, *l'Assemblée des femmes*.

Félicie et *l'île des Esclaves*. Nous y revenons avec deux autres purement féeriques, *Arlequin poli par l'Amour* et *l'Ile de la Raison*, dont le sort fut très différent au théâtre [1]. L'*Ile de la Raison* repose sur une donnée qui exige vraiment trop de complaisance de la part du spectateur, condamné à voir une contradiction perpétuelle entre les paroles des personnages et leur aspect vrai, celles-là supposant une continuelle alternative de grandeur et de petitesse, celui-ci restant toujours le même. La morale, qui tenait encore ici la première place, ne pouvait sauver l'invraisemblance, et quelques détails heureux la bizarrerie de l'ensemble. En revanche, *Arlequin poli par l'Amour*, le premier succès de Marivaux au théâtre, est une fantaisie pleine de grâce et d'esprit. Elle peut être considérée comme le développement en action des fameux vers de Molière sur le pouvoir d'éducation de l'amour :

Il rend agile à tous l'âme la plus pesante [2].

C'est ici le cas. Arlequin est un paysan lourdaud, mais joli garçon, dont la bonne mine a séduit une fée. Un simple coup de baguette suffirait à le transformer ; la fée préfère laisser à l'amour le soin de le rendre aimable. L'amour remplit son rôle, mais ce n'est pas au profit de la fée : dédaignant celle qui veut l'élever jusqu'à elle, Arlequin aime Sylvia, une modeste bergère. Transportée de dépit, la fée veut se venger, mais un stratagème ingénieux la dépouille de sa baguette et de sa puissance, tandis qu'Arlequin s'empresse de mettre son bonheur en sûreté [3].

1. Voir ci-dessus, p. 40 et 62.
2. *L'École des Femmes*, acte III, sc. iv.
3. *Arlequin poli par l'Amour* vient d'être repris avec succès par la Comédie-Française, d'après une adaptation adroitement

Comme les féeries, les pièces héroïques admettaient une grande liberté d'invention ; c'était encore un genre souple et commode, sans règles définies. Pour ce motif, Marivaux devait les aimer ; il en écrivit trois. Deux sont assez faibles, *le Triomphe de l'Amour* et *la Dispute*, mais la troisième, *le Prince travesti*, mériterait d'être rangée parmi les chefs-d'œuvre de Marivaux.

Le Triomphe de l'Amour rappelle, par son intrigue romanesque et compliquée, les premières comédies dans lesquelles Corneille accumulait comme à plaisir les invraisemblances et les coups de théâtre. La donnée seule de la pièce est étrange : une jeune fille, Léonide, se déguise en homme, afin de pénétrer dans la maison d'un philosophe, où se trouve le bel Agis, qu'elle aime et dont elle veut se faire aimer. Il rappelle aussi la *Clélie* et le *Grand Cyrus* : les personnages de la pièce sont empruntés à l'ancienne Sparte, et, bizarre amalgame, à côté du philosophe Hermocrate, du jeune Agis, « fils de Cléomène, ancien roi de Sparte », nous retrouvons l'éternel Arlequin. Mais, si les personnages sont anciens, les sentiments et leur langage ne le sont guère ; il n'y a pas, dans toute la pièce, trace de couleur antique [1]. *La Dispute* est tout aussi invraisemblable et fausse : c'est une longue dissertation, dans un cadre oriental, sur la question de savoir lequel de la femme ou de l'homme a donné

---

faite par un de ses sociétaires, M. Truffier, qui jouait le principal rôle. Voir le travail de M. Truffier, publié avec une préface de M. Adolphe Brisson, 1892.

1. La bizarrerie de cet amalgame parut excessive aux contemporains de Marivaux eux-mêmes : « Cette comédie n'eut aucun succès, dit Desboulmiers (*Histoire du théâtre italien*, t. III, p. 468). Le public fut, avec raison, révolté de voir une princesse de Sparte se déguiser pour venir chercher un jeune homme dont elle n'est point sûre d'être aimée et tromper un philosophe par une fourberie digne de Scapin. »

le premier exemple d'inconstance. A peine si, de loin en loin, quelques aperçus délicats sur la coquetterie féminine relèvent une métaphysique froide et une action languissante.

On ne saurait déterminer avec précision à quel genre appartient *le Prince travesti*. Ce n'est pas simplement une comédie héroïque, car les personnages, quoique de condition élevée, ne s'éloignent pas trop de la vie réelle ; ce n'est pas une comédie historique, car le sujet, purement imaginaire, n'emprunte à l'histoire que des noms ; ce n'est pas non plus, quoique la scène soit en Espagne, à Barcelone, la comédie de cape et d'épée : il y manque les complications d'intrigue, l'exagération romanesque de langage et de sentiment qui sont le propre du genre. Ce serait plutôt une tragi-comédie, par le rang des personnages, l'intérêt saisissant de plusieurs situations et le dénouement heureux de l'intrigue. Il rappelle surtout le drame à la manière romantique [1], mais sans déclamation ni enflure. En somme, c'est une pièce à part, si originale que rien ne saurait lui être exactement comparé dans l'ancien répertoire, ni peut-être dans le répertoire moderne [2].

Le prince de Léon, caractère chevaleresque, et cœur ardent, court le monde sous le nom de Lélio, pour s'instruire, s'éprouver, et se rendre digne du métier de roi. Il rencontre une noble dame, Hortense, parente

---

1. On dirait, à certains égards, que la pièce est taillée sur le patron devenu commun depuis 1830. Il n'y manque ni le traître (c'est le courtisan Frédéric, étudié ci-dessus, p. 231 et suiv.), ni le personnage comique, qui est ici Arlequin, la pièce ayant été jouée au Théâtre-Italien.

2. Dans un article de la *Revue politique et littéraire* (15 juillet 1882, *Études nouvelles sur Rotrou*), M. Félix Hémon estime que *le Prince travesti* est une imitation des *Occasions perdues* de Rotrou.

de la souveraine de Barcelone, la délivre d'une attaque de brigands et la quitte bientôt, plein d'une passion naissante qu'elle partage sans l'avouer. Peu après, le noble aventurier se jette dans un combat livré par l'armée de Barcelone contre celle d'un État voisin et décide la victoire. Reçu à la cour de Barcelone comme un sauveur, il est bientôt aimé de la princesse, souveraine de cet État.

C'est à ce moment que commence l'action. La princesse avoue à Hortense qu'elle aime Lélio et désire l'épouser ; elle la charge de le lui faire entendre. Hortense n'a pas encore vu Lélio à la cour ; elle va donc s'acquitter de sa mission, lorsqu'elle reconnaît en lui son libérateur. Leur mutuel amour se ranime aussitôt. Hortense, toutefois, s'efforce de dissimuler ce qu'elle éprouve ; elle s'acquitte de sa mission, mais mollement, sans éloquence ni chaleur ; Lélio lui répète qu'il n'aime qu'elle, et, à force d'instances, lui arrache un demi-aveu. Nous ne sommes pas encore sortis, dans cette scène, du genre habituel à Marivaux ; mais ici le rang des personnages, les jalousies puissantes qui s'agitent autour d'eux et dont ils peuvent être victimes, le mélange des secrets d'État et des intrigues amoureuses relèvent le *marivaudage* d'une teinte de noblesse, presque de gravité[1]. On songe à Roxane, Atalide et Bajazet.

Cependant Hortense doit rendre compte de sa mission à la princesse : « Il m'a paru, dit-elle, pénétré d'un profond respect. — Cela est bien froid », répond la princesse avec dépit. Elle remarque bientôt l'embarras et les réticences d'Hortense, et la presse

---

[1]. Cette remarque s'applique à tous les personnages de la pièce ; les valets eux-mêmes se sentent obligés par la qualité de leurs maîtres et se modèlent sur eux ; malgré la tradition, Arlequin s'abstient de *lazzi* et Lisette parle un langage simple.

de questions. Hortense souffre de cet interrogatoire, mais elle garde son secret : « Il peut avoir le cœur pris », dit enfin avec un soupir la princesse très indécise[1]. Il faut pourtant prendre un parti, car l'ambassadeur du roi de Castille est venu demander, au nom de son maître, la main de la princesse. Celle-ci charge Lélio qui survient de répondre à l'ambassadeur : « Je ne vous dirai point, ajoute-t-elle, quelles seraient mes intentions là-dessus; je m'en tiens à souhaiter que vous les deviniez[2]. »

Voilà l'intrigue fortement nouée. Lélio profite de la mission dont il est chargé pour mettre Hortense en demeure de se décider. Hortense hésite; elle ne veut pas trahir la confiance de la princesse, elle ne veut pas désespérer Lélio. Elle soutient donc, et contre Lélio et contre elle-même, une lutte de plus en plus douloureuse; elle nie un amour qui éclate dans ses négations mêmes : « Je ne vous aime point; je ne vous aimerai jamais. Si je savais une manière de m'expliquer plus dure, je m'en servirais pour vous punir de la douleur que je souffre à vous faire de la peine. » Lélio désespéré annonce qu'il va partir; cette fois Hortense n'y tient plus; elle retient Lélio, qui lui dit : « Vous me haïrez, si je ne vous quitte. » Elle répond : « Je ne vous hais plus quand vous me quittez[3]. » Ce cri de passion résume une scène vraiment dramatique, et cette scène, dans la pièce, n'est ni la seule, ni la plus forte. Nous n'avions guère vu, jusqu'à présent, dans Marivaux qu'une galanterie plus ou moins aiguisée de sentiment; voici l'amour. Enfin Hortense consent à fuir avec Lélio, qui, trans-

---

1. *Le Prince travesti*, acte II, sc. v.
2. *Ibid.*, acte II, sc. vi.
3. *Ibid.*, acte II, sc. vii.

porté de bonheur, avoue qui il est; mais l'ambassadeur de Castille survient, et sépare les deux amants.

Nous nous éloignons encore davantage du Marivaux habituel dans la scène qui s'engage entre les deux princes, car le prétendu ambassadeur n'est autre que le roi de Castille lui-même.

L'AMBASSADEUR

Vous savez, Monsieur, ce qui m'amène ici, et votre habileté me répond du succès de ma commission. Il s'agit d'un mariage entre votre princesse et le roi de Castille, mon maître. Tout invite à le conclure; jamais union ne fut peut-être plus nécessaire. Vous n'ignorez pas les justes droits que les rois de Castille prétendent avoir sur une partie de cet État, par les alliances....

LÉLIO

Laissons-là ces droits historiques, Monsieur; je sais ce que c'est, et, quand on voudra, la princesse en produira, de même valeur, sur les États du roi votre maître. Nous n'avons qu'à relire aussi les alliances passées; vous verrez qu'il y aura quelqu'une de vos provinces qui nous appartiendra.

L'AMBASSADEUR

Laissons-les donc pour le présent, j'y consens; mais la trop grande proximité des deux États entretient depuis vingt ans des guerres qui ne finissent que pour peu de temps, et qui recommenceront bientôt entre deux nations voisines, et dont les intérêts se croiseront toujours. Vos peuples sont fatigués; mille occasions nous ont prouvé que vos ressources sont inégales aux nôtres. La paix que nous venons de faire avec vous, vous la devez à des circonstances qui ne se rencontreront pas toujours. Si la Castille n'avait été occupée ailleurs, les choses auraient bien changé de face.

LÉLIO

Point du tout; il en aurait été de cette guerre comme de toutes les autres. Depuis tant de siècles que cet État se défend contre le vôtre, où sont vos progrès?...

L'AMBASSADEUR

Vous ne vous êtes soutenus que par des secours étrangers.

LÉLIO

Ces mêmes secours, dans bien des occasions, vous ont rendu de grands services, et voilà comment subsistent les États : la politique de l'un arrête l'ambition de l'autre....

L'AMBASSADEUR

Votre avis est donc de rejeter le mariage que je propose?

LÉLIO

Je ne le rejette point, mais il mérite réflexion. Il faut examiner mûrement les choses; après quoi, je conseillerai à la princesse ce que je jugerai de mieux pour sa gloire et pour le bien de ses peuples.

Étonné de rencontrer une si fière assurance chez un favori d'aventure, dont il croyait avoir facilement raison, l'ambassadeur se laisse aller au dépit et devient blessant :

La princesse n'est sans doute l'objet que de vos respects; mais le bruit qui court sur votre compte vous expose, et, pour le détruire, je vous conseillerais de porter la princesse à un mariage avantageux à l'État.

LÉLIO

Je vous suis très obligé de vos conseils, Monsieur; mais j'ai regret à la peine que vous prenez de m'en donner. Jusqu'ici les ambassadeurs n'ont jamais été les précepteurs des ministres chez qui ils vont, et je n'ose renverser l'ordre. Quand je verrai votre nouvelle méthode bien établie, je vous promets de la suivre.

L'AMBASSADEUR

Je n'ai pas tout dit. Le roi de Castille a pris de l'inclination pour la princesse sur un portrait qu'il en a vu; c'est en amant que ce jeune prince souhaite un mariage que la raison, l'égalité d'âge et la politique doivent presser de part et d'autre.... La vengeance des princes peut porter loin, souvenez-vous-en.

LÉLIO

.... Je ne laisserais pas que d'embarrasser le ressentiment de votre prince. Il lui serait plus difficile de se venger de moi que vous ne pensez.

L'AMBASSADEUR

De vous ?

LÉLIO

Oui, de moi.

L'AMBASSADEUR

Doucement, vous ne savez à qui vous parlez.

LÉLIO

Je sais qui je suis ; en voilà assez.

L'AMBASSADEUR

Laissez-là ce que vous êtes ; et soyez sûr que vous me devez respect.

LÉLIO

Soit, et moi je n'ai, si vous le voulez, que mon cœur pour tout avantage ; mais les égards que l'on doit à la seule vertu sont aussi légitimes que le respect que l'on doit aux princes ; et fussiez-vous le roi de Castille même, si vous êtes généreux, vous ne sauriez penser autrement. Je ne vous ai point manqué de respect, supposé que je vous en doive ; mais les sentiments que je vous montre depuis que je vous parle méritaient de votre part plus d'attention que vous ne leur en avez donné. Cependant, je continuerai à vous respecter, puisque vous dites qu'il le faut, sans pourtant en examiner moins si le mariage dont il s'agit est vraiment convenable [1].

Dans ce langage, vraiment digne de deux rois, Marivaux, qui n'avait su faire parler ni Flaminius, ni Annibal, prend ici sa revanche, et, sans forcer le ton, atteint la grandeur tragique. Il y a bien quelques faiblesses dans cette longue scène ; l'expression n'a pas toujours assez de relief et de concision ; mais l'ensemble est de grande allure, et l'élan, ce que Sainte-Beuve appelle « le coup de collier chevaleresque [2] », emporte ces tirades, anime ces répliques, parfois vibrantes et sonores comme des chocs d'épées.

1. *Le Prince travesti*, acte II, sc. VIII.
2. *Nouveaux Lundis*, t. VII, p. 38.

Cependant la princesse, de plus en plus étonnée de l'embarras d'Hortense et blessée de la froideur de Lélio, soupçonne enfin leur amour; une lettre qu'elle fait remettre à Hortense comme venant de Lélio ne lui laisse bientôt aucun doute. On devine sa fureur; Hortense, menacée par elle, pousse un cri de désespoir : « Arrêtez un moment, Madame, je suis moins coupable que vous ne pensez.... Elle fuit.... Elle ne m'écoute point. Cher prince, qu'allez-vous devenir?... Je me meurs! c'est moi, c'est mon amour qui vous perd! Mon amour! ah! juste ciel! mon sort sera-t-il de vous faire périr [1]? » Ce n'est pas à elle-même qu'elle songe, mais à Lélio, qui a reçu tout à l'heure l'aveu, exprimé avec une éloquence déchirante, de sa passion et de ses angoisses [2].

Au point où en est arrivée l'émotion, il semble qu'elle ne puisse plus grandir, et l'on se demande comment se soutiendra l'intérêt si vivement excité. A vrai dire, Marivaux trompe un peu notre attente; le troisième acte est faible auprès des deux premiers; on le trouverait même vide, sans le développement des intrigues impuissantes de Frédéric [3], et une très belle scène dans laquelle Hortense défend Lélio contre la haine basse du courtisan [4]. Heureusement la princesse est digne de son rang : après un moment donné à des projets de vengeance, elle renonce à un amour qui n'est point partagé; elle consent à épouser le prince de Castille.

Telle est la pièce que je rangeais tout à l'heure parmi les chefs-d'œuvre de Marivaux. Sans disparate, sans discordance, il y a groupé tous les éléments de

---

1. *Le Prince travesti*, acte III, sc. vi.
2. *Ibid.*, acte II, sc. xiv.
3. Voir ci-dessus, p. 231 et suiv.
4. *Le Prince travesti*, acte III, sc. vii.

l'amour tragique; jamais il n'a poussé plus loin la connaissance et l'analyse du cœur féminin, étudié cette fois non plus dans ses « cachettes », mais sous ses aspects les plus universels et les plus vrais. Le caractère d'Hortense, rieuse jeune femme au premier acte, amante passionnée aux suivants, est un des mieux conduits de l'ancien répertoire. Le style est presque toujours ferme, sobre, énergique, sans déclamation ni préciosité. Quelle serait aujourd'hui au théâtre la fortune du *Prince travesti*? On ne saurait le dire; en tout cas, à la lecture, il n'a aucunement vieilli.

Éclats de passion, grands intérêts politiques, amours royales, voilà donc jusqu'où nous conduit Marivaux, après nous avoir fait traverser des mondes bien divers, depuis le salon d'Araminte et le boudoir de Sylvia, où les marquis papillonnent, le madrigal aux lèvres, jusqu'aux palais d'Espagne et d'Italie, où les jeux de l'amour se déploient dans un cadre grandiose, avec un cortège de gardes et de dames d'honneur; depuis les paysages de Watteau jusqu'aux îles merveilleuses où s'exerce le pouvoir des fées; depuis les nuages d'un Olympe de convention, jusqu'aux régions indéfinies où les héros de l'antiquité tiennent des cours d'amour. Et partout, dans ces milieux tantôt vrais, tantôt factices, se joue un souffle de poésie romanesque. Marivaux est poète, en effet; non seulement parce qu'il crée des êtres vivants, mais aussi par ce mélange d'idéal et d'observation, de rêve et de vérité, de fantaisie et de caprice, de fraîcheur et de grâce qui est l'essence de la poésie [1].

---

1. Voir les définitions données de la poésie romanesque de Marivaux par M. Francisque Sarcey, dans *le Temps* du 4 avril 1881, et par M. Jules Lemaître, *Impressions de théâtre*, 3ᵉ série.

A une époque de scepticisme et d'analyse, il y eut un poète original, et ce poète fut Marivaux.

Aussi ne ressemble-t-il nullement à ses contemporains et ne se rattache-t-il à aucun d'eux. Cet isolement est si complet que, pour trouver un point de comparaison capable de s'appliquer à tout son théâtre, il a fallu sortir de son siècle et de son pays, passer la Manche et le demander à Shakespeare [1]. Un tel rapprochement a de quoi surprendre et l'on y résiste d'abord. Quel rapport établir entre ce puissant génie et cet aimable talent? Pourtant, Marivaux ne ressemble nullement à l'auteur de *Macbeth* et d'*Othello*, il ressemble fort à celui de *Comme il vous plaira*, de *Beaucoup de bruit pour rien*, de *la Tempête*. C'est le même goût du romanesque et de la féerie, du travestissement héroïque et mythologique, le même mélange du réel et de la fiction. Considéré dans son ensemble, le théâtre de Marivaux rappelle cette ravissante fantaisie de Shakespeare, où le merveilleux et le vrai,

---

1. Théophile Gautier, le premier, a indiqué cette ressemblance entre Marivaux et Shakespeare; voir *Histoire de l'art dramatique*, t. V, chap. xvii, p. 310 et t. VI, chap. xviii, p. 216. Paul de Saint-Victor établit le même rapprochement dans sa *Préface* du *Théâtre de Marivaux*, p. 2 et 3; de même Théodore de Banville (*le National*, 9 juillet 1877), et M. Alphonse Daudet (*Journal officiel*, 15 mai 1876). On s'étonne de ne pas le trouver, au moins indiqué, dans l'*Histoire de l'influence de Shakespeare sur le théâtre français*, de M. Albert Lacroix (Bruxelles, 1858). M. Lacroix, qui admet comme une action latente de Shakespeare sur La Motte et ses idées de rénovation dramatique (p. 15), ne cite même pas le nom de Marivaux.
Au contraire des autres critiques, M. Brunetière trouve le rapprochement peu justifié et dangereux pour Marivaux : « Je crains, dit-il, qu'on ne soit dupe ici d'une illusion ou plutôt d'un mirage. On croit voir et l'on ne voit pas. Et, si je ne me trompe, cela doit tenir uniquement au choix poétique des noms et du décor italiens. » (*La Comédie de Marivaux*, p. 140). M. Fr. Sarcey (*le Temps*, 4 avril 1881) n'admet pas non plus de parenté entre Marivaux et de Shakespeare.

l'antiquité et le moyen âge, les héros de l'ancienne
Grèce et ceux des âges chevaleresques, les génies du
Nord et les divinités de l'Olympe, de brillants seigneurs et d'humbles artisans se mêlent dans le plus
poétique des rêves, *le Songe d'une nuit d'été*. Dans ces
jeux du caprice et de l'imagination, Shakespeare est
toujours le génie heurté, plein de contrastes, d'une
inspiration exubérante, singulier mélange de grâce
exquise et de mauvais goût, d'idéal et de trivialité,
le plus grand de cet étrange xvie siècle, qui a produit
aussi l'Arioste et Rabelais; tandis que Marivaux,
dans ses heures de plus grande liberté, conserve ce
goût de mesure, de discrétion et de convenance, qui
est, à partir du xviie siècle, la marque propre de la
littérature française. Toutefois la parenté est frappante entre plusieurs de leurs personnages.

Dans Shakespeare et dans Marivaux les amoureux
se plaisent aux escarmouches de sentiment, aux déclarations filées et retardées; les valets abusent du
langage figuré, des *concetti*, sortes de beaux-esprits
nourris de bribes d'érudition et jouant sur les mots,
de philosophes d'antichambre, ne perdant aucune
occasion de disserter. Les jeunes femmes surtout se
ressemblent : chez elles, même mélange d'ironie et
de tendresse, d'émotion et de légèreté, de grâce
mutine et de pudeur, d'audace et de réserve, même
goût de surprises et de déguisements. Dans *la Fausse
Suivante*, Marivaux a représenté une jeune fille travestie en chevalier pour étudier à loisir un prétendant qu'elle soupçonne de fourberie; elles sont nombreuses, dans Shakespeare, les héroïnes qui, sous les
noms de Rosalinde, de Phœbé, de Viola, d'Imogène,
changent de costume, de condition, de sexe et courent les aventures pour éprouver leurs amoureux.
Est-ce une héroïne de Shakespeare, est-ce une

héroïne de Marivaux qui parle ici, au moment de revêtir l'habit d'homme?

> Je te fais la gageure que lorsque nous serons toutes deux habillées en jeunes gens, c'est moi qui serai le plus joli garçon des deux, qui porterai une dague avec la grâce la plus crâne, qui saurai le mieux imiter la voix de l'âge hésitant entre l'enfance et la virilité, le mieux changer nos trottinements menus en mâles enjambées, le mieux parler de querelles comme un beau jeune homme fanfaron, et dire de jolis mensonges. Je raconterai, par exemple, combien d'honorables dames ont recherché mon amour, et, ne l'ayant pas obtenu, sont tombées malades et sont mortes de chagrin, mais que je n'y puis rien; ensuite j'affecterai le repentir et je dirai qu'après tout je voudrais ne les avoir pas tuées, et vingt autres mensonges mignons de ce genre; si bien que les hommes jureront qu'il n'y a pas plus d'un an que je suis sorti du collège. J'ai dans ma tête plus de mille des drôleries de ces bébés vantards et je m'en servirai [1].

Le passage est de Shakespeare, mais ne dirait-on pas du Marivaux, avec plus de verdeur dans l'expression? Marivaux eût envié cette satire du langage hyperbolique des amoureux :

> Je ne voudrais pas être ton bourreau, et je te fuis précisément parce que je ne voudrais pas te faire du mal. Tu me dis que mes yeux t'assassinent : voilà qui est joli, ma foi, et qui se rapproche beaucoup de la vérité, d'appeler assassins, tyrans, bouchers, les yeux qui sont les organes les plus frêles et les plus doux, qui ferment leurs portes poltronnes devant des atomes! Eh bien, maintenant je te regarde avec colère de tout mon cœur; si mes yeux peuvent blesser, qu'ils te tuent maintenant. Voyons, fais semblant de t'évanouir; voyons, tombe un peu à terre; et si tu ne le peux pas, par décence, veuille ne plus mentir et ne plus dire que mes yeux sont des assassins. Allons, montre-moi

---

[1]. *Le Marchand de Venise*, acte III, sc. IV, trad. Em. Montégut.

la blessure que mon œil t'a faite. Egratigne-toi avec une épingle, et il te restera quelque cicatrice, aussi petite qu'elle soit; appuie-toi sur un roseau, la paume de ta main en gardera pour un moment l'empreinte et la marque sensible; mais au contraire, mes yeux que tout à l'heure j'ai dirigés contre toi ne te font pas de mal et, j'en suis sûre, il n'y a pas dans les yeux de force capable de blesser [1].

La ressemblance que je viens d'indiquer entre Marivaux et Shakespeare implique-t-elle une imitation du second par le premier? Au temps de Marivaux, Shakespeare était, sinon tout à fait inconnu en France, du moins entièrement méconnu. Voltaire l'imitait timidement et le louait avec force réserves, en attendant de l'injurier. Ce n'est ni d'après les *Lettres philosophiques*, ni d'après la tragédie d'*Ériphyle*, postérieures, du reste, aux comédies romanesques de Marivaux, que l'on pouvait alors deviner le vrai Shakespeare [2]. En outre, dans Shakespeare, Voltaire voyait seulement l'auteur de drames, et Marivaux, capable de goûter l'auteur de comédies romanesques, aurait sans doute été effrayé, lui, l'auteur d'*Annibal* et l'admirateur du *Romulus* de La Motte, par *Othello* et *le Roi Lear*. Avec la traduction de Letourneur, Shakespeare pénètre enfin dans notre littérature [3], mais,

---

1. *Comme il vous plaira*, acte III, sc. v, trad. Em. Montégut. Comp. ci-dessus, p. 166, un passage de Marivaux, tout semblable de tour et d'idée.
2. Voir *Shakespeare et le théâtre français* dans mes *Études d'histoire et de critique dramatiques*. — Le plus naturel est encore de supposer, avec Théophile Gauthier une source commune d'inspiration : « Cette veine romanesque de Shakespeare, si Marivaux n'y a pas puisé, il l'aura sans doute rencontrée dans la littérature italienne, comme le grand William. Ces *concetti* si brillants, ces ingéniosités si fines que le goût n'a pas le courage de les blâmer, ont une source pareille. » (*Histoire de l'art dramatique*, t. VI, p. 217.)
3. Du moins au complet. Les quatre premiers volumes du *Théâtre anglais*, traduit par La Place (1745 à 1749, 8 vol. in-12),

lorsqu'elle commence à paraître, en 1776, Marivaux est mort depuis quatorze ans. D'autre part, cependant, rien n'empêche de supposer chez Marivaux une lecture de Shakespeare faite d'original. Il avait des admirateurs et des amis en Angleterre [1]; peut-être, avec sa curiosité d'esprit, sous l'influence de la mode et des relations personnelles que les salons lui procuraient avec des Anglais de marque, voulut-il connaître la littérature d'un pays où il se trouvait plus favorablement apprécié que dans le sien.

En tout cas, c'est un rare et singulier honneur, au XVIIIe siècle, que de rappeler, même de loin, le plus grand poète dramatique de l'Angleterre. Avant la révolution romantique, notre littérature n'offrirait pas un autre écrivain capable de se prêter à un tel rapprochement. Au XIXe siècle, Alfred de Musset sera le premier à reprendre, dans la comédie, la tradition de Shakespeare, et, l'unissant étroitement à celle de Marivaux, il fournira un puissant argument à ceux qui veulent voir une parenté d'inspiration entre notre auteur et le poète anglais.

sont bien consacrés à Shakespeare, mais ils ne renferment que des « tragédies », sauf, dans le t. IV, *les Commères de Windsor* et une analyse sommaire de *la Tempête*, du *Songe d'une nuit d'été*, des *Gentilshommes de Vérone* et de *Beaucoup de bruit pour rien*.

1. Voir ci-après, 3e partie, chap. II.

CHAPITRE V

MARIVAUX PRÉCURSEUR DU DRAME BOURGEOIS. — LES THÉORIES DE
LA CHAUSSÉE ET DE DIDEROT. — DRAMES BOURGEOIS DE MARIVAUX :
LA « MÈRE CONFIDENTE » ET LA « FEMME FIDÈLE ».

Est-il certain cependant que Marivaux, s'il avait pu connaître Shakespeare, aurait montré les mêmes étonnements que Voltaire? Non, car il eut un sentiment remarquable du dramatique, sinon dans la tragédie, au moins dans ces pièces d'un genre mixte qui tiennent de la tragédie et de la comédie. Ses contemporains ne font aucune allusion à ce côté de son talent; ils semblent ignorer les pièces dont il va être question. Lorsque un écrivain sort du genre où il a une fois marqué sa place, il court grand risque de trouver la critique aveugle et sourde. Marivaux en fit l'épreuve. Plusieurs fois il renonça à la peinture de l'amour mondain pour s'attaquer à des sentiments plus sérieux; mais il eut beau être neuf et pathétique, sauf Voltaire, peut-être, ses contemporains n'aperçurent pas chez lui [1] ce qu'ils discutèrent avec passion

---

[1]. Même les plus sincères amis de Marivaux, comme Fontenelle. Celui-ci était un partisan de la comédie sérieuse : il composa même plusieurs pièces de ce genre (*Macate*, *le Tyran*, *le Testament*, *Henriette*, etc.), qu'il ne fit point représenter, mais qu'il publia avec une préface très ingénieuse, où il fait l'apologie du genre, prétend le trouver en germe dans un grand nombre de comédies du XVII° siècle, par exemple dans

chez La Chaussée et chez Diderot. Ceux-ci compromirent le nouveau genre, comédie larmoyante ou drame bourgeois, par leurs exagérations ou leurs faiblesses ; Marivaux sut au contraire y garder une juste mesure de comique et d'intention morale, de sentiment et de gaieté.

Il y a dans son théâtre un excellent drame bourgeois, *la Mère confidente*. Peut-être même y en eut-il plusieurs, qui furent joués sur des théâtres de société et que nous avons perdus.

En effet, trente ans après *la Mère confidente*, Voltaire écrivait : « Il n'y a plus que les drames bourgeois du néologue Marivaux où l'on puisse pleurer

---

« *le Misanthrope* presque tout entier », et parle avec éloge de La Chaussée, de Destouches et de Gresset, comme s'y étant distingués. Quant à Marivaux, il ne le nomme pas. « Je fus infiniment surpris, dit l'abbé Trublet, de n'y trouver aucune mention du nom de M. de Marivaux... J'en parlai à M. de Fontenelle, qui me répondit d'abord que cette omission était impossible, et que je me trompais. Lui ayant répliqué et prouvé qu'elle était certaine, son étonnement surpassa le mien. J'ajoute son regret ; jamais je ne l'ai vu aussi touché, et il l'était d'autant plus qu'il crut la réparation aussi impossible que l'omission le lui avait paru d'abord : « J'aurai beau protester à M. de Marivaux, dit-il, que la chose n'est arrivée que par un pur oubli, par un de ces hasards qui écartent de l'esprit l'idée qui devait lui être la plus présente, il ne me croira point, et il aura raison de ne me pas croire ; la chose est trop contre toute vraisemblance. Mais, si je ne le persuade pas, je l'offenserai. Il vaut donc mieux ne lui en point parler ; mais je ne m'en consolerai jamais. » (*Mémoires*, p. 213.)

D'Alembert, qui rapporte (p. 618) cette anecdote trouve que « le genre de Marivaux était très différent de celui dont cette préface était l'apologie. » D'autre part, *l'Art et la Comédie*, de Cailhava (1770), ne fait aucune mention de Marivaux dans la partie consacrée au *Genre larmoyant* (liv. II, chap. IX). De nos jours, on le verra, le véritable caractère de *la Mère confidente* n'a pas non plus été relevé. Cependant, l'éditeur du *Répertoire du Théâtre-Français* (1803-1804), Petitot, ne s'y était point mépris : cette pièce, disait-il (t. XXVII, p. 327), « tient plus du drame que de la comédie ».

en sûreté de conscience [1]. » Je ne serais pas éloigné de croire qu'il visait *la Mère confidente*, peut-être même *le Prince travesti*, dans les vers où il représente son « pauvre diable » s'associant à « un bâtard du sieur de La Chaussée », pour composer

> Un drame court et non versifié,
> Dans le grand goût du larmoyant comique,
> Roman moral, *roman métaphysique*.

Voltaire témoignait à cette tentative une indulgence dédaigneuse. Il disait au « pauvre diable » :

> Eh bien ! mon fils, je ne te blâme pas.
> Il est bien vrai que je fais peu de cas
> De ce faux genre et j'aime assez qu'on rie ;
> Souvent je bâille au tragique bourgeois,
> Aux vains efforts d'un auteur amphibie,
> Qui défigure et qui brave à la fois,
> Dans son jargon, Melpomène et Thalie.
> Mais, après tout, dans une comédie,
> On peut parfois se rendre intéressant
> En empruntant l'art de la tragédie,
> Quand par malheur on n'est point né plaisant.
> Fus-tu joué ? ton drame hétéroclite
> Eut-il l'honneur d'un peu de réussite ?

Et le « pauvre diable » répondait :

> Je cabalai ; je fis tant qu'à la fin
> *Je comparus au tripot d'Arlequin*
> J'y fus hué [2].

La Chaussée voulait créer un genre intermédiaire entre la tragédie, vouée aux demi-dieux ou aux per-

---

1. Au marquis de Villette, juin 1765. Marivaux était mort depuis deux ans.
2. *Le Pauvre Diable*, 1758. — Ce n'est pas que Voltaire fût hostile, en principe, à la comédie sérieuse. S'il traitait sévèrement La Chaussée et le genre larmoyant, il admettait un « genre mixte », c'est-à-dire un mélange de scènes sérieuses ou attendrissantes et de scènes comiques, qu'il essaya, sans grand succès, de réaliser dans *l'Enfant prodigue* et *Nanine*.

sonnages de race royale, aux douleurs et aux passions plus qu'humaines, et la comédie, bornée aux conditions moyennes et aux situations plaisantes, mêler les éléments de l'une et de l'autre, montrer la réalité humaine tout entière, provoquer à la fois le rire et les larmes, instruire enfin par une leçon morale toujours présente et mêlée à l'action. Tentative légitime, mais à laquelle il ne sut pas donner l'indispensable consécration du succès. Malgré des situations touchantes et une sensibilité parfois profonde et vraie, ses pièces ne furent le plus souvent que de maladroits compromis, des comédies sans comique, des drames sans grandeur [1]. Diderot [2] voulait, lui aussi, ramener l'art dramatique à une imitation plus vraie de la nature, et tirer de cette représentation complète toutes les émotions et tous les enseignements qu'elle contient. Mais quel piteux échec, lorsqu'il essaya de donner l'exemple après le précepte! Ses affectations de réalisme puéril, ses prétentions à la naïveté, ses tirades sur la raison et la vertu, ses effusions de sensibilité mouillée [3] et de morale pédantesque, compromirent pour longtemps la comédie sérieuse.

Marivaux, au contraire, réussit du premier coup sans prétentions de réformes ni plaidoyers ambitieux ; seul, avec Sedaine, au xviiie siècle, il

---

1. Voir le livre récent de M. Gustave Lanson, *Nivelle de la Chaussée et la comédie larmoyante*, 1887.
2. Voir son traité *De la poésie dramatique*, notamment le chapitre iii, *De la comédie sérieuse*, et le chapitre x, *Du plan de la tragédie et du plan de la comédie*.
3. Sur cette mode de la « sensibilité », que Diderot a tant contribué à répondre et qui succédait, comme une réaction, au règne du scepticisme, du persiflage et de la « rouerie », voir de Goncourt, *l'Art du* xviiie *siècle*, 2e série, p. 54 et suiv., et H. Taine, *les Origines de la France contemporaine*, t. I, p. 208 et 215.

réussit à faire un drame bourgeois simple et vrai [1].

Nous avons vu quel caractère déplaisant, pour ne pas dire odieux, il donne aux mères toutes les fois qu'il les met en scène; il n'a fait exception que dans *la Mère confidente*. Il semble qu'après avoir représenté l'autorité maternelle telle qu'il la voyait, hautaine et despotique, il ait voulu la représenter telle qu'il la souhaitait, affectueuse et persuasive, plus occupée de ses devoirs que de ses droits, indulgente sans faiblesse, vigilante sans tracasserie, obtenant tout de la reconnaissance et de la confiance patiemment méritées. A quoi servent aux mères de *l'Épreuve* et de *l'École des Mères* leur despotisme et leur raideur violente? Leurs filles, longtemps soumises, leur échappent dès que l'amour se met de la partie. Angélique de *l'École des Mères* a de véritables cris de révolte; Angélique de *l'Épreuve* s'enveloppe de réserve défiante [1]. Le système n'est donc pas heureux dans ses résultats. Qu'obtiendra le système opposé? Marivaux va le montrer en action.

Il saisit ce moment décisif dans les relations entre mères et filles, où l'amour s'éveille chez celles-ci, où

1. Le commissaire Dubuisson croit trouver le sujet de *la Mère confidente* « dans un petit roman de Mme de Mehenst, qui a pour titre *Histoire d'Émilie ou de Mlle D****, et à qui je dois de dire qu'il est bien fait et bien écrit; ce roman a été imprimé en 1732 ». (*Lettres*, 1ᵉʳ décembre 1736, p. 298.) — Sainte-Beuve est le seul, avec M. F. Sarcey, entre les critiques de Marivaux, qui ait signalé la valeur de cette pièce; encore le fait-il très brièvement : « Dans la *Mère confidente*, qui sort de ses données habituelles et qui est d'un ordre à part dans son théâtre, il a touché des cordes plus franches, plus sensibles et d'une nature meilleure. » (*Causeries du Lundi*, t. IX, p. 374.) Pour les appréciations de la presse dramatique, voir ci-après, p. 291. — Un souvenir touchant se rattache à cette pièce. Elle fut jouée à la cour de Vienne, le jour où l'ambassadeur de France obtint, pour le dauphin Louis, la main de l'archiduchesse Marie-Antoinette, le 16 avril 1770 (de Goncourt, *Histoire de Marie-Antoinette*, p. 11).

la mère a besoin de toute son autorité pour diriger, et combattre au besoin, le choix de sa fille, de toute son attention pour prévenir des erreurs ou des fautes irréparables, de toute sa vigilance pour déjouer cet instinct de ruse et de dissimulation qui se manifeste à ce moment chez la jeune fille et dans lequel la pudeur se mêle au sentiment de la faute. En compagnie de Lisette, véritable trésor pour des amoureux, type de la soubrette sans scrupules, Angélique a noué connaissance avec Dorante, qui l'a saluée à la promenade, et qui a su adroitement engager une conversation. La rencontre a eu lieu à la promenade, dans les allées d'un parc [1] : « le hasard a tout fait et c'est Lisette qui en est cause, quoique innocemment. » Angélique s'abandonne au plaisir d'être aimée : « Il n'y a plus, dit-elle, que ma mère qui m'inquiète, cette mère qui m'idolâtre, qui ne m'a jamais fait sentir que son amour, qui ne veut jamais que ce que je veux [2]. »

Cependant, Mme Argante est inquiète : elle soupçonne une intrigue ; elle la découvre enfin. Comment faire pour intervenir sans effaroucher sa fille, pour ne pas irriter, en la combattant maladroitement, cette passion naissante? Le moyen est à la fois habile et touchant :

Te rappelles-tu, dit Mme Argante à Angélique, l'entretien que nous eûmes l'autre jour, et cette douceur que nous nous figurions toutes deux à vivre ensemble dans la plus intime confiance, sans avoir de secrets l'une pour l'autre ; t'en souviens-tu? Nous fûmes interrompues ; et comme cette idée-là te réjouit beaucoup, exécutons-là ; parle-moi à cœur ouvert ; fais-moi ta confidente.

1. Ceci n'est pas un moyen de comédie, mais un trait de mœurs vraies, pris dans la bourgeoisie. Voir de Goncourt, *la Femme au* XVIII° *siècle*, ch. VI, p. 260.
2. *La Mère confidente*, acte I, sc. VIII.

ANGÉLIQUE

Vous, la confidente de votre fille?

MADAME ARGANTE

Oh! votre fille! Eh! qui te parle d'elle? Ce n'est point ta mère qui veut être ta confidente; c'est ton amie, encore une fois.

ANGÉLIQUE, *riant.*

D'accord, mais mon amie redira tout à ma mère, l'une est inséparable de l'autre.

MADAME ARGANTE

Eh bien! je les sépare, moi; je t'en fais serment. Oui, mets-toi dans l'esprit que ce que tu me confieras sur ce pied-là, c'est comme si ta mère ne l'entendait pas. Eh! mais cela se doit; il y aurait mauvaise foi à faire autrement [1].

Mais, dira-t-on, Mme Argante trompe sa fille; elle apporte une arrière-pensée dans ce rôle de franchise et d'abandon réciproque; la mère ne saurait ignorer ce que la confidente apprendra et ne pas en profiter. Sans doute, mais si une habileté quelque peu astucieuse peut être excusable, n'est-ce pas dans une circonstance aussi grave?

La confidente d'une jeune fille ne peut guère recevoir que des confidences d'amour; aussi, dans une scène exquise de délicatesse, Angélique raconte-t-elle bientôt son aventure avec Dorante [2]. Il est entendu que la mère ne saura rien, mais la confidente est effrayée; elle a droit de conseil et elle use de son droit :

Peu s'en faut, dit-elle, que je ne verse des larmes sur le danger où je te vois de perdre l'estime qu'on a pour toi dans le monde.

ANGÉLIQUE

Comment donc? l'estime qu'on a pour moi! Vous me

---

1. *La Mère confidente*, acte I, sc. II.
2. Acte I, sc. VIII.

faites trembler. Est-ce que vous me croyez capable de manquer de sagesse ?

MADAME ARGANTE

Hélas ! ma fille, vois ce que tu as fait ; te serais-tu crue capable de tromper ta mère, de voir à son insu un jeune étourdi, de courir les risques de son indiscrétion et de sa vanité, de t'exposer à tout ce qu'il voudra dire et de te livrer à l'indécence de tant d'entrevues secrètes, ménagées par une misérable suivante sans cœur, qui ne s'embarrasse guère des conséquences, pourvu qu'elle y trouve son intérêt, comme elle l'y trouve sans doute ? Qui t'aurait dit, il y a un mois, que tu t'égarerais jusque-là ? l'aurais-tu cru ?

ANGÉLIQUE, *tristement*.

Je pourrais bien avoir tort ; voilà des réflexions que je n'ai jamais faites.

MADAME ARGANTE

Eh ! ma chère enfant, qui est-ce qui te les ferait faire ? Ce n'est pas une domestique payée pour te trahir, non plus qu'un amant qui met tout son bonheur à te séduire. Tu ne consultes que tes ennemis ; ton cœur même est de leur parti. Tu n'as pour tout secours que ta vertu, qui ne doit pas être contente, et qu'une véritable amie comme moi, dont tu te défies ; que ne risques-tu pas ?

ANGÉLIQUE

Ah ! ma chère mère, ma chère amie, vous avez raison, vous m'ouvrez les yeux, vous me couvrez de confusion. Lisette m'a trahie et je romps avec le jeune homme. Que je vous suis obligée de vos conseils [1] !

Angélique est sincère, mais elle compte sans Lisette, qui la dirige à son gré, car la jeune fille est sans défense par excès de droiture. Malgré ses bonnes résolutions, elle est amenée, presque sans s'en douter, à un nouveau rendez-vous. D'abord elle accable Dorante de reproches et veut rompre avec lui ; mais elle va trop loin du premier coup ; aussi s'excuse-t-elle de sa violence, et Dorante profite de ce repentir pour

---

1. *La Mère confidente*, acte I, sc. VIII.

regagner insensiblement le terrain perdu. On l'écoute avec indulgence; mais, emporté par la passion, il va trop loin, lui aussi, et propose à Angélique de l'enlever : « Je vous ai forcé de parler, s'écrie la jeune fille avec une généreuse colère; je n'ai que ce que je mérite... Est-ce là un moyen, est-ce un remède qu'une extravagance? Ah! je ne vous reconnais pas à cela, Dorante; je me passerais mieux de bonheur que de vertu [1]. » Elle s'apaise cependant et promet de demander à sa mère la permission d'aimer et d'être aimée.

Voici de nouveau la mère et la fille en présence. Il faudrait pouvoir citer en entier la scène où elles se montrent dignes l'une de l'autre : Angélique candide, droite, aimante; Mme Argante d'une adresse et d'une délicatesse infinies. Angélique, troublée, soustraite à l'influence de Dorante et de Lisette, n'ose pas d'abord avouer à sa mère qu'elle aime toujours Dorante, qu'elle ne l'a point renvoyé, comme elle l'avait promis; elle essaye d'un timide mensonge, mais elle ne peut accepter ces éloges, qu'elle ne mérite pas . « Non, ma chère Angélique, tu ne verras plus Dorante; tu l'as renvoyé, j'en suis sûre. Ce n'est pas avec un caractère comme le tien qu'on est exposé à la douleur d'être trop crédule. N'ajoute donc rien à ce que tu m'as dit; tu ne le verras plus, tu m'en assures et cela suffit. Parlons de la raison, du courage et de la vertu que tu viens de montrer. » Angélique confuse n'y peut tenir; elle avoue tout en essayant de se justifier.

MADAME ARGANTE

Tu te défends d'une manière qui m'alarme. Que penses-tu donc de cet enlèvement? Dis-moi, tu es la franchise même; ne serais-tu point en danger d'y consentir?

---

[1]. *La Mère confidente*, acte II, sc. VI.

ANGÉLIQUE

Ah! je ne crois pas, ma mère.

MADAME ARGANTE

Ta mère! Ah! le ciel la préserve de savoir seulement qu'on te le propose! Ne te sers plus de ce nom; elle ne saurait le soutenir dans cette occasion-ci. Mais pourrais-tu la fuir? te sentirais-tu la force de l'affliger jusque-là, de lui donner la mort, de lui porter le poignard dans le sein?

ANGÉLIQUE

J'aimerais mieux mourir moi-même.

MADAME ARGANTE

Survivrait-elle à l'affront que tu te ferais! Souffre à ton tour que mon amitié te parle pour elle. Lequel aimes-tu le mieux de cette mère qui t'a inspiré mille vertus, ou d'un amant qui veut te les ôter toutes?

ANGÉLIQUE

Vous m'accablez. Dites-lui qu'elle ne craigne rien de sa fille; dites-lui que je n'ai rien de plus cher qu'elle, et que je ne verrai plus Dorante, si elle me condamne à le perdre.

MADAME ARGANTE

Et que perdras-tu dans un inconnu qui n'a rien?

ANGÉLIQUE

Tout le bonheur de ma vie. Ayez la bonté de lui dire aussi que ce n'est point la quantité de biens qui rend heureux, que j'en ai plus qu'il n'en faudrait avec Dorante, que je languirais avec un autre. Rapportez-lui ce que je vous dis là, et que je me soumets à ce qu'elle en décidera.

La mère ne peut plus ignorer maintenant la force de cette passion qu'elle prenait pour un simple caprice de jeune fille. Elle prend vite son parti : elle verra Dorante, et l'on pressent qu'elle consentira au mariage, si elle juge l'amant capable de faire le bonheur d'Angélique : « Je lui parlerai sous le nom d'une tante à qui tu auras tout confié, et qui veut te servir. Viens, ma fille; et laisse à mon cœur le soin de conduire le tien [1]. »

1. *La Mère confidente*, acte II, sc. XII.

Cependant Dorante revient à la charge ; il sait qu'il a un rival, que ce rival est presque agréé par Mme Argante. Avec une éloquence désespérée, il presse Angélique de consentir à l'enlèvement : une chaise de poste est là, tout près, et une dame d'âge respectable, alliée de Dorante, attend la jeune fille pour la conduire et la protéger. Troublée, la tête perdue, Angélique va céder, mais le souvenir de sa mère traverse son esprit ; elle court se précipiter dans ses bras : « Ah! ma mère! Ne me quittez point, secourez-moi, je ne me reconnais plus [1]. » Ce cri de détresse, de confiance, d'espoir est la récompense de Mme Argante. Comme elle l'a promis, la mère vient trouver Dorante, sous un déguisement, et c'est encore une très belle scène que cette explication entre les trois personnages. L'expérience d'une mère ne saurait parler langage plus persuasif et plus touchant que par la bouche de Mme Argante, la raison réfuter avec une autorité plus haute les sophismes de la passion. Dorante ne peut résister à ces reproches pressants ; il déclare qu'il renonce à ses projets, et témoigne de regrets sincères. Alors Mme Argante se dévoile et, « après avoir rêvé quelque temps » : « Ma fille, dit-elle, je vous permets d'aimer Dorante. »

Conclusion inévitable, qui renferme une dernière leçon : quel est le devoir d'une mère, lorsque celui qu'a choisi sa fille, sans la consulter, est vraiment sincère et honnête comme Dorante? L'agréer, fût-il pauvre, et ne pas lui tenir rancune de s'être passé du consentement maternel. Et, comme les mères, malgré toutes les qualités dont leurs gendres peuvent être ornés, aiment fort leur savoir quelque aisance, Marivaux enrichit Dorante : un oncle généreux, Ergaste,

---

1. *La Mère confidente*, acte III, sc. VIII.

naguère rival de son neveu, arrive à point pour lui donner tout son bien.

Postérieure de vingt ans à *la Mère confidente*, *la Femme fidèle* ne fut jouée que sur le théâtre de Berny. Telle était la négligence de Marivaux pour la publication de ses pièces, que celle-ci, demeurée manuscrite, s'est perdue en grande partie. Il n'en reste qu'un petit nombre de scènes complètes, les plus importantes heureusement [1].

L'intrigue se distingue par une simplicité assez rare dans le drame; mais le naturel et l'intérêt n'y perdent rien. Un mari a été dix ans captif, avec son valet Frontin, chez les Maures d'Alger. Il revient, couvert de haillons, fort inquiet de l'accueil qu'il trouvera, se demandant si la marquise, sa femme, est toujours veuve et fidèle. Il rencontre le jardinier Colas, qui, reconnaissant son ancien maître, est transporté de joie et le rasssure : « Oh! Monsieur, c'est encore vous! C'est Monsieur le marquis, c'est Frontin! Je me moque des barbes, ce n'est que des manigances! J'sis trop aise, ça me transporte, il faut que je crie! Faut que j'aille conter ça.... Queu plaisir!... Faut que tout le village danse, c'est moi qui mènerai le branle.... V'là Monsieur le marquis! V'là Frontin! V'là les défunts qui n'sont pas morts! »

Le marquis calme cette joie et demande le secret; il apprend de Colas que la marquise est sur le point de se remarier; depuis dix ans elle résiste aux instances de sa mère, Mme Argante, mais elle ne saurait prolonger une fidélité de souvenir que tout le monde

---

[1]. Elles ont été reconstituées par M. Jules Cousin, dans son ouvrage sur *le Comte de Clermont* (t. II, p. 44 et suiv.), d'après une copie manuscrite des principaux rôles conservée à la Bibliothèque de l'Arsenal. — La représentation de *la Femme Fidèle* eut lieu en 1755. Voir ci-dessus, p. 111.

blâme. Elle arrive sur ces entrefaites, avec sa mère et son futur. Le marquis se présente à elle comme un captif rendu à la liberté et qui apporte des nouvelles du mari défunt : « J'aurais à me plaindre de vous, Monsieur, lui dit la marquise avec un empressement de bon augure; vous étiez bien en droit de regarder la maison de M. le marquis comme la vôtre et de descendre ici tout d'un coup, sans vous arrêter au village. » Mme Argante n'a pas cet abord bienveillant : elle est du type commun aux mères de Marivaux; revêche, impérieuse, d'une brusquerie désobligeante, elle s'emporte contre l'intrus, dont l'arrivée peut changer les dispositions de la marquise; mais sa fille défend vivement le porteur de nouvelles :

Vous ne sauriez croire combien vous m'affligez, ma mère! Vous ne vous y prenez pas bien; vous me désespérez. Ne m'ôtez point la consolation d'écouter monsieur. Je veux tout savoir, ou je me fâcherai, je romprai tout! Non, monsieur, que rien ne vous retienne ; ne m'épargnez point : répétez-moi tous les discours du marquis, toutes ses tendresses, qui me seront éternellement chères; et pardonnez à l'amitié que ma mère a pour moi la répugnance qu'elle a à vous entendre.

Le marquis lui donne alors un portrait de la marquise, pieusement conservé par le captif et que les Maures n'ont pas eu la cruauté de lui arracher.

LA MARQUISE, *pleurant*.

Hélas! Je le reconnais.... C'est le dernier gage qu'il reçut de mon amour, et il l'a gardé jusqu'à la mort!... Ah! Dorante, souffrez que je vous laisse : je ne saurais à présent en écouter davantage, j'ai besoin de quelques moments de liberté. Et vous, Monsieur, demeurez quelques jours ici, pour vous reposer. Ne me refusez point cette grâce, je vais donner des ordres pour cela.... Ah!... (*Elle fond en larmes.*)

Le départ de la marquise, en laissant Mme Argante et le marquis en présence, avec le prétendu fort ennuyé, donne quelque répit à l'émotion et varie l'intérêt par une scène très amusante entre les trois personnages. L'aigre despotisme de Mme Argante se débat contre les accès d'humeur de Dorante et les explications railleuses que fournit le marquis. On circonvient celui-ci, on le flatte, on l'implore, on le menace de le faire arrêter comme aventurier et comme vagabond; il se retire, en riant de ces colères. En désespoir de cause, les deux alliés, la mère et le prétendu, se rabattent sur Frontin; ils essayent de le faire causer et lui donnent de l'argent, qu'il empoche sans rien dire de compromettant. Mais, tandis que l'honnête valet défend au mieux les intérêts de son maître, il apprend que les siens propres sont dans un fâcheux état; lui aussi espérait trouver une fausse veuve, sa Lisette, inconsolable et fidèle : elle a oublié près d'un certain Scapin les ennuis du veuvage; s'il est une femme fidèle, il ne saurait y en avoir deux.

Enfin le marquise et le marquis sont en présence. C'est la scène capitale. Qu'on se l'imagine au théâtre préparée et amenée, ce sera un grand et légitime succès d'émotion. Ces cordes « plus franches, plus sensibles et d'une nature meilleure [1] », dont parle Sainte-Beuve, y vibrent d'un son grave et doux; cette sensibilité naturelle, dont le XVIIIe siècle parlait tant et qu'il connut si peu, éclate ici, sans déclamation et sans pleurnicherie.

LA MARQUISE

Eh bien, Monsieur, nous voici seuls et vous pouvez en liberté me parler de mon mari. Ne prenez point garde à ma

---

1. *Causeries du Lundi*, t. IX, p. 374.

douleur, elle m'est mille fois plus chère que tous les plaisirs du monde.

LE MARQUIS

Non, Madame, j'ai changé d'avis, dispensez-moi de parler. Mon ami, s'il pouvait savoir ce qui se passe, approuverait lui-même ma discrétion.

LA MARQUISE

D'où vient donc, Monsieur? quel motif avez-vous de me cacher le reste?

LE MARQUIS

Ce que vous voulez savoir n'est que pour une épouse qui serait restée veuve, Madame; le marquis ne l'a adressé qu'à un cœur qui se serait conservé pour lui.

LA MARQUISE

Ah! Monsieur, comment avez-vous le courage de me tenir ce discours, dans l'attendrissement où vous me voyez? Que pouvait-il lui-même me reprocher, le marquis? Je le pleure depuis que je l'ai perdu et je le pleurerai toute ma vie!

LE MARQUIS

Vous allez cependant donner votre main à un autre, Madame, et ce n'est point à moi à y trouver à redire; mais je ne saurais m'empêcher d'être sensible à la consternation où il serait lui-même.... Son épouse est prête à se marier! Ce n'est pas un crime, et cependant il en mourrait, Madame : « Je finis ma vie dans les plus grands malheurs, me disait-il ; mais mon cœur a joui d'un bien qui les a tous adoucis : c'est la certitude où je suis que la marquise n'aimera jamais que moi. Et cependant il se trompait, Madame, et mon amitié en gémit pour lui.

LA MARQUISE

Hélas! Monsieur, j'aime votre sensibilité et je la respecte; mais vous n'êtes pas instruit. C'est l'ami de mon mari même que je vais prendre pour juge. Ne vous imaginez pas que mon cœur soit coupable; que le vôtre ne gémisse point : le marquis ne s'est point trompé!

LE MARQUIS

Il est question d'un mariage, Madame, et suivant toute apparence vous ne vous mariez point sans amour.

LA MARQUISE

Attendez, Monsieur, il faut s'expliquer : oui, les apparences peuvent être contre moi, mais laissez-moi vous dire.... Je mérite bien qu'on m'écoute.... Je connaissais bien le marquis et j'ai porté la douleur peut-être au delà même de ce qu'un cœur comme le sien l'aurait voulu. Oui, je suis persuadée qu'il aimerait mieux que je l'oubliasse que de savoir ce que je souffre encore.

LE MARQUIS, *à part.*

Ah! j'ai peine à me contraindre.

LA MARQUISE

Vous me trouvez prête à terminer un mariage, et je ne vous dis pas que je trahis celui que j'épouse; non, je ne trahis point, j'aurais tort : c'est un honnête homme; mais pensez-vous que je l'épouse avec une tendresse dont mon mari pût se plaindre? Ai-je pour lui des sentiments qui puissent affliger le marquis? Non, Monsieur, non, je n'ai pas le cœur épris, je ne l'ai que reconnaissant de tous les services qu'il m'a rendus et qui sont sans nombre. C'est d'ailleurs un homme qui depuis près de deux ans vit avec moi dans un respect, dans une soumission, avec une déférence pour ma douleur, enfin dans des chagrins, dans des inquiétudes pour ma santé, qui est considérablement altérée, dans des frayeurs de me voir mourir, qu'à moins d'avoir une âme dépouillée de tout sentiment, cela a dû faire quelque impression sur moi. Mais quelle impression, Monsieur? la moindre de toutes; je l'ai plaint, il m'a fait pitié; voilà tout.

LE MARQUIS

Et vous l'épousez?

LA MARQUISE

Dites que j'y consens, cela est bien différent, et que j'y consens, tourmentée par une mère à qui je suis chère, et qui me doit l'être; qui n'a jamais rien aimé tant que moi et que mes refus désolent. On n'est pas toujours la maîtresse de son sort, Monsieur. Il y a des complaisances inévitables dans la vie, des espèces de combats qu'on ne saurait toujours soutenir. J'ai vu cette mère mille fois désespérée de mon état; elle tomba malade, j'en étais cause; il ne s'agissait pas moins que de lui sauver la vie; car elle se mourait; mon opiniâtreté la tuait. Je ne suis point insensible à de pareilles choses et elle m'arracha une promesse d'épouser Dorante! J'y mis pourtant une condition, qui était de renvoyer une seconde fois à Alger; et tout ce qu'on m'en apporta fut un second certificat de la mort du marquis. J'avais promis cependant. Ma mère me somma de tenir ma parole; il fallut me rendre et je me rendis. Je me sacrifiai, Monsieur, je me sacrifiai! Est-ce là de l'amour? Est-ce là oublier le marquis? Est-ce là épouser avec tendresse?

LE MARQUIS, *à part.*

Voyons si elle rompra.... (*Haut.*) Non, je conçois même par ce détail que vous seriez bien aise de revoir le marquis.

LA MARQUISE, *avec transport.*

Ah! Monsieur, le revoir! Hélas! il n'en faudrait pas tant! La moindre lueur de cette espérance arrêterait tout; il y a dix ans que je ne vis pas, et je vivrais.

LE MARQUIS

Je n'hésiterai donc plus à vous donner cette lettre; elle ne viendra point mal à propos, elle vous convient encore.

LA MARQUISE, *avec ardeur.*

Une lettre de lui, Monsieur!

LE MARQUIS

Oui, Madame, et qu'il vous écrivait en mourant; j'étais présent.

LA MARQUISE, *lisant la lettre.*

Ah! cher marquis! (*Elle pleure.*)

LE MARQUIS, *à part.*

Ah! Madame, je commence à craindre de vous avoir trop attendrie.

LA MARQUISE

Je ne sais plus où j'en suis. Lisons. (*Elle lit.*) « Je me meurs, chère épouse, et je n'ai pas deux heures à vivre; je vais perdre le plaisir de vous aimer... (*Elle s'arrête.*) C'est le seul bien qui me restait et c'est après vous le seul que je regrette. » (*S'interrompant.*) Il faut que je respire! (*Elle lit.*) « Consolez-vous, vivez, mais restez libre. C'est pour vous que je vous en conjure; personne ne saurait le prix de votre cœur. » Je reconnais le sien. (*Elle continue.*) « Ma faiblesse me force de finir. Mon ami part, on l'entraîne, et il ne peut sans risquer sa vie attendre mon dernier soupir! » (*Au marquis.*) Comment, Monsieur, il vivait donc encore quand vous l'avez quitté?

LE MARQUIS

Oui, Madame, on s'est trompé. Il est vrai que la plus grande partie des captifs mourut à Alger pendant que nous y étions; mais nous trouvâmes le moyen de nous sauver, et c'est cette disparition qui a fait l'erreur. Je suis dans le même cas, et le marquis mourut dans notre fuite; ou, du moins, il se mourait quand je fus obligé de le quitter.

LA MARQUISE

Mais vous n'êtes donc sûr de rien?... Il a donc pu en revenir?... Parlez, Monsieur.... Déjà je romps tout; plus de mariage!... Mais de quel côté irait-on? Quelles mesures prendre? Où pourrait-on le trouver? Vous êtes son ami, Monsieur, l'abandonneriez-vous?

LE MARQUISE

Vous souhaitez donc qu'il vive?

LA MARQUISE

Si je le souhaite! Ne me promettez rien que de vrai; j'en mourrais.

LE MARQUIS

S'il n'avait hésité de paraître que dans la crainte de n'être plus aimé? S'il m'avait prié de venir ici pour pouvoir l'informer de vos dispositions?...

LA MAQUISE

Tout mon cœur est à lui! Où est-il? Menez-moi où il est?

LE MARQUIS, *un moment sans répondre.*

Il va venir... dans un instant... et vous l'allez voir...

LA MARQUISE

Je vais le voir!... Je vais le voir!... Marchons! hâtons-nous! allons le trouver!... Je me meurs de joie! Je vais le voir!... Vous êtes après lui ce qui me sera le plus cher.

LE MARQUIS, *ôtant sa barbe et se jetant à ses genoux.*

Je vous suis aussi cher qu'il l'est lui-même!

LA MARQUISE

Qu'est-ce donc?... Qui êtes-vous?... (*Se jetant dans ses bras.*) Ah! cher marquis!... (*Elle le relève et ils s'embrassent encore.*) Que je suis heureuse!...

On devine ce qui suit : Mme Argante fait contre mauvaise fortune bon cœur; Dorante se retire, et

Frontin, qui est philosophe, pardonne à l'oublieuse Lisette.

Que n'avons-nous en son entier ce petit acte! *la Femme fidèle* prendrait place à côté de *la Joie fait peur*. C'est la même simplicité de moyens, la même sincérité de sentiment. Mais nous avons en entier *la Mère confidente*; pourquoi ne pas lui attribuer la place qu'elle mérite, a côté du *Jeu de l'Amour et du Hasard* et des *Fausses Confidences*, de l'*Épreuve* et du *Legs*? Ces quatre pièces suffisent pour donner une idée juste de Marivaux peintre des mœurs mondaines, mais ce n'est qu'une partie de Marivaux. Il ne figurera complètement dans le répertoire que du jour où *la Mère confidente*, interprétée comme elle mérite de l'être, achèvera la connaissance d'un talent qui sut, au moins une fois, saisir la vérité éternelle du cœur humain, en même temps que celle d'une époque et d'un moment [1].

1. La dernière reprise de *la Mère confidente* à la Comédie-Française eut lieu le 14 septembre 1863; elle n'avait pas été représentée depuis 1810. Les appréciations de la critique furent généralement très sévères. Th. Gautier (*le Moniteur universel*, 28 septembre) plaida avec une douce ironie les circonstances atténuantes de la reprise : « N'est-ce pas une chose utile, disait-il, que de montrer les côtés par où pèchent ces grands écrivains qu'on admire? » M. Francisque Sarcey, seul (*l'Opinion nationale*, 28 septembre), prit chaleureusement la défense de la pièce et l'apprécia avec détail. C'est l'interprétation qui nuisit au succès; malgré leur talent, tous les artistes n'étaient point faits pour leurs rôles. La pièce n'eut que onze représentations. — Quant à l'opinion de Marivaux sur *la Mère confidente*, nous avons vu (p. 69, n. 1) qu'elle était au nombre de celles qu'il préférait.

TROISIÈME PARTIE

LE ROMANCIER

CHAPITRE I

APTITUDE PARTICULIÈRE DE MARIVAUX POUR LE ROMAN. — LA FICTION HÉROÏQUE ET L'OBSERVATION. — ESSAIS DE JEUNESSE; ROMANS D'INTRIGUE ET DE PARODIE : « LES EFFETS SURPRENANTS DE LA SYMPATHIE »; « LA VOITURE EMBOURBÉE ». — ROMANS D'OBSERVATION : « LA VIE DE MARIANNE » ET « LE PAYSAN PARVENU »; MILIEU, INTRIGUE, CONDUITE. — OPPOSITION DES DEUX SUJETS. — LE RÉCIT PERSONNEL. — L'ABUS DES RÉFLEXIONS.

Le don du théâtre et celui du roman sont de nature assez différente pour s'exclure souvent. L'un vit d'analyse et il lui faut le sentiment du détail, l'autre de synthèse et il lui faut celui de l'ensemble. Aussi, d'habiles romanciers sont-ils souvent de médiocres auteurs dramatiques et c'est par exception qu'un petit nombre d'écrivains ont marqué dans les deux genres. La tendance, aujourd'hui si fréquente, qui porte les romanciers à tirer des pièces de leurs romans, au lieu de démentir cette vérité, l'a confirmée par des exemples très probants; nombre de romans à succès n'ont fourni que des pièces malheureuses.

Entre les auteurs dramatiques, Marivaux est du petit nombre de ceux qui se sont montrés également propres au théâtre et au roman. Ses contemporains étaient les premiers à le reconnaître ; ils le reconnaissaient même trop volontiers, car ils tournaient cet aveu contre l'auteur dramatique. Les analyses subtiles qu'il aime, ses minutieuses études du cœur humain, les trouvailles patiemment obtenues qu'il étale et décrit par le menu comme à l'aide d'un verre grossissant, tout cela, disait-on, déplacé au théâtre, convenait très bien au roman [1]. Plusieurs critiques modernes pensent comme ces contemporains [2]. Il serait plus juste de constater simplement à l'avantage de Marivaux une variété d'aptitudes d'autant plus méritoire qu'elle est plus rare.

Aussi, le reproche écarté, bornons-nous à retenir

---

1. « Les romans de Marivaux, supérieurs à ses comédies par l'intérêt, par les situations, par le but moral qu'il s'y propose, ont surtout le mérite... de ne pas tourner, comme ses pièces de théâtre, dans le cercle étroit d'un amour déguisé »... etc. (D'Alembert, p. 586.) « A la rigueur, ses comédies étaient plutôt faites toutes pour être traitées en roman qu'en dramatique.... Je crois que son vrai talent, son talent décidé, était celui du roman. » (Collé, p. 270.) « Toutes ces nuances légères peuvent passer dans un roman ; mais, au théâtre, on a trop peu de temps, et il faut savoir mieux l'employer. » (La Harpe, *le Lycée*, xviiie siècle, chap. v, sect. v.)

2. « Le cours plus lent et plus gradué d'un roman se prête mieux à ce genre d'observation. » (De Barante, *De la Littérature pendant le xviiie siècle*, p. 93.) « A notre avis, ce n'est pas au théâtre que Marivaux est vraiment supérieur. Il est plus à son aise dans le roman.... C'est la belle innovation de Marivaux, c'est son génie. » (Villemain, *Littérature au xviiie siècle*, treizième leçon.) Sainte-Beuve, au contraire, goûte beaucoup le théâtre de Marivaux, mais il est pour ses romans d'une sévérité excessive : « La place de Marivaux en son temps n'est qu'à côté et un peu au-dessus de celle de Crébillon fils. » (*Causeries du Lundi*, IX, p. 356.) Nisard est plus favorable au théâtre qu'aux romans : « Le théâtre de Marivaux, dit-il, est plus aisé que son roman ;... on se délasse et on se détend du Marivaux de *Marianne* dans le Marivaux du *Jeu de l'Amour et du Hasard* et des *Fausses Confidences*. » (*Histoire de la Littérature française*, t. III, p. 218.)

l'aveu à peu près unanime de cette aptitude particulière de Marivaux. Entre les deux formes de roman qui se partageaient encore au début du xviii° siècle la faveur publique, il choisit celle qui avait la vérité pour elle et que l'avenir devait définitivement adopter. D'une part, on n'était pas encore revenu, vers 1730, des longs récits de galanterie héroïque, des pastorales sans esprit champêtre, de cette forme artificielle qui, depuis l'*Astrée* de d'Urfé jusqu'à *Zaïde* et *la Princesse de Clèves*, avait charmé le xvii° siècle [1]. D'un autre coté, Le Sage, en écrivant un chef-d'œuvre, *Gil Blas*, sans afficher d'autre prétention que la simple peinture des mœurs vraies, assez dédaignée jusqu'alors malgré le *Roman comique* et le *Roman bourgeois*, avait ramené à l'observation de la vie réelle un genre défiguré par la convention [2]. Entre

---

1. Pendant la publication de la *Vie de Marianne*, en 1735, Mme de Tencin faisait paraître les *Mémoires du comte de Comminges*, un petit chef-d'œuvre comparable à la *Princesse de Clèves*. — Une histoire générale du roman français est encore à écrire. Pour avoir une idée d'ensemble de sa carrière, voir le discours d'Octave Feuillet (26 mars 1868). Sur les romans antérieurs à ceux de Marivaux et la double direction, héroïque et réaliste, prise au xvii° siècle par le roman, on trouvera une étude détaillée dans la *Littérature indépendante* de M. V. Fournel, iv et v. Voir aussi F. Brunetière, *Études critiques sur l'histoire de la Littérature française*, troisième série.

2. Il convient d'observer cependant que *Gil Blas* avait été précédé de deux ans par les *Mémoires du chevalier de Gramont* (1713), dont l'influence a été certainement très grande sur tous les romanciers du xviii° siècle. En même temps que *Gil Blas*, l'abbé Prévost écrit les *Mémoires d'un homme de qualité*, où se trouve *Manon Lescaut* (1728-1733), l'*Histoire de Cléveland* (1732-1733), *le Doyen de Killerine* (1735). Le premier de ces ouvrages est antérieur aux romans de Marivaux; les deux autres en sont contemporains. Ils influèrent certainement sur la direction que prit son talent. L'originalité de Marivaux, c'est qu'il analyse, tandis que Prévost se contente de décrire; en cela la supériorité du premier est incontestable. Les autres romans du xviii° siècle sont tous postérieurs à ceux de Marivaux.

ces deux genres. Marivaux pouvait hésiter, car il y avait dans son esprit des tendances contraires qui l'emportaient tour à tour. Il avait le goût de l'observation, mais il aimait aussi le romanesque et la fantaisie; dans sa carrière dramatique, il aborda tour à tour l'étude des mœurs mondaines et celle des mœurs bourgeoises, la comédie héroïque, la féerie, l'allégorie mythologique; dans le roman, il s'égara d'abord parmi les extrêmes du genre, depuis les plus bizarres complications d'intrigues sentimentales et d'aventures chevaleresques, jusqu'à la parodie bouffonne des folies héroïques.

Les *Effets surprenants de la sympathie*, qu'il écrivit à vingt-cinq ans, sont un des ouvrages les plus étranges de notre littérature; on ne les lit plus, mais ils seraient encore amusants à parcourir : on y retrouverait avec surprise la profusion de personnages, l'abondance de crimes et de moyens violents, l'imprévu de travestissements, de disparitions, de résurrections même, les passions foudroyantes et fatales auxquels le roman-feuilleton doit son succès. Cela rappelle à la fois l'*Astrée*, *Polexandre*, les premières comédies de Corneille, les *Nouvelles* de Cervantès. Je ne tenterai pas l'analyse de l'intrigue ou plutôt des intrigues, car il y en a plusieurs, mêlées et confondues, entremêlées d'épisodes. Les personnages, très nombreux, apparaissent et disparaissent comme un défilé d'ombres chinoises. Il suffira de dire que l'action se passe dans un pays fantastique, où les meurtres, les empoisonnements et les enlèvements sont les incidents de chaque jour. Des princes habitent des chaumières, des jeunes filles courent les aventures sous l'habit de cavalier. L'amour est partout; chaque héroïne a deux galants, chaque héros deux maîtresses; tous doivent se défendre contre les ténébreuses machinations de traîtres déguisés, qui finissent heureusement par se prendre à leurs propres pièges. Une seule chose est respectée dans cette débauche d'imagination, la morale : il n'y a pas dans tout le roman une situation équivoque, une scène risquée ; tous les amours ont pour but le mariage, et une héroïne, promenée de mains en mains, enlevée par des corsaires, enfermée dans un sérail, conserve à son amant, au milieu de tant d'aventures, une vertu immaculée.

Les *Effets surprenants de la sympathie* n'ont aucun succès auprès du public ; quant à l'auteur, non seulement il abandonne le genre, mais il le tourne en ridicule ; il écrit *la Voiture embourbée*.

Cette fois l'intrigue est simple et le cadre ordinaire. Une voiture publique s'embourbe, au milieu de la nuit, par la faute d'un cocher ivre ; tandis qu'on va chercher du secours, les voyageurs descendent, et, réfugiés dans une mauvaise auberge de village, proposent, pour passer le temps, de dire des contes improvisés. Trois d'entre eux se passent donc la parole et chacun d'eux prend l'histoire au point où l'a laissée le dernier narrateur. Cette histoire est celle d'une noble dame et d'un tendre soupirant, qui, après un dépit amoureux, se séparent, et, de désespoir, se mettent à courir le monde, d'abord pour s'éviter, puis pour se retrouver. Nombreuses sont leurs aventures ; ils traversent les incidents les plus divers, depuis les mésaventures burlesques jusqu'aux enchantements de la féerie, et, réunis enfin dans une fête de village, s'empressent de se réconcilier. A ce moment, on vient annoncer aux voyageurs que le coche dégagé peut reprendre sa route, et le roman finit, tandis que le voyage continue.

Si l'on peut bien saisir l'intention obscure de l'auteur dans cette histoire où son imagination hésite encore et passe, au hasard, du réel à l'invraisemblable, il se proposait de tourner en ridicule l'amour chevaleresque, puni dans sa pruderie par les épreuves des deux amants séparés ; mais la satire est lourde, sans gaieté ni verve, et le rire ne vient pas.

Je n'insiste pas sur la parodie de l'amour romanesque que Marivaux aurait écrite avant les *Effets surprenants de la sympathie* et la *Voiture embourbée*, et publié sous le titre de *Pharsamon ou les Folies romanesques*, après *la Vie de Marianne* et *le Paysan parvenu*. On a vu plus haut [1] qu'il la désavouait et l'analyse de *Pharsamon* ne nous apprendrait rien que nous ne sachions par ailleurs.

Il n'y a pas à regretter ces pauvres romans, s'ils ont été pour Marivaux une leçon utile. En voyant où le conduisaient le romanesque et l'invraisemblable, il abandonna le monde chimérique pour le monde réel et laissa l'amour transi mourir de sa belle mort ; il prit autour de lui l'idée de ses nouveaux romans. Par la variété de ses tableaux, les conditions différentes de ses personnages, le désir d'embrasser la vie sociale tout entière et de peindre la nature comme elle est, avec son mélange de bien et de mal, il continua avec originalité la voie ouverte par Le Sage et raviva par le réalisme un genre épuisé par l'esprit de chimère [2].

---

1. Voir ci-dessus, p. 25 et 30.
2. « Les romans de Marivaux, dit Vinet, ne sont point romanesques, quant à l'idée qu'ils donnent de la nature humaine. C'est un premier et grand éloge... On voit que son intention est la représentation fidèle de l'homme, et que le roman n'est pour lui qu'une forme commode pour arriver à la vérité. » (*Histoire de la Littérature française au* XVIIIe *siècle*, t. I, p. 256.)
— Et Marivaux lui-même, en parlant d'un de ses héros : « Valville n'est point un monstre, comme vous vous le figurez. Non ; c'est un homme fort ordinaire ; tout est plein de gens qui lui

Les sujets de ses romans en effet sont pris désormais non seulement dans la vie réelle mais dans la vie ordinaire. Marivaux, qui, au théâtre, se plaisait surtout à représenter les mœurs de la haute société, se détourne maintenant de ses modèles habituels; s'il ne les abandonne pas tout à fait, il ne leur donne plus la première place : la bourgeoisie, les gens de finance, le moyen clergé, le peuple, sont ici ses objets d'études préférés. La noblesse apparaît de loin en loin, car, dans une société qu'elle domine, elle ne saurait être tout à fait absente nulle part; mais on la voit seulement dans la juste mesure où son existence se mêlait à celle des classes inférieures.

Au premier abord, ce nouveau point de vue étonne un peu chez Marivaux. Pour saisir dans leur vérité les mœurs et les caractères mondains, il n'avait qu'à regarder autour de lui; le monde était à la fois son école et son milieu; c'est même sous les traits du plus attentif et du plus empressé des mondains que l'on aime à se le représenter. Mais le peuple et les classes moyennes, comment a-t-il pu les connaître? Par une étude constante et une fréquentation assidue. Ne croyons pas, en effet, qu'il ait toujours vécu confiné dans les salons, avec ce dédain de la place publique et des petites gens, qui, malgré la philanthropie et la philosophie, était encore, dans la première moitié du XVIII° siècle, commun aux beaux-

---

ressemblent, et ce n'est que par méprise que vous êtes si indignée contre lui, par pure méprise. C'est qu'au lieu d'une histoire véritable, vous avez cru lire un roman.... Un héros de roman infidèle! on n'aurait jamais rien vu de pareil.... Mais je vous récite ici des faits qui vont comme il plaît à l'instabilité des choses humaines et non pas des aventures d'imagination qui vont comme on veut. » (*La Vie de Marianne*, huitième partie.)

esprits [1]. Marivaux voyait le peuple de près : où aurait-il exercé son goût de charité, si ce n'est chez ceux qui ont le plus grand besoin d'être secourus? Il aimait à se mêler aux foules, écoutant, questionnant, faisant provision de réflexions sans apprêt, de vérités naïves, toutes choses qui échapperont toujours à un « observateur de cabinet [2] ».

Image directement étudiée des classes moyennes, voilà donc ce que Marivaux nous offre dans ses romans; et des classes moyennes prises dans leurs sentiments et dans leurs actions de tous les jours, sans aventures extraordinaires ni passions singulières. Il applique pour son compte la déclaration que faisait Furetière en tête du *Roman bourgeois* : « Je vous montrerai sincèrement et avec fidélité plusieurs historiettes et galanteries arrivées entre des personnes ni héros, ni héroïnes,... mais qui seront de ces bonnes gens de médiocre condition, qui vont tout doucement leur grand chemin, dont les uns seront beaux et les autres laids, les uns sages et les autres sots; et ceux-ci ont bien la mine de composer le plus grand nombre. » Il y a, dans ce programme, une satire voilée à l'adresse de ceux qui n'aiment point

---

1. Un des plus libres de préjugés, d'Alembert, écrit (p. 586), à propos d'un passage sur le peuple de Paris que l'on verra ci-après (p. 326) : « L'auteur n'a pas dédaigné de peindre jusqu'à la sottise du peuple, sa curiosité sans objet, sa charité sans délicatesse, son inepte et offensante bonté, sa dureté compatissante. » On connaît le mépris de Voltaire et de Montesquieu pour les petites gens. Rousseau et son école penchèrent en sens contraire, et malgré les exagérations d'une sensibilité souvent fausse, provoquèrent une juste réaction.

2. Voir ci-après, 4° partie, chap. I. — C'est encore Vinet qui a fait cette remarque : « Il est le seul auteur qui soit descendu dans le peuple, qui l'ait connu et qui s'en soit servi. Au XVII° siècle, La Bruyère seul s'en était informé. La comédie n'en avait fait qu'un repoussoir. » (*Op. cit.*, t. I, p. 264.)

les personnages trop populaires. Marivaux dira avec une ironie plus marquée, en tête de la seconde partie de *Marianne* :

> Jusqu'ici tout ce que je vous ai rapporté n'est qu'un tissu d'aventures bien simples, bien communes, d'aventures dont le caractère paraîtrait bas et trivial à beaucoup de lecteurs, si je les faisais imprimer. Il y a des gens dont la vanité se mêle de tout ce qu'ils font, même de leurs lectures. Donnez-leur l'histoire du cœur humain dans les grandes conditions, ce devient là pour eux un objet important; mais ne leur parlez pas des états médiocres, ils ne veulent voir agir que des seigneurs, des princes, des rois, ou du moins des personnages qui aient fait une grande figure. Il n'y a que cela qui existe pour la noblesse de leur goût. Laissez là le reste des hommes : qu'ils vivent, mais qu'il n'en soit pas question; ils vous diraient volontiers que la nature aurait bien pu se passer de les faire naître, et que les bourgeois la déshonorent.

Seule la dernière phrase de Furetière s'appliquerait mal aux personnages de Marivaux : on trouverait même que, pour la plupart, ses « bonnes gens » sont trop fins et trop subtils. Il leur prête de ses propres qualités d'esprit; non seulement il les analyse, mais il les montre s'analysant eux-mêmes à l'excès et analysant tout autour d'eux.

En revanche, il serait difficile d'aller plus doucement, non pas le « grand chemin », mais plutôt les chemins de traverse. Pas plus que dans ses comédies, Marivaux ne cherche une suite rapide d'aventures attachantes, une combinaison serrée d'incidents dramatiques. Les deux sujets qu'il imagine sont des cadres fort larges qu'il remplit librement. L'intrigue est secondaire; il s'en inquiète si peu, et, à la rigueur, s'en passe si bien, qu'il la quitte et la reprend, la dévie et la ramène avec une suprême insouciance; jamais on n'a plus librement usé de ces épisodes, chers à tous les romanciers d'autrefois [1] : il y en a un dans *la Vie de Marianne*, *la Religieuse*, qui remplit à lui seul trois parties du roman sur onze. L'intérêt cependant ne souffre pas trop et le lecteur ne se plaint pas de ce genre de développement. Outre que le défaut d'action est toujours plus supportable dans le roman qu'au théâtre [2], on a bientôt deviné le but de l'auteur et accepté son système. Marivaux se propose d'étudier les passions et de raisonner sur elles; pour cela, il ne traduit pas en récits, comme la plupart des romanciers, le résultat de son étude : il observe devant nous, et nous intéresse par l'acte même de l'observation. Au lieu de montrer les passions en jeu et de les laisser se peindre elles-mêmes, il en dévoile les ressorts et nous explique en vertu de quelles lois elles agissent; au lieu de précipiter les événements, il s'y attarde pour en décrire les causes et les conséquences morales. De là ces petites dissertations qui rompent à chaque instant le récit, ces réflexions qui, réunies, pourraient former à part un excellent livre de maximes, tandis que le roman proprement dit se réduirait à bien peu de chose. « Trop de réflexions », diront quelques

---

1. Venue par imitation de la littérature espagnole, cette habitude d'introduire des épisodes dans les romans est générale au XVIIe et XVIIIe siècle. D'Alembert disait justement à ce sujet : « Les épisodes dans les romans sont faits pour impatienter le lecteur.... Quand je rencontre un de ces épisodes, disait un philosophe, je suis tenté de déchirer le feuillet; sauter l'épisode est plus tôt fait, et je n'y manque jamais. Eh! mon Dieu, dis-je tout bas à l'auteur, si vous avez de quoi faire deux romans, faites-en deux, et ne les mêlez pas pour les gâter l'un et l'autre. » (p. 614, n. 17).

2. D'Alembert en donne (p. 588) le vrai motif : « Le plaisir du spectacle tient plus à l'intérêt et au moment, celui des romans à la réflexion et aux détails, enfin la lecture n'exige pas, comme le théâtre, une attention continue; elle se quitte et se reprend comme on veut, sans étude et sans fatigue. »

critiques : Marivaux leur répondra tout à l'heure.

Aussi, nous ne trouverons pas dans *la Vie de Marianne* et dans *le Paysan parvenu* le genre d'intérêt, qui, par le désir de connaître le dénouement, soutient tant de romans. On ne songe même pas au but, on chemine avec l'auteur, et cette promenade à travers le sujet est à elle-même son propre objet. Nulle impatience d'arriver ; c'est la route qui importe. Tant que les sentiments des personnages et les phases de l'action ne sortent pas de la région des passions moyennes, l'impatience ne nous prend pas. Alors nous marchons volontiers au pas du narrateur, si lent qu'il soit. Mais que la situation devienne dramatique, alors nous voudrions plus d'action et moins d'analyse. En ce cas le spectacle de la créature humaine souffrant et luttant est d'un intérêt plus vif que celui de son activité intérieure. De là, dans les romans de Marivaux, surtout dans *la Vie de Marianne*, un manque de passion et de chaleur aux endroits naturellement pathétiques. Non que l'expression touchante, l'accent ému fassent défaut ; mais l'auteur est trop présent et visible à côté de ses personnages ; il se montre au moment où il devrait s'effacer. Souvent nous lui savons gré de se livrer entièrement à nous, d'être plus lui-même encore qu'au théâtre ; souvent aussi nous lui en voulons de s'imposer et de se mettre obstinément entre nous et ses personnages, lorsque ceux-ci pourraient, grâce à lui, être plus intéressants que lui-même.

Avec les mêmes procédés de narration, *la Vie de Marianne* et *le Paysan parvenu* sont comme la contre-partie l'un de l'autre. Dans l'un et dans l'autre roman, Marivaux se propose de montrer une âme jeune et naturellement honnête aux prises avec les difficultés de la vie, mais, dans l'un, le héros est une jeune fille, dans l'autre, c'est un jeune homme. Tous deux arrivent à Paris, seuls et pauvres, sans autre sauvegarde que leur droiture naturelle. Tous deux parviennent à se faire un sort sans succomber à la corruption qui les entoure. La jeune fille a plus de mal, en raison de son sexe, de sa faiblesse, de sa plus grande délicatesse d'âme; le jeune homme, mieux doué pour la lutte, et de nature moins fine, arrive plus aisément au but. Tous deux intéressent au même degré, car ils sont également vrais, et le problème qui se pose à leur sujet est bien celui que la vie réelle nous montre chaque jour en action : la jeune fille trouvera-t-elle un mari qui lui assure, avec le bonheur d'aimer, la sécurité de l'existence? Le jeune homme parviendra-t-il à conquérir sa place au soleil et, parti de rien, deviendra-t-il quelque chose?

Outre la leçon morale qu'ils contiennent, ces deux sujets permettaient à Marivaux de suivre en toute liberté ses préférences naturelles. Une jeune fille en butte au malheur, un jeune homme qui cherche fortune peuvent être mêlés sans invraisemblance à des événements très divers. Dans *la Vie de Marianne*, il montra surtout des qualités de pénétration morale, de connaissance du cœur féminin, plus intime encore qu'au théâtre, d'émotion et de sympathie pour les souffrances imméritées; dans *le Paysan parvenu*, il mit plus de mouvement, une sorte de bonne humeur alerte assez rare chez lui, une action un peu plus rapide, plus intéressante en elle-même et moins embarrassée de réflexions.

Dans *la Vie de Marianne* comme dans *le Paysan parvenu*, la forme adoptée est celle du récit personnel[1].

---

1. Le xviii° siècle aimait beaucoup cette forme vive; les chefs-

Marianne adresse son histoire à une amie qui, en ayant entendu raconter une partie, désire la connaître tout entière. Jacob, le paysan parvenu, s'amuse à écrire la sienne, d'abord parce qu'il espère que ce récit « ne sera pas inutile à ceux qui aiment à s'instruire [1] », et aussi parce que, retiré à la campagne, il doit à son loisir un goût de réflexion. Il faut donc s'attendre, des deux côtés, aux lenteurs complaisantes et au tour raisonneur que le souvenir de leurs propres aventures inspire d'ordinaire à ceux qui se racontent eux-mêmes. Nous y trouverons aussi la vivacité d'impression que ne saurait avoir la narration impersonnelle. Quant au style, ce sera, surtout dans *Marianne*, celui de la conversation. Marianne a soin de nous en prévenir : « Je vais comme je puis; je n'ai garde de songer que je fais un livre,... je m'imagine que je vous parle, et tout passe dans la conversation [2]. »

Ce style de la conversation est souvent le charme, parfois un ennui des romans de Marivaux. Ce n'est pas sans raison que le brillant causeur avait adopté une forme où il excellait; de plus, en sa qualité d'homme de théâtre, il l'employait avec autant d'aisance la plume à la main que de vive voix. Chez

---

d'œuvre du roman à cette époque, *Gil Blas*, *le Neveu de Rameau*, *la Religieuse*, *Manon Lescaut*, *Paul et Virginie* sont des récits personnels.

1. *Le Paysan parvenu*, première partie.
2. *La Vie de Marianne*, première partie. — Marivaux lui fait dire encore : « Le style! je ne sais pas seulement ce que c'est. Comment fait-on pour en avoir un? Celui que je vois dans les livres, est-ce le bon? Pourquoi donc est-ce qu'il me déplaît tant le plus souvent? Celui de mes lettres vous paraît-il passable? J'écrirai ceci de même. » (*Ibid.*) Cette théorie du style préoccupait beaucoup Marivaux, malgré l'air indifférent qu'il prend ici; ailleurs il la traite en détail : voir ci-après, 4e partie, chap. v.

beaucoup de romanciers, le style parlé a quelque chose de voulu, de *rédigé* : rien de tel chez Marivaux. Il semble sténographier et non composer : à chaque instant les négligences familières, les petits mots commodes, les tournures aisées qui abondent dans la conversation et en sont comme la marque [1], arrivent naturellement et rendent la ressemblance parfaite.

Mais ce style, assez alerte et rapide dans *le Paysan parvenu*, est souvent babillard et traînant dans *la Vie de Marianne*. Il semble ici que Marivaux, parce qu'il fait parler une femme, se croie obligé de reproduire, non seulement les qualités, mais aussi les défauts de la conversation féminine. Il trouvait avec raison que « le style a un sexe [2] » : il vérifie à ses dépens la justesse de cette observation; le côté féminin de son talent s'accuse et s'aggrave. Parfois, en effet, on dirait que *la Vie de Marianne* est l'œuvre d'une femme emportée et comme étourdie par sa parole : c'est le décousu, la confusion d'idées, les brusques tours et détours habituels en pareil cas. Ce ramage d'oiseau fatigue; on devine les petites mines, les petits gestes, tout cela très coquet, mais affecté.

Ce défaut est surtout sensible dans les premières parties du roman; il s'atténue dans les suivantes, sans disparaître. En outre, les réflexions, ces réflexions que Marivaux aime tant et où il excelle, sont multipliées, dans ces premières parties, avec une profusion fatigante. Marianne a sur toute chose sa théorie,

---

1. Marianne emploie à profusion *cela*, *là*, « cet homme-*là* », « ce mot-*là* », elle s'interrompt pour dire : « Mais poursuivons.... N'est-il pas vrai?... Mais je songe... » etc.

2. « Marivaux disait que le style a un sexe, et qu'on reconnaissait les femmes à une phrase. » (Chamfort, *Œuvres choisies*, édit. de Lescure, t. II. p. 154.)

qu'elle expose et dévide avec complaisance ; de là, non seulement des lenteurs, mais une sorte de « pédanterie couleur de rose [1] ». On le fait observer à Marivaux [2], qui répond, avec un peu d'aigreur : « Qu'on leur donnât (aux critiques) un livre intitulé *Réflexions sur l'homme*, ne le liraient-ils pas volontiers si les réflexions en étaient bonnes ?... Pourquoi donc les réflexions leur déplaisent-elles ici, en cas qu'elles n'aient contre elles que d'être des réflexions ? » Puis il s'efforce de prouver que celles de Marianne sont parfaitement naturelles :

Marianne n'a point songé à faire un roman. Son amie lui demande l'histoire de sa vie, et elle écrit à sa manière. Marianne n'a aucune forme d'ouvrage présente à l'esprit. Ce n'est point un auteur ; c'est une femme qui pense, qui a passé par différents états, qui a beaucoup vu ; enfin, dont la vie est un tissu d'événements qui lui ont donné une certaine connaissance du cœur et des caractères des hommes, et qui, en contant ses aventures, s'imagine être avec son amie, lui parler, l'entretenir, lui répondre ; dans cet esprit-là, elle mêle indistinctement les faits qu'elle raconte aux réflexions qui lui viennent à propos de ces faits ; voilà sur quel ton le prend Marianne. Ce n'est, si vous voulez, ni celui du roman, ni celui de l'histoire, mais c'est le sien ; ne lui en demandez pas d'autre. Figurez-vous

---

1. Sainte-Beuve, *Causeries du Lundi*, t. IX, p. 358.
2. L'abbé Prévost, dans *le Pour et le Contre* (t. II, p. 345) : « La seconde partie de la *Vie de Marianne* n'a pas été reçue du public comme la première. Les réflexions ont paru la plupart trop recherchées, trop longues, trop fréquentes... Qu'est-ce qu'une personne qui s'interrompt à chaque instant elle-même, sur la plus petite circonstance, pour moraliser sans nécessité ? N'est-il pas contre l'essence de la narration de faire ainsi à chaque instant de longues réflexions ?... Ces moralités ne doivent être que l'accessoire, et elles sont le principal contre toutes les règles de la nature. » De même Desfontaines (*le Nouvelliste du Parnasse*, t. II, p. 210) : « Marianne a bien de l'esprit, mais elle a du babil et du jargon ; elle conte bien, mais elle moralise trop. »

qu'elle n'écrit point, mais qu'elle parle; peut-être qu'en vous mettant à ce point de vue-là sa façon de conter ne vous sera pas si désagréable [1].

Mais c'est justement parce que Marianne *parle* que ces réflexions sont trop nombreuses et parfois déplaisantes de ton; en elle-mêmes, on les trouve agréables et justes; c'est leur profusion et leur légère « pédanterie » qui sont ennuyeuses. Certaines autobiographies, réelles comme les *Confessions*, fictives comme *Gil Blas*, donnent, elles aussi, grande place aux réflexions, sans nous causer cette sorte d'impatience. En tirant la philosophie de toutes choses, Marianne veut trop montrer qu'elle comprend et devine tout, qu'elle n'est dupe de rien; elle irrite par l'air de sagacité qu'elle affecte; elle fait trop parade de cette pénétration toujours en éveil, et, comme elle parle à la première personne, son *moi* devient haïssable. Sainte-Beuve relève ce défaut dans une comparaison ingénieuse et qui est bien d'un physiologiste. Selon lui, Marianne s'analyse, se décrit, se démontre elle-même au moral, et il ajoute : « En se promenant dans les musées d'anatomie, on voit ainsi des pièces très bien figurées et qui ont forme humaine; mais, à l'endroit où l'anatomiste a voulu se signaler lui-même, la peau est découverte et le réseau intérieur apparaît avec sa fine injection : c'est un peu l'effet que produit l'art habile de Marivaux. Ses personnages, au lieu de vivre, de marcher et de se développer par leurs actions mêmes, s'arrêtent, se regardent et se

---

[1]. *Avertissement* en tête de la seconde partie de *la Vie de Marianne* (1729). — Il semble qu'après cette seconde partie l'abbé Prévost, dont on vient de lire les reproches, ait pris son parti de la manière de Marivaux et n'en veuille plus voir que les qualités. On peut voir le *le Pour et le Contre*, t. IX, p. 273, où il accepte Marivaux tout entier, forme et fond.

font regarder, en nous ouvrant des jours secrets sur la préparation anatomique de leur cœur [1]. » Cela est surtout vrai de Marianne; Jacob et Mlle de Tervire, la religieuse, n'ont pas le même ton complaisant pour eux-même et n'abusent point de leur sagacité morale.

1. *Causeries du Lundi*, t. IX, p. 367.

CHAPITRE II

MARIANNE. — MARIVAUX ET RICHARDSON; PAMÉLA. — JACOB. — MARIVAUX ET LE SAGE; GIL BLAS. — MARIVAUX ET FIELDING; TOM JONES.

Raisonneuse, babillarde, un peu suffisante et vaine, avec ces défauts, Marianne n'en est pas moins charmante et vraie. Si l'on cherche au fond de cette nature complexe le trait dominant qui fixe et règle le caractère, ici encore on trouve la coquetterie; une coquetterie ingénieuse, subtile, toujours en exercice, qui perdrait Marianne si elle n'avait pas un grand fonds de fierté. A peine sauvée de la misère, elle doit sa première toilette à la générosité d'un bienfaiteur : elle se pare « avec des dispositions admirables ». Distinguée, supérieure à sa pauvre condition, fille de race sans doute [1], elle a d'instinct le goût des belles choses et l'horreur de la vulgarité; sa toilette lui cause donc une véritable ivresse de bonheur : « Il me prenait des palpitations, dit-elle, en songeant combien j'allais

---

[1]. Elle a été trouvée, à l'âge de trois ans, dans une voiture publique, seule survivante de tous les voyageurs égorgés par des brigands; aucun indice n'a pu faire deviner qui étaient ses parents. Marivaux ne dit rien, au cours des onze parties qu'il a laissées, de nature à faire soupçonner quel eût été, au dénouement, le père de Marianne, mais son intention d'en faire une fille bien née est évidente.

être jolie [1]. » Dans toutes les circonstances, les plus tristes comme les plus heureuses, au moment où elle se verra replongée dans la misère d'où elle avait espéré sortir, comme dans l'enivrement d'une condition qui dépasse ses rêves les plus ambitieux, elle a toujours l'œil à l'effet que produit sa beauté, à ce que l'on en pense autour d'elle, à l'expression noble, piquante, enjouée, sérieuse, mais toujours séante, que son visage peut avoir. A peine vêtue de sa belle robe, vite elle court dans un lieu de réunion, à l'église, et là elle tâche, « en se glissant tout doucement, de gagner le haut », non pour prier plus près de l'autel, mais parce qu'elle y aperçoit « du beau monde qui était à son aise ». Une fois installée, bien en vue : « Quelle fête! c'était la première fois que j'allais jouir un peu du mérite de ma petite figure. J'étais tout émue du plaisir de penser à ce qui allait m'en arriver, j'en perdais presque haleine; car j'étais sûre du succès, et ma vanité voyait venir d'avance les regards qu'on allait jeter sur moi. » Et la voilà, qui, peu à peu, sans affectation, attire tous les regards sur elle et jouit du dépit des autres femmes : c'est la première fois qu'elle peut être coquette, et tout en elle, gestes, regards, maintien, tend au même but et dénote un art achevé [2]. Elle aime d'un amour sincère, mais ce qu'elle désire plus peut-être que d'être aimée, c'est que sa beauté ne subisse pas un affront : « J'aimais un homme auquel il ne fallait plus penser, et c'était là un sujet de douleur; mais, d'un autre côté, j'en étais tendrement aimée, de cet homme; et c'est une grande douceur : avec cela, on est du moins tranquille sur ce qu'on vaut; on a les honneurs essentiels

---

1. *La Vie de Marianne,* première partie.
2. *Ibid.,* deuxième partie.

de l'aventure, et on prend patience sur le reste [1]. »

Elle est non seulement fière, mais d'une vanité exigeante et pointilleuse, conséquence naturelle de sa coquetterie. Toujours et de tous elle exige des égards; elle accepte la charité, mais délicate et discrète. Demoiselle de magasin, elle tient à distance les compagnes vulgaires qu'elle est obligée de subir. La prieure d'un couvent, la croyant noble et riche, l'avait d'abord bien accueillie; aussitôt détrompée, elle s'empresse de l'éconduire; Marianne souffre beaucoup, non pas tant de voir un asile se fermer devant elle que d'une imperceptible nuance de langage : « Ma pauvre! fait-elle avec dépit, quelle différence de style! Auparavant elle avait dit : ma belle [2]! »

Le procédé de narration par lequel est présenté ce personnage de jeune fille, singulier mélange de naïveté et de ruse, de hardiesse et de timidité, permettait à Marivaux de montrer qu'il avait tout deviné dans le cœur féminin, même l'inconscient. L'écueil, c'était de prêter à une jeune fille de seize ans des sentiments au-dessus de son âge et de changer cette ingénue en rouée. Il fallait lui permettre d'analyser sans invraisemblance des pensées et des actions dont elle ne devait pas soupçonner le sens et la portée. Marivaux y parvient en réunissant deux personnes en une seule, grâce à la donnée du roman, très simple, mais très ingénieuse. En effet, il y a dans Marianne deux êtres, inséparables et distincts : d'une part la jeune fille qui cède avec un mélange d'étourderie et de calcul à son désir de plaire; de l'autre, la femme qui se juge à distance avec l'expérience de la vie et

---

1. *La Vie de Marianne*, quatrième partie.
2. *Ibid.*, troisième partie.

qui souligne en souriant les petits manèges d'autrefois. Certes, Marianne, devenue comtesse, abuse un peu de son droit d'analyse; elle discourt trop pertinemment de toutes choses; elle a trop, comme dit Sainte-Beuve, « des regards de côté tout en agissant et marchant, des clins d'œil sur elle-même et comme un aparté continuel [1] »; mais ce n'est là que l'excès d'une habileté. Malgré l'abus, ce contraste continuel chez une même femme entre l'étourderie de la jeunesse et la sagesse de l'âge mûr est un des côtés les plus piquants du roman de Marivaux.

A côté de ces défauts aimables, Marianne a toutes les qualités qui font la femme honnête et droite. Si elle s'attarde trop aux manèges de la coquetterie, vienne une circonstance qui mette en jeu son honneur ou blesse sa fierté, elle se redresse avec une vraie noblesse. Quand la fortune s'acharne contre elle, elle est à la hauteur de tous ses revers [2]. Qu'elle ait à repousser les accusations perfides de M. de Climal, à confondre la trahison de Valville ou à démasquer Mlle Varthon, elle s'élève sans effort à l'éloquence. Elle excelle surtout dans l'expression sans cesse renouvelée de sa tendresse filiale envers Mme de Miran; elle rencontre, pour celle qu'elle appelle sa mère, des accents que l'esprit seul ne saurait inspirer. On retrouve alors ces mots partis du cœur qui remplissent *la Mère confidente*.

Les aventures de la coquette Marianne ont eu le grand honneur de provoquer en Angleterre, sinon des imitations, en moins des œuvres de même famille,

---

1. *Causeries du Lundi*, t. IX, p. 358.
2. Ce sont surtout ces côtés du caractère de Marianne qui font dire au président Hénaut (*Mémoires*, p. 411) que Marivaux est « admirable quand il peint la vertu malheureuse ou l'orgueil d'une belle âme ».

ainsi *Paméla* de Richardson, destinée, comme le roman français, à montrer la vertu et la beauté aux prises avec le malheur. A ce sujet, les témoignages abondent : hostiles ou favorables à Marivaux, tous les critiques du siècle dernier s'accordent à déclarer que la *Vie de Marianne* a inspiré *Paméla* et *Clarisse Harlowe* [1].

La différence est grande, cependant, entre le caractère et le talent des deux romanciers : Marivaux, homme du monde, élégant, sceptique, spirituel jusque dans la tendresse, distingué jusque dans la passion, moral par la vérité même de ses tableaux et la justesse de ses analyses, mais d'un goût trop fin pour tomber dans la déclamation, encore moins dans le prêche, fatiguant parfois, rarement ennuyeux; Richardson, artisan pauvre, lentement formé par une vie laborieuse et arrivé tard à une existence un peu relevée, naïf, plus raisonnable que spirituel, avec plus d'émotion que de goût, surtout préoccupé d'in-

---

[1]. Diderot est tout à fait explicite : « Les romans de M. de Marivaux, dit-il, ont inspiré *Paméla*, *Clarisse* et *Grandisson*. » (*Projet de préface envoyé à M. Trudaine*, édit. Assézat et Tourneux, t. V, p. 434). De même le président Hénaut : « Il a donné lieu à divers romans anglais, *Paméla*, etc. » (*Mémoires*, p. 411.) Grimm le reconnaît, à contre-cœur : « S'il est vrai que ses romans ont été les modèles de Richardson et de Fielding, on peut dire que, pour la première fois, un mauvais original a fait faire des copies admirables. » (*Corresp. litt.*, t. III, p. 182). La première, durant un voyage en Angleterre, Mme du Boccage avait écrit : « Dans les repas d'amateurs de lettres, nous n'avons pas manqué de célébrer les ingénieux auteurs de *Tom Jones* et de *Clarisse*. On m'a bien demandé des nouvelles du père de *Marianne* et du *Paysan parvenu*, peut-être le modèle de ces nouveaux romans. » (Londres, 25 mai 1750, dans ses *Œuvres*, t. III, p. 48). Villemain dit encore : « Ce sont les seuls ouvrages de notre langue, où, pour la peinture de la vie, la sensibilité morale de Richardson soit égalée, sans dessein de l'imiter. » (*Littérature au* xviiie *siècle*, treizième leçon.) Il croyait à tort les romans de Marivaux postérieurs à ceux de Richardson.

struire, de donner des préceptes et des exemples de
morale pratique, n'évitant pas toujours le pédantisme
et l'emphase, parfois ennuyeux.

Cependant, il est visible que Richardson a pris
dans la *Vie de Marianne* l'idée et le caractère principal de *Paméla*. Qu'est-ce que *Marianne?* L'histoire
d'une jeune fille évitant à force d'énergie et de droiture les pièges qui lui sont tendus. Qu'est-ce que
Paméla? Le sous-titre du roman anglais nous l'apprend tout de suite : « la vertu récompensée ». Mais,
si le point de départ et le point d'arrivée sont les
mêmes, les incidents de la route diffèrent du tout
au tout. Autant Marianne est fine, spirituelle, rusée
même, fière de sa beauté et sûre de son pouvoir,
révoltée contre la mauvaise fortune, admirablement
armée pour la lutte, autant Paméla est naïve et
modeste, ignorante de son charme, désarmée contre
la persécution. C'est que l'une est française, l'autre
anglaise. La première appartient à une société où les
femmes sont reines par leur beauté et leur esprit,
habituées à l'adulation avant et après le mariage; la
seconde, élevée dans la dépendance et pour la dépendance, considère les hommes comme des êtres supérieurs, à qui la religion, les mœurs, la loi donnent
tous les droits. Marianne, trompée par Valville, s'indigne et le confond; elle écrase de son mépris M. de
Climal, qui veut la séduire. Paméla, en butte à une
tentative du même genre, s'écrie avec un étonnement
douloureux : « Le gentleman s'est rabaissé jusqu'à
prendre des libertés avec sa pauvre servante [1] ! »
Lorsque Marianne, orpheline abandonnée, se voit à
la veille de devenir marquise par le mariage, tout,
dans son attitude, dans ses paroles, dans ses élans

---

1. *Paméla*, lettre x.

d'amour même, laisse entendre à l'homme de qui elle va recevoir un nom et une fortune que c'est lui qui est l'obligé : pour elle, son sexe et sa beauté la font égale à toutes les conditions, supérieure à tous les bienfaits. Paméla, au contraire, lorsque le jeune seigneur qui l'aime consent à l'épouser, exprime sa joie par des effusions d'humble reconnaissance : « Cette pauvre, pauvre sotte fille sera aujourd'hui, midi sonné, aussi bien sa femme que s'il épousait une duchesse !... Oh ! le cher charmant homme [1] ! » Un peu avant, à la veille du mariage, elle demandait à son seigneur la liberté de lui baiser la main : « Mon cœur vous est si dévoué, lui disait-elle, que ma seule crainte est de me montrer plus empressée que vous ne le souhaiteriez [2] ! » Au lendemain du mariage, l'avenir des deux jeunes femmes se présente aussi différent que leurs caractères. Marianne aimera toujours Valville, mais elle recevra des hommages; elle sera fidèle, mais elle admettra des adorateurs, les considérant comme le cortège nécessaire de sa beauté. Tout ce que son mari peut lui demander, c'est qu'elle lui fasse honneur par son goût et son esprit, qu'elle sache présider un dîner, tenir un salon. Tout autre est l'idéal de bonheur que rêve Paméla : vénérer son mari, ne vivre que pour lui, diriger sa maison avec zèle et vigilance, l'entourer de soins, assurer son bien-être, fuir les assemblées, lui consacrer tous ses instants quand il est là, l'attendre quand il est absent, et lire « afin de polir son esprit pour se rendre plus digne de sa compagnie et de son entretien »; trop heureuse s'il veut bien « de temps à autre » lui

---

1. *Paméla*, Journal, *Jeudi, à six heures du matin*; passage trad. par Taine, *Histoire de la littérature anglaise*, t. IV, p. 107.
2. *Ibid.*, Journal, *Lundi*, trad. de l'abbé Prévost, édit. de 1782, t. III, p. 159.

accorder « son agréable conversation, pour une ou deux de ces heures qu'elle regardera comme les plus douces de sa vie, et où il aura l'indulgence d'écouter toutes les tendres folies qu'un cœur plein de ses bontés pourra lui inspirer dans ses épanchements [1]. »

La cause capitale de différences si profondes dans des situations souvent semblables est dans celles du caractère anglais et du caractère français : pour l'Angleterre et pour la France, les deux livres marquent chacun une date dans l'histoire des mœurs. La femme française du XVIIIe siècle était avant tout élevée par le monde et pour lui; elle ne manquait pas toujours de qualités solides, mais elle avait surtout des qualités aimables; la femme anglaise était élevée pour la vie intime, pour l'ornement et la joie du foyer domestique; son charme était discret. Certes, l'amour pudique et rougissant de Paméla, tant de douceur, de retenue, de qualités solides sont d'un pur attrait; mais la coquetterie piquante de Marianne, ce cœur fier et tendre, cet esprit toujours en éveil, font aussi un être très séduisant. Il n'y a pas lieu de marquer une préférence; elles sont aussi vraies l'une que l'autre, et cela suffit.

Mais où la supériorité de Marivaux sur Richardson est évidente, c'est lorsqu'on compare les procédés des deux auteurs; ici l'hésitation n'est plus possible. Marianne cause longuement et avec trop de subtilité, on ne peut pas dire qu'elle disserte; elle fait des réflexions, elle ne formule pas de sentences. Paméla disserte; elle fait même des phrases; elle ne craint pas le développement dogmatique; au contraire, elle l'amène et le poursuit volontiers; elle manque souvent de mesure, ou même de goût. C'est que Marivaux

---

1. *Paméla,* Journal, *Mercredi matin,* t. III, p. 33, 34.

entendait la morale dans le roman comme il convient de l'entendre en littérature : il voulait qu'elle ressortît d'elle-même du récit, sans être accusée ni imposée. Richardson la met toujours en lumière ; avec lui, le lecteur ne saurait échapper au sermon [1].

Si *Marianne* a provoqué *Paméla*, il serait difficile d'attribuer le même honneur à l'autre roman de Marivaux, *le Paysan parvenu*. Il s'en faut de beaucoup, en effet, que le héros de celui-ci, Jacob, ait la délicatesse originelle et l'élévation morale de Marianne. Fils d'un paysan de Champagne, il a les défauts comme les qualités du paysan : la ruse, l'âpreté au gain, la moralité primitive, avec la patience, le solide bon sens, l'énergie. Il arrive à Paris, sans autre fortune qu'une jolie figure et un grand désir de parvenir : nous le voyons débuter laquais ; nous le quittons en passe de devenir fermier général. Pour franchir l'abîme qui sépare ces deux conditions, il n'a qu'à se laisser faire : les femmes se chargent de sa fortune et par elles, en effet, il arrive à tout. Il y a là une donnée bien scabreuse ; la vénalité de l'amour chez l'homme est aujourd'hui un vice très sévèrement jugé, surtout lorsque l'amour, ainsi que chez Jacob, n'est qu'une comédie. Le naïf paysan commet quelques petites infamies : chez le financier qu'il sert en arrivant à Paris, il reçoit sans trop

---

[1]. Le titre seul de *Paméla* est tout un programme et fait sourire. Le voici, traduit par Taine (t. IV, p. 102) : « *Paméla ou la vertu récompensée*, suite de lettres familières, écrites par une belle jeune personne à ses parents, et publiées afin de cultiver les principes de la vertu et de la religion dans les esprits des jeunes gens des deux sexes : ouvrage qui a un fondement vrai, et qui, en même temps qu'il entretient agréablement l'esprit par une variété d'incidents curieux et touchants, est entièrement purgé de toutes ces images qui, dans trop d'écrits composés pour le simple amusement, tendent à enflammer le cœur au lieu de l'instruire. »

de scrupules l'argent de la soubrette Geneviève, « argent peu chrétien, dit-il, puisqu'il était le prix des faveurs accordées par Geneviève à mon maître », mais, ajoute-t-il avec une grande facilité de résignation, « mes principes de probité étaient encore fort courts, et, du reste, ce petit gain me profita beaucoup, car je m'en servis pour apprendre l'écriture et l'arithmétique, avec quoi en partie je suis parvenu dans la suite [1] ». Plus tard, distingué par Mme de Ferval, il reçoit d'elle une bourse assez ronde « pour payer les carrosses » qui doivent le conduire à leurs rendez-vous : va-t-il seulement se sentir humilié, résister pour la forme? Nullement; il en est « gonflé d'amour-propre et tout ébloui de son mérite ». Une vieille demoiselle le remarque; elle a quatre mille livres de rente : Jacob l'épouse. Ceci, à la rigueur, est un procédé pour lequel le jugement public n'a jamais été bien sévère. Mais l'argent reçu de Mme de Ferval? Cependant, tels sont l'entrain de Jacob et sa tranquillité d'esprit, il trouve lui-même de telles aubaines si naturelles qu'on est plus sévère pour son temps que pour lui.

D'autant plus qu'il est, en bien des cas, franchement sympathique et meilleur que son entourage; il accomplit des actes méritoires avec autant de simplicité que les vilenies de tout à l'heure. Un financier vient de lui promettre une place lucrative, mais Jacob apprend qu'elle est enlevée à un employé malade, c'est le pain d'une famille; il la refuse aussitôt, sans hésiter, sur cette réflexion : « Si j'étais à sa place, je serais bien aise qu'on en usât envers moi comme j'en use envers lui [2]. » Y a-t-il beaucoup

---

1. *Le Paysan parvenu*, première partie.
2. *Ibid.*, quatrième partie.

de solliciteurs capables d'une telle générosité? Jacob n'a point seulement le courage moral; il sait à l'occasion payer bravement de sa personne, non pour lui-même, ce qui serait trop naturel, mais pour autrui. Le hasard le conduit au milieu d'une querelle où trois hommes en attaquent un quatrième. Il y a foule autour des combattants : « En pareil cas, remarque Jacob, le peuple crie, fait du tintamarre, mais ne secourt point. » Pour lui, « sans hésiter et sans faire aucune réflexion, se sentant une épée au côté », il charge les trois agresseurs et les met en fuite [1].

De pareils traits, d'autres moins méritoires, mais qui montrent chez Jacob un grand fonds de bonté, et la prompte générosité de sentiments qui lui vient avec la fortune, relèvent l'ami peu délicat de Geneviève et de Mme de Ferval. Par là il vaut mieux que Gil Blas auquel on l'a souvent comparé.

Car cette comparaison s'impose. *Gil Blas* et *le Paysan parvenu*, en effet, suivent la même donnée et tendent au même but. Dans les deux romans, le héros principal, parti de bas, s'élève assez haut; seulement les épreuves de Jacob sont moins nombreuses que celles de Gil Blas; la fortune le prend par la main, et, presque sans transition, le fait passer de l'antichambre au fauteuil du traitant; Gil Blas, au contraire, éprouve force revers avant de s'installer pour toujours au château de Lirias. Les infortunes du héros de Le Sage sont tout au profit du roman; plus Gil Blas éprouve de vicissitudes, plus son histoire a de variété, tandis que Jacob, brûlant les étapes, ne laisse à son historien que le mince intérêt d'un voyage sans incidents. C'est un grand

---

1. *Le Paysan parvenu*, cinquième partie.

désavantage pour Marivaux; Le Sage, en effet, nous introduit dans toutes les classes et dans toutes les conditions sociales, et Marivaux n'en traverse qu'un petit nombre. Au point de vue de l'invention, du style, des caractères, de la valeur littéraire en un mot, tout l'avantage est pour *Gil Blas*.

Au point de vue moral, Marivaux prend sa revanche : il y a plus d'élévation en dix pages du *Paysan parvenu* que dans tout *Gil Blas*, et Jacob est une âme d'élite en comparaison de son émule [1]. On a, ce semble, un peu surfait la portée du roman de Le Sage, en disant qu'il était moral comme l'expérience, et en voyant dans Gil Blas le type moyen de l'espèce humaine. A regarder de près la physionomie changeante du héros, on n'y trouve, en somme, que les traits d'un amusant fripon [2]. Comme Jacob, Gil Blas sort de l'antichambre; il s'en ressentira toujours et gardera l'incurable bassesse de ceux qui ont servi longtemps, peuples ou individus. Jacob, au contraire, à mesure qu'il s'élève, gagne en délicatesse et en loyauté, deux sentiments inconnus à Gil Blas; il finira par ne plus rien retenir du laquais. Il n'a pas à subir le contact des sociétés fort mêlées que traverse Gil Blas; mais, s'il eût été jeté, lui

---

1. M. Brunetière combat cette appréciation dans ses *Études critiques sur l'histoire de la Littérature française*, 3ᵉ série, p. 165 et suiv.
2. Paul de Saint-Victor me semble dans le vrai lorsqu'il définit Gil Blas « un intrigant médiocre, à la fois actif et borné, malléable aux vices, invulnérable aux passions, n'ayant d'autre ambition que celle du bien-être, incapable, même lorsque les ailes lui poussent et que le vent souffle dans ses voiles, de quitter le terrain plat de l'intérêt journalier : pour tout dire, un subalterne d'esprit et de cœur ». Il refuse de reconnaître « dans ce masque amusant, mais déprimé, de valet comique, le type de l'homme moyen qu'on a cru y voir. » (*Hommes et Dieux*, troisième partie, xiv.)

aussi, parmi les escrocs, les voleurs et les bandits, il n'eût point détroussé des voyageurs, arrêté le carrosse de doña Mencia, volé la cassette d'un vieux juif, etc. Jacob reçoit l'argent de Geneviève et de Mme de Ferval, mais il s'arrête avant de devenir un professionnel ; il dupe leurs vices, mais lui-même reste honnête. Gil Blas, ami de la comédienne Laure ou pourvoyeur du duc de Lerme, joue très complaisamment le rôle de frère et de Mercure ; il tient la caisse et porte le caducée, en toute conscience et avec une parfaite tranquillité d'esprit. On prévoit que Jacob, devenu fermier général, restera honnête homme et s'enrichira sans voler. Gil Blas, jeté par un coup de fortune devant le trésor public grand ouvert, s'emplit les poches avec une gaieté ignoble.

Je comparais tout à l'heure la *Vie de Marianne* à *Paméla* ; un autre roman anglais, *Joseph Andrews*, de Fielding, et aussi *Tom Jones*, du même auteur, peuvent être rapprochés du *Paysan parvenu*; comme Richardson, Fielding passait au siècle dernier pour un disciple de Marivaux. Le *Paysan parvenu*, disais-je, n'était pas assez délicat pour inspirer *Paméla* ; il l'était certainement assez pour ouvrir la voie à *Tom Jones* et à *Joseph Andrews*.

Si la différence est grande, pour le caractère et le talent, entre l'auteur de *Marianne* et celui de *Paméla*, elle est encore bien plus grande entre l'auteur du *Paysan parvenu* et celui de *Tom Jones*. Malgré sa naissance, Fielding est un plébéien mal élevé et grossier, un singulier mélange de bon et de mauvais. Son talent ressemble à son caractère ; il est plein de sève et de verve, tout franc et primesautier, mais inégal, sans finesse, incapable de se conduire, d'une grossièreté souvent repoussante ; c'est la nature, enivrée d'elle-même, libre de frein, avec ses inégalités, ses bonnes inspirations et ses écarts, tout au bonheur de vivre et d'agir, protestant au nom de l'instinct contre la règle sévère et pédante que Richardson voulait imposer à l'homme, au nom de la morale et de la religion.

Avec toutes ces différences de tempérament, de caractère et d'existence, nous retrouvons chez Fielding le genre d'observation que Marivaux avait introduit dans le roman, c'est-à-dire : l'étude psychologique de l'homme et de ses sentiments. Il n'est pas jusqu'à la donnée du *Paysan parvenu* et à certaines aventures de Jacob et de Marianne [1] qui ne se retrouvent, transformées et pourtant reconnaissables, dans l'odyssée de Joseph et dans celle de Tom. Comme Jacob, les héros de Fielding se trouvent jetés dans une société corrompue, qui livre à leur honnêteté une série d'assauts plus ou moins violents, dont ils finissent par sortir vainqueurs, et toujours estimables, malgré d'inévitables défaillances; comme Jacob, Tom se précipite dans les bagarres au secours des faibles maltraités. D'autre part, il ne sait pas résister aux avances d'une grande dame, et se laisse donner par elle une bourse bien garnie [2].

Mais, si le but de l'observation est le même dans les deux romans, la différence dans la manière d'observer est capitale. Nature délicate, Marianne a horreur de tout ce qui est grossier; beaucoup moins distingué que Marianne, Jacob n'est cependant ni violent

1. Fielding emprunte encore à la *Vie de Marianne*, pour le parodier, le passage charmant (voir ci-dessus, p. 310), dans lequel l'héroïne va montrer sa belle robe à l'église (*Tom Jones*, livre IV, chap. vii). On retrouve la situation scabreuse de Jacob avec Mme de Ferval (voir ci-après, p. 340) dans la « conversation » de Tom avec lady Bellaston (livre XIII, chap. ix)., etc.
2. *Tom Jones*, livre XIII, chap. ix, t. II, p. 253.

ni rude; il est parfois vulgaire, il n'est jamais « populacier » ni grotesque; ce laquais, fils de paysan, est un parfait gentilhomme en comparaison des personnages de Fielding. Ceux-ci, robustes et comme poussés par leur tempérament, crient et gesticulent, aiment la grosse plaisanterie, mangent et boivent à l'excès, se battent, roulent à travers les basses aventures. Et cependant, dans ces débauches d'action, la morale trouve son compte comme dans les aventures distinguées des personnages de Marivaux. Fielding se moque du ton prêcheur de Richardson et de son emphase, mais il instruit lui aussi et moralise à sa manière : seulement, au lieu de prendre les choses au tragique, il les tourne au comique; Richardson donnait ses préceptes d'un ton sérieux, Fielding lance les siens comme des boutades, avec un gros rire, mais avec les mêmes intentions [1]. En cela, il se rapproche de Marivaux et lui ressemble plus qu'à Richardson : distinction et bon goût à part, c'est le procédé de la *Vie de Marianne*, où les exemples ne s'affichent jamais, où la vertu s'efforce d'être aimable et la morale riante.

Au fond l'imitation de Marivaux par Richardson et Fielding, ou plutôt l'emploi par ceux-ci du même procédé que le romancier français — l'analyse psychologique et morale appliquée au roman — s'explique par les mêmes raisons pour tous deux : le caractère de la nation à laquelle ils appartenaient et le moment où ils parurent l'un et l'autre. Le caractère anglais est sérieux et pratique, profondément moral; quelle que puisse être chez la race anglo-saxonne la brutalité du tempérament, le besoin de la règle morale

---

1. Voir H. Taine, *Histoire de la Littérature anglaise*, t. IV, p. 134.

est dans tous les esprits [1]. Si des œuvres de pure imagination ou immorales de parti pris se produisent en Angleterre, ce n'est qu'à l'état d'exception; elles peuvent naître de la corruption d'un homme ou d'une époque; elles ne sont pas les manifestations vraies du génie national. Au XVIIe siècle, la Restauration avait développé, avec le goût de l'élégance mondaine, tous les vices de cour; la licence des mœurs, l'incrédulité, le scepticisme moral avaient bientôt succédé à l'austérité puritaine; les tristes mœurs du temps se peignaient dans les livres de Butler et de Wicherley. Lorsque, au siècle suivant, le caractère national, dévoyé et lassé, réagit enfin, la littérature tout entière concourt à réformer les mœurs. Le roman renonce donc à la fiction sans autre objet que l'amusement, pour s'appliquer à l'étude instructive des caractères. C'est à ce moment que les romans de Marivaux paraissent en France. Ils ont un vif succès, qui attire sur eux l'attention des Anglais. Qu'y trouvent ceux-ci? l'analyse psychologique, l'étude minutieuse des mobiles de nos actions, et aussi le respect des convenances morales, l'honnêteté, le goût du bien, la sympathie pour la vertu. Richardson et Fielding suivent ces exemples et, avec eux, ce qui en France n'était qu'un accident dû à l'originalité d'un écrivain, devient en Angleterre une règle et la sève nourricière de toute une branche de la littérature.

1. Voir H. Taine, *Histoire de la Littérature anglaise*, et *Notes sur l'Angleterre*, chap VIII.

CHAPITRE III

TYPES ET SCÈNES POPULAIRES. — LE PEUPLE DE PARIS. — LES CLASSES MOYENNES. — L'ANCIENNE BOURGEOISIE. — MARIVAUX ET CHARDIN. — LA NOBLESSE. — PORTRAITS. — Mmes DE LAMBERT ET DE TENCIN. — SITUATIONS ET DESCRIPTIONS. — LE SENTIMENT DE LA NATURE AU XVIIe ET AU XVIIIe SIÈCLE.

Grâce à l'origine de Jacob et aux débuts modestes que la destinée impose à Marianne, nous rencontrons, au seuil même des romans de Marivaux, ces classes populaires qui doivent occuper une place dominante dans *le Paysan parvenu*, considérable dans *la Vie de Marianne*. Nous avons déjà remarqué que Marivaux connaissait bien le peuple, surtout celui de Paris, où il passa presque toute sa vie, et nous verrons [1] à quelle étude il devait cette exacte connaissance des milieux plébéiens. Il y a, dans la *Vie de Marianne*, un portrait du peuple de Paris, d'un détail très étudié, ce qui est l'ordinaire chez Marivaux, et d'une large vérité d'ensemble, ce qui est plus rare. Ce tableau, peu connu, mérite d'être cité comme le pendant du dîner chez Mme Dorsin [2]; après le salon, voici la rue :

Le peuple à Paris n'est pas comme ailleurs. En d'autres endroits, vous le verrez quelquefois commencer par être

1. Ci-après, 4e partie, chap. I.
2. Voir ci-dessus, p. 21.

méchant, et puis finir par être humain. Se querelle-t-on, il excite, il anime; veut-on se battre, il sépare. En d'autres pays, il laisse faire, parce qu'il continue d'être méchant. Celui de Paris n'est pas de même, il est moins canaille et plus peuple que les autres peuples. Quand il accourt en pareil cas, ce n'est pas pour s'amuser de ce qui se passe ni comme qui dirait pour s'en réjouir : non, il n'a pas cette maligne espièglerie-là : il ne va pas rire, car il pleurera peut-être et ce sera tant mieux pour lui : il va voir, il va ouvrir des yeux stupidement avides; il va jouir bien sérieusement de ce qu'il verra. En un mot, alors il n'est ni polisson, ni méchant; et c'est en quoi j'ai dit qu'il était moins canaille : il est seulement curieux, d'une curiosité sotte et brutale, qui ne veut ni bien ni mal à personne, qui n'entend point d'autre finesse que de venir se repaître de ce qui arrivera. Ce sont des émotions d'âme que ce peuple demande; les plus fortes sont les meilleures; il cherche à vous plaindre si on vous outrage, à s'attendrir pour vous si on vous blesse, à frémir pour votre vie si on la menace : voilà ses délices; et si votre ennemi n'avait pas assez de place pour vous battre, il lui en ferait lui-même sans être plus malintentionné, et lui dirait volontiers : Tenez, faites à votre aise, et ne nous retranchez rien du plaisir que nous avons à frémir pour ce malheureux. Ce ne sont pourtant pas les choses cruelles qu'il aime, il en a peur au contraire; mais il aime l'effroi qu'elles lui donnent : cela remue son âme, qui ne sait jamais rien, qui n'a jamais rien vu, qui est toujours toute neuve [1].

Ce qu'on vient de lire est une réflexion jetée en passant dans le récit d'une querelle; celle-ci est rendue avec autant de vérité que les spectateurs. Une petite marchande, Mme Dutour, est aux prises, pour quelques sous, avec un cocher de fiacre. Tout y est, gros mots et bataille. D'abord, le cocher :

Eh bien! qu'est-ce que me vient compter cette chiffonnière? Gare! prenez garde à elle; elle a son fichu des

---

[1]. *La Vie de Marianne,* deuxième partie. — Voir encore, dans un des premiers articles de Marivaux au *Mercure, Première lettre à Mme****, une très curieuse étude sur le bas peuple.

dimanches. Ne semble-t-il pas qu'il faille tant de cérémonie pour parler à madame? On parle bien à Perrette. Eh! palsambleu! payez-moi. Quand vous seriez encore quatre fois plus bourgeoise que vous n'êtes, qu'est-ce que cela me fait? Faut-il pas que mes chevaux vivent? Avec quoi dineriez-vous, vous qui parlez, si on ne vous payait pas votre toile? Auriez-vous la face si large? Fi! que cela est vilain d'être crasseuse!

Mme Dutour riposte sur la même note :

Oui, malotru! oui, douze sous, tu n'en auras pas davantage.... Encore ne les vaux-tu pas; n'es-tu pas honteux, fripon? quoi! pour venir d'auprès de la paroisse ici? quand ce serait pour un carrosse d'ambassadeur! Tiens, jarni de ma vie! un denier avec, tu ne l'auras pas : j'aimerais mieux te voir mort, il n'y aurait pas grande perte; et souviens-toi seulement que c'est aujourd'hui la Saint-Mathieu : bon jour, bonne œuvre; ne l'oublie pas. Et laisse venir demain; tu verras comme il sera fait. C'est moi qui te le dis, qui ne suis pas une chiffonnière, mais bel et bien madame Dutour, madame pour toi, madame pour tous les autres, et madame tant que je serai au monde, entends-tu [1]?

L'homme de salon n'a point dédaigné, on le voit, de descendre dans la rue, de se mêler à l'attroupement, de regarder de près et d'écouter. Cette scène et plusieurs autres du même genre sont des modèles trop peu suivis après Marivaux [2]. Les romanciers qui

1. *La Vie de Marianne*, deuxième partie.
2. Après Marivaux, les mœurs populaires trouvèrent un peintre fécond, énergique et cynique dans Restif de la Bretonne, dont le premier roman est de 1767. (Voir, sur Restif et son œuvre, Ch. Monselet, *Restif de la Bretonne* (1852), et P. Lacroix, *Bibliographie et iconographie de Restif de la Bretonne* (1875).) Parmi les romans de Restif, il en est deux qui se rapprochent singulièrement, par l'idée première, des deux romans de Marivaux; ce sont *le Paysan perverti* (1775), et *la Paysanne pervertie* (1784), où l'on retrouve les données de *Marianne* et du *Paysan parvenu* prises à rebours. Non que Restif ait voulu imiter Marivaux, qu'il n'aimait pas (« Marivaux te gâterait », dit-il dans son *Paysan*, t. I, p. 142), mais, traitant le même sujet, il se rencontre souvent avec lui.

lui succèdent nous montrent tantôt un peuple de convention, paré de vertus imaginaires, pétri de naïve délicatesse et de nobles instincts, tantôt la lie de la populace, d'une abjection et d'une grossièreté repoussantes. Quant au peuple moyen et vrai, il en est rarement question; il ne prête pas assez aux thèses en sens contraire, thèses également fausses, — la convention flatteuse qui le pare de vertus incompatibles avec son éducation et son existence, comme le réalisme ordurier qui le montre plus misérable et plus inculte qu'il ne l'est [1].

1. Au sujet de ces peintures de mœurs populaires, d'Alembert et Sainte-Beuve font à Marivaux deux reproches contradictoires : « Marivaux, dit d'Alembert (p. 587), en voulant mettre dans ses tableaux populaires trop de vérité, s'est permis quelques détails ignobles, qui détonnent avec la finesse de ses autres dessins. » Et Sainte-Beuve (*Causeries du Lundi*, t. IX, p. 358) : « Il y a (dans la scène avec le cocher) une imitation minutieuse de la nature triviale : mais, le dirai-je? cette copie même, chez Marivaux, a un certain glacis qui trahit la coquetterie de l'imitateur; ses grotesques et ses masques soi-disant grossiers sont peints, en quelque sorte, sur porcelaine, et le tout miroite à la lecture. » Le jugement de d'Alembert s'explique par son dédain déjà remarqué (p. 300, n. 1) pour la grossièreté populaire. Quant au reproche de Sainte-Beuve, on peut répondre que le naturel ne souffre nullement de ce fini d'exécution.

Déjà, du vivant de Marivaux, cette scène avait effarouché les délicats. L'abbé Prévost disait : « La querelle de la lingère avec le cocher de fiacre a paru peu digne d'un esprit aussi élevé et aussi délicat que celui de M. de Marivaux.... Qui pourrait souffrir sur le théâtre les mauvais quolibets d'un homme ou d'une femme de la lie du peuple, et leurs injures grossières? » (*Le Pour et le Contre*, t. II, p. 346.) Marivaux, prévoyant l'objection, avait dit dans sa *Préface* à la seconde partie de *Marianne :* « Il y a des gens qui croient au-dessous d'eux de jeter un regard sur ce que l'opinion a traité d'ignoble. Mais ceux qui sont un peu plus philosophes, qui sont un peu moins dupes des distinctions que l'orgueil a mis dans les choses de ce monde, ces gens-là ne sont pas fâchés de voir ce que c'est que l'homme dans un cocher, et ce que c'est que la femme dans une petite marchande. » — De même, Grimm : « On est excédé de cette querelle de la lingère et du fiacre dans la *Marianne* de Mari-

Les acteurs, pris dans une scène passagère ou plus longuement mêlés à l'action, sont vivants et vrais comme la scène même. Voici deux commères, Mme Dutour et Mme d'Alain. Mme Dutour, que l'on vient de voir aux prises avec le cocher de fiacre, est certainement un portrait : Marivaux l'a dessinée d'après nature, avec ses colères bruyantes et vite passées, sa bonté sans délicatesse, sa franchise grossière, son bavardage torrentiel. De même pour Mme d'Alain ; celle-ci, d'une classe un peu plus relevée, moitié bourgeoise, moitié femme du peuple [1] :

> Elle vous prenait d'abord en amitié, vous ouvrait son cœur, vous contait ses affaires, vous demandait les vôtres et puis revenait aux siennes, et puis à vous ; elle vous parlait de sa fille, car elle en avait une ; vous apprenait qu'elle avait dix-huit ans, vous racontait les accidents de son bas âge, ses maladies ; tombait ensuite sur le chapitre de défunt son mari, en prenait l'histoire du temps qu'il était garçon, et puis venait à leurs amours, disait ce qu'ils avaient duré ; passait de là à leur mariage, ensuite au récit de la vie qu'ils avaient menée ensemble ; c'était le meilleur homme du monde, très appliqué à son étude ; aussi avait-il gagné du bien par sa sagesse et par son économie ; un peu jaloux de son naturel, mais aussi parce qu'il aimait beaucoup sa femme ; sujet à la gravelle ; Dieu sait ce qu'il avait souffert, les soins qu'elle avait eus de lui ! Enfin, il était mort bien chrétiennement. Ce qui se disait en s'essuyant les yeux qui en effet larmoyaient, à cause que la tristesse du récit le voulait et non pas à cause de la chose même ; car de là on allait à un accident de ménage, qui demandait d'être dit en riant, et on riait [2].

vaux. Rien n'est mieux rendu d'après nature et d'un goût plus détestable que le tableau que je cite. » (*Correspondance*, 1ᵉʳ août 1753, t. I, p. 41.)

1. Remarquons, une fois pour toutes, que la simple particule *de*, précédant un nom propre, n'est pas plus un signe de noblesse dans les romans de Marivaux que dans la société de son temps ; voir Paulin Paris, *De la particule dite nobiliaire*, 1861.

2. *Le Paysan parvenu*, deuxième partie.

A côté de chaque commère, une jeune fille. Près de Mme Dutour, Toinon, sa demoiselle de boutique, d'une espèce qui n'est point perdue, majestueuse, dédaigneuse des petits gens, au demeurant parfaitement sotte [1]. Près de Mme d'Alain, sa fille Agathe, fausse ingénue, discrète et matoise, qui ne résistera même pas au vice, toute préparée qu'elle est par une affinité de nature et par la précoce corruption morale dont les grandes villes atteignent les filles mal élevées ou mal gardées [2].

Ces quatre types sont traités avec le bonheur habituel à Marivaux dans ses études de femmes. Les hommes, moins en lumière, sont aussi vrais, comme le plaideur rencontré par Jacob dans le voyage à Versailles [3]; on voit ses gestes, on l'entend parler. Les personnages même qui ne font que passer sont saisis dans une attitude caractéristique. Ainsi le bonhomme que l'on amène à Jacob pour servir de témoin dans un mariage, et qui se présente « en habit de drap neuf, avec une cravate bien blanche, bien longue, bien empesée et bien raide, avec une perruque toute neuve aussi, qu'on voyait que sa tête portait avec respect [4] ».

Tous ces personnages appartiennent au peuple, mais à divers degrés. Mme Dutour plus près du peuple que de la bourgeoisie, Mme d'Alain plus près de la bourgeoisie que du peuple; même condition mixte et comme incertaine pour l'homme à la perruque et le plaideur de Versailles. Remarquons à ce sujet que Marivaux réserve les rôles plaisants aux personnages de ce genre, moitié bourgeois, moitié faubou-

---

1. *La Vie de Marianne*, première partie.
2. *Le Paysan parvenu*, deuxième partie.
3. *Ibid.*, quatrième partie.
4. *Ibid.*, deuxième partie.

riens, et en cela il est dans la vérité. Les gens de cette sorte sont souvent un peu ridicules; se croyant de la bourgeoisie, ils l'imitent gauchement, tandis qu'ils restent peuple par la vulgarité des manières. Marivaux ne met dans leurs portraits aucun parti pris de caricature. Il n'avait nullement le dédain des petites gens; lorsqu'il rencontre dans les classes inférieures des personnages naturels et simples, il les traite avec une prédilection marquée et, loin de faire rire à leurs dépens, il les rend très sympathiques : ainsi le fermier Villot et sa femme, qui ont la première de toutes les délicatesses, celle du cœur, et qui, recueillant chez eux la fille de leurs maîtres ruinés, méritent cette réflexion : « On est tout d'un coup lié avec les gens qui ont le cœur bon, quels qu'ils soient; ce sont comme des amis que vous avez dans tous les états [1]. »

Quant à la vraie bourgeoisie, c'est la classe que préfère Marivaux : « Un bourgeois, avait-il dit [2], qui s'en tiendrait à sa condition, qui en saurait les bornes et l'étendue, qui sauverait son caractère de la petitesse de celui du peuple, qui s'abstiendrait de tout amour de ressemblance avec l'homme de qualité, dont la conduite en un mot se maintiendrait dans un juste milieu, cet homme serait mon sage. » Il ne tourne donc pas en ridicule une classe qui était certainement la plus estimable de l'ancienne France. Conservant des mœurs honnêtes au milieu de l'effroyable corruption des hautes classes, d'humeur gaie, d'un fin bon sens, c'était la partie saine du pays, entre la

---

1. *La Vie de Marianne*, neuvième partie. — Voir encore, sur les ridicules innocents des « gens du commun », dans la *Première lettre à Mme ****, le passage qui concerne les petits bourgeois et les marchands.
2. *Première lettre à Mme ****.

noblesse épuisée de vices et le bas peuple aigri par ses souffrances [1].

Marivaux ne lui emprunte que des personnages sympathiques. Parmi ceux-ci, bien qu'il n'abuse guère de l'uniforme, la place d'honneur appartient à deux officiers. Nous en connaissons déjà un, celui qui, dans le voyage de Versailles, donne une leçon de composition littéraire à un jeune auteur [2]. L'autre traverse l'histoire de Marianne d'une façon très originale. Dans un moment où la jeune fille est en butte à une de ses nombreuses épreuves, un homme se présente à elle, « d'environ cinquante ans tout au plus, de bonne mine, d'un air distingué, très bien mis quoique simplement, et de la physionomie du monde la plus franche et la plus ouverte ». Sans préambule, il expose l'objet de sa visite : « Je ne vous laisserai pas longtemps inquiète de ce que j'ai à vous dire. En deux mots, voici de quoi il s'agit, mademoiselle. Je suis connu pour un homme d'honneur, pour un homme franc, uni, de bon commerce; depuis que j'entends parler de vous, votre caractère est l'objet de mon estime, de mon respect et de mon admiration, et je vous dis vrai.... J'ai vingt-cinq mille livres de rente, mademoiselle; elles sont à vous quand vous voudrez. » Marianne n'accepte pas, car elle aime, et l'officier a cinquante ans; mais elle est sous le charme : « Je n'ai vu personne de si digne qu'on l'écoutât que ce galant homme; c'était son âme qui me parlait; je la voyais; elle s'adressait à la mienne [3]. » Le reste de

---

1. Voir H. Taine, *les Origines de la France contemporaine*, t. I, liv. IV, chap. III; de Goncourt, *la Femme au XVIIIᵉ siècle*, ch. VI, et Aubertin, *l'Esprit public au XVIIIᵉ siècle* (notamment première époque, chap. I, et troisième époque, chap. III).

2. *Le Paysan parvenu*, quatrième partie.

3. Dans le roman comme dans le théâtre, Marivaux était en avance sur ses contemporains: Peu d'années avant la *Vie de*

la scène achève de faire connaître le personnage, avec sa spirituelle franchise et la délicatesse de sentiments qu'il cache sous des manières brusques et rondes, mais d'une parfaite courtoisie. Marivaux dit bien que c'est un « homme de condition », mais uniquement, ce semble, pour rendre plus méritoire encore sa démarche auprès d'une orpheline, d'une enfant trouvée, car tout est bourgeois chez lui, langage, manières, sentiments. Ainsi cette déclaration sur le préjugé de la naissance : « Que m'importe à moi cette famille ? Quand on la connaîtrait, fût-elle royale, ajouterait-elle quelque chose au mérite personnel que vous avez ? Et puis les âmes ont-elles des parents ? Ne sont-elles pas toutes d'une condition égale ? » Nous retrouvons ici des idées chères à Marivaux, celles du *Jeu de l'Amour et du Hasard* et des *Fausses Confidences*.

Cette simplicité cordiale, ce ton uni se retrouvent, joints à la dignité que donne le malheur courageusement supporté, dans le pauvre et touchant ménage de M. et Mme d'Orville. Obligée, pour conserver une place à son mari malade, d'aller solliciter M. de Fécour, financier sans cœur, Mme d'Orville se rencontre chez ce dernier avec Jacob : « Figurez-vous, raconte Jacob, un visage qui n'a rien d'assez brillant ni d'assez régulier pour surprendre les yeux, mais à qui rien ne manque de ce qui peut surprendre le cœur, de ce qui peut inspirer du respect, de la tendresse et même de l'amour ; car ce qu'on sentait pour cette jeune personne était mêlé de tout ce que je dis là. C'était, pour ainsi dire, une âme qu'on voyait sur ce visage, mais une âme noble, vertueuse et tendre et par con-

---

Marianne, dans les *Mémoires d'un homme de qualité*, Prévost montrait encore, sans aucune intention satirique, le préjugé nobiliaire s'étalant et triomphant en toute sécurité.

séquent charmante à voir [1]. » Dans sa requête au
financier elle est admirable de convenance et de douleur contenue.

Mme d'Orville représente le dévouement et la fidélité dans le mariage. Bien différente de cette douce et mélancolique figure, Mme Dursan personnifie, avec une sorte d'âpreté farouche et de grandeur austère, une autre vertu, dont la noblesse revendiquait à tort le monopole : la fierté légitime du nom et l'autorité dans la famille. Veuve, abandonnée par un fils qui l'a volée pour contracter une mésalliance honteuse, elle vit seule depuis vingt ans et tient pour mort ce fils indigne. Elle ressent d'autant plus l'amertume de sa solitude, qu'elle cache ses souffrances avec un héroïsme stoïque. Un jour vient pour les mères où les griefs les plus légitimes s'oublient, où elles veulent revoir, avant de mourir, le fils ingrat et lui pardonner : Mme Dursan ne mollit point. Sentant sa fin prochaine, elle fait son testament : « Je n'ai plus de fils, dit-elle; depuis près de vingt ans qu'on n'a entendu parler du mien, je le crois mort, et, quand il vivrait, ce serait la même chose pour moi, non que j'aie encore aucun ressentiment contre lui; s'il vit, je prie Dieu de le bénir et de le rendre honnête homme; mais ni l'honneur de la religion, ni les bonnes mœurs qu'il a violées, ne me permettent de lui laisser mon bien.... Ce n'est point par humeur que je suis inflexible; il n'est pas question ici de bonté, mais d'une indulgence folle et criminelle qui nuirait à l'ordre et à la justice humaine et divine [2]. » Il faut, pour la fléchir, qu'un pieux stratagème introduise chez elle, sous un nom supposé, son

---

1. *Le Paysan parvenu*, quatrième partie.
2. *La Vie de Marianne*, dixième partie.

fils moribond, qui rend le dernier soupir dès qu'il a reçu le pardon maternel.

Ainsi Marivaux nous fait parcourir tous les étages de la société moyenne, du petit peuple à la bourgeoisie; il nous montre les gens du commun ou des classes intermédiaires sous des aspects très divers, dans leurs joies ou leur tristesse, dans leurs petits plaisirs et dans leurs grandes douleurs, ridicules ou touchants, grossiers ou d'une délicatesse instinctive. En bien des pages aussi il a saisi le pittoresque des scènes de la rue et la physionomie changeante des journées parisiennes. Je ne parle pas seulement des grandes scènes de genre comme la dispute de Mme Dutour et du *fiacre*, ou de la bagarre au milieu de laquelle Jacob met l'épée à la main; quelques lignes lui suffisent, à l'occasion, pour tracer un croquis exact et fin. Dans tous ces passages, scènes d'intérieur ou de la rue, il communique à son lecteur le vif sentiment de la poésie simple qui respire dans ces milieux. La vérité chez lui n'est jamais triviale; il est naturel sans bassesse. En cela, il se rapproche, par une parenté singulière, d'un des maîtres de la peinture de cette époque, de Chardin; il lui ressemble souvent autant qu'un romancier peut ressembler à un peintre. Dans son théâtre, il rappelait Watteau et l'*Embarquement pour Cythère*; dans ses romans, il fait penser à ces chefs-d'œuvre de réalisme et de poésie, *la Mère laborieuse, le Bénédicité, les Amusements de la vie privée, la Toilette du matin*, etc. Chez tous deux, chez l'habitué du salon de Mme de Tencin comme chez l'artiste modeste qui ne sortait pas de l'humble monde où il était né, on trouve non seulement le même tour d'observation, mais encore les mêmes qualités artistiques. D'abord le sentiment de la mesure et de l'élégance, le goût de la précision et du détail vrai, tempéré par la délicatesse du tempérament français. C'est là ce qui distingue Marivaux de Fielding et Chardin de Téniers. Français et Parisiens, Marivaux et Chardin sentent que le pittoresque et la vérité ne se trouvent pas seulement dans les tabagies et les kermesses, les rixes et les débauches où la brute se déchaîne. Ces aspects de la vie populaire sont flamands ou anglais; notre race, mieux équilibrée jusque dans ses excès, y répugne, comme notre littérature et notre art. Ils se ressemblent aussi, en ce que, dans un temps de facile morale, de littérature licencieuse et d'art voluptueux, ils échappent à la corruption qui les environne; ils gardent quelque chose de la santé, de la sincérité des mœurs et de l'esprit bourgeois. Tandis que Boucher fait de la peinture une excitation à la débauche et de la mythologie la religion des boudoirs, Chardin plaît par le parfum d'honnêteté que respirent ses toiles. De même Marivaux ne craint pas de raconter les malheurs du ménage d'Orville et l'héroïsme maternel de Mme Dursan, au beau monde où Crébillon fils prenait ses modèles.

La noblesse est beaucoup moins bien traitée par Marivaux que la bourgeoisie et le peuple. Épuisée de luxe sous Louis XIV, de vices sous la Régence, réduite au rôle de coûteux décor, elle ne pouvait inspirer, à qui l'étudiait de près, que colère ou pitié. Marivaux la représenta telle qu'elle était, avec ses brillantes qualités de surface et sa corruption profonde. Il lui emprunta même les modèles de deux grands portraits qui portent sur elle un témoignage favorable.

En attendant ceux-ci, il nous présente quelques études de moindre importance. Voici d'abord le jeune noble, Valville, l'amant de Marianne, aimable et galant, d'une politesse et d'une élégance parfaites, mais faible, léger, sans idées, sans qualités sérieuses, toujours épris, mais incapable d'une vraie passion, portant de Marianne à Mlle Varthon une flamme qu'un souffle éteint et qu'un souffle rallume. Marianne la connaît bien, cette nature molle et changeante, qui désarme la sévérité à force de faiblesse inconsciente et de repentirs fragiles : « Homme, Français, dit-elle, et contemporain des amants de notre temps, voilà ce qu'il était. Il n'avait que ces trois petites difficultés à vaincre... Faites-vous un spectacle de ce cœur naturel... avec ce qu'il a eu de bon et de mauvais; vous l'avez d'abord trouvé charmant, à présent vous le trouvez haïssable, et bientôt vous ne saurez plus comment le trouver. »

De la même race est le comte de Dorsan, avec un peu plus de nerf et de ressort; au demeurant, sans autre but dans la vie que de s'habiller avec goût et de nouer des intrigues galantes, qui lui valent quelques coups d'épée à donner ou à recevoir. Mais à peine Marivaux l'a-t-il introduit dans l'action du *Paysan Parvenu* qu'il l'abandonne avec le roman lui-même interrompu sans retour. Peut-être le destinait-il a un rôle plus sérieux; certains indices le laisseraient croire; mais on ne peut que supposer; tel que nous le voyons, ce n'est qu'un brillant petit-maître.

Valville et le comte de Dorsan n'ont, en somme, que d'inoffensifs défauts; le marquis, fils de Mme d'Arcire, joue au contraire un rôle odieux, celui des filles du roi Lear. Sa mère a commis la faute de lui abandonner tout ce qu'elle possède, en ne lui demandant que l'hospitalité et une modeste pension. Bientôt rebutée, maltraitée, abreuvée d'humiliations, elle est obligée de quitter la maison de ce fils pour aller vivre dans un pauvre logement [1]. Là, privée de secours, elle se voit encore chassée, et meurt de misère dans une chambre d'auberge, où la charité d'une inconnue l'a recueillie. Le marquis d'Arcire, cependant, n'est pas foncièrement mauvais; sa conduite parricide n'a pour cause qu'un défaut : lui aussi est un faible [2]; il obéit à la volonté de sa femme, impérieuse et égoïste. Ces femmes de la noblesse sont l'objet, de la part de Marivaux romancier, d'une hostilité singulière; sauf deux exceptions, il les représente à peu près comme dans son théâtre il représentait les mères, vaines, d'esprit étroit, souvent sans mœurs ou sans cœur [3]. Sans cœur sont Mme et Mlle de Fare, qui, après avoir reçu avec empressement la pauvre Marianne, la chassent presque dès qu'elles ont appris le secret de son origine [4]; Mlle Varthon, la fausse ingénue; la parente de Valville, acharnée contre Marianne [5]; les deux tantes de Mlle de Tervire, impitoyables par avarice. Sans mœurs sont Mme de Ferval et Mme de Fécour. Elles représentent cette « débauche crue », voilée d'hypocrisie ou scandaleusement étalée, que Marivaux n'avait point voulu mettre à la scène, mais qu'il ne craignit pas de représenter dans le roman. Cette plaie du XVIIIe siècle, il la dévoile sans ménagements.

1. Voir, dans *le Spectateur français*, quatorzième feuille, la lettre d'un père victime d'une pareille erreur, et ci-après, quatrième partie, chap. I.
2. Voir le chapitre de H. Taine sur l'éducation de l'ancienne noblesse et le caractère qui en résultait (*les Origines de la France contemporaine*, t. I, livre II, chap. III, 3).
3. Voir, dans les *Pièces détachées*, la *Deuxième lettre à madame****, *contenant des réflexions sur les femmes de qualité*.
4. *La Vie de Marianne*, cinquième partie.
5. *Ibid.*, cinquième partie.

Mme de Ferval, sous « un air de sagesse et de gravité », avec un soin très attentif de sa réputation de veuve dévote, est en réalité une femme sans mœurs. Habituée sournoise d'une « maison commode, dont une porte de derrière donne dans une rue très peu fréquentée », elle y noue en sûreté des liaisons dont on devine la nature par celle qu'elle ébauche avec Jacob. Celui-ci la rencontre par hasard : « elle le mesure des pieds à la tête », et, immédiatement, lui donne un rendez-vous, où elle l'accueille par ces engageantes paroles : « Voilà vraiment une très jolie figure, mais très jolie! Approchez, mon cher enfant, approchez; prenez un siège et mettez-vous là; mais cette taille! comme elle est bien prise! cette tête! ces cheveux! en vérité, il est trop beau pour un homme; la jambe parfaite avec cela; il faut apprendre à danser, n'y manquez pas; asseyez-vous [1]. » L'entretien est interrompu juste à temps. Une autre fois, la situation est encore plus hardie : un jaloux survient et, au moment où le récit s'arrête, Mme de Ferval pour éviter un scandale, va laisser prendre au fâcheux ce qu'elle offrait à Jacob [2].

Quant à Mme de Fécour, elle ne songe nullement à couvrir ses désordres de mystère hypocrite. Son portrait dit assez comment elle procède : « Elle ne pensait jamais à donner de l'amour, mais elle était sujette à en prendre. Ce n'était jamais elle qui s'avisait de plaire, c'était toujours à elle que l'on plaisait. Les autres femmes, en vous regardant, vous disent finement : Aimez-moi pour ma gloire; celle-ci vous disait naturellement : Je vous aime, le voulez-vous bien? et elle aurait oublié de vous demander : M'aimez-vous?

---

1. *Le Paysan parvenu*, troisième et quatrième partie.
2. *Ibid.*, cinquième partie.

pourvu que vous eussiez fait comme si vous l'aimiez. »
Sa déclaration à Jacob est très simple; les premières
paroles à peine échangées, elle lui dit : « Le premier
homme pour qui j'ai eu de l'inclination vous ressemblait tout à fait; je le crois voir et je l'aime toujours;
je le tutoyais, c'est assez ma manière.... Ne voulez-vous pas que je vous traite comme lui [1]? » Marivaux
ne tenant pas à décrire ce qui n'a nul besoin de description pour être compris, ce que tant de romanciers pourtant décrivent si volontiers, il s'arrange de
manière à n'être plus obligé de mettre en présence
Jacob et Mme de Fécour.

On ne saurait sans injustice conclure de ces deux
caractères que telles étaient au xviiie siècle la plupart des femmes de la noblesse. Mais n'est-ce pas
une charge bien grave, pour une classe et pour un
temps, que de fournir de pareils modèles, sans que
le romancier qui les met en scène se croie tenu à
les présenter comme des exceptions? N'est-il pas
grave surtout de les trouver chez le plus réservé,
le moins sévère des écrivains de ce temps? Que
nous montreront alors ceux qui veulent tout dire!
Duclos, Crébillon fils et Laclos se chargent de la
réponse.

Mme de Miran et Mme Dorsin atténuent cette mauvaise impression. A côté de la corruption hypocrite
ou scandaleuse, elles représentent la vertu sans pruderie, la simple honnêteté.

Mme de Miran, mère de Valville, est la protectrice
de Marianne. Depuis le jour où elle a rencontré l'orpheline, elle a été pour elle d'une bonté inépuisable;
elle a donné du premier coup à la charité la forme
de l'amour maternel et, dans la crise provoquée par

---

1. *Le Paysan parvenu*, quatrième partie.

Mlle Varthon entre Valville et Marianne, elle a su tenir la balance égale entre son fils selon la nature et sa fille selon le cœur. Si dur pour les mères dans son théâtre, Marivaux a tracé ici, de l'affection et de l'autorité maternelles, une image presque idéale. Qualités de l'esprit et du cœur, Mme de Miran possède tout ; simple, sans amour-propre, songeant toujours aux autres, jamais à elle-même, le fond de son caractère est la bonté, vertu peu commune alors, ou même un peu ridicule, dans les hautes classes : « Fût-il question des choses les plus indifférentes, Mme de Miran ne pensait rien, ne disait rien qui ne se sentît de cette abondance de bonté qui faisait le fond de son caractère. Et n'allez pas croire que ce fût une bonté sotte, aveugle, de ces bontés d'une âme faible et pusillanime, et qui paraissent risibles même aux gens qui en profitent. Non, la sienne était une vertu ; c'était le sentiment d'un cœur excellent ; c'était cette bonté proprement dite qui tiendrait lieu de lumière, même aux personnes qui n'auraient point d'esprit. » Ceci n'est point le cas de Mme de Miran : « C'était de ces esprits qui satisfont à tout sans se faire remarquer en rien ; qui ne sont ni forts, ni faibles, mais doux et sensés ; qu'on ne critique ni qu'on ne loue, mais qu'on écoute [1]. »

Mme Dorsin, amie intime de Mme de Miran, est digne d'une telle amie, mais, si Mme de Miran est avant tout femme de cœur, Mme Dorsin serait plutôt femme d'esprit. Elle est fort belle, mais son visage charme surtout par l'expression : « Ajoutez une âme qui passe à tout moment sur cette physionomie ; qui va y peindre tout ce qu'elle sent ; qui y répand l'air de tout ce qu'elle est ; qui la rend aussi spirituelle,

---

1. *La Vie de Marianne*, quatrième partie.

aussi délicate, aussi vive, aussi fière, aussi sérieuse, aussi badine qu'elle l'est tour à tour elle-même ; et jugez par là des accidents de force, de grâce, de finesse, et de l'infinité des expressions rapides qu'on voyait sur ce visage [1]. » Elle aussi est bonne, mais sa bonté même est spirituelle, car l'esprit est tellement dans la nature de Mme Dorsin, qu'il se mêle à toutes ses actions et à toutes ses pensées. Avec cela, « une âme forte, courageuse et résolue, de ces âmes supérieures à tout événement, dont la hauteur et la dignité ne plient sous aucun accident humain ; qui retrouvent toutes les ressources où les autres les perdent ; qui peuvent être affligées, jamais abattues ni troublées ; qu'on admire plus dans leurs afflictions qu'on ne songe à les plaindre ; qui ont une tristesse froide et muette dans leurs plus grands chagrins, une gaieté toujours décente dans les plus grands sujets de joie [2]. »

Ces deux portraits sont traités avec une prédilection marquée ; on le voit non seulement à leur étendue, mais au soin minutieux du détail, et ils laissent surprendre en bien des traits une sorte d'affection discrète que des modèles imaginaires n'exciteraient pas. Enfin, ils s'appliquent si bien, celui de Mme de Miran à Mme de Lambert, celui de Mme Dorsin à Mme de Tencin, le premier par le soin de mettre en lumière certaines qualités, le second par l'adresse à dissimuler certains défauts, qu'ils représentent sans aucun doute les deux amies de Marivaux [3]. Ainsi le

---

1. *La Vie de Marianne*, quatrième partie.
2. *Ibid.*, cinquième partie.
3. On lit dans le portrait de Mme de Miran : « On ne prenait pas garde qu'elle était belle femme, mais seulement la meilleure femme du monde. Aussi, m'a-t-on dit, n'avait-elle guère fait d'amants, mais beaucoup d'amis, et même d'amies. » Et encore : « Mme de Miran avait plus de vertus morales que

romancier reprenait une habitude chère à l'hôtel de Rambouillet. On pourrait en dire autant de plusieurs des portraits qui remplissent la *Vie de Marianne* et *le Paysan parvenu*. Ils ont un caractère trop personnel, pour n'être pas des études d'après nature. En commentant les portraits du *Cyrus*, Victor Cousin a pu écrire une histoire de la société française au XVIIe siècle; un historien de la société française au XVIIIe siècle aurait tort de négliger à ce point de vue la *Vie de Marianne* et *le Paysan parvenu*.

Pour ces portraits, comme pour toutes choses, Marivaux avait une théorie; elle montre à la fois le fort et le faible de son talent :

On ne saurait, dit-il, rendre en entier ce que sont les personnes; du moins cela ne me serait pas possible; je connais bien mieux celles avec qui je vis que je ne les définirais; il y a des choses en elles que je ne saisis point assez pour les dire, et que je n'aperçois que pour moi, et non pas pour les autres; ou, si je les disais, je les dirais mal; ce sont des objets de sentiment si compliqués, et d'une netteté si délicate, qu'ils se brouillent dès que ma réflexion s'en mêle; je ne sais plus par où les prendre pour les exprimer; de sorte qu'ils sont en moi, et non pas à moi [1].

chrétiennes, respectait plus les exercices de sa religion qu'elle n'y satisfaisait; le tout avec plus de simplicité que de philosophie. » Très délicatement Marivaux parle aussi du genre d'esprit caustique, parfois dénigrant, que l'on redoutait chez Mme de Tencin (p. 285-287). On a vu plus haut (p. 136) avec quelle prévenance attentive s'exerçait à l'égard de Marivaux la générosité de Mme de Tencin; même bienfaisance chez Mme Dorsin : « Ce n'est pas elle que vous fatiguiez du soin de ce qui vous regardait, c'était elle qui vous en fatiguait; c'était vous qu'on pressait, qu'on avertissait, qu'on faisait ressouvenir de telle ou telle chose, qu'on grondait de l'avoir oubliée; en un mot votre affaire devenait réellement la sienne. » On pourrait continuer sur tout le portrait ce travail de comparaison.

1. *La Vie de Marianne*, quatrième partie.

Voilà bien le procédé que Marivaux applique non seulement aux portraits, mais à tout, réflexions, analyses de sentiments, caractères. Il veut saisir non seulement les grandes lignes qui définissent un ensemble, mais les moindres détails; il s'attache aux traits imperceptibles du dessin; il veut fixer les nuances insaisissables du coloris. Ce n'est point le procédé des grands peintres : ceux-ci visent plutôt à l'impression d'ensemble qu'au rendu scrupuleux du détail; ils ne soignent le détail que pour sa valeur relative dans l'ensemble. Marivaux, au contraire, observe en myope; il voit le détail avec une finesse étonnante et l'ensemble lui échappe. La loupe à la main, il divise à l'infini et reproduit tout avec une scrupuleuse exactitude; mais, ce travail terminé, lorsqu'il faudrait choisir, élaguer, composer, il se dérobe et se tient quitte envers nous. Dans un calque merveilleux d'exactitude, il a copié, en les amplifiant au besoin, tous les traits du modèle; quant à la ressemblance cherchée, elle est absente. Notre œil hésite et s'égare à travers ces lignes multiples qui se mêlent sans se fondre, se rencontrent sans se combiner, et sollicitent également une attention disséminée et bientôt défaillante. On regrette d'autant plus cette stérile abondance, que Marivaux, lorsqu'il veut être court, est un peintre hors de pair. Dans ses croquis tracés au courant, il saisit avec bonheur ce qui lui échappe dans ses grandes toiles — le trait caractéristique qui est tout dans une physionomie. On a pu le voir par les citations qui précèdent : deux ou trois lignes lui ont souvent suffi pour représenter avec une vérité pittoresque bien des personnages qu'une longue étude n'eût pas fait mieux connaître [1].

1. Les plus saillants de ces portraits, de grande ou de petite dimension, sont réunis dans *l'Esprit de Marivaux*, p. 41-96.

Les situations et les descriptions sont traitées avec plus de sobriété que les portraits. Comme il y a moins à réfléchir et que Marivaux préférait l'observation morale à l'observation matérielle, il se tient plus dans la grande ligne.

Dans le genre de fiction qu'il avait adopté, on ne s'attendrait guère à rencontrer les situations fortes et les scènes émouvantes qui naissent ordinairement d'une action rapide et d'une intrigue fortement nouée. Elles ne lui manquent pas cependant. A vrai dire, il ne les cherche pas, mais lorsqu'elles se présentent dans le cours naturel de la narration, il en tire le plus heureux parti. Alors la marche du récit s'accélère, l'intérêt grandit; des cris partis du cœur remuent en nous la compassion. Ainsi le passage où Marianne, sans asile et sans ressources au milieu de Paris, se demande avec angoisse ce qu'elle va devenir : « Plus je voyais, dit-elle, de monde et de mouvement dans cette prodigieuse ville, plus j'y trouvais de silence et de solitude pour moi : une forêt m'aurait paru moins déserte; je m'y serais sentie moins seule et moins égarée. » De son cœur s'échappe cette réflexion infiniment triste : « Que ces gens-là sont heureux! Chacun d'eux a sa place et son asile. La nuit viendra et ils ne seront plus ici; et moi on ne m'attend nulle part, personne ne s'apercevra que je lui manque [1]. » Marivaux a plusieurs situations aussi touchantes, surtout dans *la Vie de Marianne*, car *le Paysan parvenu*, sauf en deux ou trois passages [2], excite plutôt la gaieté que l'émotion. Lorsque Ma-

---

1. *La Vie de Marianne*, troisième partie.
2. La requête de Mme d'Orville à M. de Fécour et le récit de ses malheurs à M. Bono (quatrième partie), l'arrestation de Jacob dans une rixe et le guet-apens d'où il sauve le comte de Dorsan (troisième et cinquième partie).

rianne, menacée dans sa liberté, est amenée devant le ministre qui, d'un mot, peut la jeter dans une prison perpétuelle, tout ce que l'amour maternel et l'indignation peuvent inspirer d'éloquence passionnée éclate dans le débat qui s'engage entre Mme de Miran et les ennemis de la jeune fille [1]. On chercherait en vain dans le théâtre ou le roman français, une scène plus émouvante que celle où Mme Dorsan, après une séparation de vingt ans, revoit moribond le fils qu'elle a maudit et reçoit son dernier soupir [2]. Jamais l'indignation excitée par l'ingratitude filiale n'a parlé langage plus vengeur que dans la scène où Mlle de Tervire châtie publiquement l'avarice et l'orgueil de la marquise d'Arcire laissant mourir sa belle-mère de faim [3].

Comme contraste, dans cette même *Vie de Marianne*, les situations plaisantes ne manquent pas. Sans parler de celles où la coquetterie de l'héroïne nous donne la comédie, il en est de fort amusantes. On connaît la dispute du cocher de fiacre et de Mme Dutour. Dans un goût moins populaire, on pourrait signaler la scène où Marianne, recueillie chez Valville après un accident, ruse et manœuvre avec tant d'esprit entre le jeune homme et M. de Climal [4]; celle où Mme Dutour, retrouvant Marianne au château de Fare, la couvre de confusion par les transports de sa joie bavarde [5]. Mais, ici, l'émotion se mêle au comique, car on prévoit le triste résultat de la rencontre. Dans *le Paysan parvenu*, on n'a, pour citer, que l'embarras du choix, car le récit tout entier est une

---

1. *La Vie de Marianne*, septième partie.
2. *Ibid.*, dixième partie.
3. *Ibid.*, onzième partie.
4. *Ibid.*, deuxième partie.
5. *Ibid.*, cinquième partie.

suite d'aventures où circule une facile bonne humeur ; ainsi l'*amené* de Jacob devant le président, ses démêlés avec Mlle Habert aînée, avec M. Doucin, avec ses témoins, le voyage à Versailles, l'entrevue avec M. Bono, etc. [1].

La description est la grande ressource des romanciers à court d'invention. Au XVIIe siècle, réduite partout ailleurs à sa véritable importance, elle se réfugie dans le roman et y règne en maîtresse : la *Clélie* et le *Grand Cyrus*, *Cléopâtre* et *Cassandre* sont remplis moitié de portraits, moitié de descriptions. En vain Boileau proteste ; le genre descriptif conserve sa faveur. Fénelon lui donne dans *Télémaque* une place parfois excessive ; c'est que *Télémaque* est un roman. Même engouement descriptif au XVIIIe siècle, où, non contente de régner dans le roman, la passion de décrire pour décrire envahit la poésie et donne son nom à tout un nouveau genre, aussi florissant et aussi stérile que chez les Alexandrins. Marivaux eut le mérite de résister à cet entraînement. Aucun romancier n'a usé moins que lui de la description sans autre but qu'elle-même. En effet, il était plus porté à l'observation morale qu'à la manie d'inventorier les objets matériels. Non qu'il séparât l'homme de son entourage nécessaire et le considérât comme vivant dans un monde immatériel ; il décrit au besoin, mais en réduisant toujours la description à son vrai rôle, qui est de préciser une situation, de montrer dans les objets extérieurs à l'homme l'empreinte de ses idées et de ses passions, en un mot d'éclairer le moral par le physique. Jamais chez lui ce qui est proprement la

---

1. *Le Paysan parvenu*, deuxième, troisième et quatrième parties.

vie humaine, c'est-à-dire l'activité du cœur et de l'esprit, ne disparaît sous l'accumulation des accessoires matériels. Il emploie donc, en décrivant, ce procédé rapide et sobre dont il n'use pas assez dans les portraits : quelques traits lui suffisent pour rendre visibles une expression de physionomie, un geste, un costume, un intérieur. Qu'on se rappelle, par exemple, le témoin à la perruque neuve, la majestueuse Toinon, Marianne à l'église; en deux lignes, nous avons vu les personnages. Tout à l'heure il nous introduira dans des intérieurs très variés, chez une prieure de couvent, chez deux sœurs dévotes, chez des financiers, chez un ministre; nulle part il ne décrira par le menu l'ameublement ou les costumes, mais il accusera d'un trait vif et net l'impression qu'ils produisent.

Il n'y a qu'une lacune dans ces descriptions si expressives : on ne voit, pour ainsi dire, jamais la campagne; on dirait que l'action se passe toujours dans un appartement ou dans la rue. Cette absence chez Marivaux du sentiment de la nature n'a rien qui doive étonner. C'est un défaut commun à toute sa génération. De 1720 à 1750 on en était toujours sur la nature aux idées du xviie siècle. Simple et vraie, on la trouvait ennuyeuse. On la voulait embellie par l'art, parée comme le monde de seigneurs et de grandes dames, qui l'admirait, à travers les glaces des salons, sous forme de jardins aux tapis de verdure, aux arbres taillés en voûtes régulières, ou même en lyres et en vases. Sauf chez La Fontaine, il n'y a, au xviie siècle, trace de pittoresque naturel dans aucun genre littéraire [1]. Boileau, « fuyant les cha-

---

1. Voir, sur cette absence du sentiment de la nature au xviie siècle et dans la première moitié du xviiie, Sainte-Beuve,

grins de la ville », et cherchant contre eux asile à la campagne, fait des vers descriptifs ou pêche à la ligne, au lieu d'admirer un site riant; il ne cherche, en somme, hors de Paris que la faculté de prendre de l'exercice et d'échapper aux fâcheux [1]. Molière met le prologue du *Malade imaginaire* « dans un lieu champêtre et néanmoins fort agréable [2] ». Mme de Sévigné, dans sa charmante lettre sur la mutilation des bois du Buron, n'a de regrets que pour les belles allées droites d'où elle ne sortait guère, et ses regrets s'exhalent en réminiscences littéraires. Les descriptions de Fénelon, malgré leur charme, ont quelque chose d'arrangé; le sentiment n'y est pas. Selon Stendhal, le premier léger indice que l'on puisse saisir au XVIIe siècle de pittoresque naturel, c'est, dans la *Princesse de Clèves*, une certaine allée de saules où M. de Nemours va promener sa rêverie [3].

Il en est de même au XVIIIe siècle. Avant Rousseau, à peine découvre-t-on çà et là quelques esquisses de paysages vrais; ainsi, dans *Gil Blas*, la description, gracieuse mais vague encore, de la grotte où s'est retiré don Raphaël [4]. Les amis de Marivaux sont assurément de tous les esprits les moins ouverts au sentiment de la nature. Il leur ressemble en cela; dans son théâtre, il n'y a point trace de pittoresque, et, dans ses romans, à peine si l'on en peut trouver deux traits bien minces et vagues. Ce sont le jardin

---

Chateaubriand et son groupe littéraire, quatrième leçon, *Causeries du Lundi*, t. XI, p. 46 et suiv., et H. Taine, *La Fontaine et ses fables*, deuxième partie, chap. II.

1. Épître VI, à M. de Lamoignon.
2. Lettre du 27 mai 1680.
3. *Mémoires d'un touriste*, 10 mai 1837. Voici le passage, qui n'est pas long : « Il s'en alla sous des saules, le long d'un petit ruisseau qui coulait derrière la maison où il était caché. » (*La Princesse de Clèves*, quatrième partie.)
4. *Gil Blas*, livre IV, chap. IX.

où Mlle de Tervire malheureuse entre, par un beau jour, pour réfléchir à ses chagrins, et le cabinet de verdure où se passe la scène d'explication entre Valville et Marianne [1]. Il était temps que Rousseau vînt dévoiler la splendeur des beautés naturelles, les mêler à nos joies et à nos douleurs, rétablir entre la nature et l'homme un courant de sympathie, et retremper aux sources champêtres l'imagination desséchée.

1. « Il faisait un fort beau jour, et il y avait dans l'hôtellerie un jardin qui me parut assez joli. Je fus curieuse de le voir, et j'y entrai. Je m'y promenai même quelques instants. » (*la Vie de Marianne*, onzième partie.) — Pendant qu'on était là-dessus, je feignis quelque curiosité de voir un cabinet de verdure qui était au bout de la terrasse. Il me paraît fort joli, dis-je à Valville, pour l'engager à m'y mener. » (*Ibid.*, huitième partie.)

CHAPITRE IV

« LA RELIGIEUSE »; MARIVAUX ET DIDEROT. — LES FAUX DÉVOTS; UN MÉNAGE DE DÉVOTES : LES DEMOISELLES HABERT. — LES DIRECTEURS DE CONSCIENCE : M. DOUCIN. — L'HYPOCRITE : M. DE CLIMAL; MARIVAUX ET MOLIÈRE; MARIVAUX ET LA BRUYÈRE.

La *Vie de Marianne* arrivait à la cinquième partie, lorsque tout à coup, sans nécessité apparente, sans prétexte même, Marivaux annonce un épisode, l'histoire d'une religieuse, qui, plusieurs fois différé, commence enfin avec la neuvième partie et remplit tout le reste du roman; celui-ci pourrait alors prendre un autre titre et s'appeler *la Religieuse*. Dès le début de cet épisode, le narrateur change de ton; les longues réflexions disparaissent, le récit, de lent et d'enjoué qu'il était, devient rapide et dramatique; une émotion contenue l'échauffe. On dirait, à la manière dont l'histoire est amenée, retardée, puis tout à coup entreprise et vivement conduite, que Marivaux, surpris au milieu de la *Vie de Marianne* par quelque événement qui le touche de près, et désintéressé du roman commencé par des préoccupations plus intimes, a subitement abandonné son premier sujet pour un autre plus conforme à l'état de son âme. De là cet épisode de la Religieuse et l'air d'histoire personnelle qui lui donne un caractère spécial, surtout au début; car, peu à peu, l'auteur, comme soulagé, se calme, s'apaise et détourne, par une déviation nouvelle, le cours de son nouveau sujet; mais l'élan est donné et le récit demeure émouvant.

Avant que le projet d'écrire l'histoire de la Religieuse fût venu traverser la *Vie de Marianne*, Marivaux avait clairement laissé voir qu'il aimait peu les couvents et la vie conventuelle. Marianne, fuyant M. de Climal, demandait asile et protection à une prieure, dont elle trace un portrait à la Gresset, tout de grâce maligne et d'ironie. Voici qui est plus sérieux et d'une observation moins indulgente. Que peuvent attendre les malheureux de cette prieure et des religieuses qui, comme elle, ont fait vœu de charité? De bonnes paroles et rien de plus : « A voir ces bonnes filles, vous leur trouvez un extérieur affable, et pourtant un intérieur indifférent. Ce n'est que leur mine et non pas leur âme qui s'attendrit pour vous : ce sont de belles images qui paraissent sensibles, qui n'ont que des superficies de sentiment et de bonté [1]. » En effet, à peine la prieure, d'abord tout accueillante et onctueuse, a-t-elle compris que Marianne, sans dot, n'apporte à la communauté qu'une âme à sauver, aussitôt elle change de ton, et dans ses paroles de consolation banale perce le plus froid égoïsme :

Nous ne voyons, nous ne connaissons presque personne;... nous sommes des semaines entières sans recevoir une visite; d'ailleurs notre maison n'est pas riche; nous ne subsistons que par nos pensionnaires, dont le nombre est fort diminué depuis quelque temps. Aussi nous sommes endettées et si mal à notre aise! J'eus l'autre jour le chagrin de refuser une jeune fille, un fort bon sujet, qui se présentait pour être converse, parce que nous n'en recevons plus, quelque besoin que nous en ayons, et

---

1. *La Vie de Marianne*, troisième partie.

que, nous apportant peu, elles nous seraient à charge. Ainsi, de tous côtés, vous voyez notre impuissance, dont je suis vraiment mortifiée ; car vous m'affligez, ma pauvre enfant.... Notre communauté ne peut vous aider que de ses prières, elle n'est pas en état de vous recevoir [1].

Heureusement, la charité de Mme de Miran, présente à l'entretien, ouvre à l'orpheline l'entrée de la pieuse maison. Marivaux ne parle guère des religieuses qui y vivent : cela n'est pas de son sujet ; les amours de Marianne et de Valville l'occupent davantage. Il en dit assez toutefois pour laisser voir qu'il ne se faisait aucune illusion sur ce que la vie conventuelle était dans bien des cloîtres, oisive, peu édifiante, peu mortifiée, remplie de petites jalousies et de commérages.

Lorsqu'il annonça l'histoire de la Religieuse, vers 1734, sa fille avait treize ans, c'est-à-dire l'âge de commencer un noviciat dans ce couvent du Thrésor, où elle devait prendre le voile. Avec les idées qu'il vient de laisser voir, cette vocation, qu'il ne pouvait contrarier, car sa pauvreté ne lui permettait pas de doter sa fille pour le mariage, dut lui causer une vive douleur. Il avait sans doute rêvé pour elle les joies du monde, et il se voyait forcé de l'ensevelir dans une de ces maisons qu'il connaissait trop bien pour l'y voir entrer sans inquiétude. Et même, y avait-il vocation chez Mlle de Marivaux? N'était-ce pas une triste nécessité qui lui faisait embrasser le seul parti que la société d'alors laissât à une jeune fille pauvre et bien née ? Ou encore, n'était-elle point victime d'une sorte de captation ? On ne peut que suppléer par des

---

1. *La Vie de Marianne*, troisième partie. — On peut comparer aux religieux et religieuses de Marivaux, sans parler du rat de La Fontaine, le Père de la quatrième *Provinciale*, dans Pascal, et le théatin de Voltaire dans *Jeannot et Collin*.

suppositions à l'absence de tout renseignement précis ; mais la manière dont Marivaux, en 1742 [1], lorsque le sacrifice est consommé, présente l'histoire de la Religieuse, laisse croire qu'en l'écrivant il épanchait une douleur intime.

Désolée de l'abandon de Valville, Marianne songe à prendre le voile, lorsqu'une sœur, dont elle est l'amie, l'en dissuade vivement et lui raconte sa propre histoire. Cette religieuse s'appelait, dans le monde, Mlle de Tervire ; orpheline de bonne heure, elle était l'objet d'une vive amitié de la part de Mme de Sainte-Hermières, riche veuve, « à qui un assez grand air de bonté, une vie régulière, des mœurs qui paraissaient austères et des liaisons avec tous les dévots du pays attiraient l'estime de tout le monde ». Mme de Sainte-Hermières et ses amis n'étaient que de faux dévots ; mais cette « société de gens de bien » voulait faire de Mlle de Tervire une religieuse, car, dit la victime, « une fille de mon âge, et d'une aussi jolie figure qu'on disait que je l'étais, ne lui aurait pas fait peu d'honneur de s'aller jeter dans un couvent au sortir de ses mains [2] ».

La veuve n'épargne donc rien pour réussir, associant la jeune fille à tous ses exercices de piété et la conduisant fréquemment dans une communauté de femmes :

Elle y avait une parente qui était instruite de ses desseins et qui s'y prêtait avec toute l'adresse monacale, avec tout le zèle malentendu dont elle était capable. Je dis malentendu, car il n'y a rien de plus imprudent, et peut-être rien de moins pardonnable que ces petites séductions qu'on emploie en pareil cas, pour faire venir à une jeune fille

---

1. Époque où paraissent les neuvième, dixième et onzième parties, contenant l'histoire de la Religieuse.
2. *La Vie de Marianne*, neuvième partie.

l'envie d'être religieuse. Ce n'est pas en agir de bonne foi avec elle ; et il vaudrait mieux lui exagérer les conséquences de l'engagement qu'elle prendra, que de l'empêcher de les voir, ou que de les lui déguiser si bien qu'elle ne les connaît pas.

Secondée par les autres sœurs, l'amie de Mme de Sainte-Hermières attire peu à peu Mlle de Tervire, en la comblant de prévenances et de caresses, qui ne doivent pas survivre à la prise d'habit; moyens de pieuse séduction, qu'on abandonne dès qu'ils ont produit leur effet :

Il fallait voir, raconte Mlle de Tervire, comme ma religieuse me serrait les mains dans les siennes, avec quelle sainte tendresse elle me parlait et jetait les yeux sur moi. Après cela venaient encore deux ou trois de ses compagnes aussi caressantes qu'elle, et qui m'enchantaient par la douceur des petits noms qu'elles me donnaient, et par leurs grâces simples et dévotes; de sorte que je ne les quittais jamais que pénétrée d'attendrissement pour elles et pour leur maison [1].

Mais un jour, dans ce même couvent, une des religieuses, à la suite d'une conversation, qui, peu à peu, est allée jusqu'à l'épanchement, tient à Tervire le langage que Tervire elle-même tiendra plus tard à Marianne :

Vous voulez vous faire religieuse? et les caresses de nos sœurs, l'accueil qu'elles vous font, les discours qu'elles vous tiennent,... les insinuations de Mme de Sainte-Hermière, tout vous y porte, et vous allez vous engager dans notre état sur la foi d'une vocation que vous croyez avoir et que vous n'auriez peut-être pas sans tout cela. Prenez-y garde! J'avoue, si vous êtes bien appelée, que vous vivrez tranquille et contente; mais ne vous en fiez pas aux dispositions où vous vous trouvez, elles ne sont pas assez sûres, je vous en avertis; peut-être cesseront-elles avec les

---

[1]. *La Vie de Marianne*, neuvième partie.

circonstances qui vous les inspirent à présent, mais qui ne font que vous les prêter; et je ne saurais vous dire quel malheur c'est pour une jeune fille de votre âge de s'y être trompée, ni jusqu'où ce malheur-là peut devenir terrible pour elle [1].

Et la malheureuse, victime d'une fausse vocation, raconte son malheur à Tervire menacée du même danger :

C'est à votre âge que je suis entrée ici; on m'y mena d'abord comme on vous y mène; je m'y attachai comme vous à une religieuse dont je fis mon amie, ou, pour mieux dire, caressée par toutes celles qui y étaient, je les aimai toutes, je ne pouvais m'en séparer.... Je n'imaginais rien de plus doux que d'être du nombre de ces bonnes filles qui m'aimaient tant, pour qui ma tendresse était une vertu, et avec qui Dieu me paraissait si aimable, avec qui j'allais le servir dans une paix si délicieuse. Hélas! quelle enfance! Je ne me donnais pas à Dieu; ce n'était point lui que je cherchais dans cette maison; je ne voulais que m'assurer la douceur d'être toujours chérie de ces bonnes filles, et de les chérir moi-même; c'était là le puéril attrait qui me menait, je n'avais point d'autre vocation. Personne n'eut la charité de m'avertir de la méprise que je pouvais faire, et il n'était plus temps de me dédire quand je connus toute la mienne. J'eus cependant des ennuis et des dégoûts sur la fin de mon noviciat; mais c'étaient des tentations, venait-on me dire affectueusement, et en me caressant encore. A l'âge où j'étais on n'a pas le courage de résister à tout le monde; je crus ce qu'on me disait, tant par docilité que par persuasion; le jour de la cérémonie de mes vœux arriva, je me laissai entraîner, je fis ce qu'on me disait: j'étais dans une émotion qui avait arrêté toutes mes pensées; les autres décidèrent de mon sort, et je ne fus moi-même qu'une spectatrice stupide de l'engagement éternel que je pris [2].

Pour compléter l'impression de cette triste histoire, en ouvrant un nouveau jour sur les misères

---

1. *La Vie de Marianne*, neuvième partie.
2. Comp. Bourdaloue, *Sermon sur les devoirs des pères par rapport à la vocation des enfants*, édit. Didot, t. I, p. 406.

que cachait le cloître, Marivaux prête à celle qui vient de parler avec cette effusion et cette douloureuse éloquence, l'aveu d'une autre souffrance. Elle est en proie à une passion criminelle : elle aime un abbé de la société de Mme de Sainte-Hermières, et cet abbé a parlé d'enlèvement. La malheureuse, torturée par le remords, incapable de résister à son séducteur s'il renouvelle sa proposition, implore le secours de Tervire. Que celle-ci voie l'abbé et le détourne d'un projet insensé[1].

Après cette double confidence, Tervire se trouve « entièrement guérie de l'envie d'être religieuse », « guérie à un tel point, dit-elle, que je tressaillais en réfléchissant que j'avais pensé l'être et qu'il s'en était peu fallu que je n'en eusse donné ma parole ». Elle fait part de ce revirement à Mme de Sainte-Hermières et à son entourage. Quel changement « en un clin d'œil » !

> Aux manières qu'on eut avec moi dès cet instant, je ne reconnus plus personne de cette société ; c'était comme si j'avais vécu avec d'autres gens ; ce n'était plus eux, ce n'était plus moi. De cette dignité où je m'étais vue parmi eux, il n'en fut plus question ; de ce respectueux étonnement pour mes vertus, de ces dévotes exclamations sur les grâces dont Dieu favorisait cette jeune et vénérable prédestinée, il n'en resta pas vestige et je ne fus plus qu'une personne fort ordinaire qui avait d'abord promis quelque chose, mais à qui on s'était trompé[2].

Que cette histoire soit l'écho d'un drame intime de la vie de Marivaux, ou simplement une étude de mœurs désintéressée, il est curieux de voir notre auteur devancer encore Diderot, et cette fois sur un terrain où l'on s'attendait encore moins à rencontrer

---

1. *La Vie de Marianne,* neuvième partie.
2. *Ibid.*

Marivaux que sur celui du drame bourgeois. L'histoire de Tervire ressemble, d'une manière frappante, à cette fameuse *Religieuse*[1], qui vaut encore à Diderot tant d'invectives et tant d'enthousiasmes. La ressemblance est même si particulière en plusieurs passages[2], que, si l'on ne savait combien Diderot répugnait à imiter, on serait tenté de le croire redevable à Marivaux d'un assez grand nombre de situations et d'idées. Mais ces rencontres, purement fortuites, tiennent au sujet même.

Au reste, les deux ouvrages se distinguent essentiellement par le ton, la marche et le but. Bien que Marivaux ait des blâmes énergiques pour les excès qu'il signale, jamais il ne va jusqu'à la violence passionnée; il fait œuvre d'observateur, non de pamphlétaire. Diderot, malgré de visibles efforts pour contenir sa haine philosophique, ne peut la dissimuler tout à fait, et déclame parfois au lieu de raconter. Marivaux abandonne sa religieuse une fois l'habit revêtu, et ne franchit pas avec elle la porte du cloître. Il étudie plutôt l'adresse astucieuse avec laquelle une vocation est trompée sur elle-même, que les souffrances et les égarements qui en résultent. Le sacrifice consommé, il n'en montre les conséquences qu'incidemment, par une allusion aux passions coupables que la vie claustrale peut exciter dans une âme faible et endolorie. Il abandonne même le plan qu'il semblait d'abord vouloir suivre : au lieu de faire entrer Mlle de Tervire, elle aussi, au

1. Écrite en 1760, publiée en 1796.
2. La mère des novices dans Diderot procède comme, dans Marivaux, la religieuse amie de Mme de Sainte-Hermières; la prise d'habit dans Diderot est le développement très énergique, un peu forcé, de la triste réflexion que vient de faire à Mlle de Tervire la religieuse de Marivaux, etc.

couvent où elle ira certainement, puisque Marianne l'y a trouvée, il perd bientôt de vue ce but primitif de son récit et s'égare dans une série d'aventures romanesques. Diderot, plus logique, est aussi plus complet. Il pénètre dans le cloître et observe d'un œil hardi tout ce qui s'y passe, osant tout dire, et traversant, avec la sœur Suzanne, toutes les phases de souffrances, de persécutions, de désordres qui peuvent s'y rencontrer. Le but enfin est tout différent. Marivaux n'était pas hostile au principe même des couvents, du moins il ne laisse voir contre eux aucune animosité d'opinion : il aurait simplement voulu plus de franchise, de sérieux et de prudence dans la manière dont ils se recrutaient. En tournant en ridicule l'égoïsme et le goût de bien-être d'un trop grand nombre de religieuses, il ne présentait pas ces vices comme la conséquence fatale de la vie conventuelle; il usait simplement d'un droit de moraliste, en attaquant une hypocrisie d'autant plus blâmable qu'elle se cachait sous des dehors plus dignes de respect. Diderot, au contraire, désirait la destruction des couvents; il voyait en eux des foyers secrets d'horribles désordres et des repaires de cruauté, dans la vie claustrale un état contre nature qui révoltait la raison, la morale et l'humanité.

De cette différence dans la conception et l'exécution d'un même sujet, résultent, pour Marivaux comme pour Diderot, des causes d'infériorité et de supériorité réciproques. Diderot, soutenu par une conviction sincère, a écrit une œuvre d'un intérêt poignant, d'une franchise et d'une audace terribles. Son récit, nerveux, concis, rapide, d'un dramatique sombre, va droit au but, sans longueurs, sans ornements inutiles, sévère et pratique comme une arme de combat. Marivaux, plus ému cette fois et moins raisonneur que d'ordinaire, moins complaisant pour son propre talent, conserve cependant ses habitudes d'artiste aussi occupé de la forme que du fond, et, n'ayant pas de but arrêté d'avance, abandonne son sujet après une partie vivement conduite. D'autre part, le procédé polémique de Diderot l'entraîne à des excès inévitables. Il montre les couvents avides et corrompus, non seulement parce qu'il les juge tels, mais parce qu'il veut les rendre odieux; il pousse au noir son tableau, il exagère et fausse la réalité; il souffle à sa religieuse un parti pris de révolte, qui la rend moins intéressante en la montrant parfois malheureuse par sa faute; il mêle aux plaintes de sœur Suzanne les déclamations, les invectives, jusqu'aux expressions de la philosophie. Marivaux, n'ayant pas de thèse à soutenir, ne donne pas dans les excès d'un acte d'accusation. S'il n'a pas, comme Diderot, la phrase courte et pleine, il n'a pas non plus cet étalage de doctrine, si déplaisant dans un roman lorsque la fièvre d'opinion d'où il est sorti vient à tomber, et que le lecteur, désintéressé des luttes passées, s'attache uniquement à l'intérêt humain du récit. *La Religieuse* de Diderot, œuvre supérieure, irrite souvent comme une injustice; celle de Marivaux, beaucoup moins forte, intéresse en elle-même comme une étude de mœurs, juste et vraie dans sa mesure.

Marivaux n'a pas étudié la fausse dévotion dans les seuls couvents; il y a dans ses romans toute une galerie d'hypocrites, crayonnée chemin faisant en quelques traits spirituels, depuis le faux dévot inoffensif, d'une hypocrisie douce et presque innocente, jusqu'au faux dévot orgueilleux et enfiellé, tout brûlant de la méchanceté propre à l'espèce. De plus, il a consacré à l'hypocrite un grand portrait de caractère, M. de Climal, belle étude digne de soutenir la comparaison avec le terrible Tartufe et le très ingénieux Onuphre. On s'étonnera peut-être qu'avec ses sentiments chrétiens, il ait donné tant de place dans ses romans à un vice dont la peinture trop hardie peut chagriner la piété elle-même, et bien moins répandu au XVIII⁰ siècle qu'au temps de Molière et de La Bruyère. Mais c'est justement parce qu'il était un croyant sincère, comme La Bruyère (je ne parle pas de Molière, dont le christianisme est au moins douteux), qu'il déteste et démasque l'hypocrisie. En outre, il ne faudrait pas croire que la fausse dévotion, l'intolérance et les querelles religieuses eussent fini avec le règne de Louis XIV : la lutte persistante des jansénistes et des jésuites, les excès de la direction spirituelle, bien des scandales religieux, la guerre entre les philosophes et l'Église, faisaient de l'hypocrisie un sujet d'observation toujours présent ; enfin, on vient de voir que, peut-être, Marivaux avait eu à en souffrir personnellement.

Au reste, il a bien soin de marquer qu'il s'attaque aux faux-semblants de la dévotion et non pas à la dévotion elle-même ; il distingue expressément les « dévots », qu'il ne peut souffrir, des « pieux », qu'il aime et respecte : « Je ne parle jamais que des dévots, dit-il ; je mets toujours les pieux à part [1]. » Molière [2] avait dit la même chose par la bouche de Cléante

1. Dans le sens qu'il attribue aux deux mots *pieux* et *dévot*, Marivaux ne fait pas une distinction arbitraire, du moins à l'époque où il écrivait. *Pieux* n'a été pour ainsi dire jamais été pris en mauvaise part ; au contraire, à partir de la fin du XVII⁰ siècle, *dévot* reçoit une signification défavorable, même sans l'épithète de *faux* ; c'est en effet le moment où la dévotion devient une industrie. Voir les exemples du dictionnaire de Littré.
2. *Tartufe*, acte I, sc. v.

et avec moins de sincérité peut-être ; Marivaux tient à ce qu'il n'y ait pas de confusion possible et développe ainsi sa pensée :

Les dévots fâchent le monde, et les gens pieux l'édifient ; les premiers n'ont que les lèvres de dévotes, c'est le cœur qui l'est dans les autres : les dévots vont à l'église simplement pour y aller, pour avoir le plaisir de s'y trouver, et les pieux pour y prier Dieu ; ces derniers ont de l'humilité, les dévots n'en veulent que dans les autres. Les uns sont de vrais serviteurs de Dieu, les autres n'en ont que la contenance. Faire oraison pour se dire : « Je la fais » ; porter à l'église des livres de dévotion, pour les manier, les ouvrir et les lire ; se retirer dans un coin, s'y tapir, pour y jouir superbement d'une posture de méditatif ; s'exciter à des transports pieux, afin de croire qu'on a une âme bien distinguée, si on en attrape ; en sentir, en effet, quelques-uns, que l'ardente vanité d'en avoir fait naître, et que le diable, qui ne les laisse manquer de rien pour les tromper, leur donne ; revenir de là tout gonflé de respect pour soi-même, et d'une orgueilleuse pitié pour les âmes ordinaires ; s'imaginer ensuite que l'on a acquis le droit de se délasser de ses saints exercices par mille petites mollesses qui soutiennent une santé délicate : tels sont ceux que j'appelle des dévots, de la dévotion desquels le malin esprit a tout le profit, comme on le voit bien [1].

Quant à cette haine propre aux dévots, et « qu'ils prennent contre vous comme une preuve que vous ne valez rien », haine classique [2], Marivaux en complète à son tour la peinture par quelques touches énergiques :

En vérité, il n'y a de mouvements si violents que chez ces personnes-là ; il n'appartient qu'à elles d'être passionnées ; peut-être qu'elles croient être assez bien avec Dieu pour prendre ces licences-là sans conséquence, et qu'elles s'imaginent que ce qui est péché pour nous autres profanes

---

1. *Le Paysan parvenu*, première partie.
2. Voir Rabelais, liv. V, chap. VIII, et Molière, *Tartufe*, I, v, *Don Juan*, V, III.

change de nom et se purifie en passant par leur âme. Enfin je ne sais pas comment elles l'entendent, mais il est sûr que la colère des dévots est terrible [1].

Voici d'abord deux dévotes, au premier aspect également inoffensives, en réalité très différentes, car l'une reste bonne jusqu'à la fin, et l'autre, à la première contrariété, laisse voir un caractère despote et méchant. Ce sont les demoiselles Habert, qui demandent à la dévotion une occupation bienséante de leurs loisirs de vieilles filles et le moyen de satisfaire en toute paix de conscience leur goût de commérage, de paresse et de vanité. Elles « se dédommagent des péchés qu'elles ne font pas par le plaisir de savoir les péchés des autres »; avec cela, très amies du bien-être et finement gourmandes. Dans leur maison, simple et propre, mais où « tout paraît bien étoffé », « on eût dit que chaque chambre était un oratoire; l'envie d'y faire oraison prenait en y entrant; tout y invitait l'âme à goûter la douceur d'un saint recueillement ». Marivaux les montre à table, et leur repas est une excellente scène de comédie : « Dieu exige-t-il qu'on devienne malade? Ne peut-on le servir sans se tuer? Le servirez-vous mieux quand vous aurez perdu la santé et que vous vous serez mise hors d'état d'aller à l'église? Ne faut-il pas que notre piété soit prudente? N'est-on pas obligé de ménager sa vie pour louer Dieu, qui nous l'a donnée, le plus souvent possible? » Elles mangent donc, et des plats « d'une finesse et d'une cuisson parfaites », mais avec des mines mortifiées, jouant négligemment de la fourchette, trouvant « l'une tout fade, l'autre tout trop salé », n'ayant pas d'appétit : « du moins on ne voyait pas celui qu'elles avaient; il

---

1. *Le Paysan parvenu*, troisième partie.

escamotait les morceaux ; ils disparaissaient, sans qu'il parût presque y toucher. » Après le dîner, une petite prière en commun, « avec des tons que le sentiment du bien-être rendait extrêmement pathétiques », et une conversation édifiante, « sur le sermon du jour ou de la veille, dont elles trouvaient le sujet admirablement convenable pour monsieur ou madame une telle », jamais pour elles-mêmes.

Catherine, la cuisinière des bonnes demoiselles, est digne de les servir ; dévote, elle aussi, mais dévote hardie, volontiers batailleuse, « grande, maigre, mise blanchement, et portant sur sa mine l'air d'une dévotion revêche, en colère et ardente, ce qui lui venait apparemment de la chaleur que son cerveau contractait auprès du feu de sa cuisine et de ses fourneaux, sans compter que le cerveau d'une dévote, et d'une dévote cuisinière, est naturellement sec et brûlé [1]. »

L'arrivée de Jacob au milieu de ces trois femmes est une cause immédiate de discorde. Mlle Habert cadette, qui a quarante-cinq ans, mais dont un célibat prolongé n'a pas éteint les facultés aimantes, trouve le jeune homme fort à son goût. Mlle Habert aînée, au contraire, absolument incapable de tendresse, devine les secrets sentiments de sa sœur et veut renvoyer l'intrus. Catherine enfin le prendrait volontiers comme un remplaçant de « défunt Baptiste », à qui il ressemble « comme deux gouttes d'eau » et qu'elle « a pensé épouser ». Le ménage des deux sœurs, si longtemps uni, se dissout après une scène violente : Mlle Habert cadette s'en va avec Jacob, Mlle Habert aînée poursuit les deux complices avec acharnement devant toutes les juridictions, spirituelle et temporelle [2].

1. *Le Parvenu paysan*, première partie.
2. *Ibid.* Voir encore, dans *le Paysan parvenu*, quatrième

Cette brouille est d'autant plus enflammée et la séparation des deux sœurs plus rapide, qu'un tiers se charge d'attiser le feu, M. Doucin, le directeur de ces demoiselles. Marivaux n'aimait pas les directeurs ; il les incarne dans ce M. Doucin, avec tant de malice et de vérité qu'on dirait, encore une fois, le résultat d'une expérience personnelle et la satisfaction d'un ressentiment. Aurait-il souffert des directeurs dans la tranquillité de son affection conjugale et paternelle [1] ?

On sait ce qu'il fallait entendre aux deux derniers siècles par directeurs de conscience. C'étaient de savants prêtres, experts en casuistique, et qui se chargeaient de diriger des pénitentes dans la voir du salut, non pas en recevant leurs confessions, mais en les éclairant, par une vigilante tutelle, sur les incertitudes de la doctrine et de la pratique religieuses. Les confesseurs étaient distincts des directeurs, et, dit Sainte-Beuve, « en eux-mêmes réputés assez indifférents, n'étant là en quelque sorte que pour l'œuvre du sacrement [2] ». Dès le premier quart du XVII° siècle, la direction spirituelle entre dans les mœurs de la noblesse et de la bourgeoisie ; toute femme, pour peu qu'elle soit scrupuleuse et pratiquante, a son directeur. Parmi ces directeurs, jé-

---

partie, un autre type de dévote, la femme du plaideur que Jacob rencontre dans le voyage à Versailles. Celle-ci montre en action le plus odieux et le plus funeste des bigotismes, celui qui empoisonne l'existence conjugale.

1. On remarquera que *le Paysan parvenu* est de 1735, c'est-à-dire antérieur de sept ans à l'histoire de la Religieuse, mais contemporain de l'époque où Marivaux songe pour la première fois à celle-ci et l'annonce. Ainsi la peinture des directeurs trop habiles à provoquer les vocations incertaines, vient logiquement avant celle des religieuses malgré elles.

2. *Port-Royal*, t. III, p. 29, note.

suites ou jansénistes, beaucoup étaient très estimables, de morale plutôt sévère que relâchée; quelques-uns, les jansénistes, affectaient même, on le sait, une sévérité digne des premiers temps de l'Église. Mais l'institution ne conserva pas son caractère primitif. Peu à peu la direction s'étendit des intérêts spirituels aux intérêts matériels; le directeur fut le conseiller de toutes les heures et prit, dans la vie des femmes, une influence absorbante. A la fin du siècle, les abus de la direction frappaient tous les yeux. La Bruyère observait qu'elle ne rendait les femmes ni plus occupées de leurs maisons, ni mieux réglées dans leur conduite, ni plus égales dans leur humeur, et il concluait sèchement : « Le capital pour une femme n'est pas d'avoir un directeur, mais de vivre si uniment qu'elle s'en puisse passer ». Quant aux directeurs eux-mêmes, il les traitait avec la dernière sévérité. Il les accusait, avec une rude franchise, de ne voir dans le « ministère des âmes » qu'une source d'avantages matériels [1].

Marivaux n'exprime pas d'antipathie aussi nette. Il ne voudrait, dit-il, « scandaliser personne et donner à penser qu'il raille indirectement l'usage où l'on est de donner sa conscience à gouverner à ce qu'on appelle des directeurs et de les consulter sur toutes ses actions ». Il trouve cet usage « louable et sain en lui-même »; seulement, dit-il, « il y a des minuties dont les directeurs ne devraient pas se mêler aussi sérieusement qu'ils le font ». On peut croire à la sincérité de cette déclaration ; mais, si Marivaux admet une direction réduite à de justes limites, il raille avec un verve impitoyable les excès de la direction trop « minutieuse ».

---

1. *Des Femmes*, § 42, 45, 48.

Il incarne donc les directeurs envahissants en la personne de M. Doucin. Celui-ci est maître absolu chez les demoiselles Habert et dirige, avec un despotisme onctueux, non seulement leur conscience, mais leur maison. C'est « un assez petit homme, bien fait dans sa taille un peu ronde », avec « un teint frais, mais d'une fraîcheur reposée, l'œil vif, mais de cette vivacité qui n'a rien d'étourdi ni d'ardent ». Sa mine a « je ne sais quoi d'accommodant, d'indulgent et de consolant ». Ecclésiastique mondain, il n'a pas oublié « que la religion même veut qu'on observe sur soi une propreté modeste, afin de ne choquer les yeux de personne ». « Il excédait seulement un peu cette propreté de devoir; mais il est bien difficile d'en trouver le point juste; de sorte que notre ecclésiastique, contre son intention sans doute, avait été jusqu'à l'ajustement [1] ».

Le langage qu'il tient aux deux dévotes, aveuglément dociles jusqu'au jour de l'arrivée de Jacob, est un modèle de patelinage. Il ordonne le prompt renvoi de l'intrus, mais Mlle Habert cadette défend le pauvre garçon. M. Doucin est stupéfait : « D'où vient, dit-il, cet entêtement dans son sens, cet éloignement pour mes idées, elle que je n'ai jamais vue résister un instant aux conseils que ma conscience m'a dictés pour la sûreté de la sienne! Je n'aime point cette disposition d'esprit-là; elle m'est suspecte; on dirait que c'est un piège que le démon lui tend. » C'est bien le démon, en effet : l'amour parle dans le cœur de la dévote révoltée. Le directeur s'en va, furieux « d'un goût qui peut la dégoûter d'être dévote et puis d'être soumise; adieu l'autorité du directeur, et on aime à

---

1. *Le Paysan parvenu*, deuxième partie. — Comp. Boileau, satire *Sur les Femmes*, et Montesquieu, *Lettres Persanes*, XLVIII.

gouverner les gens; il y a bien de la douceur à les voir obéissants et attachés; à être leur roi, pour ainsi dire, et un roi souvent d'autant plus chéri, qu'il est inflexible et rigoureux. » Il essaye encore d'une tentative auprès de Jacob lui-même, lui remontrant avec douceur, « de la part de Dieu », qu'il est « une pierre de scandale », qu'il doit « se regarder comme l'instrument du démon », et s'en aller pour rétablir la concorde compromise. Jacob ne se laisse pas intimider et le directeur bat en retraite. Mais un faux dévot se venge toujours. Celui-ci entrave, par tous les moyens, le mariage du jeune homme avec Mlle Habert cadette [1], et, s'il ne tenait qu'à lui, le pauvre garçon expierait sa résistance en prison [2].

Il y aurait à signaler encore plusieurs petits portraits, très malicieux et très plaisants, de faux dévots mêlés à l'action de la *Vie de Marianne* et du *Paysan parvenu*; mais j'ai hâte d'arriver à la grande figure qui résume, chez Marivaux, les traits divers de l'hypocrisie religieuse, à M. de Climal. Celui-ci est digne de prendre place, à côté de Tartufe et d'Onuphre, dans cette longue galerie où nos auteurs comiques et satiriques ont rivalisé dans la peinture du plus redoutable de tous les vices, du plus odieux à notre caractère national.

M. de Climal est ce protecteur de Marianne, plusieurs fois rencontré déjà au cours de cette étude, faux dévot, faux bonhomme, faux bienfaiteur. L'hypocrisie n'est pas chez lui, comme chez Tartufe, un moyen de duper de vrais dévots, plus sincères qu'éclairés, ni, comme chez Onuphre, un levier d'ambition mesquine : c'est un moyen de satisfaire sans scandale

---

1. *Le Paysan parvenu*, deuxième partie.
2. Voir encore *Pièces détachées, Deuxième lettre à Mme **** et le *Spectateur français*, dix-neuvième feuille.

un besoin de débauche qui semble très impérieux. Tartufe et Onuphre sont probablement des sceptiques; M. de Climal, au contraire, à en juger surtout par son repentir et sa confession finale, semble avoir sinon de fortes croyances, au moins cette peur de l'enfer qui tient lieu parfois de morale et de foi. Ce n'est pas un rigoriste; homme du monde, il vit dans le luxe et le bien-être. La dévotion consiste pour lui en de scrupuleuses pratiques et des liaisons avec de respectables religieux, dont l'amitié est une garantie. Sous le manteau de cette dévotion sans austérité, il satisfait à la fois son besoin de considération sociale et ses passions. Quant à la crainte de l'enfer, il nourrit l'espérance qu'à l'heure de la mort une confession sincère lui permettra d'éviter la damnation.

Si M. de Climal n'était pas dominé par la tyrannie des sens, ce serait sans doute un honnête homme et un homme pieux. Marivaux, en effet, ne lui attribue aucune action douteuse, rien de l'avidité et de l'ingratitude de Tartufe, rien des tripotages d'intérêt dans lesquels Onuphre cherche son profit. S'il devient calomniateur, c'est qu'une aventure galante l'a jeté dans une impasse d'où il ne peut sortir qu'en perdant une innocente. Tout, au contraire, dans sa conduite, montre un homme dominé par un besoin de débauche, qu'il s'efforce de satisfaire en secret. Cette petite maison de faubourg, gouvernée par une matrone discrète et un homme d'affaires complaisant, où il veut installer Marianne, a dû cacher déjà bien des victimes d'amour. Elle est trop bien conçue et trop bien disposée pour ne servir qu'une fois; l'expérience en a certainement perfectionné l'organisation.

Donc, un bon religieux auquel M. de Climal a inspiré une aveugle confiance, lui amène Marianne pour la mettre en apprentissage, et l'on comprend que

M. de Climal a l'habitude de ces sortes de charités. Marianne a quinze ans et demi, elle est jolie à ravir, orpheline, sans connaissances à Paris; une coquetterie engageante pétille sur toute sa personne. Quelle occasion pour M. de Climal, et, en apparence, quelle facile victoire! Un peu de toilette, de petits cadeaux suffiront pour mener à bonne fin l'entreprise de séduction. A peine en carrosse avec sa protégée qu'il conduit chez Mme Dutour, M. de Climal devient galant et empressé, avec le plus singulier mélange de protection, de bienveillance paternelle, de convoitise affriandée, de sous-entendus équivoques. Il observe que Marianne a la main belle et fait arrêter la voiture pour acheter des gants qu'il lui essaye lui-même. Puis, il lui donne des conseils dans le goût de ceux-ci :

Vous êtes jeune et jolie, et ces deux belles qualités vont vous exposer aux poursuites du premier étourdi qui vous verra; vous feriez mal de l'écouter parce que cela ne vous mènerait à rien et ne mérite pas votre attention; c'est à votre fortune qu'il faut que vous la donniez, et à tout ce qui pourra l'avancer. Je sais bien qu'à votre âge on est charmée de plaire, et vous plairez même sans y tâcher, j'en suis sûr; mais du moins ne vous souciez point trop de plaire à tout le monde, surtout à mille petits soupirants, que vous ne devez pas regarder dans la situation où vous êtes.

Cette concurrence possible des « jeunes étourdis » est la grande peur de M. de Climal; il en reparlera.

Dans une première entrevue, il ne peut s'expliquer clairement; il installe donc Marianne chez Mme Dutour et revient trois jours après. Cette fois il s'avance davantage, baise la main de sa protégée, « d'une manière fort tendre », caresse ses cheveux, loue sa beauté, observant que « de si beaux cheveux et ce visage-là ne la laisseront manquer de rien », et que,

« pour lui, il ne leur refusera jamais rien ». Il l'emmène pour lui acheter du linge et des vêtements, le tout fort beau, et par ses regards, par ses propos, laisse de plus en plus deviner ses desseins. Marianne veut rester honnête; elle devrait donc l'arrêter, mais elle a résolu, grâce à un raisonnement très subtil, qui met son honnêteté en repos, de le laisser s'expliquer complètement[1]. M. de Climal devient très pressant et ses intentions très claires. Il s'enhardit, et, au retour, en descendant de voiture, il « appuie » un baiser sur l'oreille de Marianne. Celle-ci feint de prendre ce baiser pour un choc fortuit, et rentre chez Mme Dutour, sur cet adieu de M. Climal : « Allez, friponne, allez rendre votre cœur plus traitable et moins sourd; je vous laisse le mien pour vous y aider[2]. »

Voilà, ce semble, un début de séduction bien conduit, et jusqu'à présent, grâce au silence que garde la jeune fille, M. de Climal peut espérer en venir à ses fins. Il ne se doute pas, en effet, d'un sentiment qu'il inspire à Marianne et qui fera toujours échouer, en matière de séduction, les faux dévots et les faux bienfaisants, avec les femmes d'esprit droit et de cœur fier. Qu'est-ce que l'amour et l'abandon aux bras d'un amant, si ce n'est l'oubli involontaire de ces sentiments de pudeur et de vertu que les seuls mots de

1. « On m'a menée à lui comme à un homme charitable et pieux, il me fait du bien : tant pis pour lui si ce n'est pas dans de bonnes vues; je ne suis point obligée de lire dans sa conscience, et je ne serai complice de rien, tant qu'il ne s'expliquera pas; ainsi j'attendrai qu'il me parle sans équivoque. » (*La Vie de Marianne*, première partie.) Elle attend trop longtemps, et, plus tard, elle pourrait presque s'appliquer cette très juste réflexion : « Quand une fille, en pareil cas, serait sûre d'être toujours sage, la pratique de ces lâches maximes la déshonorerait pour toujours. Dans le fond, ce n'est plus avoir de l'honneur que de laisser espérer qu'on en manquera. » (*Ibid.*)
2. *La Vie de Marianne*, première partie.

religion et de piété rappellent dès qu'ils sont prononcés? Or, la religion, invoquée au moment où l'on veut provoquer la chute, n'est-elle point faite pour l'empêcher? En matière de séduction, le langage de l'hypocrisie ne peut réussir qu'avec une fausse dévote, nourrie elle aussi de distinctions, de *directions d'intention*, et toute heureuse de trouver, même en amour, les faux semblants religieux. Enfin, dès qu'un dévot parle d'amour, par cela seul qu'il en parle, son hypocrisie éclate, et il étale alors un tel fonds de bassesse et de fausseté qu'il inspire dégoût et mépris.

Si Marianne avait besoin d'être fortifiée dans sa ferme résolution de ne point céder, la rencontre de Valville, qu'elle aime du premier coup, suffirait à la protéger. Dès que les deux jeunes gens se sont vus, les projets de M. Climal sont ruinés; revenir à la charge, c'est s'exposer à la plus humiliante, à la plus dangereuse défaite. Il y revient cependant, et la grande scène de séduction commence.

Il est seul avec Marianne, un dimanche, dans l'arrière-boutique de Mme Dutour. Le moment lui semble opportun, d'autant qu'il ne peut plus différer : il sait que Marianne a vu Valville, et il se doute bien que, s'il ne réussit pas cette fois, l'amour vrai va lui faire une redoutable concurrence. M. de Climal débute donc par mettre une fois de plus Marianne en garde contre ces jeunes fous, qui n'ont ni cœur, ni honneur, qui ne cherchent qu'une rapide bonne fortune, et qui, après quelques petits présents, quelques galanteries, quelques rendez-vous, abandonnent leur dupe pour d'autres aventures [1]. Enfin, après avoir commis pour

---

1. Il y revient par trois fois et développe sur tous les tons la théorie que Régnier met dans la bouche de Macette, satire XIII. De même Molière, *Tartufe*, acte III, sc. III.

la vingtième fois la maladresse de rappeler à Marianne qu'elle est orpheline, sans fortune, sans espérance, qu'elle lui doit tout, il se déclare, sinon avec franchise du moins avec une parfaite clarté :

> Je suis riche, soit dit en passant; et je puis vous être d'un grand secours, pourvu que vous entendiez vos véritables intérêts, et que j'aie lieu de me louer de votre conduite; c'est de la prudence que j'entends, et non pas une certaine austérité de mœurs. Il n'est pas question ici d'une vie rigide et sévère, qu'il vous serait difficile, et peut-être impossible de mener; vous n'êtes pas même en situation de regarder de trop près à vous là-dessus. Dans le fond, je vous parle ici en homme du monde, entendez-vous? en homme qui, après tout, songe qu'il faut vivre, et que la nécessité est une chose terrible; ainsi, quelque ennemi que je vous paraisse de ce qu'on appelle *amour*, ce n'est pas contre toutes sortes d'engagements que je me déclare; je ne vous dis pas de les fuir tous : il y en a d'utiles et de raisonnables, de même qu'il y en a de ruineux et d'insensés, comme le serait celui que vous prendriez avec mon neveu, dont l'amour n'aboutirait à rien qu'à vous ravir tout le fruit du seul avantage que je vous connaisse, qui est d'être aimable.

La singulière déclaration d'amour! Tout cela est-il assez faux, assez maussade, d'une maladresse lourdement répétée et comme assénée?

Marianne, qui feint toujours de ne pas comprendre, répond que ce sont là de bons conseils et qu'elle se fera une loi « de suivre en tout ceux d'un homme aussi pieux » : « Laissons-là ma piété, répond l'hypocrite. Encore une fois; je mets ici la religion à part; je ne vous prêche point, ma fille, je vous parle raison. » Mais, comme Elmire, Marianne tient à cette piété, elle s'en fait une arme défensive. Force est bien à M. de Climal, puisqu'on la lui oppose toujours, de l'expliquer, et, s'il se peut, d'en tirer parti. Jusqu'à présent il ne ressemblait pas trop à Tartufe, mais, au point où en sont les choses, il ne peut que copier son devancier ; en de certaines situations, l'hypocrisie n'a qu'un langage à son service : « Il n'y a point d'ami, vient-il de dire, qui vaille un amant comme moi. » Le mot est lâché, et Marianne, obligée d'entendre enfin et de comprendre, s'écrie : « Vous, mon amant! vous, monsieur! je ne m'y attendais pas. »

Hélas ! ni moi non plus, répond M. de Climal ; ceci est une affaire de surprise, ma fille.... Je suis né avec un cœur sensible aux misères d'autrui, et je m'imaginais n'être que généreux en vous secourant, que compatissant, que pieux même, puisque vous me regardez aussi comme tel ; et il est vrai que je suis dans l'habitude de faire tout le bien qu'il m'est possible. J'ai cru d'abord que c'était de même avec vous ; j'en ai agi imprudemment dans cette confiance, et il m'en est arrivé ce que je méritais ; c'est que ma confiance a été confondue ; car je ne prétends pas m'excuser, j'ai tort ; il aurait été mieux de ne pas vous aimer, j'en serais plus louable, assurément ; il fallait vous craindre, vous fuir, vous laisser là ; mais d'un autre côté, si j'avais été prudent, où en seriez-vous, Marianne? dans quelles affreuses extrémités alliez-vous vous trouver? voyez combien ma petite faiblesse ou mon amour (comme il vous plaira de l'appeler) vient à propos. Ne semble-t-il pas que c'est la Providence qui permet que je vous aime et qui vous tire d'embarras à mes dépens?... C'est un petit mal qui fait un grand bien, un bien infini.

Et il revient, avec complaisance, d'un ton de caresse paternelle odieux en un pareil moment, sur la théorie qu'il indiquait à Marianne dès leur premier entretien :

On n'exige pas qu'une belle fille n'ait point d'amant ; au contraire, n'en eût-elle point, on lui en soupçonne, et il lui sied mieux d'en avoir qu'à une autre, pourvu que rien n'éclate, et qu'on puisse toujours penser, en la voyant, que c'est un grand bonheur que d'être bien venu d'elle : or, ce n'en est plus un quand elle est décriée.

Avec M. de Climal, une jeune fille n'a rien de tel à craindre : « Vous sentez bien, dit-il, que, du caractère dont je suis, votre réputation ne court aucun hasard. » Puis, il explique ses petits arrangements, la vie décente, presque honnête, que Marianne trouvera dans sa petite maison. Du jour de son entrée, elle y recevra « un petit contrat de cinq cents livres de rente. » « Ah! Monsieur, s'écrie Marianne, on ne vous connaît donc pas; ce religieux qui m'a mené à vous m'avait dit que vous étiez un si honnête homme! »

M. de Climal, sur cette réponse, devrait s'apercevoir que la partie est perdue. Mais la passion l'aveugle et il n'a plus à rougir de rien. Il ne recule donc pas devant une hypocrisie nouvelle, et il explique comment il restera, malgré tout, honnête et pieux, avec une tranquillité, une candeur, et, si l'on peut dire, une bonhomie, telles que, cette fois, l'odieux du personnage disparaît; on n'en voit plus que le ridicule :

> Hélas! lui-même, s'il savait mon amour, n'en serait point si surpris que vous vous le figurez et n'en estimerait pas moins mon caractère ; il vous dirait que ce sont là de ces mouvements involontaires qui peuvent arriver aux plus honnêtes gens, aux plus raisonnables, aux plus pieux;... qu'il n'y a point de faute aussi pardonnable que la mienne.... C'est une faiblesse et non pas un crime, et une faiblesse à laquelle les meilleurs cœurs sont sujets.... Ce religieux, dites-vous, a prétendu vous adresser à un homme vertueux; aussi l'ai-je été jusqu'ici; aussi le suis-je encore, et, si je l'étais moins, je ne vous aimerais peut-être pas.... C'est pour avoir été généreux, pour vous avoir trop plainte que je vous aime; et vous me le reprochez! moi dont la tendresse... est un présent que le hasard vous fait! dont le ciel, qui se sert de tout, va se servir aujourd'hui pour changer votre sort.

Cette fois, M. de Climal ne peut plus rien ajouter; il est au bout de sa casuistique; il faut, pour la vraisemblance, pour l'art même, qui a ses limites, que la situation finisse. L'entrée soudaine de Valville, qui surprend son oncle aux pieds de Marianne, frappe l'hypocrite de stupeur. En pareille occurrence, Tartufe se redresse, la menace à la bouche ; M. de Climal est anéanti : « Plus d'action, plus de présence d'esprit, plus de parole ; jamais hypocrite confondu ne fit moins mystère de sa honte, ne la laissa contempler plus à l'aise, ne plia de meilleure grâce sous le poids de son iniquité, et n'avoua plus franchement qu'il était un misérable [1]. »

Désormais, il doit disparaître ; il n'a pas les terribles moyens dont Tartufe s'était prémuni pour se venger d'Orgon et d'Elmire. Les aurait-il que, sans doute, il ne les emploierait pas ; encore une fois, il s'en tient aux petites bassesses ; il ne va point jusqu'au crime, avec la méchanceté grandiose de son devancier. Nous ne le revoyons qu'à son lit de mort, tremblant à l'idée qu'il va comparaître devant Dieu, et faisant, avec une incontestable sincérité, une confession publique et complète de « ses erreurs [2] ». Mais cette confession, très émouvante en elle-même, et dont Marivaux attendait pour son héros, non seulement l'absolution du prêtre, mais aussi le pardon du lecteur, nous laisse entièrement froids. Par la conduite antérieure du personnage, nous avions deviné ses secrètes espérances. Croyant, mais vicieux, accommodant avec lui-même et rusant avec la morale religieuse, il comptait, pour tout racheter, sur une dernière heure que lui laisserait sans doute la miséricorde divine. Ce calcul nous répugnait, et maintenant, devant ce repentir trop intéressé, nous ne voulons pas être dupes. Tout ce que peut obtenir M. de Climal, c'est

---

1. *La Vie de Marianne*, troisième partie.
2. *Ibid.*, cinquième partie.

la pitié; il n'y a plus d'estime possible pour ce malheureux, chez qui la dévotion n'était qu'un auxiliaire de la débauche, le repentir qu'un subterfuge prévu depuis longtemps, la foi qu'un calcul à l'égard de Dieu [1].

En traçant le portrait de M. de Climal, Marivaux, qui faisait peu de cas de Molière, aurait cédé, s'il faut en croire ses contemporains [2], à la même tentation que La Bruyère dans le portrait d'Onuphre, celle de corriger Tartufe. On pourrait appliquer à M. de Climal ce que Sainte-Beuve disait d'Onuphre : « Ce n'est qu'une ingénieuse reprise et une réduction du même personnage à un autre point de vue, au point de vue du *portrait* et non plus à celui de la scène [3] ». Le théâtre veut des personnages vivants et agissants; le roman et les études morales se contentent de portraits. Marivaux pensait peut-être, comme La Bruyère, que Tartufe va trop vite, qu'un hypocrite a plus de mesure et d'adresse, n'exagère rien, prend mieux ses précautions, etc. Aussi, comme La Bruyère, s'efforce-t-il de corriger le type créé par Molière. Par exemple, dans la déclaration de M. de Climal, les transitions sont

---

1. Je dois dire que, depuis Duviquet jusqu'aux récents critiques de Marivaux, la confession finale de M. de Climal a fait apprécier son caractère avec beaucoup plus d'indulgence. Voir Duviquet, t. VI, p. 121; de Lescure, *Éloge,* p. 102; C. Gossot *Marivaux moraliste,* p. 81.

2. « Il avait pour ce comique incomparable une invincible antipathie; il en convenait même de bonne foi. » (*Vie de Marivaux.* p. 7, dans la *Galerie française.*) « Il avait le malheur de ne pas estimer beaucoup Molière, et le malheur plus grand de ne pas s'en cacher. Il ne craignait pas même, quand on le mettait à son aise sur cet article, d'avouer naïvement qu'il ne se croyait pas inférieur à ce grand peintre de la nature. Il prétendait, par exemple, que le dévot M. de Climal, dont il a en effet si bien tracé le patelinage dans le roman de *Marianne,* était un caractère beaucoup plus fin que le *Tartufe.* » (D'Alembert, p. 590.)

3. *Port-Royal,* t. III, p. 292.

mieux observées que dans celle de Tartufe, le passage du langage dévot aux propositions de débauche mieux ménagé ; bien des traits de Molière sont de la sorte effacés ou redressés. Erreur excusable chez un peintre de caractère, mais impardonnable chez un romancier doublé d'un auteur dramatique. Marivaux aurait dû se rappeler que le théâtre est soumis à des lois particulières : le temps y est mesuré ; par suite, il faut aller vite, négliger les menus détails, peindre à grands traits, frapper vivement l'esprit. A la scène, M. de Climal serait trop minutieux et façonnier ; par exemple, sa longue scène finale avec Marianne, si attachante à la lecture, paraîtrait diffuse et sans relief. Rappelons-nous cependant les procédés dramatiques de Marivaux et nous comprendrons son erreur ; même au théâtre il se tient plus dans le menu détail que dans la grande ligne, il procède par gradations insensibles, il ne marche pas d'une allure rapide et droite. Pouvait-il comprendre le procédé tout différent de Molière ?

Mais surtout, M. de Climal, inférieur à Tartufe par l'exécution, l'est aussi par la conception. Ce n'est, après tout, je l'ai dit, qu'un faux bonhomme, pas un méchant homme ; c'est un vieux débauché, jaloux de considération, et qui trouve dans la dévotion un moyen de concilier ses vices avec son désir de bonne renommée ; un homme faible, qui croit, malgré ses fautes, mais qui, par un sophisme de conscience, espère éviter le châtiment éternel par un repentir *in extremis*. Tartufe, au contraire, a la grandeur d'un vrai scélérat ; athée, peut-être, comme don Juan, il est sans scrupules et sans remords comme lui, avec cette différence que don Juan marche à visage découvert, avec l'impudence railleuse du gentilhomme, tandis que Tartufe, le masque sur la figure, rampe et manœuvre dans l'ombre ; au demeurant, même indifférence morale, même cruauté impassible. M. de Climal mourant pleure amèrement sa faute; Tartufe, dans sa prison, a dû rejeter son masque désormais inutile, à moins que l'indomptable ténacité du faux dévot ne l'ait soutenu par l'espoir d'une revanche lointaine; s'il est mort, il a dû mourir la rage dans le cœur.

Inférieur à Molière dans cette peinture de l'hypocrite, Marivaux me semble reprendre le dessus avec La Bruyère. D'abord, M. de Climal, moins vivant que Tartufe, est plus vivant qu'Onuphre. Si le roman n'est pas aussi créateur que le théâtre, il l'est beaucoup plus que l'étude morale; un personnage qui agit, mêlé à une intrigue, donne autrement l'illusion de la vie qu'un personnage décrit et analysé. En outre, M. de Climal, dans sa rivalité avec Tartufe, affiche moins qu'Onuphre la prétention de se montrer supérieur; il ne fait pas la critique pointilleuse de son rival et ne prend pas le contre-pied de tous ses actes. Il a, par suite, une aisance et une liberté d'allures, qu'Onuphre, toujours préoccupé de faire mieux et autrement, ne saurait conserver. M. de Climal, enfin, est un caractère original; Onuphre n'est qu'un Tartufe amoindri; préoccupé d'éviter le sort de son devancier, effrayé par ses fautes et terrifié par sa catastrophe, il se fait médiocre pour ne point paraître dangereux. Plus de grandes passions, mais une habileté vulgaire, de petites ruses et de petits profits, de basses intrigues avec des femmes « sociables et dociles », ou avec de fausses dévotes; plus d'audacieuses manœuvres, de lutte courageuse avec toute une famille, mais des calomnies sourdes, des sous-entendus, des réticences, des sourires équivoques. Triste homme, au demeurant, et triste condition. Tartufe n'eût point voulu d'une pareille existence, humiliée et besogneuse; quant à M. de Climal, gentilhomme riche et bien né, ces calculs d'intérêt mesquin et cette platitude lui eussent donné la nausée [1].

[1]. Après Marivaux, la peinture de l'hypocrisie a été reprise dans le roman par Ch. Dickens, avec le Pickwick de *Martin Chuzzlewit*; voir la comparaison de Pickwick avec Tartufe dans Taine, *Histoire de la Littérature anglaise*, t. V, p. 50. On peut dire sans diminuer la grande valeur de Pickwick, que, entre autres supériorités dans l'étude d'un même type, Molière et Marivaux ont surtout celle d'avoir fait leur héros amoureux, c'est-à-dire de l'avoir mis en contact avec la pierre de touche universelle. C'est pour le même motif qu'il n'y a pas lieu de rapprocher Tartufe et M. de Climal des études que deux romanciers français ont faites de l'orgueil et de l'esprit de domination chez les dévots, plutôt que de l'hypocrisie, M. Émile Zola dans *la Conquête de Plassans* et M. Ferdinand Fabre dans *l'Abbé Tigrane*, *la Petite Mère* et *Lucifer*.

CHAPITRE V

LES FINANCIERS. — UN MÉNAGE DANS LA FINANCE. — LE FINANCIER IMPITOYABLE; LE FINANCIER BONHOMME. — LE MINISTRE : LE CARDINAL DE FLEURY. — PORTÉE HISTORIQUE DES ROMANS DE MARIVAUX.

Après les faux dévots, les gens de finance tiennent la première place dans les antipathies de Marivaux. On a vu comment il les traitait dans son théâtre; il leur est encore plus hostile dans ses romans. Ici même, dégagée du voile mythologique, la satire est plus directe et plus sévère. Le financier n'est plus seulement, comme dans *le Triomphe de Plutus*, un bonhomme épais et grossier, d'une lourde insolence, mais, en somme, pas trop méchant; c'est un être brutal, féroce, d'une corruption qui inspire la colère et le dégoût. Par une sorte de dédaigneuse condescendance, Marivaux accorde qu'il puisse subsister encore dans l'espèce, à titre d'exception, un peu d'humanité, mais toujours gâtée par des vices indélébiles [1].

Jacob, arrivant à Paris, entre en condition chez un de ces financiers et nous représente la maison

---

[1]. En cela, il allait trop loin. Il y avait d'honnêtes gens parmi les financiers, même des âmes délicates, à preuve Helvétius; il y avait aussi des gens de goût et d'esprit. Pour ceux du XVIIIe siècle, voir E. Bertin, *les Mariages et la Société française*, livre V, et Delahante, *une Famille de finance au siècle dernier*.

où il sert comme le théâtre naturel de tous les désordres. Maître, maîtresse, valets, rivalisent de sans-gêne moral. Madame passe son temps « dans toutes les dissipations du grand monde », va au spectacle, soupe en ville, fait de la nuit le jour et du jour la nuit, a des amants, les reçoit à sa toilette, y lit les billets doux qu'on lui envoie et les laisse traîner ; elle « vit dans sa coquetterie, comme on vivrait dans l'état le plus décent et le plus ordinaire, tout aussi franchement qu'on boit et qu'on mange [1] ». Au demeurant, « bonne personne », indulgente pour tous comme pour elle-même, traitant ses domestiques avec une aimable familiarité, trouvant tout bien et laissant sa maison aller comme elle peut. A la façon dont elle encourage les galanteries de Jacob, on devine qu'elle est sans préjugés et que, si elle en a le loisir, elle traitera le beau valet comme voudront le traiter plus tard Mmes de Fécour et de Ferval.

Pas plus que Madame, Monsieur ne se pique de fidélité bourgeoise. Les deux époux vivent sur ce pied de tolérance mutuelle et de libre camaraderie qui était alors le bel air. Monsieur est un vrai Turcaret, « nullement généreux », mais « extrêmement dépensier, surtout quand il s'agit de ses plaisirs ». Ceux-ci, il les prend un peu partout, sans beaucoup de choix ; ainsi, parmi les femmes de chambre de Madame, qui trouve cela tout naturel. Puis, il fait un sort à ses victimes, et, comme un roi, il essaye de les marier. Il voudrait bien faire épouser par Jacob Mlle Geneviève, soubrette sans préjugés, qui considère la galanterie comme un moyen d'amasser une dot. Mais Jacob n'a pas encore eu le temps de perdre ses scrupules campagnards : « Ma foi, Monsieur,

---

1. *Le Paysan parvenu*, première partie.

répond-il à la proposition de son maître, dans notre village c'est notre coutume de n'épouser que des filles. » Le financier s'étonne; dans son monde à lui, on est beaucoup plus accommodant : « Vous voyez, fait-il tout scandalisé, vous voyez les personnes qui viennent me voir; ce sont tous gens de considération, qui sont riches, qui ont de grands équipages. Savez-vous bien que parmi eux il y en a quelques-uns qu'il n'est pas nécessaire de nommer, et qui ne doivent leur fortune qu'à un mariage qu'ils ont fait avec des Genevièves? »

Après Madame et Monsieur, on entrevoit l'enfant [1], qui complète cette intéressante famille. Ni père, ni mère ne s'en occupent, il s'élève comme il peut, entre un valet qui le sert le moins possible, et un précepteur qui lui fait ses devoirs, « afin que la science de son écolier lui fasse honneur, et que cet honneur lui conserve son poste de précepteur, qui est fort lucratif ».

Un brusque coup du sort montre en action la morale de cette histoire : la fortune qui soutient cette vie de désordre s'en va, comme elle est venue, en un moment. Le financier meurt d'apoplexie, « devant son bureau sur lequel était une lettre ébauchée de quelques lignes gaillardes, qu'il écrivait à une dame de bonne composition »; et aussitôt la débâcle commence. Les créanciers fondent sur la veuve, qui se réfugie au plus vite dans un couvent; les victimes de l'agioteur remplissent d'injures cette maison, où le mort est encore; les domestiques pillent pour se couvrir de leurs gages. Dernier détail de cette ruine expiatoire, douloureux celui-ci, car il frappe un inno-

1. Pour être exact, il convient de dire que cet enfant n'est qu' « un neveu de province »; mais le propre fils du ménage financier n'eût pas été élevé autrement.

cent : l'enfant, avec les facultés aimantes de son âge, s'est attaché au précepteur peu scrupuleux qui lui faisait ses thèmes ; il lui dit adieu en pleurant, mais, « il pleure tout seul » : le maître fuit au plus vite, « escortant ses ballots », et le pauvre enfant s'écrie, au milieu d'un abandon et d'une solitude qui l'effrayent, mais auxquels il ne comprend rien : « Eh quoi ! tout le monde me quitte donc [1] ! »

Tel est le financier dans sa vie privée. Pour le voir dans l'exercice de son métier, pénétrons dans ce cabinet de M. de Fécour, où nous avons suivi déjà Mme d'Orville. Nous y trouvons un homme insolent et dur avec ses employés et avec le public, impitoyable pour les malheureux, sec comme ses chiffres. Autour de lui, se groupent des confrères plus ou moins importants, mais affectant tous la grossière impertinence qui est la marque de l'espèce. La situation d'un pauvre petit jeune homme, arrivant au milieu d'eux pour solliciter, est peinte par Jacob avec une vérité bien amusante :

> A qui en veut ce polisson-là avec sa lettre ? semblaient-ils me dire par leurs regards libres, hardis, et pleins d'une curiosité sans façon. De sorte que j'étais là comme un spectacle de mince valeur, qui leur fournissait un moment de distraction, et qu'ils s'amusaient à mépriser en passant. L'un m'examinait superbement de côté ; l'autre, se promenant dans ce vaste cabinet, les mains derrière le dos, s'arrêtait quelquefois... et puis se mettait de là à me considérer commodément et à son aise. Figurez-vous la contenance que je devais tenir. L'autre, d'un air pensif et occupé, fixait les yeux sur moi comme sur un meuble ou sur une muraille, et de l'air d'un homme qui ne songe pas à ce qu'il voit. Et celui-là, pour qui je n'étais rien, m'embarrassait tout autant que celui pour qui j'étais si peu de chose [2].

1. *Le Paysan parvenu*, première partie.
2. *Ibid.*, quatrième partie.

Ne saurait-il donc y avoir chez cette espèce d'hommes un atome de bonté, une velléité d'humeur compatissante ? Marivaux accorde que, par exception, un financier peut n'être pas un méchant homme. Mais alors, quelle bonté sans délicatesse, sans bonne humeur, sans chaleur affectueuse ! Dans le cabinet de M. de Fécour, il y avait un « gros petit homme », lourd, brusque, bredouilleur, « qui, de quatre mots qu'il disait, en culbutait la moitié », commun et borné d'esprit. Celui-là s'appelle M. Bono; Mme d'Orville l'a intéressé; il la suit : « Eh bien! lui dit-il, qu'est-ce que c'est? Vous êtes donc bien triste, pauvre jeune femme?... Le mari, quelle espèce d'homme est-ce? D'où vient donc qu'il est si souvent malade? Est-ce qu'il est vieux? N'y a-t-il pas un peu de débauche dans son fait? » Et, après un interrogatoire conduit jusqu'au bout avec cette lourdeur indiscrète et blessante, il promet de s'occuper de l'employé malade, et l'on prévoit qu'il tiendra parole [1].

Nous avons suivi avec Marivaux tous les degrés de la hiérarchie sociale, depuis le peuple jusqu'à l'aristocratie de naissance et d'argent. Pour que la revue soit complète, il ne reste plus qu'à franchir le seuil du ministère, à voir de près les rouages politiques de la société dont nous connaissons les mœurs. Le romancier nous introduit donc dans le cabinet du premier ministre. Jusqu'à présent il a été sévère pour les divers mondes qu'il a traversés, ou plutôt il n'a cherché nullement à dissimuler leurs vices. Cette sévérité va-t-elle s'exercer encore en matière politique? Un moment on pourrait le croire. Pour cette visite, Marivaux prend prétexte d'une lettre de cachet qui menace Marianne. Selon son habi-

---

1. *Le Paysan parvenu*, quatrième partie.

tude, il n'attaque pas directement l'abus dont il parle ; il lui suffit, pour le rendre odieux, de le représenter tel qu'il est ; de cette manière, sans faire un appel direct à l'indignation, il la fait naître aisément. Mais, grande est notre surprise, lorsque, arrivés chez le ministre avec Marianne, au lieu de trouver l'homme que nous attendions, l'instrument naturel d'une telle injustice, nous nous voyons en présence d'un véritable homme d'État, juste et bon, prompt à confondre les persécuteurs et à rassurer la victime.

C'est que, au moment où Marivaux écrivait la sixième partie de *Marianne*, la France, délivrée du cardinal Dubois et du duc de Bourbon, respirait enfin sous un ministre honnête homme, le doux, humain et nullement tyrannique cardinal de Fleury. Une administration économe et laborieuse réparait les pilleries des derniers ministères. Certes, on eût voulu plus d'initiative, des vues plus larges, des réformes plus hardies ; après tant d'agitations, cette tranquillité paraissait un peu somnolente ; le système était tout d'expédients, de temporisation, de conservation timide. Mais, après une fièvre ardente, c'était la convalescence ; le régime doux auquel Fleury soumettait la France était, à tout prendre, le mieux approprié à son état. Aussi, ramenée sans secousses à une santé relative, elle trouvera, après ce ministère réparateur, comme un regain d'énergie ; cinq années actives et guerrières, marquées par les victoires de Fontenoy, de Raucoux et de Lawfeld, donneront à la monarchie ses derniers jours de gloire.

Comme la plupart des bons esprits du temps [1], Marivaux éprouva pour le cardinal, sinon de l'admi-

---

[1]. Pour les jugements contemporains du ministre, voir Aubertin, *l'Esprit public au* xviiie *siècle*, deuxième époque, chapitre III, notamment p. 238.

ration, au moins une sincère estime. Il exprima ce sentiment dans un beau portrait, un peu flatté d'ensemble, mais juste et vrai dans ses lignes essentielles, l'un des meilleurs qu'il ait tracés, plus court, moins minutieux que tant d'autres, et, par suite, moins confus. En voici les principaux passages :

> Il gouvernait à la manière des sages, dont la conduite est douce, simple et sans faste et désintéressée pour eux-mêmes ; qui songent à être utiles, et jamais à être vantés ; qui font de grandes actions dans la seule pensée que les autres en ont besoin, et non pas à cause qu'il est glorieux de les avoir faites. Ils n'avertissent point qu'ils seront habiles, ils se contentent de l'être, et ne remarquent pas même qu'ils l'ont été [1].... Fallait-il surmonter des difficultés presque insurmontables ; remédier à tel inconvénient presque sans remède ; procurer une gloire, un avantage, un bien nécessaire à l'État ; rendre traitable un ennemi qui l'attaquait, et que sa douceur, que l'embarras des temps où il se trouvait ou que la modestie de son ministère abusait, il faisait tout cela, mais aussi discrètement, aussi uniment, avec aussi peu d'agitation qu'il faisait tout le reste. C'étaient des mesures si paisibles, si imperceptibles, il se souciait si peu de vous préparer à toute l'estime qu'il allait mériter, qu'on eût pu oublier de le louer, malgré toutes ses actions louables. C'était comme un père de famille qui veille au bien, au repos et à la considération de ses enfants ; qui les rend heureux sans leur vanter les soins qu'il se donne pour cela, parce qu'il n'a que faire de leur éloge ; les enfants, de leur côté, n'y prennent pas trop garde, mais ils l'aiment [2].

On ne peut attendre d'un tel homme, bientôt édifié

---

1. Marivaux vient de dire des grands ministres qui ont précédé le cardinal : « C'étaient de grands hommes, mais qui, durant leur ministère, avaient eu soin de tenir les esprits attentifs à leurs actions, et de paraître toujours suspects d'une profonde politique. »
2. *La Vie de Marianne*, sixième partie. — Comp. le portrait très étudié que M. Aubertin trace du cardinal de Fleury (*l'Esprit public au* xviii* siècle*, p. 236 et suiv.).

sur l'innocence de Marianne, qu'une mise en liberté immédiate; il l'ordonne en effet.

J'ai déjà eu l'occasion d'observer qu'un historien de la société française au xviii° siècle aurait tort de négliger les nombreux portraits disséminés à travers les romans de Marivaux. Les romans eux-mêmes, considérés dans leur ensemble, offrent un intérêt du même genre. Écrits par un observateur d'une rare sagacité, ils éclairent d'une vive lumière la connaissance des mœurs françaises dans la première moitié du xviii° siècle. Ils y sont un guide sûr, car ils ne sont ni optimistes, ni pessimistes, ne forcent pas les couleurs et présentent plutôt des ensembles que des exceptions de détail.

A ce point de vue, ils complètent le théâtre de Marivaux. Dans ses comédies, il a idéalisé et embelli les mœurs de son temps; il les a faites plus pures plus élégantes, plus aimables qu'elles n'étaient en réalité. Tandis que Molière, Regnard et Le Sage représentaient leurs contemporains avec une exactitude sans flatterie, il peignait dans un goût de fantaisie indulgente. Dans le roman, il a changé de manière : sans crudité de couleurs, sans grossissement, sans recherche du laid pour le laid, il a donné la première place à l'observation. Il faut parfois se défier des romanciers comme peintres de mœurs; Marivaux est un de ceux qui méritent le moins qu'on suspecte leur clairvoyance et leur exactitude.

QUATRIÈME PARTIE

LE MORALISTE — LE CRITIQUE L'ÉCRIVAIN

CHAPITRE I

LE MORALISTE

JOURNAUX DE THÉORIE ET D'OBSERVATION MORALE : « LE SPECTATEUR FRANÇAIS », « L'INDIGENT PHILOSOPHE », « LE CABINET DU PHILOSOPHE ». — MARIVAUX ET SES DEVANCIERS : ADDISON, LA ROCHEFOUCAULD, LA BRUYÈRE. — MARIVAUX ET VAUVENARGUES.

Nous savons déjà quel grand souci de la morale Marivaux témoigne toujours dans ses ouvrages. J'ai eu souvent, au cours des chapitres qui précèdent, à faire remarquer ce « goût de philosophie » qu'il avait, disait-il, « apporté en naissant ». Et, pour lui comme pour La Bruyère, la philosophie consistait « à observer les hommes, à en démêler les vices et les ridicules »; comme lui il leur demandait « un plus grand et un plus rare succès que les louanges, qui était de les rendre meilleurs[1]. » Il ne se contentait pas de respecter la décence à une époque où, dans la littérature

---

1. *Des ouvrages de l'esprit*, § 34.

comme dans la société, tout concourait à flatter le vice; il mettait une intention morale dans tout ce qu'il écrivait.

Cette intention était rarement affichée dans ses comédies, car il avait trop de goût pour tomber dans l'excès qui nuisit tant à celles de Diderot; mais, tenant à la nature même de l'écrivain, elle était toujours sensible. Si parfois il attaquait de front un abus ou un préjugé, le plus souvent il mettait la leçon dans l'ensemble même de la pièce ou se contentait de l'indiquer au passage. Rarement relevée de nos jours [1], la moralité du théâtre de Marivaux n'avait pas échappé aux contemporains. L'un d'eux appelle les personnages de notre auteur des « philosophes aimables et ingénus », et trouve dans son théâtre « un fonds de philosophie, dont les idées, développées avec finesse, filées avec art et adroitement accommodées à la scène, ont presque toujours un but utile et moral [2] ».

Dans le roman, l'intention morale est plus visible encore que dans le théâtre. Marianne, dit Sainte-Beuve, « est le plus avisé des disciples féminins de La Rochefoucauld [3] »; au cours de ses aventures elle agit beaucoup moins qu'elle n'observe, exerçant sur elle-même et sur les autres une curiosité fort clairvoyante. Travers mondains, défauts du cœur ou de l'esprit, vices et ridicules de toutes sortes sont

1. Du moins jusqu'à ces dernières années. Les récents critiques de Marivaux, MM. de Lescure, Reinach, Fleury, Gossot, Lavollée parlent plus ou moins, mais parlent tous, de l'intention morale de son théâtre. M. F. Sarcey déclarait, à propos de *l'École des Mères*, qu'au théâtre Marivaux « a été l'un des plus ingénieux moralistes de son temps » (*Le Temps*, 23 décembre 1878).

2. Lesbros, p. 9.

3. *Causeries du Lundi*, t. IX, p. 365.

« lorgnés » et décrits en détail, par ce moraliste de seize ans. Si l'on retranchait du roman tout ce qui est récit ou dialogue, la plus grande partie de l'ouvrage subsisterait encore et pourrait s'appeler « Réflexions sur le cœur humain [1] ».

Jacob philosophe, lui aussi, mais autrement que Marianne. La jeune fille se complaît et s'admire dans sa fine sagesse; le jeune homme, « philosophe ingénu », fait de la morale sans le savoir. Jeté par les hasards de la vie dans un monde fort mêlé, il songe plus à profiter des événements qu'à chercher la raison des choses. Mais, comme il est honnête et qu'il tâche à le demeurer, il nous instruit par la manière dont il résiste à la contagion du milieu. En outre, comme à son honnêteté native il joint un grand fonds de bon sens et de finesse, il voit juste et bien, raconte de même, et cela suffit pour faire œuvre utile.

Le théâtre et la fiction n'épuisèrent pas la veine morale de Marivaux. A plusieurs reprises, il interrompit romans et comédies pour se livrer sans partage à l'observation et aux théories spéculatives. Ses débuts dans les lettres avaient été des essais moraux, de véritables caractères données au *Mercure*; en pleine maturité, de trente-cinq à quarante-cinq ans, il publia, dans le genre de ses premiers essais, trois recueils périodiques, *le Spectateur français*, *l'Indigent philosophe*, *le Cabinet du Philosophe*, qui, réunis, forment le quart de ses œuvres complètes. Devenu vieux, n'écrivant plus ni comédies ni romans, il philosophait encore, et revenait au *Mercure* pour y donner des *Réflexions sur les hommes*, sur *l'Esprit humain*, un très curieux essai de philosophie histo-

---

1. Voir ci-dessus, p. 307.

rique, *le Miroir*, etc. Ces divers ouvrages sont de valeur inégale, mais tous ont leur intérêt. Plusieurs sont d'une grande importance, comme *le Miroir*; d'autres, comme *le Spectateur* et *le Cabinet du Philosophe*, renferment quelques-unes de ses meilleures pages. Ces deux derniers recueils surtout, trop rarement explorés, seraient féconds en heureuses trouvailles. Quoique les critiques du xviiie siècle en aient plusieurs fois signalé la haute valeur [1], et que, de nos jours, deux bons juges, les rencontrant au cours d'une étude sur Marivaux, ne leur aient pas ménagé les éloges [2], on les dédaigne encore et la grande majorité des lecteurs de Marivaux ne les ouvre jamais.

Le Spectateur français et les deux recueils qui suivirent appartenaient à un genre très à la mode au commencement du xviiie siècle et provoqué par le succès du *Spectateur* d'Addison. Marivaux adopta la forme de son prédécesseur anglais : observateur moraliste, il racontait périodiquement ses impressions au public, en les variant de son mieux par d'agréables inventions, lettres, petits romans, etc. A première vue deux choses surprennent dans ses trois recueils, la prodigieuse fécondité de l'invention et le

---

1. Lesbros (p. 19) dit avec une admiration trop riche en rapprochements : « Il peut être comparé (dans *le Spectateur*) à Démocrite pour la critique, à Sénèque comme moraliste, et à Fontenelle pour l'esprit et pour les grâces. » D'Alembert (p. 589) trouve que *le Spectateur* est l'ouvrage où Marivaux a mis « le plus d'esprit, le plus de variété, le plus de trait. »
2. Villemain (*Littérature française au* xviiie *siècle*, treizième leçon) : « Son esprit pourrait se confondre avec celui de son temps;... son humeur est à lui, et elle a empreint quelques pages (des œuvres morales) d'un cachet qui ne s'effacera pas. »
Et Sainte-Beuve (*Causeries du Lundi*, t. IX, p. 345 et 347) :
« Marivaux... est un théoricien et un philosophe, beaucoup plus perçant qu'on ne croit.... Il a écrit des feuilles périodiques remplies d'idées neuves, déliées et de vues ingénieuses. »

décousu de la composition. Il y a assez d'idées pour défrayer plusieurs auteurs comiques et plusieurs romanciers, mais, sauf quelques pensées détachées et quelques courts morceaux à la façon de La Bruyère, presque rien n'est terminé ; avec un très grand nombre d'heureux débuts, à peine si deux ou trois sujets sont menés à bonne fin [1]. Comme dans le roman, il est très rare que l'auteur donne ce qu'il promet ; à la fin de chaque feuille, il annonce pour la feuille suivante un sujet qu'il ne traite presque jamais. Cette incohérence est une des causes qui ont le plus nui au succès de ses journaux. Nombre de pages, dégagées du fatras où elles sont comme ensevelies, exciteraient l'admiration ; mais combien peu de lecteurs s'avisent de les y chercher ! Les écrits moraux d'Addison sont restés classiques en Angleterre ; ceux de Marivaux ne sont connus en France que de quelques lettrés [2]. Il faudrait qu'un critique

1. Voir, au début de la vingt-troisième feuille du *Spectateur français*, la justification, peu convaincante, de l'auteur, au sujet de ce désordre et de ce gaspillage.
2. Marivaux a été plus heureux en Angleterre, où ses œuvres morales furent pendant longtemps très goûtées et même un peu surfaites. « Son *Spectateur français*, dit Lesbros (p. 19), lui a mérité l'honneur d'être mis par les Anglais au-dessus de La Bruyère. » De même Diderot (*Lettre sur les aveugles*, édit. Assézat et Tourneux, t. I, p. 301) : « M. de Marivaux est de tous les auteurs français celui qui plaît le plus aux Anglais. » Même goût en Allemagne ; on trouve dans le *Mercure* et dans l'édition des *Œuvres diverses* de 1765, t. IV, p. 138, une lettre écrite par une princesse de Berlin (qui signe Eugénie V. T. H. et T. O. S.), pour engager vivement une amie à lire « les caractères de Marivaux dignes d'être mis en supplément à ceux de La Bruyère » ; « on préférerait même les nouveaux, comme étant plus à la moderne. » Un jeune gentilhomme ami d'Eugénie, A. D. C., Allemand comme elle, lui adresse ensuite une pièce de vers, assez faible de facture, mais enthousiaste pour Marivaux, et où l'admiration porte juste. Grimm (*Corresp. litt.*, t. III, p. 482), Collé (*Journal*, t. II, p. 288), Voisenon (*Anecd. litt.*, p. 89), le président Hénault (*Mémoires*, p. 411), constatent aussi le succès

judicieux prît la peine d'en extraire les morceaux de choix. Nous aurions alors un exquis petit livre, digne de figurer en bonne place dans la collection des moralistes français [1].

On s'attend bien à ce que Marivaux énonce et marque nettement son but moral. Il n'est plus tenu cette fois à la même réserve que dans ses autres ouvrages; il a le droit d'être franchement didactique. « Si mes amis, écrit-il en tête du *Spectateur*, venaient me dire que je passe pour un bel-esprit, je ne sens pas, en vérité, que j'en fusse plus content de moi-même; mais, si je voyais que quelqu'un eût fait quelque profit en lisant mes réflexions, se fût corrigé d'un défaut, oh! cela me toucherait, et ce plaisir-là serait encore de ma compétence [2]. » Car, à ses yeux, la morale pratique est ce qu'il y a de plus important, non seulement dans la conduite de la vie, mais encore dans la philosophie tout entière : « Laissez, dit-il, à certains savants, je veux dire aux faiseurs de systèmes, à ceux que le vulgaire appelle philosophes, laissez-leur entasser méthodiquement visions sur visions, en raisonnant sur la nature des deux sub-

---

de Marivaux à l'étranger. Très étonné de cette admiration, d'Alembert en voit la cause dans un plaisir d'amour-propre, la joie de la difficulté vaincue; Diderot, dans une connaissance imparfaite de notre langue. Marivaux, au témoignage de d'Alembert (p. 590), « ne rendait pas aux étrangers ses panégyristes les éloges qu'il recevait d'eux. Il préférait sans hésiter nos écrivains à ceux de toutes les nations tant anciennes que modernes. »

1. Ce choix a été fait en 1769 par Lesbros sous le titre de *l'Esprit de Marivaux*, et tout récemment par M. Gossot, qui a joint à son livre sur *Marivaux moraliste* une suite d'extraits assez étendus (ils occupent 202 pages d'un volume qui en compte 348.) Cependant, un grand nombre de morceaux de premier ordre, un très grand nombre de courtes pensées d'aussi grande valeur ne se trouvent dans aucun de ces deux recueils.

2. *Le Spectateur français*, première feuille.

stances, ou sur d'autres choses pareilles. A quoi servent leurs méditations là-dessus, qu'à multiplier les preuves que nous avons déjà de notre ignorance invincible [1] ! » Marivaux méconnaît ici la noblesse de ce désir qui pousse l'homme à chercher toujours, sans les trouver jamais, la raison et le pourquoi des choses. Il prend trop aisément son parti des bornes posées à la connaissance humaine : « Ne nous révoltons point contre cette admirable économie de lumière et d'obscurité que la sagesse de Dieu observe en nous à cet égard; en un mot, ne cherchons point à nous comprendre; ce n'est pas là notre tâche. » Et il conclut : « Laissons donc là cette science que personne ne me demande, que je ne demande à personne et que toutes nos lumières nous refusent. Soyons bons et vertueux; on apprend si aisément à le devenir! Ce que je voudrais raisonnablement qu'un autre fît pour moi, ne le fît-il point, m'enseigne ce que je dois faire pour lui; voilà toute la science dont il s'agit, voilà la seule qui soit nécessaire; elle est à la portée de tous les hommes et n'exige presque aucuns frais d'étude [2]. »

Jusqu'à quel point la morale peut-elle être indépendante? Séparée des autres parties de la philosophie, ne manque-t-elle pas d'une base solide? Ne se réduit-elle pas à la science de l'intérêt bien entendu? On voudrait que Marivaux abordât cette grave ques-

---

1. *Le Spectateur français*, vingt et unième feuille.
2. *Ibid.* — C'est la même théorie que celle de J.-J. Rousseau, au début de la profession de foi du vicaire savoyard (*Émile*, liv. IV). Il y a souvent une analogie frappante entre les idées philosophiques et morales de Marivaux et celles de J.-J. Rousseau. Les relever toutes n'est pas possible ici, mais ce travail de comparaison aurait son intérêt dans une édition de Marivaux; il montrerait comment, dès 1722, bien des idées que Jean-Jacques développera quarante ans plus tard, avaient été pressenties ou même nettement exprimées par Marivaux.

tion, au lieu de l'éluder dédaigneusement. Mais, sous réserve de ce regret, on ne peut qu'être de son avis lorsqu'il établit, dans un ferme et beau langage, que la morale est la première et la plus noble des sciences.

Offrir à ses lecteurs une saine morale ne suffit pas ; il faut encore rendre cette morale intéressante, surtout dans un journal. Le même lecteur qui s'imposerait volontiers la tâche austère de méditer un traité dogmatique, veut être amusé par un journal, car la lecture d'un journal est un passe-temps. Chez les Anglais eux-mêmes, de tous les peuples celui qui aime le plus la morale professée sous toutes les formes, et qui sait s'ennuyer avec une patience héroïque, Addison dut s'efforcer de rendre son *Spectateur* attachant, presque amusant. Cette nécessité s'imposait encore bien plus à Marivaux, qui écrivait pour des Français, et des Français du XVIIIᵉ siècle. Il le comprit, et remplaça presque toujours la dissertation par la fiction instructive, le conte ou le roman philosophique, l'allégorie, etc. Enfin, par goût personnel, comme Montaigne [1], il voulait la vertu, aimable, accessible, nullement pédante ni maussade :

Les gens d'esprit gâtent tout, dit l'indigent philosophe ; ils font de la vertu une précieuse, qui est toujours en peine de savoir comment elle fera pour se guinder bien haut, pour se distinguer. Mais je leur apprends, moi, de dessus mon escabeau, qu'il n'y a rien de si simple que ce qu'on appelle vertu, bonne morale ou raison... La raison nous coule de source, quand nous voulons la suivre. Je dis la véritable raison, car celle qu'il faut chercher, cette raison

1. Il y a une ressemblance frappante entre tout le passage que je vais citer et le passage fameux de Montaigne sur la vertu (*Essais*, I, XXXIV) : « La vertu n'est pas, comme dict l'eschole, plantée à la teste d'un mont » etc. Marivaux aimait et lisait Montaigne ; voir ci-après p. 585.

si fine, si spirituelle et si sublime, n'est pas bonne ; c'est nous qui la faisons celle-là, c'est notre orgueil qui la forge ; aussi la fait-il gigantesque, afin qu'elle nous étonne [1].

Quelques-uns de ces morceaux, où « la raison coule de source », en effet, sont excellents. Ainsi, dans le genre habituel à Marivaux, les mémoires de la coquette corrigée [2], le charmant petit conte d'Éléonore et de Mirski [3], que l'on croirait, sauf la chasteté et la délicatesse du pinceau en un sujet très scabreux, détaché du *Décaméron* de Boccace ou des *Nouvelles* de la reine Marguerite, le voyage dans le Nouveau-Monde [4], l'amusante lettre du mari qui déplore l'éco-

---

1. *L'Indigent philosophe*, première feuille.
2. *Le Spectateur français*, dix-septième, dix-huitième et dix-neuvième feuille, sous le titre de *Mémoire de ce que j'ai fait et vu pendant ma vie*. Voir ci-après, p. 428.
3. *Le Spectateur français*, onzième feuille. — On ne sait trop où Marivaux peut avoir pris le sujet de cette histoire, d'une singularité plus orientale qu'européenne. Un jeune seigneur polonais, Mirski, aime Éléonore, demoiselle de grande condition ; un événement imprévu empêche leur mariage, et Mirski au désespoir supplie Éléonore de céder à son amour, en attendant que l'obstacle soit levé. Éléonore hésite, mais une suivante lui indique un sûr moyen de mettre à l'épreuve la fidélité de Mirski : « Vous avez chez vous une jeune esclave qui a de l'esprit, et dont le son de voix est le même que le vôtre ; nous nous y méprenons tous les jours. Feignez de consentir à ce que Mirski vous propose, mais de ne vouloir accepter sa foi que la nuit ; la jeune esclave tiendra votre place, Mirski s'y trompera dans les ténèbres et la croira son épouse. » Si l'amour de Mirski survit à cette satisfaction illusoire, Éléonore pourra croire à la sincérité de son amant. Or, Mirski, dupe de la substitution, se refroidit sensiblement ; Éléonore lui apprend par quelle ruse il a été mis à l'épreuve, et il meurt de dépit. On retrouve une donnée du même genre dans le roman de M. Victor Cherbuliez, *l'Aventure de Ladislas Bolski* (1869), dont l'action se passe aussi en Pologne, et d'où l'auteur a tiré une comédie en cinq actes (Vaudeville, 20 janvier 1879).
4. *Le Cabinet du Philosophe*, feuille six à onze inclusivement. — Cette histoire, assez étendue, et conduite jusqu'au bout avec une constance trop rare chez Marivaux, est une de ses meilleures études morales. Un jeune homme, trompé par son ami et sa maîtresse, s'expatrie et se lie en pays étranger

nomie ruineuse de sa femme [1]; dans un genre tout différent, les lettres d'une jeune fille séduite à son amant et à son père [2], d'une jeune femme qui veut rester honnête à l'homme qui veut la séduire [3], d'un père sur l'ingratitude de son fils [4], le poignant récit d'une jeune fille qui lutte contre la misère et résiste au déshonneur [5]. On devine, à la seule énumération de ces sujets, quelle souplesse de talent Marivaux a dû y déployer. On s'attendait bien à le retrouver ingénieux et délicat; on n'espérait pas cette éloquence pathétique et véhémente. Enfin, cédant à ce goût de romanesque et de merveilleux dont son théâtre offre tant de marques, il prodigue chemin faisant d'agréables allégories, d'ingénieux contes de fées. Il se promène dans des jardins, qui rappellent celui de Guillaume de Lorris, où fleurit la rose mystique [6], il entre dans les palais enchantés où habitent la beauté et le *je ne sais quoi*, c'est-à-dire la grâce, plus belle que la beauté [7].

Cependant, malgré ces fantaisies romanesques et

avec un sage qui lui apprend d'abord, par une série de conversations et de lectures, à distinguer la véritable pensée de chacun malgré les artifices de la parole, et qui lui offre ensuite de le conduire dans un pays où les hommes sont incapables de se contrefaire. Or, ce pays est la France; on n'y est pas plus franc qu'autrefois, mais, grâce aux lumières qu'il doit à son ami, le jeune observateur lit sans peine dans les plus secrètes pensées. Mme Em. de Girardin a traité, sans doute d'après Marivaux, un sujet analogue (*le Lorgnon*, 1831.)

1. *Le Spectateur français*, douzième feuille.
2. *Ibid.*, dixième feuille.
3. *Ibid.*, deuxième feuille.
4. *Ibid.*, quatorzième feuille. D'Alembert (p. 589) et Villemain (*Littérature au XVIIIe siècle,* treizième leçon) parlent de ce morceau avec une vive admiration.
5. *Ibid.*, quatrième feuille.
6. *Ibid.*, sixième feuille.
7. *Le Cabinet du Philosophe*, deuxième feuille. Voir ci-après, chap. v, à la fin.

ces grands morceaux d'éloquence sérieuse, il ne faudrait pas regarder Marivaux comme un moraliste spéculatif, qui se laisse aller aux caprices de l'imagination ou s'échauffe par la méditation de quelques lieux communs. Au contraire, ses études morales se distinguent surtout par un cachet d'observation directe et personnelle. Lorsqu'il nous parle du monde élégant, des femmes coquettes, des beaux esprits, nous le croyons volontiers bien renseigné. Mais il ne faudrait pas suspecter la sincérité de ses études sur les mœurs bourgeoises et populaires. Il se met souvent à la fenêtre et regarde ; il descend dans la rue, se mêle à la foule, entre dans les boutiques, lie conversation avec les promeneurs et les passants.

Un soir, à la sortie du théâtre, il s'arrêtera sur l'escalier de la comédie et restera longtemps en contemplation, examinant « les porteurs de visage », hommes et femmes, qui défilent devant lui, décrivant par le menu tous leurs manèges de vanité et démêlant, avec la plus amusante sagacité, les pensées qui traversent toutes ces cervelles de jeunes fats et de coquettes [1]. Les jours de fête publique, par exemple lors de l'entrée à Paris de l'infante d'Espagne, il est devant les Tuileries, au milieu de la foule, « qui se renverse la tête pour considérer les arcs de triomphe » ; il écoute les réflexions du badaud, les discours du nouvelliste, dont il trace un portrait digne de La Bruyère [2]. Mais il aperçoit dans une échoppe un savetier qui, malgré la fête, travaille d'un sang-froid admirable, jette de temps en temps un regard sur les curieux

1. *Le Spectateur français*, troisième feuille.
2. Voir ce portrait, trop long pour être cité ici, et comp. La Bruyère, *Du Souverain ou de la République*, § 11. Montesquieu peint, lui aussi, les *Nouvellistes* (*Lettres persanes*, cxxx) ; il y a dans ce portrait plus d'esprit peut-être, mais à coup sûr moins de vie que dans celui de Marivaux.

qui s'étouffent et hausse les épaules d'un air de pitié. Il prend envie à Marivaux « de voir de près ce philosophe subalterne et d'examiner quelle forme peuvent prendre des pensées philosophiques dans la tête d'un homme qui raccommode des souliers »; il entre donc dans l'échoppe et cause longuement avec le savetier [1]. Une autre fois, il se trouve sur un banc de promenade à côté d'un homme à « l'air pesant et taciturne », qui paraît un sot; mais, pour qui vit au milieu des gens d'esprit, la conversation d'un sot a le mérite de la nouveauté. L'homme éternue; Marivaux « répond par un coup de chapeau »; il veut « faire sortir cet esprit de sa coquille », et il y parvient après « quelques discours vagues sur la chaleur, sur le besoin de pluie », etc. [2]. Pour étudier le type si particulier du boutiquier parisien, l'art de plaire au client, de « l'enjoler », il suit un provincial chez un drapier et note tous les manèges de l'acheteur et du marchand, la résistance de la mouche, la stratégie de l'araignée [3].

Le Spectateur français, disais-je, est une imitation du *Spectateur* anglais [4]; il emploie la même fiction littéraire, use des mêmes procédés et tend au même but moral. Il y a cependant plus de différences que de ressemblances entre Marivaux et Addison. D'abord, Marivaux manque de cette forte culture classique qui fait courir à travers les pages du *Spectateur* anglais la riche sève de l'antiquité; s'il parle

---

1. *Le Spectateur français*, cinquième feuille.
2. *Ibid.*, dixième feuille.
3. *Pièces détachées, Première lettre à madame* ***.
4. Voir, sur *le Spectateur* d'Addison, A. Mézières, *Revue des cours littéraires* des 2 et 9 janvier 1864; H. Taine, *Histoire de la Littérature anglaise*, t. III, chap. IV; et A. Beljame, *le Public et les hommes de lettres en Angleterre*, chap. III, notamment p. 294-297.

deux ou trois fois des Anciens avec plus de bon sens qu'on n'en espérerait d'un ami de La Motte, trop souvent il se montre à leur égard injuste, dédaigneux, grossier même. Addison est très anglais dans sa façon de raisonner et d'envisager les choses ; sa morale est simple, pratique, utilitaire comme le caractère national. Celle de Marivaux, plus fine, moins dogmatique, a plus d'élévation.

Mais l'esprit logique et ami de la règle qui inspire le *Spectateur* anglais lui donne un mérite qui manque trop au *Spectateur français* : s'il y a dans le premier moins d'imprévu et de caprice, il n'y a ni décousu ni fatras. Addison ne laisse jamais de sujets en l'air, comme Marivaux ; il traite tout dans la juste mesure, jusqu'au bout d'un développement régulier. Enfin, au contraire de ce que l'on attendrait, on trouve dans le *Spectateur* anglais, œuvre d'un auteur dramatique assez médiocre, une qualité qui manque au *Spectateur français* et qui est cependant le propre d'un homme de théâtre : le don de créer des caractères. Dans *le Spectateur français*, les personnages ne font que passer, et leur physionomie un peu vague, sans contours précis, laisse peu de souvenirs. Il y a, au contraire, dans le *Spectateur* anglais, plusieurs types d'un puissant relief ; d'abord le *Spectateur* lui-même, ce calme et méditatif personnage, qui a traversé la vie en observateur et qui veut bien ouvrir au public les trésors de son expérience, William Honeycomb, l'homme du monde, le négociant sir Andrew Freeport, le capitaine Sentry, sir Roger de Coverley, le gentilhomme campagnard ; celui-ci surtout est aussi vivant que les meilleurs types de *Clarisse Harlowe* et de *Tom Jones*.

Cette infériorité inattendue de Marivaux provient de sa manière de composer et aussi de ce qu'il suit plutôt la tradition des moralistes français que celle du moraliste anglais. Tout en s'efforçant d'introduire dans la morale une variété piquante, il la considérait comme chose plus abstraite que l'art dramatique et réservait pour celui-ci les types vivants. La Rochefoucauld, au lieu de rassembler sous des noms propres les traits caractéristiques de chaque vice ou travers, les condense sous une forme sentencieuse. Quant à La Bruyère, s'il fait grand usage de ces noms propres, il peint de simples portraits et ne crée pas de types agissants.

Marivaux se rapproche encore à d'autres égards de ses devanciers français. S'il n'a ni la concision magistrale de La Rochefoucauld, ni la forme savante et l'art achevé de La Bruyère, il se rencontre souvent avec eux dans une communauté de points de vue, qui marque non pas l'imitation, mais la parenté. Pas plus que La Rochefoucauld il n'est dupe des faux-semblants dont se parent la vanité et l'égoïsme. Il découvre avec une clairvoyance impitoyable les vrais mobiles de nos actions, les plus modestes et les plus désintéressés en apparence, et beaucoup de ses réflexions ouvrent sur les profondeurs cachées de la conscience des jours aussi lumineux que certaines maximes de La Rochefoucauld, justement fameuses. Mais il y a, entre l'auteur des *Maximes* et l'auteur du *Spectateur français*, une différence tout à l'honneur de ce dernier. La Rochefoucauld obéit à un parti pris de dénigrement; il veut prouver qu'il n'est pas de sentiment pur de tout alliage d'égoïsme; il tient l'homme pour mauvais de sa nature et cherche partout les preuves de cette méchanceté. Marivaux ne méprise pas l'homme à ce point; il lui reconnaît la conscience du bien et le mépris du mal; il l'admire dans ses élans généreux, il le plaint dans ses défaillances; il est exempt de cette joie cruelle que l'on prendrait chez La Rochefoucauld pour la satisfaction d'une vengeance.

Marivaux ressemblerait plutôt à La Bruyère qu'à La Rochefoucauld. La Bruyère, lui aussi, éprouve plus de pitié que de mépris au spectacle de nos défauts et de nos vices; il n'a pas cette froideur dédaigneuse qui met La Rochefoucauld au-dessus de son sujet. D'autre part, l'injustice soufferte, les misères imméritées arrachent à Marivaux des accents qui semblent l'écho des indignations de La Bruyère. Souvent aussi, il ressemble à l'auteur des *Caractères* par le tour d'esprit, la manière d'envisager les choses; il dirige volontiers son observation sur les mêmes aspects de la vie humaine, les mêmes passions, les mêmes défauts. C'est, en bien des passages, le même raffinement, la même pénétration, tantôt naturelle, tantôt affectée. Marivaux cependant est moins artiste, moins soucieux de la perfection du style, moins auteur en un mot; et c'est là son infériorité comme écrivain, sa supériorité, à quelques égards, comme moraliste. La Bruyère porte la peine d'avoir donné un inventaire trop complet des ressources de notre langue; il s'est montré peintre si habile que l'admiration inspirée par l'écrivain fait tort à l'émotion que devrait exciter le philosophe. Aussi la portée morale de son œuvre est-elle inférieure à sa valeur littéraire. Écrivain moins parfait, Marivaux ne dérobe pas à son profit l'intérêt du lecteur; on l'admire moins, il touche davantage; il laisse des misères qu'il décrit une impression plus durable. Mais cette supériorité relative fait aussi sa faiblesse et lui enlève le rang qu'il mériterait parmi les moralistes. Il n'a point fait un livre; il s'est dépensé au jour le jour dans une œuvre ingrate. Hier une idée heureuse s'était emparée de son esprit et il la développait avec bonheur; demain il n'aura plus rien à dire, et cependant les lecteurs de son journal attendent. Aussi ses œuvres morales ont-elles le sort de tous les journaux : on ne fait que les parcourir.

Et cependant, au point de vue littéraire, Marivaux essayait de se rapprocher de La Bruyère. Il le tenait en grande estime, comme nous le verrons[1], et, s'il ne l'imitait pas, il se souvenait qu'il l'avait beaucoup lu. Certaines doctrines de La Bruyère se retrouvent dans les œuvres morales de Marivaux; sauf le culte des Anciens, que notre auteur ne pratiquait nullement, il semble avoir pris à son devancier quelques-unes de ses idées sur la finesse, sur les rapports du style et de la pensée; il se réclame même de son exemple. Il lui emprunte parfois sa forme et ses procédés. Dans *le Spectateur*, il employait le cadre d'Addison, ses fictions, ses longs développements, sa manière complaisante et large d'exposer ses théories. Cette expérience ayant peu réussi, il semble, dans *le Cabinet du Philosophe*, vouloir reprendre la tradition des *Caractères*; il a beaucoup de réflexions de moyenne étendue, de paragraphes complets, indépendants les uns des autres, de petits récits courts et vifs.

Il eût donc été possible à Marivaux, même en ne laissant que des fragments, de marquer sa place au milieu de cette élite d'écrivains français dont la morale a été le principal objet et auxquels elle a valu une place d'élite dans notre littérature. Une méditation plus profonde, un souci plus grand de la concentration dans la pensée et du relief dans le style, un choix plus sévère entre les résultats de

---

[1]. Voir ci-après, p. 485.

son observation, en un mot plus d'attachement à son œuvre eussent suffi. C'est pour avoir eu ce qui manquait à Marivaux, qu'un de ses contemporains, Vauvenargues, obtint l'honneur que Marivaux laissait échapper par sa faute. Au demeurant, Marivaux et Vauvenargues étaient de la même famille de penseurs; ils cherchaient la solution des mêmes problèmes; ils envisageaient bien des choses sous les mêmes points de vue. Sans chercher le paradoxe, on peut trouver entre ces deux contemporains une ressemblance qui n'a pas encore été relevée.

Au premier abord, les contrastes seuls sautent aux yeux. D'abord le caractère et l'existence. Vauvenargues ne prononce pas une seule fois dans ses œuvres le nom de Marivaux. Il n'aimait ni le genre d'esprit de Marivaux et de ses amis [1], ni les salons, ni la conversation [2], ni la société des femmes [3], ni la comédie italienne [4], ni les romans [5]; il aimait, au contraire, la simplicité, le naturel, il avait la haine du raffiné et du précieux. Enfin, il était trop l'ami de Voltaire et de Marmontel pour rechercher un écrivain si antipathique à Marmontel et à Voltaire.

Cependant, ces deux hommes étaient faits pour s'aimer s'ils avaient pu se connaître; Marivaux avait des qualités privées d'un ordre supérieur, de celles

---

1. Il se moque (*Essais sur quelques caractères*, 69, Œuvres, édit. Gilbert, p. 352) de ceux qui « font tort aux lettres » par des admirations à faux, comme celle « des vers de La Motte »; tout en louant Fontenelle pour certaines de ses idées, il le discute assez souvent.
2. Voir, dans les *Fragments* (*Œuvres inédites*, p. 65), un morceau très significatif *Sur les conversations du monde*.
3. Voir ci-après, p. 329, n. 1.
4. *Réflexions et maximes*, 657, Œuvres, p. 464.
5. Voir la septième des *Réflexions sur divers sujets* (Œuvres, p. 70), très sévère pour les romans.

que Vauvenargues aimait; et il était aussi digne que Voltaire et Marmontel d'apprécier le noble caractère de Vauvenargues, ce « philosophe ingénu », candide, fier, serein dans la tristesse, héroïque avec simplicité. Il eût ressenti dans son commerce ce que ressentaient tous ceux qui le voyaient d'un peu près, le respect pour sa personne, l'admiration pour son talent. De son côté, Vauvenargues fût certainement revenu de ses préventions. D'abord, seuls parmi leurs contemporains, dans la première moitié de leur siècle, ils avaient conservé tous deux le souci de doctrines et de recherches dédaignées, niées, combattues autour d'eux. En dépit de l'amitié qui l'unissait à Mme de Tencin, à Fontenelle, à Helvétius, Marivaux mériterait qu'on lui appliquât ce que Villemain a dit de Vauvenargues : lui aussi, dans ses œuvres morales, « était très loin de cet épicuréisme qui, avec toutes les variantes de grâce frivole et de sécheresse dogmatique, d'indifférence et de cynisme, de froid calcul et d'exaltation sensuelle, de prudence ou d'emportement, est la marque uniforme du xviii° siècle depuis Fontenelle jusqu'à Mirabeau [1] ». Il est seul, avec Vauvenargues, à méditer avec respect sur le bien et le mal, l'âme, la religion, l'espérance d'une autre vie, les faiblesses et les grandeurs de l'homme, la corruption des mœurs et les remèdes qui pourraient la guérir ou l'atténuer. Il est seul avec lui, au moment où l'esprit scientifique va triompher, où les vérités mathématiques sont l'objet d'une préférence de plus en plus marquée, à soutenir que les vérités morales ne sont ni moins certaines, ni moins fécondes; tous deux les dégagent, les épurent, et les donnent pour but à la philosophie dévoyée.

---

1. *Littérature au* xviii° *siècle*, seizième leçon.

Il n'est pas jusqu'à leur tour d'esprit et de sentiment, jusqu'à leur manière de sentir et de rendre, qui ne les eût bientôt rapprochés. Marivaux aimait, comme Vauvenargues, l'observation, la méditation solitaire, les promenades où l'on voit ce que les autres ne regardent pas, les longues contemplations silencieuses et pleines de pensées; plus moraliste que philosophe, il aimait à interroger son cœur, à se rendre compte de ses sentiments; comme Vauvenargues, il était assez ignorant, préférant aux livres l'étude directe de lui-même et de l'homme, traitant celui-ci avec une sorte d'indulgence triste, qui n'est pas dupe, mais qui excuse parce qu'elle comprend, ne voulant rien lui retrancher de ses passions, essayant seulement de les tourner vers le bien; comme lui, enfin, il avait la pitié pour ceux qui souffrent, les humbles, les petits, les dédaignés [1].

La supériorité de Vauvenargues et l'infériorité de Marivaux est dans ces qualités d'écrivain qui tiennent au caractère. Vauvenargues atteint souvent une couleur sobre, nette, chaude, résultat d'une passion contenue, d'un sentiment qui lui est à cœur, que tout le monde n'admet pas comme lui et qui s'échappe en un jet brillant. Cette couleur manque à Marivaux, plus nuancé et moins énergique.

Enfin, l'âme de Vauvenargues était, en somme, d'une trempe supérieure à celle de Marivaux. En présence des grands problèmes qui tourmentent l'homme, Marivaux se dérobe avec quelque mauvaise humeur; il voudrait que le silence se fît là-dessus [2]. Malgré ses convictions religieuses, il n'est ni assez philosophe ni assez chrétien : ni assez philosophe, parce que, philo-

---

1. Voir ci-après, p. 446, n. 1.
2. Voir ci-après, p. 432 et suiv.

sophe, il devrait rechercher ces problèmes au lieu de les éviter, ni assez chrétien, parce que, chrétien, la simple morale de l'Évangile devrait lui suffire, tandis que, au contraire, il essaie parfois de séparer la morale de la religion. Vauvenargues non plus ne prend pas parti : il pèse le pour et le contre; il reste, en matière de convictions religieuses, à égale distance de l'affirmation et de la négation, il meurt sans avoir décidé; mais, du moins, n'évite-t-il pas les questions de métaphysique et de philosophie indépendante; il a un courage d'esprit qui manque à Marivaux. Il a aussi des idées qui l'honorent et que celui-ci n'exprime jamais; il parle d'abnégation, de sacrifice, de souffrance obscure, de condition étroite et difficile, vaillamment supportée. Ici encore sa vie explique sa supériorité morale : il avait connu les petitesses de l'existence sans être diminué, les injustices du sort sans ressentir de découragement ou d'aigreur, la maladie sans la maudire, l'indifférence et la dureté des grands sans accuser les hommes. La souffrance, au contraire, l'épreuve, manquent dans la vie de Marivaux; il en a été plus heureux comme homme, moins profond comme moraliste.

CHAPITRE II

LE MORALISTE (suite)

THÉORIES MORALES DE MARIVAUX : LA CONSCIENCE; LE BIEN ET LE MAL. — LES MŒURS DU TEMPS : L'AMOUR; LE MARIAGE; LA CONDITION DES FEMMES; L'ÉDUCATION DES ENFANTS. — L'AMOUR-PROPRE : COQUETTES ET PETITS-MAÎTRES. — MARIVAUX ET DUCLOS.

Essayons de retrouver les principales théories de Marivaux, parmi les feuilles trop souvent disparates et d'inégale valeur qui composent son œuvre morale.

Il a pris soin de discuter avec quelque détail celle qui domine la science des devoirs, la distinction du bien et du mal. Il ne se place nullement au point de vue stoïcien et ne propose pas à l'homme un idéal de perfection chimérique; il n'est pas orgueilleux. Il sait, pour s'être étudié lui-même, combien notre nature est faible, changeante, capable tour à tour de vice et vertu :

> J'ai été, dit-il, mon propre spectateur, comme le spectateur des autres; je me suis connu autant qu'il est possible de se connaitre; ainsi, c'est du moins un homme que j'ai développé. Quand j'ai comparé cet homme aux autres ou les autres à lui, j'ai cru voir que nous nous ressemblions presque tous; que nous avions tous à peu près le même volume de méchanceté, de faiblesse et de ridicule; qu'à la vérité nous n'étions pas tous, aussi fréquemment les uns que les autres, faibles, ridicules et

méchants; mais qu'il y avait pour chacun de nous des positions où nous serions tout ce que je dis-là, si nous ne nous empêchions pas de l'être [1].

Et après avoir, avant J.-J. Rousseau, établi sur la conscience la distinction du bien et du mal [2], il tire de l'infirmité humaine les conséquences suivantes :

Il est vrai que nous naissons tous méchants [3]; mais cette méchanceté nous ne l'apportons que comme un monstre qu'il faut combattre. Nous la connaissons pour monstre, dès que nous nous assemblons; nous ne sommes

1. *Le Spectateur français*, vingt et unième feuille.
2. Pour Marivaux, la conscience est « la règle sacrée de nos actions »; et, par conscience, il entend « cet esprit de justice que je trouve en moi, que je trouve dans les autres, qui fait ma sûreté et la leur ». En définissant ainsi la conscience il ne formulait pas un lieu commun : au moment où il écrivait, il était à peu près le seul, parmi les moralistes, qui fît de la conscience le fondement de la loi morale; on verra plus loin de qui il tenait cette théorie. Montaigne avait dit : « Les lois de la conscience, que nous disons naistre de la nature, naissent de la coustume. » (*Essais*, livre I, chap. XXII). Pascal ne semble prononcer le mot de *conscience* qu'avec une idée de défaveur (voir les trois passages des *Pensées* où on le trouve, édit. Havet, t. II, p. 97, 107 et 183); La Bruyère n'en parle pas. Après Marivaux, Vauvenargues la condamne expressément : « La conscience, dit-il, est la plus changeante des règles. » (*Réflexions et Maximes*, 133, et aussi 135, *Œuvres*, p. 386). Voltaire met « bien » et « très bien » en note. Il faut aller jusqu'à J.-J. Rousseau pour trouver la réhabilitation de la conscience dans le profession de foi du vicaire savoyard. Marivaux cependant ne va pas aussi loin que Rousseau; celui-ci fait de la conscience le seul fondement de sa morale, qui est la morale du sentiment avec ses incertitudes et ses faiblesses; Marivaux, au contraire, en définissant la conscience « l'esprit de justice », la rapproche de l'idée du bien, principe plus solide, avec ses conséquences d'obligation, de mérite, etc.
3. Ici encore Marivaux se sépare de Rousseau; celui-ci croyait à l'excellence de la nature humaine, originairement bonne, mais dépravée par la civilisation, et de ce principe, formulé pour la première fois dans son fameux *Discours* couronné par l'Académie de Dijon (1750), il fit le fondement de sa philosophie comme de sa politique.

pas plutôt réunis en société, que nous sommes frappés de la nécessité d'observer un certain ordre, qui nous mette à l'abri des effets de nos mauvaises dispositions : la raison, qui nous montre cette nécessité, est le correctif de notre iniquité même. Cet ordre donc, une fois prouvé nécessaire pour la conservation générale, devient, à ne parler même qu'humainement, un devoir indispensable pour chacun de nous.... Malheur à qui rompt ce contrat de justice, dont votre raison et la mienne, et celle de tout le monde, se lient, pour ainsi dire, ensemble, ou plutôt sont déjà liées dès que nous nous voyons, et sans qu'il soit besoin de nous parler! Ce contrat m'oblige, même avec l'homme qui ne l'observe pas à mon égard. Ce n'est pas une loi conditionnelle et particulière faite avec lui, loi qui serait inutile, impuissante, et malgré laquelle notre corruption reprendrait bientôt son empire féroce. Non; c'est un contrat de nécessité absolue, passé pour jamais avec l'humanité, avec tous les hommes ensemble, et par tous les hommes en général, qui l'ont toujours ratifié, et qui le ratifieront toujours [1].

Mais ici se présente l'objection redoutable formulée par Pascal : « On ne voit presque rien de juste ou d'injuste qui ne change de qualité en changeant de climat.... Plaisante justice qu'une rivière borne? Vérité au deçà des Pyrénées, erreur au delà [2]. » Marivaux répond que des différences de détail, conséquence inévitable de la diversité humaine, n'empêchent nullement la loi morale de posséder les trois

---

1. *Le Spectateur français*, vingt et unième feuille. — Vauvenargues, qui se séparait tout à l'heure de Marivaux, s'en rapproche ici (voir *Introduction à la connaissance de l'Esprit humain*, III, 43, *Œuvres*, p. 51). Tous deux développent, à leur insu probablement, l'idée qui inspire dans Platon la prosopopée des Lois (*Criton*, XII et suiv.). J.-J. Rousseau, outre son *Contrat social*, doit à cette idée un très beau passage (voir *Œuvres et Correspondances inédites*, publiées par M. G. Streckeisen-Moultou, première lettre *Sur la vertu et le bonheur*, adressée à Mme d'Houdetot, p. 136 et suiv.).

2. *Pensées*, art. III, édit. Havet, t. I, p. 38.

caractères essentiels de la loi, d'être universelle, uniforme, invariable :

> Que les coutumes, que les usages particuliers des hommes soient défectueux, cela se peut bien ; aussi ces coutumes sont-elles aussi variées qu'il y a de nations diverses ; mais cette loi, qui nous prescrit d'être justes et vertueux, est partout la même.... Il n'a pas été nécessaire que les hommes aient dit : Voilà comment il faut être juste et vertueux ; ils ont dit seulement : Soyons justes et vertueux. Cela leur a suffi, cela s'entend partout, et n'a besoin d'explication dans aucun pays [1].

Cette conception de la loi morale n'empêche pas Marivaux de reconnaître de quelle manière inégale et défectueuse la justice est trop souvent appliquée par les hommes. Il relève même, avec une mordante ironie, les inconséquences de leurs jugements. C'est ainsi qu'il montre, par les discours d'un père à son fils, la situation très différente du pauvre et du riche devant l'opinion [2]. Mais ces incertitudes humaines n'empêchent pas les règles essentielles de la morale d'être fixes et nettes.

Ces règles une fois posées, Marivaux les applique avec un large esprit de tolérance. Il ne fait dépendre la morale d'aucun dogme, comprenant que, pour être

---

1. *Le Spectateur français*, vingt et unième feuille. — Cette théorie de la conscience venait à Marivaux du milieu où il s'était formé. Mme de Lambert, dit Sainte-Beuve, « est l'une des premiers moralistes qui, au sortir du xviie siècle, soient revenus à l'idée très peu janséniste que le cœur humain est assez naturellement droit, et que la conscience, si on sait la consulter, est le meilleur témoin et le meilleur juge... Elle donne, à sa manière, le signal que Vauvenargues, à son tour, reprendra, et qui, au mains de Jean-Jacques, deviendra un instrument de révolution universelle. » (*Causeries du Lundi*, t. IV, p. 231.)

2 *Le Spectateur français*, vingt-deuxième feuille.

inattaquable, elle doit ne relever que d'elle-même et découler directement de l'idée du bien. Cette tolérance toutefois n'exclut pas une sévérité plus nécessaire au moment où il écrivait que jamais, malgré l'admiration complaisante de ses contemporains pour leur siècle. Devant certains vices de son temps, Marivaux sort à l'occasion de son indulgence habituelle; il a des cris de colère et des accès d'indignation. Une de ses plus belles pages, déjà signalée [1], est celle où il fait raconter par une jeune fille les tentatives de séduction auxquelles l'expose la misère. C'est, peut-être, le morceau le plus émouvant que puisse offrir toute la littérature du xviiie siècle. Une éloquence passionnée sans déclamation, une vigueur de langage sans crudité, une pitié sincère et profonde s'y réunissent pour flétrir un vice qui n'est point particulier au siècle dernier, mais qui sévissait alors plus odieux que jamais, car la débauche se faisait comme un point d'honneur de mépriser et d'avilir la femme [2]. Toutes les fois qu'il parle de la triste situation d'une femme séduite et abandonnée, Marivaux est admirable d'élévation et de force. Qu'on lise, par exemple, la lettre qu'il fait écrire par une jeune fille, victime d'un excès de confiance, à celui qui l'a trahie [3]. Mais que valent les serments prodigués en pareil cas aux femmes par les hommes? Le séducteur va nous le dire lui-même, avec un cynisme effronté :

Un homme amoureux est-il responsable des serments qu'il fait? Peut-il s'empêcher de les faire? Est-il son maître? A-t-il de la raison? Si, dans un transport au cerveau, j'avais juré de me tuer, au sortir de là, serais-je obligé

---

1. Ci-dessus, p. 400, n. 5.
2. Voir de Goncourt, *la Femme au* xviiie *siècle*, p. 185 et suiv.
3. *Le Spectateur français*, dixième feuille.

de tenir parole? Eh bien! l'amour est un transport, on ne sait ce qu'on dit quand on aime. Promettre à une fille de l'épouser, si elle se fie à vous, n'est-ce pas lui promettre une impertinence? N'est-ce pas lui dire : Je m'engage à vous prendre pour épouse, quand vous ne le mériterez plus [1]?

La séduction fait perdre à la jeune fille, avec l'honneur, toutes les espérances de la vie; l'adultère n'est guère moins dangereux pour l'épouse. Ici encore Marivaux donne une forme dramatique et directe à la leçon; il la met dans la bouche d'une femme, qui rassemble avec une énergie passionnée tous les motifs capables de la défendre contre la séduction [2].

Il n'avait, en effet, que mépris pour ces amours du siècle dernier, si rapides, si vides et si tristes, affaires d'amour-propre et de mode, dans lesquelles « il n'y avait plus d'amants », mais seulement « des libertins, qui tâchaient de faire des libertines [3] ». Les femmes du monde, dit-il, « ne rougissent pas d'un amant avoué; ce serait rougir à la bourgeoise. De quoi rougissent-elles donc? C'est de n'avoir point d'amant ou de perdre celui qu'elles ont [4] ». Une chose pourtant aurait dû les éclairer : le mépris de ces amants pour elles et la tranquille impudence avec laquelle il les abandonnaient pour d'autres conquêtes :

Ma foi! Madame, dit l'un d'eux, je n'ai pas cru la chose si sérieuse entre vous et moi. Nous nous sommes plu, il est vrai; vous m'avez fait l'honneur de me trouver de votre goût, vous étiez fort du mien; je vous ai confié mes dispositions, vous m'avez dit les vôtres; nous n'avons jamais fait mention d'amour durable. Si vous m'en aviez parlé, je ne demandais pas mieux; mais j'ai regardé vos bontés

---

1. *Le Spectateur français*, onzième feuille.
2. *Ibid.*, deuxième feuille.
3. *Ibid.*, dix-septième feuille.
4. *Pièces détachées, Deuxième lettre à madame* ***.

pour moi comme les effets d'un caprice heureux et passager ; je me suis réglé là-dessus. Le hasard m'a fait connaître la dame en question ; ce qui m'est arrivé avec vous m'arrive avec elle ; autre caprice dont je profite. Il n'y a pas là de quoi vous fâcher ; elle n'a pas l'air de m'aimer autrement que vous avez fait, et je l'imiterai exactement. Ainsi vous me querellez pour une bagatelle [1].

De cette profession de foi Marivaux conclut :

Autrefois, quand un amant cessait d'aimer une maîtresse, c'était un infidèle, mais un infidèle qui la respectait : aujourd'hui, lorsqu'un homme quitte une femme, ce n'est qu'un vicieux qui la méprise, c'est-à-dire que l'amour, tel qu'il est à présent, fait plus de honte que de plaisir. A quoi songent donc les femmes de l'avoir mis dans cet état? car c'est leur faute et non pas la nôtre ; c'est d'elles que l'amour reçoit ses mœurs : il devient ce qu'elles le font [2].

C'est là de la morale, chaleureuse et indignée. Ce ton n'est pas toujours celui de Marivaux ; on sait avec quelle souplesse et quel agrément il manie l'ironie ; volontiers, il la met au service de la morale. Dans une page pénétrante, il s'est attaché à suivre dans le cœur de la femme tous les progrès de l'amour, les gradations insensibles par lesquelles il s'y insinue, les capitulations de conscience par lesquelles il triomphe. C'est un modèle d'analyse et la meilleure des leçons :

Vous ne sauriez croire combien un amant tendre, soumis et respectueux, sympathise avec une femme sage et vertueuse. La passion de cet amant est elle-même si douce, si noble, si généreuse qu'elle ressemble à une vertu, et une vertu en apprivoise aisément une autre. L'amour se déclare, une femme vertueuse le reconnaît et lui impose

1. *Le Spectateur français*, seizième feuille.
2. *Ibid.* — Voir dans Goncourt, *la Femme au* XVIIIe *siècle*, p. 169 à 175, un curieux passage des *Mémoires de Lauzun*, où une femme exprime la théorie que Marivaux prête à un homme.

silence; mais bien moins parce qu'elle le hait, que parce qu'elle s'est fait un principe de le haïr et de le craindre. Elle lui résiste donc, cela est dans les règles; mais, en résistant, elle entre insensiblement dans un goût d'aventure; elle se complaît dans les sentiments vertueux qu'elle oppose, ils lui font comme une espèce de roman noble qui l'attache, et dont elle aime à être l'héroïne. Cependant, un amant demande pardon d'avoir parlé, en le demandant il recommence; bientôt elle excuse son amour comme innocent, ensuite elle le plaint comme malheureux, elle l'écoute comme flatteur; elle l'admire comme généreux, elle l'exhorte à la vertu, et, en l'y exhortant, elle engage la sienne. Elle n'en a plus, mais dans cet état il lui reste encore le plaisir d'en regretter noblement la perte. Elle va gémir avec élévation. La dignité de ses remords va la consoler de sa chute : il est vrai qu'elle est coupable, mais elle l'est du moins avec décence, moyennant le cérémonial des pleurs qu'elle verse; sa faiblesse s'augmente des reproches même qu'elle se fait! Tout ce qu'elle a de sentiment pour la vertu passe au profit de sa passion, et enfin il n'est point d'égarements dont elle ne soit capable avec un cœur noble et vertueux; ainsi une femme comme celle-là, quand on lui parle d'amour, n'a point d'autre parti à prendre que de fuir.

Marivaux, on le voit, n'est pas dupe des sophismes de la passion [1]; il en dévoile tous les dangers et les montre tels qu'ils sont. L'honnête femme qui consent à écouter des propos d'amour est perdue; malgré la ferme résolution de ne pas manquer à ses

---

1. Il la réduit à son expression la plus brutale, au sens dernier qui est au fond des déclarations les plus respectueuses : « Allez dire à une femme que vous trouvez aimable et pour qui vous sentez de l'amour : Madame, je vous désire beaucoup; vous me feriez grand plaisir de m'accorder vos faveurs. Vous l'insulterez; elle vous appellera brutal. Mais, dites-lui tendrement : Je vous aime, vous avez mille charmes à mes yeux; elle vous écoute, vous la réjouissez, vous tenez le discours d'un homme galant. C'est pourtant lui dire la même chose; c'est précisément lui faire le même compliment : il n'y a que le ton de changé; et elle le sait bien, qui pis est. »

devoirs et de réduire son amant au rôle d'amuseur inoffensif, elle succombera fatalement. Et pourtant quel plaisir attirant et délicat, quel idéal charmant que ce mélange de la coquetterie et du devoir! Marivaux la prévient : en fait d'amour, qu'elle n'accorde rien ou on lui prendra tout. Ils sont rares les auteurs de comédies et de romans qui parlent aux femmes avec cette franchise et leur enlèvent ces illusions dont elles savent tant de gré à ceux qui les nourrissent. Nombreux, au contraire, sont ceux qui les trompent de si bonne foi. Que de romans, des plus délicats et des plus honnêtes comme dénouement, où on leur dit qu'elles peuvent s'avancer jusqu'au bord de l'abîme et s'arrêter à temps! L'héroïne va succomber; le séducteur s'y attend, le lecteur en a pris son parti; mais point : l'auteur, habile et compatissant, prévient la chute imminente et sauve la vertu du danger par quelque artifice ingénieux. Les étapes de la passion, leur dit au contraire Marivaux, se suivent fatalement; on ne s'arrête pas où l'on veut; il faut que le chemin commencé s'achève. Bien plus, on repasse toujours par cette route; il y a beaucoup de femmes qui n'ont commis aucune faute; il n'en est pas qui n'en aient commis qu'une; à une intrigue succèdent d'autres intrigues, de plus en plus rapides, de moins en moins parées d'illusion et de passion pure. Les femmes acceptent peu à peu ce que le xviiie siècle appelait des « passades », de simples caprices des sens, vite satisfaits, vite oubliés, où le sentiment n'a plus la moindre part et qui sont la négation même de l'amour. Marivaux a pour ces liaisons éphémères un tel mépris qu'il en vient, comme dans *la Réunion des Amours*, à regretter l'amour purement platonique.

Le vice a beau faire avec ses douceurs brutales et rassasiantes : d'abord il tue l'amour, quand parfois il se rencontre avec lui, et d'ailleurs il ne lui appartient pas de piquer l'âme autant que peut la piquer un amour tendre et innocent de part et d'autre. Si l'on savait bien ce que c'est que cet amour dont je parle, quelles sont ses ressources, et le charme des progrès qu'il fait dans le fond de l'âme ; combien il la pénètre et tient sa sensibilité en vigueur ; en combien de façons délicieuses il la remue ; si l'on savait combien, en mille moments, avec cet amour, deux amants se trouvent grands, nobles et délicats ; comme ils sont glorieux et contents de se trouver tels, si l'on savait avec quelle satisfaction ils souffrent d'être sages ! On s'imagine qu'il n'y a point de plaisir à cela, on se trompe ; la vertu dédommage de la peine qu'elle coûte, et on devient alors tout aussi amoureux de cette vertu que de la personne qu'on aime, on les confond toutes deux, ce n'est plus qu'un [1].

La première cause de ce relâchement des mœurs et de ces amours qui ne se couvraient même plus d'un prétexte de passion, Marivaux la voit dans la singulière légèreté avec laquelle se concluaient les mariages et dans l'indifférence des époux :

On me maria à dix-huit ans, dit une jeune femme. Je dis qu'on me maria, car je n'eus point de part à cela. Mon père et ma mère me promirent à mon mari, que je ne connaissais pas ; mon mari me prit sans me connaître, et nous n'avons point fait d'autre connaissance ensemble que de nous trouver mariés, et d'aller notre train sans nous demander ce que nous en pensions. En vérité j'aurais pu dire : Quel est donc cet étranger dont je suis la femme ? Cet étranger cependant était un fort honnête homme de trente-cinq à quarante ans, avec qui j'ai vécu comme avec le meilleur ami du monde ; car je n'eus jamais pour lui ce qu'on appelle amour ; il ne m'en demanda jamais ; nous n'y

---

[1]. *Le Spectateur français*, dix-septième feuille. — Dans la sixième feuille, Marivaux développe toute une allégorie (voir ci-dessus, p. 400) sur les qualités que l'Amour uni à l'Estime et au Respect faisait autrefois germer dans les âmes.

songeâmes ni l'un ni l'autre, et nous nous sommes très tendrement aimés sans cela [1].

Ce n'est point là le mariage tel que le comprenait Marivaux. Pour savoir ce qu'il l'eût voulu, on n'a qu'à lire les conseils qu'il donne à de jeunes époux, les engageant non seulement à s'aimer, mais encore à faire durer leur amour le plus possible, à se montrer glorieux et jaloux de l'honneur et du plaisir de se plaire, empressés à se rendre mutuellement la vie facile et douce [2]; ou bien encore l'histoire de ce pauvre ménage dans lequel le malheur établit entre l'homme et la femme une si étroite et touchante union [3].

Malgré ce qu'il a dit plus haut de la décadence où les femmes ont laissé tomber la galanterie, il estime qu'elles sont moins coupables que les hommes de l'avilissement qui déshonore l'amour et le mariage. Il plaide en leur faveur les circonstances atténuantes et leur témoigne une indulgence caressante [4]. Bien plus, il trouve leur condition d'une inégalité scandaleuse : « Examinons, dit-il, la distribution des devoirs du mariage, telle que nous l'avons réglée, entre des créatures si faibles, et nous qui nous croyons si forts ; nous verrons si la balance est égale. » Il résume donc avec vigueur tous les griefs qu'elles ont contre nous.

1. *Le Spectateur français*, dix-septième feuille.
2. *Ibid.*, seizième feuille.
3. *Ibid.*, vingt et unième, vingt-deuxième et vingt-quatrième feuilles.
4. Il dit en parlant de l'amour : « Le tout finit par une banqueroute qui la déshonore, quoique ce soit elle à qui on la fasse. » (*Le Cabinet du Philosophe*, cinquième feuille.) Chamfort lui a emprunté cette comparaison énergique : « L'amour est un commerce orageux, qui finit toujours par une banqueroute; et c'est la personne à qui on fait banqueroute qui est déshonorée. » (Cité par Duviquet, t. IX, p. 433). On a déjà vu (ci-dessus, p. 63, n. 1) Marivaux imité par Chamfort.

Par exemple, de quelle injuste partialité ne sont-elles pas victimes dans la question de l'adultère!

Une femme se comporte mal; elle a des amants; elle trahit la fidélité conjugale. Point de quartier pour elle; on l'enferme, on la séquestre, on la réduit à une vie dure et frugale, on la déshonore, et elle le mérite. Mais que fait-on à un mari infidèle, qui vit avec ses maîtresses, qui se ruine pour elles, lui, sa femme et ses enfants?... Où sont les maris qu'on enferme, qu'on séquestre? Sont-ils seulement déshonorés dans le monde?... Comment donc! (Le) libertinage (d'un mari), ou plutôt sa galanterie le rend illustre; elle en fait un héros qu'on est curieux de voir; on se le montre au spectacle.... Où est-il? se dit-on. Il vient de paraître; tenez, le voilà, c'est lui.... Aussi faut-il voir comment il se tient droit, les airs qu'il se donne, et avec quelle superbe confiance il produit son visage [1].

Les hommes allèguent, pour excuser leur despotisme, la coquetterie des femmes, leur infirmité d'esprit, leur malice:

Si notre coquetterie est un défaut, répondent les femmes, qui devons-nous en accuser sinon les hommes? Nous avez-vous laissé d'autre ressource que le misérable emploi de vous plaire? Nous sommes méchantes, dites-vous. Osez-vous nous le reprocher? Dans la triste privation de toute autorité où vous nous tenez, de tout exercice qui nous occupe, de tout moyen de nous faire craindre comme on nous craint, n'a-t-il pas fallu qu'à force d'esprit et d'industrie, nous nous dédommageassions des torts que nous fait votre tyrannie? Ne sommes-nous pas vos prisonnières, et n'êtes-vous pas nos geôliers? Dans cet état, que nous

---

1. Ceci n'est nullement exagéré. Malgré la tolérance de l'opinion pour l'adultère, les maris conservaient contre leurs femmes des droits terribles, dont ils usaient assez souvent. Sur la preuve d'adultère, le mari obtenait une lettre de cachet, par laquelle sa femme était enfermée à perpétuité dans un couvent; de plus, elle était déclarée déchue de ses biens dotaux et ceux-ci adjugés en usufruit au mari, à charge de payer à sa femme une rente d'entretien de 1200 livres. (Voir de Goncourt, *la Femme au* XVIIIe *siècle*, p. 247-249).

reste-t-il que la ruse? Que nous reste-t-il qu'un courage impuissant, réduit par vous à la honteuse nécessité de devenir finesse? Notre malice n'est que le fruit de la dépendance où nous sommes. Notre coquetterie fait tout notre bien. Nous n'avons point d'autre fortune que de trouver grâce devant vos yeux. Nos propres parents ne se défont de nous qu'à ce prix; il faut vous plaire ou vieillir ignorées dans leurs maisons. Nous n'échappons à votre oubli, à vos mépris, que par ce moyen; nous ne sortons du néant, nous ne saurions vous tenir en respect, faire figure, être quelque chose, qu'en nous faisant l'affront de mettre une industrie humiliante, et quelquefois des vices, à la place des qualités, des vertus que nous avons, dont vous ne faites rien, et que vous tenez captives [1].

Jamais, croyons-nous, la cause des femmes ne fut plaidée avec plus de vigueur que dans ce passage, et Marivaux mériterait de leur part, entre tous les écrivains français, une reconnaissance particulière. Jusqu'au milieu du XVIIIe siècle, en effet, elles n'eurent guère à se louer de la galanterie de nos écrivains [2]. Au moyen âge, elles sont l'objet de satires sans cesse reprises; les fabliaux s'acharnent contre elles avec une sorte de joie vindicative. Au XVIe siècle, on ne les traite guère mieux : moralistes, prédicateurs, satiriques voient toujours en elles l'*indomitum animal* dont parlait le vieux Caton. L'hôtel de Rambouillet institue un culte en leur honneur, mais quelle prompte décadence des femmes divinisées! Quelques années plus tard, si Corneille leur donne une énergie et un sentiment de l'honneur dignes de l'autre sexe,

---

1. *Le Cabinet du Philosophe*, cinquième feuille; voir ci-dessus, p. 254, la tirade d'Arthénice. — On retrouvera la plupart des idées présentées ici par Marivaux dans un article de Prévost-Paradol (*Nouveaux essais de politique et de littérature*, p. 363 et suiv. : *Sur les femmes et l'infidélité*), petit chef-d'œuvre d'esprit et de bon sens.

2. Voir M. Em. Deschanel, *le Mal qu'on a dit des femmes* (1858), notamment la troisième partie, p. 79 à 191.

si Racine les pare d'une délicatesse et d'une pudeur idéales, Molière leur laisse entendre qu'elles auront toujours besoin d'une forte tutelle et que « les grands objets » leur sont interdits, Boileau lance contre elles la plus violente de ses satires, les moralistes sacrés et profanes ne leur ménagent pas de dures vérités. Il faut traverser la plus grande partie du siècle pour trouver chez La Bruyère un peu de justice et de sympathie à leur égard.

Encore La Bruyère, Racine, Corneille ne s'occupent-ils des femmes, surtout les deux derniers, qu'au point de vue des sentiments. A peine La Bruyère songe-t-il à demander qu'on s'occupe un peu plus sérieusement de cultiver leur esprit et d'étendre leur action sociale. C'est Marivaux qui, dès le début du XVIII° siècle, en attendant J.-J. Rousseau, proteste le premier contre les injustices et les abus dont elles souffrent.

Il voudrait, sinon une égalité chimérique de droits pour les deux sexes, au moins des mœurs qui honorent les femmes, relèvent leur condition, leur rendent leurs devoirs plus faciles, leur attribuent surtout une part plus directe dans l'éducation des enfants. Celle-ci doit être, selon Marivaux, la principale occupation des femmes et leur influence doit y être prépondérante. Nous avons vu ce qu'il pensait de la sévérité qui creusait entre les mères et les filles un abîme glacé; il n'en veut pas davantage pour les garçons que pour les filles. Il a vu dans une famille un jeune homme de dix-huit ans élevé dans une retenue et une crainte continuelles; il raconte ainsi l'impression que lui a produit cette pauvre victime :

Je ne lui ai pas entendu prononcer un mot tant que le père a été avec nous; il n'a parlé que par révérences, à la tin desquelles je voyais qu'il regardait son père, comme pour lui demander si, en saluant, il s'était conformé à ses intentions. Le père a disparu pour quelques moments; j'avais bien jugé que sa présence tenait l'âme de son fils captive, et j'étais bien aise de voir un peu agir cette âme, quand elle était libre, et quand on la laissait respirer; j'ai donc interrogé ce jeune homme d'un air d'amitié. Le pauvre enfant, par la volubilité de ses réponses, a semblé me remercier de ce que je lui procurais le plaisir de parler. Il se pressait de jouir de sa langue. Je ne sais comment il faisait; mais il avait le secret de répondre à ce que je lui disais, sans qu'il se donnât le temps de m'écouter; car il parlait toujours…. Il commençait un récit, quand le père, en toussant, s'est fait entendre dans la chambre prochaine; le bruit de cette redoutable poitrine a remis la langue du jeune homme aux fers. J'ai vu la joie, la confiance et la liberté fuir de son visage; il a changé de physionomie; je ne le reconnaissais plus [1].

Marivaux se demande si ce père, « qui n'a jamais vu le visage de son fils », connaîtra jamais son esprit et son cœur, s'il pourra jamais corriger des défauts qui n'osent se montrer devant lui, car, effrayés d'une extrême sévérité, « ils se sont sauvés dans le fond de l'âme ». Un fils élevé de cette manière est « un esclave qui soupire après la liberté, et qui en usera comme un fou, quand il l'aura ». Est-ce donc là l'idéal de l'éducation? S'adressant directement aux pères, Marivaux leur dit :

Voulez-vous faire d'honnêtes gens de vos enfants? Ne soyez que leur père et non leur juge et leur tyran. Et qu'est-ce que c'est qu'être leur père! C'est leur persuader que vous les aimez. Cette persuasion-là commence par vous gagner leur cœur. Nous aimons toujours ceux dont nous sommes sûrs d'être aimés. Quand vos enfants vous aimeront, quand ils regarderont l'autorité que vous conserverez sur eux, non comme un droit odieux que les lois vous donnent, et dont vous êtes superbement jaloux, mais

---

1. *Le Spectateur français*, seizième feuille.

comme l'effet d'une tendresse inquiète, qui veut leur bien, qui semble les prier de ce qu'elle leur ordonne de faire, qui veut plus obtenir que vaincre, qui souffre de les forcer bien loin d'y prendre un plaisir malin, comme il arrive souvent; oh! pour lors vous serez le père de vos enfants; ils vous craindront, non comme un maître dur, mais comme un ami respectable, et par son amour, et par l'intérêt qu'il prend à eux. Ce ne sera plus votre autorité qu'ils auront peur de choquer, ce sera votre cœur qu'ils ne voudront pas affliger; et vous verrez alors avec quelle facilité la raison passera dans leur âme, à la faveur de ce sentiment tendre que vous leur aurez donné pour vous [1].

Il s'est plu à montrer en action ce système d'éducation fondé sur la douceur, et c'est la mère qu'il charge de l'appliquer. Avec quelle effusion d'affection reconnaissante le fils ainsi élevé parle de sa mère! « Je ne me souviens pas de l'avoir jamais regardée comme une personne qui avait de l'autorité sur moi; je ne lui ai jamais obéi parce qu'elle était la maîtresse et que je dépendais d'elle; c'était l'amour que j'avais pour elle qui me soumettait toujours au sien. » Puis, il raconte, avec un attendrissement profond, cette éducation ferme et douce dans laquelle il n'avait à souffrir « aucun emportement, aucun reproche dur et menaçant, aucune de ces impatiences, de ces vivacités de tempérament, qui entrent de moitié dans les corrections ordinaires et qui les rendent pernicieuses par le mauvais exemple qu'elles y mêlent ». Lorsqu'il était en faute, sa mère ne prenait même pas un air sévère : « Elle me disait doucement que je l'affligeais, et me caressait même en me montrant son affliction; c'était là mon châtiment ». Marivaux reconnaît que de pareils moyens ne sont pas applicables à toutes les natures, car « il y a des enfants qui ne sentent rien, qui n'ont point

---

1. *Le Spectateur français*, seizième feuille.

d'âme », mais un jeune homme bien doué par la nature ne saurait y résister. Celui dont il parle craint plus ces affectueuses remontrances que tous les châtiments :

> Je pleurais de tout mon cœur alors, je lui promettais en l'embrassant de ne lui plus donner le moindre chagrin, et je tenais parole ; je me serais même fait un scrupule de la tromper, quand je l'aurais pu. Ce mélange touchant de bonté et de plaintes, cette douleur attendrissante qu'elle me témoignait quand je faisais mal, me suivaient partout ; c'était une scène que je ne pouvais me résoudre à voir recommencer [1].

Tout en rendant justice aux femmes, en défendant leurs droits, en protestant contre le despotisme qui pesait sur elles, en indiquant le rôle qu'elles devraient avoir dans la famille, Marivaux ne se fait pas scrupule de relever quelques-uns de leurs défauts. C'est, naturellement, la coquetterie qui fournit la plus ample matière à ses observations. Il pouvait bien tout à l'heure l'excuser par l'examen des causes qui l'entretiennent ; il ne la méconnaît pas. A ses yeux, quelles que puissent être les qualités et la vertu des femmes, la coquetterie n'y perd rien, car elle est le fonds de leur nature :

> Les femmes, dit-il, ont un sentiment de coquetterie qui ne désempare jamais de leur âme ; il est violent dans les occasions d'éclat, quelquefois tranquille dans les indifférentes ; mais toujours présent, toujours sur le qui-vive ; c'est, en un mot, le mouvement perpétuel de leur âme ; c'est le feu sacré qui ne s'éteint jamais. Une femme veut toujours plaire, sans le vouloir par une réflexion expresse ; la nature a mis ce sentiment chez elle à l'abri de la réflexion et de l'oubli. Une femme qui n'est pas coquette est une femme qui a cessé d'être [2].

1. *Le Spectateur français*, vingt-quatrième feuille.
2. *Pièces détachées, Deuxième lettre à madame M****.

Outre les réflexions sur la coquetterie disséminées çà et là dans ses œuvres morales, il a écrit l'histoire complète d'une coquette, depuis le jour où le désir de plaire s'éveille pour la première fois chez la jeune fille, jusqu'au jour où il s'éteint chez la vieille femme, jour bien tardif, car la coquette de Marivaux ne se décide à abdiquer qu'à soixante-quatorze ans passés. Cette histoire[1] est un petit chef-d'œuvre d'observation, de vérité, même de naturel, quoique le sujet semble nécessairement appeler le *marivaudage*. Toutes les phases de la coquetterie y sont décrites avec une science du sujet qu'une femme égalerait à peine. On l'y voit d'abord inconsciente et timide, puis sûre d'elle-même et confiante, plus tard, inquiète aux approches de l'âge, ingénieuse, inventive, réduite bientôt à lutter contre l'injure des ans, enfin désespérée, mais non découragée, faisant bonne contenance jusqu'à l'extrême limite de la vieillesse. C'est la psychologie complète de la coquette.

Si la coquetterie est amusante à observer chez la femme, elle l'est bien davantage chez l'homme, car, ici, elle se complique de ridicule à un degré surprenant. Marivaux ne tarit pas sur les jeunes fats; il les crible d'épigrammes tantôt courtes et vives, tantôt développées jusqu'à la satire; il ne perd aucune occasion de faire rire à leurs dépens. Il les montre « vains, mais très sérieusement vains et comme chargés de l'obligation de l'être », s'offrant à l'admiration publique avec la confiance ravie de gens « étonnés de la noblesse de leur figure, et qui certainement comptent sur un égal étonnement dans les autres »,

---

1. Déjà mentionnée ci-dessus, p. 399, n. 2. — Voir encore, sur la coquetterie, la cinquième feuille du *Cabinet du Philosophe*. Indulgent dans les passages cités plus haut, Marivaux est tout à fait sévère dans celui-ci.

presque naïfs dans leur contentement d'eux-mêmes et n'oubliant jamais qu'une belle figure « demande tout le recueillement de celui qui la porte ». Leur contenance semble crier bien haut à tout le genre humain : « Qu'en dites-vous, hommes étonnés? Qui de vous cherche à faire quelque chicane à ce maintien? Qui de vous n'avouera pas qu'il me sied bien de me rendre justice, et que la critique est muette à mon aspect[1]? »

Coquetterie des femmes et fatuité des bellâtres ne sont que des variétés de l'amour-propre. Marivaux s'attache spécialement à celles-là comme aux plus amusantes, mais il n'en ignore et n'en laisse aucune de côté. En réunissant les traits épars dans ses seuls essais de morale, on composerait sur *l'amour de soi*, dans toutes ses manifestations, un petit traité moins amer que le livre de La Rochefoucauld, mais aussi instructif. Tandis que La Rochefoucauld condamne, abaisse, avilit l'amour-propre, Marivaux estime qu'il n'est ni bon ni mauvais en soi, que tout dépend de l'éducation qu'on lui donne et du but vers lequel on le dirige. C'est une force du cœur humain, force puissante, dominante même, capable, comme toutes les forces, d'être utile ou nuisible. Le condamner en principe n'est ni juste ni habile. La distinction suivante, très finement établie, entre l'orgueil et la fierté, montrera sous quel point de vue Marivaux étudie l'amour-propre :

Il y a bien de la différence entre un homme fier et un homme glorieux. La fierté part d'un sentiment noble et louable; c'est une vertu quand elle est réglée, ce n'est un vice que quand elle ne l'est pas. Mais la vaine gloire est

[1]. *Le Spectateur français*, troisième feuille. — Comp. Vauvenargues, *Sur ce que les femmes appellent un homme aimable*, dans ses *Conseils à un jeune homme* (Œuvres, p. 115).

toujours un ridicule... — Il sied bien à un homme d'être fier dans de certaines occasions; il n'y a point d'occasion où il ne se dégrade, quand il est glorieux. Ordinairement même le glorieux n'est pas fier. L'homme fier veut être intérieurement content de lui. Il suffit au glorieux d'avoir contenté les autres; c'est assez pour lui que ses actions paraissent louables. L'autre veut que les siennes le soient à ses yeux-mêmes. En un mot, l'homme fier a du cœur; le glorieux n'a que l'orgueil de persuader qu'il en a. L'un a de vraies vertus dans l'âme; l'autre en joue qu'il n'a pas, et qu'il ne se soucie pas d'avoir. L'un a du plaisir à être honnête homme; l'autre voudrait bien souvent s'exempter de faire comme s'il l'était. Il ne tient pas à la probité, il tient à l'honneur qu'elle procure. Aussi en manque-t-il dans mille petits détails qu'on ne sait point [1].

Cette « gloriole », mère des ridicules et des bassesses, Marivaux l'étudie en détail, à travers les diverses conditions sociales et les divers mondes, dans les quatre lettres sur le peuple, les bourgeois, les marchands, les hommes et les femmes de qualité, etc., qu'à ses débuts il adressait au *Mercure* et que ses éditeurs ont réunies sous le titre commun de *Pièces détachées*. Les observations qu'elles contiennent complètent la peinture des diverses classes représentées dans la *Vie de Marianne* et le *Paysan parvenu*. Très inférieurs aux *Lettres persanes*, ces essais de jeunesse sont au moins égaux aux *Considérations* de Duclos. Celles-ci sont curieuses, mais moins pénétrantes, moins vives, que les articles de Marivaux, d'une observation moins philosophique et surtout moins générale que les autres œuvres morales de notre auteur. Elles sont enfin moins intéressantes, ternes d'ensemble, avec des allures de dissertation continue et monotone. Pour deux excellents chapitres sur les *Gens de fortune* et

---

1. *Le Cabinet du Philosophe*, cinquième feuille.

les *Gens de lettres* [1], un trop grand nombre ne sont que de longues définitions à la Beauzée, des discussions de synonymie morale. Marivaux disserte d'un ton beaucoup moins dogmatique et son imagination gracieuse sauve toujours sa morale de la monotonie comme du pédantisme tranchant.

1. *Considérations sur les mœurs*, chap. x et xi.

CHAPITRE III

LE MORALISTE (SUITE ET FIN)

PHILOSOPHIE DE MARIVAUX; SES IDÉES RELIGIEUSES; LA PENSÉE DE LA MORT. — THÉORIES POLITIQUES; LA ROYAUTÉ; « L'ÉDUCATION D'UN PRINCE ». — LES INÉGALITÉS SOCIALES; LE PRÉJUGÉ NOBILIAIRE; LA NOBLESSE DE PROVINCE. — LE PERSONNAGE INFLUENT; L'HOMME DE COUR : MARIVAUX SOCIALISTE. — LES HUMBLES.

On ne saurait contester à Marivaux le titre de moraliste : mérite-t-il également celui de philosophe, qu'il s'attribuait volontiers et que nous lui avons appliqué plusieurs fois au cours du chapitre précédent? Nous n'entendons plus ce mot au sens que lui donnaient le XVII° et le XVIII° siècles. La Bruyère et ses contemporains appelaient philosophe celui qui s'appliquait à l'étude de l'homme et de la société; au temps de Diderot et de Voltaire était philosophe quiconque attaquait non seulement les préjugés et les abus, mais toutes les anciennes croyances. Très philosophe au premier sens du mot, Marivaux l'est beaucoup moins au second. De nos jours, nous entendons surtout par philosophie l'étude abstraite des principes et des causes, de l'âme et de Dieu. En ce sens, Marivaux n'est plus un philosophe. Sur les matières qui sont l'objet de la philosophie, il n'a pas d'idées bien arrêtées; il fait plus usage du sentiment que de la raison. Spiritualiste et chrétien, il n'essaie de prouver ni ses idées ni sa foi; lorsqu'il en parle, il laisse voir une timidité d'esprit, qui est tout le contraire de la philosophie.

S'agit-il, par exemple, de l'existence de Dieu, il se contente de l'affirmer avec une éloquence chaleureuse. Que les athées ne tentent point d'engager avec lui une discussion en règle : il ne daignera même pas réfuter leurs négations; il procédera à leur égard par voie d'invective et de sarcasme :

On parle, dit-il, d'une espèce d'incrédules qu'on appelle athées. S'il y en a, ce que je ne crois pas, ce n'est point à force de raisonner qu'ils le deviennent. Quand ils auraient tout l'esprit possible, quand ils en feraient l'abus le plus fin et le plus subtil, ce n'est point de là que leur incrédulité tire sa force. Avec beaucoup de subtilité d'esprit, on peut s'égarer jusqu'à essayer de ne rien croire; mais je crois qu'on n'y parviendra jamais. Il faut encore autre chose pour cela; il faut être fait d'une certaine façon. On ne devient fermement incrédule que quand on est né avec le malheureux courage de l'être... etc. [1].

Dans un autre passage, il est aussi expéditif et plus dédaigneux encore. Il reçoit la visite d'un jeune « libertin »; celui-ci voit sur la table de Marivaux des livres de piété et s'en moque. L'occasion est bonne pour serrer de près l'incrédule; Marivaux va-t-il le faire parler pour le réfuter? Il préfère le tourner en ridicule [2]. On a vu plus haut [3] ce qu'il pensait de « certains savants faiseurs de système, que le vulgaire appelle philosophes »; nous le verrons [4] faire aussi peu de cas de la philosophie comme science positive et soutenir que la littérature nous apprend tout autant.

1. *Le Spectateur français*, quinzième feuille.
2. Voir ci-dessus, p. 83, n. 2.
3. Page 396.
4. Ci-après, p. 467 et suiv.

Il s'en tient donc pour les grands problèmes philosophiques ou aux solutions toutes faites, ou à de vagues méditations; il développe des lieux communs en beau langage. En matière religieuse, il n'est pas plus audacieux; mais ici, comme il s'agit bien plus de croire que de discuter, sa méthode n'a plus les mêmes inconvénients que tout à l'heure. Nous ne pouvons que l'approuver lorsqu'il dit : « En fait de religion ne cherchez pas à convaincre les hommes, ne raisonnez que pour leur cœur. Quand il est pris, tout est fait; sa persuasion jette dans l'esprit des lumières intérieures auxquelles il ne résiste point. » Il se rend très bien compte, en effet, de la nature de ces vérités religieuses, que l'esprit ne saurait comprendre et que le cœur s'empresse d'accepter :

Il y a des vérités qui ne sont point faites pour être directement présentées à l'esprit. Elles le révoltent, quand elles vont à lui en droite ligne; elles blessent sa petite logique; il n'y comprend rien; elles sont des absurdités pour lui. Mais faites-les, pour ainsi dire, passer par le cœur, rendez-les intéressantes à ce cœur, faites qu'il les digère, qu'il les dispose; il faut que le goût qu'il prendra pour elles les développe [1].

Un prêtre ne parlerait pas autrement. C'est encore à un point de vue tout orthodoxe que Marivaux se place pour expliquer l'impuissance de la raison :

En fait de religion, tout est ténèbres pour l'homme en tant que curieux; tout est fermé pour lui, parce que l'orgueilleuse envie de tout savoir fut son premier péché. Mais le mal n'est pas sans remède; l'esprit peut encore se réconcilier avec Dieu par le moyen du cœur. C'est en aimant que notre âme rentre dans le droit qu'elle a de connaître. L'amour est humble, et c'est cette humilité qui expie l'orgueil du premier homme.

[1]. Aussi Marivaux n'aime-t-il guère les prédicateurs trop logiciens et bien disants. Voir ce qu'il en dit dans ce même passage, et aussi dans *le Spectateur français*, quinzième feuille.

Ainsi l'amour de Dieu engendrera la foi, plus que la foi même, l'entière sécurité du cœur et de l'esprit, la joie profonde qui résulte de la certitude, cette certitude qu'un croyant ne saurait prouver à l'incrédule, mais qu'il communiquera à d'autres croyants. Marivaux emprunte cette théorie à l'Écriture sainte [1], et la termine par une image d'une charmante poésie :

> Ceux qui connaissent Dieu, parce qu'ils l'aiment, qui sont pénétrés de ce qu'ils en voient, ne peuvent, dit-on, nous rapporter ce qu'ils en connaissent. Il n'y a point de langue qui exprime ces connaissances-là ; elles sont la récompense de l'amour, et n'éclairent que celui qui aime. Quand même il pourrait les rapporter, le monde n'y comprendrait rien ; elles sont à une hauteur à laquelle l'esprit humain ne saurait atteindre que sur les ailes de l'amour. Cet esprit humain va terre à terre et il faut voler pour aller jusque-là. Ceux qui aiment Dieu communiquent partout ce qu'ils en savent à ceux qui leur ressemblent ; ce sont des oiseaux qui se rencontrent dans les airs [2].

Faut-il conclure de ces citations que, malgré les dissipations de la vie mondaine et littéraire, Marivaux fut un chrétien fervent et pratiquant ? Ce serait aller trop loin. Un auteur dramatique, voué à la peinture des mœurs élégantes, eût concilié difficilement les exigences de la vie pieuse avec celles de son art. Disons seulement qu'au milieu d'une société de plus en plus incrédule, il conservait un fonds solide de croyances

---

1. Tout le passage qu'on va lire n'est, en effet, qu'une belle paraphrase d'un texte de saint Paul : « Sed sicut scriptum est : Quod oculus non vidit nec auris audivit, nec in cor hominis ascendit, quæ præparavit Deus iis qui diligunt illum. — Nobis autem revelavit Deus per spiritum suum : Spiritus enim omnia scrutatur, etiam profunda Dei. » (*Ad Corinth.*, epist. I, cap. II. 3 et 10.) *Sicut scriptum est* rappelle Isaïe (cap. LXIV, 4) : « A sæculo non audierunt neque auribus perceperunt : oculus non vidit, Deus absque te, quæ præparasti expectantibus te. »

2. *Le Cabinet du Philosophe*, cinquième feuille.

religieuses. Non seulement il ne doutait pas, mais il se reprochait de négliger ses devoirs. Je serais tenté de considérer comme une déclaration personnelle cette profession de foi qu'il met dans la bouche d'une de ses héroïnes :

> A Dieu ne plaise qu'on me soupçonne d'avoir, un seul instant de ma vie, douté de ce que nous dit cette religion! Oh! y a-t-il quelqu'un parmi nous qui puisse douter de la vérité de sa religion? L'esprit pourrait-il s'égarer jusque-là?... Non, je ne l'imagine pas. Eh! s'il y a même des impies, qu'ils fassent les incrédules là-dessus tant qu'ils voudront, mais qu'ils ne se flattent pas de l'être, car ils se trompent, et confondent les choses. Qu'ils s'examinent bien sérieusement;... je leur assure qu'ils ne trouveront en eux qu'un profond oubli de Dieu, qu'un violent dégoût pour tout ce qui peut les gêner dans leur libertinage, et qu'une malheureuse habitude de vivre à cet égard sans réflexion. C'est tout cela qu'ils prennent pour de l'incrédulité; il ne peut pas y en avoir d'autre [1].

Celle qui tient ce langage, la coquette corrigée, est ramenée aux pratiques de la vie pieuse par la pensée de la mort. Elle a vu mourir une de ses amies et, depuis ce jour, elle ne cesse de penser au terrible moment qui doit arriver pour elle dans un avenir assez prochain. Il semble que cette pensée, qui est d'un si grand secours en matière de foi, se soit souvent présentée avec force à l'esprit de Marivaux lui-même. A plusieurs reprises, en effet, il a fait mourir des personnages de ses romans ou de ses fictions morales, et toujours il a su rendre ces tristes spectacles avec une grandeur, une force, une sorte de poésie funèbre d'un puissant effet [2]. Ici, notamment,

---

1. *Le Spectateur français*, dix-neuvième feuille.
2. Le fils de Mme Dursan (*Vie de Marianne*, dixième partie), M. de Climal (ci-dessus, p. 377), le père et la mère de famille (*le Spectateur français*, vingt-quatrième feuille), etc.

dans un petit roman d'un tour gracieux, d'une observation spirituelle et comme souriante, on est tout surpris, en arrivant à la conclusion, de se trouver en face d'un cadavre dont l'aspect nous frappe presque autant que l'héroïne elle-même. Il convient de citer, pour montrer l'image que se faisait de la mort le gracieux auteur du *Jeu de l'Amour et du Hasard*, cette page d'un coloris expressif et sombre. Depuis quelques années, les romanciers ont prodigué les agonies. Au XVIIIe siècle, on ne connaissait pas encore ce réalisme; les romanciers, s'ils nommaient la mort, n'aimaient pas à la décrire. Cette page de Marivaux est donc à peu près unique en son genre.

Un de nos amis nous avait invités à venir dîner chez lui, mon mari et moi; nous y allâmes au jour marqué. Le portier nous laisse entrer sans nous rien dire. Je monte, je rencontre une femme de chambre qui pleure, et passe sans me voir. Inquiète de ce que cela signifie, je parviens jusqu'à la chambre de la dame, avec qui j'étais fort liée, et de qui j'étais la confidente, comme elle était la mienne. Je la vois par derrière dans un fauteuil; d'aussi loin que je l'aperçois, je cours à elle pour la surprendre et l'embrasser; je me jette à son cou. A l'instant, j'entends des cris et des sanglots dans un cabinet prochain, et je vois que c'est une femme morte que je tiens embrassée. Tout mon sang se glaça dans mes veines et je tombai sur elle évanouie. Le cri que je fis en tombant fit sortir les personnes qui étaient dans le cabinet.... Des prêtres arrivèrent, mon évanouissement avait été court. J'ouvris les yeux dans le moment qu'on emportait le corps de mon amie; j'en frémis encore. Sa tête penchait; je vis son visage. Juste ciel! quelle différence de ce qu'il était alors, à ce que je l'avais vu trois jours avant! L'apoplexie, dont elle était morte, en avait confondu les traits. Ah! quelle bouche et quels yeux! Quel mélange de couleurs horribles! J'ai vu dans ma vie bien des figures, que l'imagination du peintre avait tâché de rendre affreuses; mais les traits qui me frappèrent alors ne peuvent tomber dans l'imagination, la mort seule peut faire un visage comme celui-là. Il n'y a point d'homme intrépide que cela ne rappelât sur-le-champ à une triste considération de lui-même. Toutes ces laideurs funestes, on les trouve en soi, elles nous appartiennent; on croit être ce que l'on voit, et l'on frémit intérieurement de se reconnaître [1].

C'est encore la pensée de la mort et de la vie future qui inspire à Marivaux la prosopopée suivante, digne de nos grands sermonnaires :

Achetez-moi, dit la vie éternelle aux chrétiens, par le sacrifice de cette vie passagère. Achetez ma durée, dit la vie passagère, par le retranchement d'une infinité de plaisirs qui m'abrégeraient ; achetez mes douceurs par le sacrifice de cette vie éternelle. L'éternité et le temps parlent donc le même langage, et il n'est question que de sacrifices dans la vie. Sacrifiez-moi votre liberté, dit la cour, dit le prince, dit ce seigneur, dit cet emploi, dit cette femme; sacrifiez-moi votre santé, disent ces plaisirs; sacrifiez-moi ces plaisirs, dit la santé; votre honneur, dit la fortune; votre fortune, dit l'honneur; partout ce ne sont que sacrifices. Il y en a un si beau, qu'il en impose à ceux mêmes qui n'en sont pas capables; c'est le sacrifice du vice à la vertu, du crime à l'innocence, de l'improbité à son contraire.... Or, ce sacrifice fait déjà plus de la moitié de la religion. Le reste de cette religion, ce sont ses mystères qu'il faut croire; et c'est là ce que cette religion crie à son tour : sacrifiez-moi, non votre raison, mais les raisonnements d'un esprit si borné qu'il ne se connait pas lui-même [2].

Cette élévation de pensée et de langage, cette fermeté de style sont habituelles à Marivaux lorsqu'il traite de matières religieuses. Le sujet lui porte bonheur. On n'a jamais mieux parlé de l'indépendance de caractère inspirée par les fortes convictions que dans cette courte et belle pensée :

Les gens pieux, ceux qui servent Dieu, sont, de tous les hommes, les plus fiers et les plus superbes; car ils

---

[1]. *Le Spectateur français*, dix-neuvième feuille.
[2]. *Le Cabinet du Philosophe*, première feuille.

n'ont que Dieu pour maître ; ils n'obéissent qu'à lui, même en obéissant aux hommes. C'est toujours Dieu qu'ils voient dans chaque homme auquel Dieu veut qu'ils soient soumis ; c'est toujours lui qu'ils servent. Aussi n'y a-t-il point de serviteurs ni plus fidèles ni plus sûrs. Les rois de la terre, il doit être permis de leur dire, n'ont point de meilleurs sujets que ceux qui sont soumis seulement au maître des rois mêmes [1].

Marivaux s'inspire ici de la pure doctrine de l'Écriture : *Non est potestas nisi a Deo* [2]. En matière politique, cependant, il se garde bien de pousser aussi loin que Bossuet les principes tirés des livres saints. Nulle part il n'a expressément développé de théories sur le gouvernement des sociétés; mais il laisse voir ses opinions en plusieurs passages de ses œuvres morales. Dans ses premiers écrits, il est franchement monarchiste, comme ses contemporains, du reste, car le principe même du gouvernement n'a pas encore été discuté [3]. Il a pour la grandeur du siècle de Louis XIV une sincère admiration [4], et, au sortir de la Régence, partageant les espérances de la France entière, il fait les vœux les plus sincères pour celui qui sera Louis XV [5]. Le jour où l'infante d'Espagne entre à Paris, il s'attendrit en entendant les acclamations qui saluent le jeune roi. Lui-même, dans un élan d'enthousiasme, prononce un véritable acte d'amour monarchique :

Comptez tous les sentiments de vénération, de respect, d'admiration, tous les mouvements de tendresse, de

1. *Le Cabinet du Philosophe*, quatrième feuille.
2. Saint-Paul, *Ad Rom.*, chap. xiii, par. 1.
3. Voir sur les sentiments monarchiques, encore très vifs, de la France à cette époque, Aubertin, *l'Esprit public au xviiie siècle*, p. 52 et suiv.
4. Voir le portrait allégorique de Louis XIV, dans *le Spectateur français*, sixième feuille.
5. Voir Aubertin, *loc. cit.*, notamment p. 54-57.

dévouement, de confiance, dont l'homme est capable ; voilà de quoi se compose l'amour qu'on a pour un maitre dans qui l'on est charmé de trouver un roi [1].

Mais on est toujours de son temps. Peu à peu les idées du siècle, les théories de libre-examen qui sont dans l'air, pénètrent les esprits les plus respectueux. Marivaux en subit l'influence. Dans un curieux petit article publié par le *Mercure* en 1754, *l'Éducation d'un prince*, il croit nécessaire de donner des conseils aux rois; il les met en garde contre les dangers de toute sorte qui menacent leur esprit et leur cœur. Il a sous les yeux, en effet, le résultat de ces tentations. En 1754, Louis XV a décidément fait banqueroute aux espérances qui saluaient le début de son règne; il n'y a plus d'illusion possible à son égard : c'est un triste homme et un mauvais roi. On dirait donc que la pensée de Marivaux, abandonnant le roi régnant, s'adresse au dauphin Louis, qui, résistant à la corruption de Versailles, vivait à l'écart, livré aux devoirs de la famille, à l'étude et à la piété. Ce n'est plus l'effusion chaleureuse de 1722, mais plutôt un souhait mélancolique, un avertissement contre les mauvais conseillers et les flatteurs qui perdent les rois.

Théophile, gouverneur du jeune prince Théodose, lui donne, avant de le quitter, ses derniers avis. En dépit des formes respectueuses du langage, ce court morceau est plein de vérités hardies. Théophile a beau dire : « Je ne fais point le philosophe »; il parle le langage de la « philosophie ».

Pour rappeler le prince à la modestie, son gouverneur lui dit que tous les hommes sont égaux, que tous tirent leur sang d'une source commune, « qu'un

---

[1]. *Le Spectateur français*, cinquième feuille.

valet de pied et un homme du peuple » sont des hommes au même titre qu'un roi ; vérité banale aujourd'hui, mais bien dure pour des oreilles royales et rarement exprimée jusqu'au milieu du xviiie siècle. Au xviie, elle eût étonné, même dans la chaire chrétienne. Théodose résiste donc, et, se rappelant l'illustration de sa race, cette longue suite d'aïeux dont il est l'héritier, il fait l'objection que Théophile prévoyait : « A la rigueur, ce que vous dites là est vrai ; mais il semble qu'à présent tout cela n'est plus de même, et qu'il faut raisonner autrement. » Théophile sent bien que le préjugé de son élève est trop fort pour être attaqué de front. Il commence par protester de son respect pour les prérogatives royales ; elles lui sont sacrées, parce que les rois les tiennent « non seulement des hommes, mais de Dieu même ; sans compter que, de toutes les façons de penser, la plus ridicule, la plus impertinente et la plus injuste, serait de vouloir déprimer la grandeur de certaines conditions absolument nécessaires ». Puis, il a recours à la forme détournée de l'apologue. Un jeune prince, raconte-t-il, se croyait d'une autre race que le reste des hommes ; il n'admettait pas que cette haute opinion qu'il avait de lui-même fût contestée et il tenait à distance par une froideur glaciale tous ceux qui auraient voulu l'instruire. Le roi son père dut recourir, pour le corriger, au moyen suivant : un fils était né au prince ; on mit à côté de l'enfant royal le petit enfant d'une esclave né le même jour. Le prince fut incapable de distinguer son propre enfant de celui de l'esclave ; il dut supplier qu'on lui fit reconnaître son fils et avouer que « la nature ne fait que des hommes et point des princes ».

Quant à l'hérédité des qualités, sur laquelle se fondent, aussi bien que sur l'hérédité matérielle, les prétentions de la noblesse, Théophile n'y croit pas et la nie sans ménagements :

Il y a des gens qui s'imaginent qu'un sang transmis par un grand nombre d'aïeux nobles, qui ont été élevés dans la fierté de leur rang; ils s'imaginent, dis-je, que ce sang, tout venu qu'il est d'une source commune, a acquis, en passant, de certaines impressions qui le distinguent d'un sang reçu de beaucoup d'aïeux d'une petite condition; et il se pourrait bien effectivement que cela fît des différences; mais ces différences sont-elles avantageuses ? Produisent-elles des vertus? Contribuent-elles à rendre l'âme plus belle et plus raisonnable ? Et la nature là-dessus suit-elle la vanité de notre opinion ? Il y aurait bien de la vision à le croire, d'autant plus qu'on a tant de preuves du contraire : ne voit-on pas des hommes du plus bas étage qui sont des hommes admirables?... Et l'histoire ne nous montre-t-elle pas de grands seigneurs par la naissance, qui avaient une âme indigne? Allons, tout est dit sur cet article; la nature ne connaît pas les nobles; elle ne les exempte de rien; ils naissent souvent aussi infirmes de corps, aussi courts d'esprit que les autres.

Ceci est encore une indéniable vérité, banale aujourd'hui comme l'égalité originelle des hommes, mais que la noblesse n'admettait pas au moment où Marivaux écrivait, que toutes les aristocraties héréditaires contestent encore et contesteront toujours. Rousseau, Diderot, Beaumarchais nous ont blasés sur elle, mais elle était nouvelle et courageuse au temps de Marivaux et il fut, sinon le premier, du moins un des premiers à la formuler [1].

En effet, ce n'est pas seulement en 1754, dans *l'Éducation d'un prince*, huit ans après les *Pensées*

1. Peu après Marivaux, la noblesse rencontrait un défenseur éloquent et ferme dans Vauvenargues qui défendait l'institution nobiliaire par les meilleurs arguments que l'on puisse invoquer en sa faveur. Voir *Réflexions sur divers sujets*, IX, *Réflexions et Maximes*, 364, 365 et 850, dans les *Œuvres*, édit. Gilbert, p. 71, 429, 484.

philosophiques de Diderot, qu'il démontre la vanité des préjugés nobiliaires; dès 1717, dans ses premiers articles au *Mercure*, dès 1722 dans *le Spectateur*, il énonçait à peu près les mêmes idées. S'il aime la monarchie, il a pour le courtisan une haine vigoureuse, qu'il exprime avec plus de force encore que La Bruyère [1]. Ses deux lettres *Sur les personnes de qualité* respirent le mépris. Dans la noblesse de cour comme dans celle de province, chez le grand seigneur comme chez le hobereau, il ne trouve que matière à raillerie. On jugera du ton général par ce portrait de la « campagnarde de qualité » :

> Otez à la campagnarde de qualité le masque qu'elle porte, quand, montée sur sa haquenée, elle traverse d'un château à l'autre ; ôtez-lui sa vanité crue sur les antiquités de famille, son ton bruyant, l'embarras total de sa contenance, et sa marche à mouvement uniforme, toutes choses dont se compose l'économie de sa ridicule personne ; ôtez-lui ses fils le marquis et le chevalier, petits enfants qu'elle dresse devant vous à la révérence villageoise, et qui par fatalité sont toujours morveux quand ils arrivent, afin d'être mouchés du mouchoir de la mère (passez-moi le portrait) ; ôtez-lui, dis-je, tout cela, il ne vous reste plus rien de curieux chez elle, si ce n'est la langueur ou le ton emphatique de ses compliments quand elle est en ville [2].

Plus tard, dans *le Spectateur*, il se plaît à décrire une antichambre de grand seigneur. La morgue hautaine, « la physionomie libre et hardie, la démarche ferme, le regard brusque et aisé » de ceux qui la remplissent révoltent Marivaux; « à travers l'air tranquille et satisfait de leur visage », il devine « un cœur

---

[1]. Voir le courtisan dans le théâtre de Marivaux, ci-dessus, p. 248 et suiv.
[2]. *Pièces détachées*, loc. cit. — C'est la contre-partie du portrait de La Bruyère, aussi sévère pour le mari que Marivaux l'est pour la femme (*De l'Homme*, § 130.)

dur ». Dans un coin se tient un pauvre homme venu pour solliciter plutôt un droit qu'une faveur; celui-là porte sur son visage « un air de probité, mêlé d'une tristesse timide ». A première vue, il intéresse Marivaux, qui devine en lui un honnête homme, et qui oppose avec amertume cette honnêteté timide à l'assurance des Turcarets et des Dorantes, qui remplissent la salle. Le grand seigneur paraît; on s'empresse autour de lui, il va sortir, quand le solliciteur timide parvient enfin à le joindre. Il n'est pas dans les habitudes d'un personnage influent de s'arrêter pour si peu; celui-ci est pressé, il continue sa marche à grands pas. Le solliciteur « suit du mieux qu'il peut », tout essoufflé et tâchant « de vaincre, à force de poitrine, la difficulté de s'exprimer en marchant trop vite; mais il avait beau faire, il articulait fort mal ». En effet, remarque Marivaux, « quand on demande des grâces aux puissants de ce monde, et qu'on a le cœur bien placé, on a toujours l'haleine un peu courte ». Le grand seigneur répond, « mais sans regarder et prêt à monter en carrosse ». « La moitié de la réponse se perdit dans le mouvement qu'il fit pour y monter. Un laquais de six pieds vint fermer la portière, et le carrosse avait déjà fait plus de vingt pas, que mon homme avait encore le cou tendu pour entendre ce que le seigneur lui avait dit. »

Qui n'a été le témoin d'une scène semblable? Qui ne connaît « cette distraction hautaine que donne à la plupart des grands le sentiment gigantesque qu'ils ont d'eux-mêmes », et ce « ton de voix indiscret et sans miséricorde », qui instruit toute une salle « qu'un honnête homme est sans fortune [1] »?

Dans un autre passage du même *Spectateur*, Mari-

---

[1]. *Le Spectateur français*, première feuille.

vaux se plaît à montrer ridicule le courtisan écrasé sous le poids de la disgrâce, et analyse avec une joie cruelle la tristesse du malheureux renvoyé dans ses terres. Sa haine pour cette espèce d'hommes est si forte, qu'elle le pousse à la déclamation; elle en fait presque un « socialiste »; elle l'empêche de prendre son parti, non pas de l'inégalité des conditions, mais même de l'inégale distribution des richesses. Voit-il passer un seigneur, éblouissant dans un habit brodé, sa bile s'échauffe, sa colère s'allume, et il satisfait son indignation dans un développement à la Sénèque :

> Eh morbleu! n'êtes-vous pas honteux de mettre sur vous tant de lingots en pure perte, pendant que vous pourriez les distribuer en monnaie à tant de malheureux que voici, et qui meurent de faim? Ne leur donnez rien, si vous voulez; gardez tout pour vous; mais ne leur prouvez pas qu'il ne tient qu'à vous de leur racheter la vie. N'en voient-ils pas la preuve sur votre habit? Eh! du moins, cachez-leur votre cœur; ôtez cet habit qui insulte à leur misère et qui n'a ni faim ni soif... Je ne saurais vous regarder dans cet état-là que les larmes n'en viennent aux yeux. Retirez-vous; je ne suis point un barbare; je vois des gens qui souffrent, je vois le bien que vous pourriez leur faire, et votre vue m'afflige [1].

Cette véhémente tirade n'eût pas été déplacée, soixante-six ans plus tard, dans un discours de quelque sans-culotte; et pourtant Marivaux n'était pas même un révolutionnaire. D'où vient donc chez lui cette inspiration? De l'idée haute qu'il se faisait de la charité, de la manière très large dont il la pratiquait. Celui qu'on vit plus d'une fois « se dépouiller de tout en faveur des malheureux », et « sacrifier pour eux jusqu'à son nécessaire », ne comprenait pas que l'extrême opulence, prodigue pour un faste

---

1. *L'Indigent philosophe*, cinquième feuille.

égoïste, pût s'unir à l'extrême avarice en matière de charité. La vue d'un grand seigneur passant avec indifférence près d'un mendiant l'indignait. Quant à l'inégalité fatale de la distribution des richesses, il n'était pas assez économiste pour l'expliquer en la justifiant ; il ne trouvait pas la solution d'un problème qui choque l'instinct de la justice. S'il s'est trompé, c'est par excès de sympathie pour ceux qui souffrent, de colère contre ceux qui jouissent aux dépens de leurs semblables. Cette sensibilité, cette tendresse pour les humbles et les petits, si rares encore au moment où il écrivait [1], serviraient d'excuse à des erreurs plus graves. Elles suffisent pour assurer aux œuvres morales de Marivaux, en dépit de vues erronées, et, ce qui est plus grave en littérature, en dépit de beaucoup d'incohérences et de longueurs, toujours l'estime et parfois l'admiration de ceux qui consentiront à les parcourir.

---

1. On a vu plus haut (p. 300, n. 1) ce que d'Alembert et bien d'autres pensaient des petites gens ; ils les jugeaient indignes d'occuper la littérature. C'est encore Vauvenargues qui, avec Marivaux, fait exception sur ce point à la règle générale. On trouve dans ses œuvres plusieurs passages où il égale la sympathie de Marivaux pour ceux qui souffrent, quelques-uns où il la surpasse. Voir surtout une page longtemps inconnue et mise en lumière par son dernier éditeur (*Réflexions sur divers sujets*, XL, *Œuvres*, p. 97), et qui est assurément une des plus belles qu'il ait écrites.

CHAPITRE IV

LE CRITIQUE

LA CRITIQUE SELON MARIVAUX. — LES CRITIQUES DU XVIIIe SIÈCLE.
— ADMIRATION DE MARIVAUX POUR LA MOTTE. — ATTAQUES CONTRE
HOMÈRE : « L'ILIADE TRAVESTIE ». — — IDÉES SUR L'ANTIQUITÉ.
— LE GÉNIE ET LES GRANDS HOMMES. — JUGEMENTS SUR LES CON-
TEMPORAINS ; MARIVAUX ET MONTESQUIEU. — CLASSIFICATION DE
TALENTS — DÉFENSE DE LA LITTÉRATURE CONTRE LA SCIENCE ET LA
PHILOSOPHIE. — LE « MIROIR » ; LE PROGRÈS LITTÉRAIRE.

Une assez grande partie des œuvres morales de Marivaux est consacrée à la critique; les diverses formes que celle-ci peut revêtir, théorie, appréciation des œuvres d'autrui, apologie personnelle, s'y rencontrent en maint passage d'un vif intérêt. Avec Marivaux, cette part donnée à la critique était inévitable : même en écrivant des journaux de morale, il restait littérateur et l'on verse toujours du côté où l'on penche, surtout quand on a pour qualités dominantes cet esprit de finesse et d'analyse qui trouve dans la critique littéraire un de ses emplois les plus naturels.

Marivaux fut donc critique; et cependant il avait pour la critique une aversion, une haine des moins dissimulées. Il la méprisait à la fois et la craignait. Il a beau dire, en effet, que, si la critique est bonne, il en fait son profit, que, si elle est mauvaise, ou s'il la croit telle, il « lève un peu les épaules sur ceux qui la font[1] » ; en réalité, la moindre piqûre lui est douloureuse; en présence des reproches qu'on lui adresse, il se décourage et jette la plume. Les interruptions du *Spectateur* n'ont souvent pas d'autre cause que ces accès de dépit; lui-même en fait l'aveu au début de la septième feuille.

Il se dédommage en critiquant à son tour, mais toujours en général, sans noms propres, ceux qui le critiquent lui-même. Il les trouve injustes, tranchants, peu consciencieux, plus propres à décourager qu'à encourager les talents. A l'en croire, « leurs prétendus jugements ne sont que des expressions méprisantes, et qui, sans autre examen, se terminent à dire crûment d'un ouvrage, *cela ne vaut rien, cela est détestable* ». Or, « ces sortes de raisonnements à leur tour ne valent rien et sont détestables. » Un homme de goût, s'il n'a pas une présomption ridicule, peut bien dire d'un livre : « Il ne me plaît pas », mais « il ne décidera jamais qu'il est mauvais qu'après avoir comparé ses idées à celles des autres. » Malheureusement, ces prétendus juges sont avant tout gens de parti et de prévention :

En premier lieu, l'auteur est-il de leurs amis? N'en est-il pas ? Est-il de leur opinion en général sur la façon dont il faut avoir de l'esprit?... Voilà par où l'on débute pour un livre. On lit après, et que lit-on? Sont-ce positivement les idées de l'auteur? Non ; il n'y a plus moyen; sa secte les a métamorphosées, toutes gâtées d'avance, ou toutes embellies.

L'arrêt une fois rendu, le livre déclaré excellent ou détestable, le siège du critique est fait. Les objections les plus raisonnables ne changeront rien à sa

1. *Le Spectateur français*, vingt-troisième feuille.

manière de voir; un orgueil intraitable et fécond en sophismes persuade au juge qu'il est infaillible et le préserve de tout repentir :

Dût son sentiment pervertir le goût de tout le genre humain; se doutât-il, malgré lui, qu'il s'est trompé; plutôt que de se dédire, il armera son esprit contre son esprit; il confondra ses lumières par ses lumières même, il s'irritera de voir clair après coup, et parviendra à se persuader qu'il ne voit rien; tout cela, pour se conserver de bon droit l'honneur d'avoir tout vu d'abord [1].

Ainsi pratiquée la critique exerce sur les lettres une déplorable influence. Elle tue l'originalité, en substituant la convention au naturel; elle décrie et décourage tous ceux qui veulent rester eux-mêmes :

Le jugement porté va son train, sert de règle à je ne sais combien de génies naissants qui s'y conforment, qui souffrent pour s'y conformer, et qui ne font rien qui vaille... A l'exception de quelques génies supérieurs, qui n'ont pu être maîtrisés, et que leur propre force a préservés de toute mauvaise dépendance, de tout temps la plupart des auteurs nous ont moins laissé leur propre façon d'imaginer, que la pure imitation de certain goût d'esprit, décidé le meilleur par leurs amis. Ainsi nous avons très rarement le portrait de l'esprit humain dans sa figure naturelle; on ne nous le peint que dans un état de contorsion. Il ne va point son pas, pour ainsi dire; il a toujours une marche d'emprunt qui le détourne de ses voies, et qui le jette dans des routes stériles [2].

Combien la nature est plus diverse et plus large, et que la critique comprendrait mieux son vrai rôle,

1. *Le Spectateur français*, septième feuille. — « A force d'abuser de sa conscience, on parvient à se fausser l'esprit. Une erreur souvent répétée pénètre dans la pensée de son auteur, à la suite de tous les vains sophismes dont il la fortifiait sans la croire lui-même. C'est la punition d'un critique de mauvaise foi; il finit par perdre le bon sens. » (Villemain, *Discours sur la critique*.)
2. *Le Spectateur français*, septième feuille.

si elle voulait bien tenir compte ne cette diversité !
Marivaux lui indique ce rôle par une ingénieuse comparaison, bien digne du peintre des femmes :

> Ainsi que chaque visage a sa physionomie, chaque esprit aussi porte une différence qui lui est propre ; et la correction qu'il faut apporter à l'esprit ne consiste pas à l'arracher à cette différence, mais seulement à purger cette même différence du vice qui peut en gâter les grâces, à lui ôter ce qu'elle peut avoir de trop cru... En un mot, lorsqu'il a paru un beau génie dans un certain genre, il n'est pas raisonnable de le proposer aux autres autrement que comme un génie qui peut servir à exciter les forces du leur, et non pas comme un modèle sur lequel il faille calquer sa façon de penser pour être habile homme. Il est absurde de dire d'un homme qui a travaillé dans le même genre, qu'il a mal réussi, parce qu'il n'aura pas travaillé dans le même goût ; c'est tout comme si l'on disait à toutes les femmes aimables : N'entreprenez pas d'être gaies ou d'être tendres, on se moquerait de vous ; car vous n'avez ni la couleur, ni les traits de madame une telle, dont les gaietés et la tendresse ont tant réussi, et ce n'est précisément qu'avec cette couleur et ces traits qu'on peut inspirer de la joie et de l'amour d'une certaine sorte, hors de laquelle nous ne voulons ni aimer ni nous réjouir [1].

Pourquoi donc cet acharnement à rebuter, à décrier dans les productions de l'esprit « les aimables variétés que la nature nous présente ? » « Serait-ce qu'il est mortifiant d'avouer le plaisir que nous font les ouvrages des autres ? Est-ce que nous ne voulons ni les estimer, ni qu'on les estime [2] ? » Cela pourrait bien être une des principales raisons de la sécheresse ou de la mauvaise humeur du critique lorsqu'il est obligé de louer.

1. *Le Spectateur français*, huitième feuille.
2. *Ibid.* — Villemain a touché d'une main légère à cette plaie secrète de bien des critiques, si souvent envenimée par le reproche d'impuissance envieuse qu'on leur adresse. Voir son *Discours sur la critique*.

Entre gens de même profession, de même mérite ou de même talent, toute la justice que les hommes peuvent se rendre, c'est d'estimer très sobrement ceux qui sont très estimables. Ils ne s'avouent pas entre eux plus d'estime que cela : ce qu'ils en doivent de plus est dans le fond de leur conscience, où ils ne veulent pas la voir. Leur amour-propre fait si bien qu'il ne la sait pas lui-même, quoiqu'il ait toujours besoin de se persuader qu'il l'ignore [1].

Telle était, selon Marivaux, la critique dans la première moitié du XVIIIe siècle. Appréciation sévère, mais, il faut le reconnaître, assez justifiée. Sauf l'abbé Prévost, généralement judicieux, impartial et assez large [2], la critique est très médiocrement représentée jusqu'aux environs de 1750. Desfontaines, Boindin, Clément, etc., étaient de médiocres censeurs et de pauvres caractères, plus gazetiers que littérateurs [3]. Les critiques de ce nom n'apparaissent que dans la seconde moitié du siècle, où d'Alembert, Grimm, La Harpe, Chamfort, Marmontel relèvent une profession avilie.

Du reste, Marivaux n'était pas hostile à la critique elle-même. Il reconnaissait qu'elle peut rendre des services, à la condition de renoncer au système et au parti pris; et, dans un passage excellent, il marque les règles qu'il souhaiterait lui voir suivre :

Je voudrais des critiques qui pussent corriger et non pas gâter, qui réformassent ce qu'il y aurait de défectueux dans le caractère d'esprit d'un auteur, et qui ne lui fissent pas quitter ce caractère. Il faudrait aussi pour cela, s'il était possible, que la malice ou l'inimitié des partis n'al-

---

1. *Le Miroir.*
2. C'est lui qui répondit, au nom de la critique, aux attaques de Marivaux et à ses tentatives d'apologie personnelle. Voir ci-après, p. 585, n° 1, un passage de cette réponse.
3. Voir, sur l'histoire de la critique, le livre récent de M. F. Brunetière, *l'Évolution des genres*, t. I, 1891.

térât pas les lumières de la plupart des hommes, ne leur dérobât point l'honneur de se juger équitablement, n'employât pas toute leur attention à s'humilier les uns les autres, à déshonorer ce que leurs talents peuvent avoir d'heureux, à se ruiner réciproquement dans l'esprit du public ; de façon que, sur leur rapport, vous, lecteur, vous méprisez souvent des ouvrages que vous estimeriez [1].

Il voudrait surtout que la critique renonçât à ces personnalités injurieuses, qu'elle a trop aimées de tout temps, surtout au XVIIIe siècle, et qui la déshonorent. Il voudrait que, se bornant à juger l'écrivain, elle respectât toujours l'homme, car celui-ci, pour livrer au public ses écrits, n'entend pas lui abandonner sa personne [2]. Pour sa part, il s'est toujours respecté lui-même, en respectant ses adversaires. Même dans la querelle des Anciens et des Modernes, où les polémiques n'avaient rien de courtois, il n'a jamais injurié ceux qui ne pensaient pas comme lui. S'il a trop souvent fait preuve d'injustice et d'aveuglement, s'il n'a évité ni le mauvais goût, ni même la grossièreté, du moins il n'a maltraité que des œuvres, non des hommes.

Dans cette querelle, Marivaux avait embrassé les idées de La Motte avec un dévouement absolu. Au théâtre et dans le roman il avait su rester lui-même et se préserver d'une imitation qui eût tué son originalité ; en matière de critique ancienne, il se constitua l'homme-lige de son « dangereux ami [3] » ; il le défendit envers et contre tous. Lorsque La Motte est aux prises avec Mme Dacier, Marivaux s'empresse de

---

1. *Le Spectateur français*, septième feuille.
2. Sur cette question de la critique, de ses inconvénients, de ses avantages, des règles qu'elle devrait suivre, tout le *Discours*, déjà cité, de Villemain est à lire. On y trouvera la plupart des idées exprimées par Marivaux.
3. D'Alembert, p. 605, n. 3.

prendre parti pour le premier. Non seulement il publie *l'Iliade travestie*, mais il met en tête une préface, dans laquelle il attaque directement Mme Dacier, au risque de détourner sur lui-même une colère prompte à l'invective, et il raille assez spirituellement la violence et l'aigreur du champion d'Homère. Puis, très longuement, point par point, il réfute les reproches faits à La Motte. Par surcroît, trouvant que celui-ci n'est pas estimé à sa valeur, il se fait, en quelque sorte, le démonstrateur de cet « esprit très rare ». Et lui, le fantaisiste charmant, le romanesque auteur de féeries, il loue son ami de manquer absolument « d'imagination », de représenter la « raison pure », de ne point causer à son lecteur ce « plaisir imposteur et confus que produit surtout le feu de la première, mais cette joie d'ordre supérieur qui naît de l'évidence et de la parfaite clarté [1] ». En 1722, après *Romulus*, il compose une brochure uniquement consacrée à faire valoir la tragédie de son ami. Il ne craint pas d'écrire : « On dit communément *l'élégant Racine* et *le sublime Corneille*; quelle épithète donnera-t-on à cet homme-ci, je n'en sais rien; mais il est beau de les avoir méritées toutes les deux [2] ». Après *Inès de Castro*, il le qualifie « d'homme illustre », et, s'il n'écrit pas une nouvelle brochure, du moins il consacre toute une feuille du *Spectateur*, la vingtième, à l'éloge de l'œuvre nouvelle. En 1734, dans *le Miroir*, vingt-quatre ans après la mort de La Motte, passant en revue les grands hommes de tous les temps, il accorde à l'auteur de *Romulus* sinon le pre-

---

1. *Préface* de l'*Iliade travestie*.
2. *Le Spectateur français*, troisième feuille. — Dans *le Miroir*, il ne craint pas de mettre « la sagacité de l'esprit de La Motte » sur la même ligne que « l'inimitable élégance de Racine » et « le puissant génie de Corneille ».

mier rang, du moins le plus d'espace. Il trouve que, malgré la réputation dont La Motte a joui de son vivant, on ne lui a pas rendu pleine justice. Il s'efforce d'établir que s'il a eu « tant de contradicteurs », c'est « qu'il était bon à tout », et que, par là, il excitait trop de jalousies et bravait le préjugé absurde qui veut que l'on ne soit bon qu'à une chose.

Une pareille admiration, aveugle, absolue, persistante, est presque du fanatisme. On a peine à la comprendre chez Marivaux, qui, d'ordinaire, se montrait peu enclin à l'enthousiasme, habile au contraire à découvrir le point faible des choses, attentif à ménager l'éloge et à se tenir en garde contre toute duperie.

Cette surprise d'admiration a plusieurs causes. D'abord, on l'a justement remarqué, La Motte possédait au suprême degré ces faux semblants de « génie », qui font si souvent illusion à des contemporains et qui peuvent pour un temps usurper le suffrage des meilleurs juges, le spécieux [1]. De plus, en faisant l'éloge de La Motte, Marivaux faisait, sans s'en douter, le sien propre. Quelle qualité relevait-il de préférence chez son ami? La finesse, et lui-même valait surtout par là. Phénomène qui n'est point rare dans l'histoire littéraire, il s'admirait dans autrui. Enfin, qu'il s'en rendît compte ou non, il aimait dans La Motte un ennemi de la poésie, que lui-même avait le malheur de ne pas aimer. Affaire de rancune peut-être chez Marivaux, qui maniait si gauchement le vers, affaire de principe chez La Motte, qui, après avoir écrit un très grand nombre de vers, s'avisa

---

1. Nisard, *Histoire de la Littérature française*, t. IV, p. 23; voir aussi V. Fournel, *Littérature indépendante*, p. 406, et H. Rigault, *Histoire de la querelle des Anciens et des Modernes*, troisième partie, chap. II.

beaucoup trop tard de déclarer inutile l'art de les faire. La poésie, en effet, considérée dans son essence ou dans son mécanisme extérieur, a été souvent méconnue et dédaignée par toute une famille d'esprits [1], à d'autres égards éminents, fermes et fins, mais trop amis de l'exactitude, du contour net et précis, trop ennemis des entraves de toute nature, pour comprendre, d'une part le charme du vague et de l'indéfini poétiques, l'autre part le merveilleux secours que la contrainte du vers peut prêter à la pensée. Et cependant Marivaux était poète, mais poète d'une espèce si particulière qu'il méconnut et outragea, avec une sorte de furie aveugle, le prince des poètes.

On ne saurait imaginer, avant d'avoir lu les divers *factums* de Marivaux contre Homère, la passion qu'il apportait dans ces attaques. On s'étonne, en les parcourant, qu'un homme calme et doux à l'ordinaire, respectueux de lui-même et de sa plume, ait pu, sans aucun motif d'animosité personnelle, s'emporter de la sorte contre un poète mort depuis trois mille ans. On s'en étonne d'autant plus qu'il réserve ses colères au seul Homère et, à l'occasion, parle des autres auteurs anciens avec convenance et bon sens. Il considère le culte d'Homère comme une idolâtrie ridicule et traite de fanatiques ceux qui le pratiquent. L'épithète de « divin » surtout qui lui est communément appliquée, a le don de l'exaspérer. Il ne manque pas une occasion de la tourner en ridicule, par des plaisanteries dans le goût de celle-ci : « Il me tomba l'autre jour entre les mains une feuille grecque de la *divine Iliade*. O dieux! dans quel état je la vis! Un Grec en serait mort subitement.... Ima-

---

1. Bayle (voir C. Lenient, *Étude sur Bayle*, p. 213), Pascal (*Pensées*, article XII, 25, t. I, p. 104 de l'édit. Havet), Montesquieu (*Lettres persanes*, CXXXVII).

ginez-vous que la feuille de l'homme divin avait servi à envelopper des denrées d'épicier; elle en portait encore les marques [1]. » Marivaux trouve cela très amusant.

Quelle peut donc être la cause de cette colère? Peut-être l'échec complet de cette *Iliade travestie*, qui fut son premier livre. Il espérait pour elle un vif succès et il ne dissimulait pas, dans une préface assez ambitieuse, sa prétention de faire aussi bien, sinon mieux, que Scarron dans son *Énéide*, et l'*Iliade travestie* échoua misérablement. Jamais plaisanterie ne fut moins plaisante; c'est une bouffonnerie lugubre, d'une monotonie et d'une platitude fastidieuses, d'une lourdeur empâtée. Aucune imagination, aucune trace d'esprit, aucune gaieté. En revanche, une grossièreté étalée comme à plaisir, une basse trivialité de termes, une débauche de descriptions ordurières. On est stupéfait de voir une plume si réservée, si chaste même, se livrer à de pareils écarts. Il y a nombre de passages dont rien ne peut être cité, mais voici comment le parodiste traduit les adieux d'Hector à Andromaque :

> Mon Dieu! que vous savez bien braire!
> Mais quand vous brairiez mieux encor,
> Un roc est moins ferme qu'Hector;
> Et de vos pleurs il se soucie
> Comme en hiver d'une roupie [2].

Ce n'est point là de la parodie, mais de l'avilissement. Voici qui est plus mauvais encore et presque odieux. Le vieux Priam demande à Achille le cadavre de son fils :

---

1. *Le Spectateur français*, neuvième feuille. D'Alembert nous apprend (p. 579) que, dans une intention ironique, Marivaux ne séparait jamais du nom d'Homère cette épithète de *divin*.
2. *L'Iliade travestie*, livre V.

> Or ça, reprit le roi de Troie,
> Tenez, voilà de la monnoie,
> Et rendez-moi mon fils Hector,
> Que je n'ose dire être mort.
> Tel que me voit là Votre Altesse,
> Si je vous parle avec bassesse,
> La faute en est au seul destin,
> Qui me laisse à peine du pain.
> Je n'eusse avant votre arrivée
> Jamais fait pareille corvée.

L'indignation des « homéristes » fut vive; le public, au contraire, témoigna une indifférence plus pénible pour un auteur que la plus violente indignation.

Plus tard, Marivaux sembla, sinon venir à résipiscence, du moins apprécier avec plus de bons sens les Anciens eux-mêmes et la querelle dont ils étaient l'objet. Tout en maintenant jusqu'au bout ses réserves sur le culte qu'on leur rendait, il reconnaissait leurs qualités. Il leur trouvait « une simplicité noble », « un caractère ingénieux et fin ». Il recommandait au jeune homme qui veut écrire, non pas de les imiter, mais de « se nourrir l'esprit de tout ce qu'il leur sent de bon [2] ». A la fin de sa carrière, il est tout à fait juste à leur égard. Dans *le Miroir*, à peine s'il laisse percer encore sa vieille rancune contre Homère; il déclare qu'il ne le juge point, « parce qu'il n'en est pas digne, attendu qu'il ne l'a lu qu'en français, et que *ce n'est pas là le connaître* »; avouant du reste que le vieux poète « est le premier de tous », et qu'il « aurait bien de la peine à ne pas l'être, attendu qu'il est Grec et le plus

---

1. *L'Iliade travestie*, liv. XII. — On peut appliquer à de tels passages cette réflexion justement sévère de M. Fournel au sujet d'un passage analogue du *Virgile travesti* : « Cette plaisanterie révolte comme une cruauté et une profanation.... Il nous semble qu'on ne peut se jouer ici du poète sans se jouer aussi des sentiments qu'il a exprimés. » (*La Littérature indépendante*, p. 324.)

2. *Le Spectateur français*, septième feuille.

ancien ». Mais il admire sans restrictions « l'élégance, la sagesse et la majesté » de l'*Énéide*; il goûte fort « la fierté tantôt romaine, tantôt gasconne » de Lucain; il estime que Sophocle et Euripide « ont été pour le moins les Corneille, les Racine, les Crébillon et les Voltaire de leur temps »; il admire en Aristote, « malgré l'obscurité de sa philosophie, l'auteur dont l'esprit n'a point eu d'autres bornes que celles de l'esprit humain avait de son temps »; « peut-être même, ajoute-t-il, qu'il les a passées ».

Longtemps, du reste, avant *le Miroir*, Marivaux avait eu le courage, tout en restant l'allié des Modernes, de dire à chaque parti ses vérités. Aux fanatiques des Anciens, d'abord, il appliquait une critique sans méchanceté, à la fois spirituelle et sensée, qui valait mieux que la meilleure des parodies. Il relevait plaisamment la cause intéressée qui attachait aux classiques latins et grecs une foule de médiocres écrivains : « Comment, leur faisait-il dire, comment! messieurs les Modernes, petits marmousets, vous prétendez valoir et surpasser des auteurs qui ont écrit en grec et en latin, et que j'étudie depuis vingt ans! Si le monde allait vous en croire, que deviendrais-je, moi, qu'on associe au respect qu'on leur rend? » Mais il ajoutait, faisant une promesse que, malheureusement, il n'a pas tenue, comme tant d'autres du même genre : « Je parais aujourd'hui n'apostropher que les amateurs des Anciens; un de ces jours les Modernes auront leur tour, je m'y engage, et je promets que leur article vaudra bien celui-ci. » En attendant, il proteste contre les admirations imposées, d'où qu'elles viennent : « On aurait beau me dire, cela ne vaut rien ou cela est excellent, on ne me donne de disposition ni pour ni contre; je lis le livre, et le jugement que j'en forme m'appartient, à moi et à mes lumières, sûres ou non; fort pur d'ailleurs de toute prévention, il est à moi tout comme si j'étais seul au monde [1]. » Il conclut en renvoyant dos à dos les deux écoles : « Les deux partis qui règent aujourd'hui ont chacun leur formule de critique et chacun leurs partisans, leurs élèves qui sont les dupes des deux partis [2].

Cette impartialité était assez philosophique; elle n'était pas très habile. De tout temps les modérés, ainsi placés entre deux armées en présence, ont reçu le feu croisé des combattants. Tel fut le sort de Marivaux, qui raconte sa mésaventure dans l'amusante scène où Trivelin, le valet philosophe [3], explique à Frontin, par une histoire à lui personnelle, la querelle des Anciens et Modernes. Trivelin sert deux époux entre lesquels les Anciens et les Modernes ont mis la discorde; le mari tient pour les premiers, la femme pour les seconds. Le valet essaye de ménager les deux adversaires par un sage éclectisme; il boit autant de vin vieux que de vin nouveau :

Qui n'aurait pas cru que cette conduite aurait dû me concilier ces deux esprits? Point du tout, ils s'aperçurent du ménagement judicieux que j'avais pour chacun d'eux; ils m'en firent un crime. Le mari crut les Anciens insultés par la quantité de vin nouveau que j'avais bu; il m'en fit mauvaise mine. La femme me chicana sur le vin vieux; j'eus beau m'excuser, les gens de parti n'entendent point raison; il fallut les quitter, pour avoir voulu me partager entre les Anciens et les Modernes [4].

1. *Le Spectateur français*, septième feuille.
2. *Ibid.*, huitième feuille.
3. Voir ci-dessus, p. 214-215.
4. *La Fausse Suivante*, acte I, scène I. — On trouve dans une autre pièce de Marivaux, la seconde *Surprise de l'Amour* (acte II, sc. IV), la même querelle mise en scène d'une façon assez amusante.

Admirateur de La Motte, ennemi d'Homère, partisan des Modernes ou juge assez équitable des Anciens, Marivaux professait à l'égard de tous, vivants ou morts, et quelles que fussent ses préférences, une théorie assez singulière. Pour lui, il n'y avait pas de grands hommes :

> Il n'y a, disait-il, ni petit ni grand homme pour le philosophe ; il y a seulement des hommes qui ont de grandes qualités mêlées de défauts, d'autres qui ont de grands défauts mêlés de quelques qualités ; il y a enfin des hommes ordinaires, autrement dit médiocres, qui valent bien leur prix, et dont la médiocrité a ses avantages. En effet, on peut dire en passant que c'est presque toujours aux grands hommes en tout genre que l'on doit les grands maux et les grandes erreurs ; s'ils n'abusent pas eux-mêmes de ce qu'ils peuvent faire, du moins sont-ils cause que les autres abusent pour eux de ce qu'ils ont fait [1].

Sainte-Beuve a pris soin de réfuter cette étrange théorie, suivant laquelle il n'y aurait entre le génie et la médiocrité « que du plus ou du moins, sans démarcation aucune, sans aucun degré décisif à franchir ». « Il y a un moment, dit-il, où l'invention, la création en tout genre, ce qu'on appelle génie, héroïsme, commence ; les hommes, dans leur instinct, ne s'y trompent pas ; ils s'inclinent, ils s'écrient d'admiration et saluent [2]. »

Pas plus que le génie, Marivaux ne comprend cette éternelle jeunesse du beau, qui assure à quelques œuvres d'élite un intérêt toujours renaissant et qu'aucune admiration n'épuise :

> Quel charme pour nous, dit-il, si Molière, Corneille, Racine et tant d'autres nous affectaient du même plaisir,

---

1. *Le Spectateur français*, vingtième feuille. Voir, dans les *Réflexions sur les Hommes*, ce qu'il dit des conquérants.
2. *Causeries du Lundi*, t. IX, p. 347.

à la lecture réitérée de leurs ouvrages, qu'ils ont fait à la première! Ce qui véritablement est beau, la raison l'avouera toujours pour beau; le plus ou le moins de sensibilité que laissera l'habitude de le voir, ne le dégradera point de ce qu'il est : mais telle est la faible nature de l'homme, qu'il s'accoutume et se familiarise avec les choses les plus belles. La première représentation d'un médiocre nouveau nous pique et nous intéresse plus que le beau réitéré, avec cette différence qu'on le méprise quand on l'a vu [1].

C'est là une idée de Fontenelle, qui manquait, ainsi que La Motte, du sens de l'admiration, et c'est à propos de Fontenelle que Nisard réfute éloquemment l'erreur qui tendrait à remplacer la contemplation reconnaissante et féconde du beau par l'intérêt passager d'une curiosité changeante, mère du scepticisme et du dégoût [2]. Heureusement pour lui, Marivaux, tout en considérant les beautés littéraires comme de froides notions, saura tirer de cette vue erronée une théorie intéressante et neuve, quoique discutable.

Toutefois, malgré cette regrettable infirmité de jugement qui l'empêcha longtemps de reconnaître la puissance créatrice et l'éternelle jeunesse du beau, Marivaux revint sur son erreur et sut rendre hommage au génie qu'il avait nié. On a vu ses jugements, sans enthousiasme, mais non sans justesse, sur quelques écrivains de l'antiquité. Il marchande moins l'éloge à quelques modernes et, s'il ne les déclare pas grands hommes, c'est tout comme : il les montre grands au lecteur. Voici, par exemple, un très bel éloge de Descartes :

... Cet homme unique, à qui tous les hommes des siècles à venir auront l'éternelle obligation de savoir penser,

---

1. *Préface de l'Iliade travestie.*
2. *Histoire de la Littérature française,* t. IV, p. 30.

et de penser mieux que lui; cet homme qui a éclairé la terre, qui a détruit cette ancienne idole de l'ignorance ; je veux dire le tissu de suppositions respecté depuis si longtemps, qu'on appellait philosophie, et qui n'en était pas moins l'ouvrage des meilleurs génies de l'antiquité ; cet homme enfin, qui, même en s'écartant quelquefois de la vérité, ne s'en écartait plus en enfant, comme on faisait avant lui, mais en homme, mais en philosophe, qui nous a appris à remarquer quand il s'en écarte ; qui nous a laissé le secret de nous redresser nous-mêmes ; qui d'enfants que nous étions nous a changés en hommes à notre tour ; et qui, n'eût-il fait qu'un excellent roman, comme quelques-uns le disent, nous a du moins mis en état de n'en plus faire [1].

Il parle aussi avec une admiration raisonnée et qui sait faire la part exacte de chacun, « du célèbre, du grand Newton, et, par la sagacité de ses découvertes, peut-être plus grand que Descartes même, s'il n'avait été bien plus aisé d'être Newton après Descartes, que d'être Descartes sans le secours de personne, et si ce n'était pas avec les forces que ce dernier a données à l'esprit humain, qu'on peut aujourd'hui surpasser Descartes même [2]. » Enfin, il corrige, à ce propos, ce qu'il y avait d'excessif et d'injuste dans sa théorie des grands hommes. Il ne les nie plus; il accorde presque autant à leur influence que Sainte-Beuve : « Aussi vois-je qu'il y a des génies admirables, pourvu qu'ils viennent après d'autres, et qu'il y en a de faits pour venir les premiers. *Les uns changent l'état de l'esprit humain; ils causent une révolution dans les idées :* les autres, pour être à leur place, ont besoin de trouver cette révo-

1. *Le Miroir.*
2. Marivaux ne fait guère ici que développer, avec plus de justice pour Descartes, un passage de ces mêmes *Lettres philosophiques,* qui l'avaient brouillé avec Voltaire. Voir la lettre XIV, *Sur Descartes et Newton.*

lution tout arrivée; ils en corrigent les auteurs, et cependant ils ne l'auraient pas faite. »

Nous le verrons bientôt, plus explicite encore, si c'est possible, non seulement reconnaître qu'il y a des grands hommes, mais déclarer quels sont ceux qu'il préfère.

Parmi ses contemporains, Marivaux jugeait avec indépendance non seulement ceux d'entre eux qui n'étaient pas de ses amis, mais encore ceux à qui l'unissaient des liens d'amitié et de société. Les *Lettres persanes* paraissaient au moment où il publiait le *Spectateur*. Or, Montesquieu était un des membres les plus choyés du cercle de Mme de Lambert; Marivaux cependant, tout en louant l'esprit qui pétille dans les *Lettres*, ne craint pas d'apporter à ses éloges des réserves nécessaires. On sait avec quelle liberté plaisante Montesquieu parlait de la religion, de l'autorité, etc., choses qu'on peut critiquer sans doute, mais sérieusement, comme choses sérieuses; Marivaux lui reproche une légèreté déplacée en de tels sujets, nuisible même par les effets qu'elle peut avoir sur bien des lecteurs :

Je juge, écrivait-il, que l'auteur est un homme de beaucoup d'esprit; mais entre les sujets hardis qu'il se choisit, et sur lesquels il me paraît le plus briller, le sujet qui réussit le mieux à l'ingénieuse vivacité de ses idées, c'est celui de la religion et des choses qui ont rapport à elle. Je voudrais qu'un esprit aussi fin que le sien eût senti qu'il n'y a pas un si grand mérite à donner du joli et du neuf sur de pareilles matières, et que tout homme qui les traite avec quelque liberté, peut s'y montrer spirituel à peu de frais. Non que, parmi les choses sur lesquelles il se donne un peu carrière, il n'y en ait d'excellentes en tout sens, et que même celles où il se joue le plus ne puissent recevoir une interprétation utile ; car enfin, dans tout cela je ne vois qu'un homme d'esprit qui badine, mais qui ne songe pas assez qu'en se jouant il engage quelquefois un peu trop la gravité respectable de ces matières. Il faut là-dessus ménager l'esprit de l'homme, qui tient faiblement à ses devoirs, et ne les croit presque plus nécessaires, dès qu'on les lui présente d'une façon peu sérieuse [1].

« Certes, observe justement Sainte-Beuve, Montesquieu, devenu l'auteur de *l'Esprit des lois*, aurait ratifié et signé cette critique adressée au jeune auteur des *Lettres persanes* [2]. »

Marivaux rend la même justice à Crébillon le tragique, quoiqu'il eût à se plaindre de Crébillon fils, et à Voltaire, son ennemi acharné; il vante *Zaïre*, *Mérope*, *la Henriade*, « ce poème si agréablement irrégulier, qui, à force de beautés vives, jeunes, brillantes et continues, nous a prouvé qu'il y a une magie d'esprit, au moyen de laquelle un ouvrage peut avoir des défauts sans conséquence [3] ». Toutes les fois que Marivaux nomme ses contemporains, c'est avec cette politesse aimable.

Mais, lorsqu'il parle en général et qu'il n'a plus à craindre de blesser des amours-propres sensibles par excellence, ces amours-propres d'auteur que personne n'a connus mieux que lui, alors il se donne libre carrière. Dans un de ses meilleurs articles de début au *Mercure*, il s'amuse à classer les variétés de beaux esprits [4] : « Il en est d'eux, dit-il, à peu près comme d'une armée; il y a peu d'officiers généraux, beaucoup d'officiers subalternes, un monde infini de soldats. » Les officiers généraux sont « les auteurs

---

1. *Le Spectateur français*, huitième feuille.
2. *Causeries du Lundi*, t. IX, p. 370. — D'autant mieux qu'il jugeait lui-même avec sévérité cette œuvre de jeunesse; voir L. Vian, *Histoire de Montesquieu*, ch. v.
3. *Le Miroir*.
4. Marivaux prend d'ordinaire ce mot très discuté dans son acception la plus avantageuse. Voir ci-après, p. 469, la définition qu'il en donne.

qu'en fait d'ouvrages de goût le public avoue pour excellents ». Après viennent ceux que Marivaux appelle « les grands médiocres ». Il les place à la tête des officiers subalternes et les définit ainsi :

> Imaginez-vous un espace entre l'excellent et le médiocre ; c'est celui qu'ils occupent ; leurs idées sont intermédiaires. Ce n'est pas que ce milieu qu'ils tiennent soit senti de tout le monde ; il n'appartient qu'au lecteur excellent lui-même de l'apercevoir. Leur caractère d'esprit, généralement parlant, leur fait tour à tour trop de tort et trop d'honneur : trop de tort, parce que bien des gens, machinalement connaisseurs du beau, ne se sentant pas frappés du ton de leurs idées, les confondent avec les médiocres ; trop d'honneur, parce que bien des gens aussi, n'ayant qu'un goût peu sûr, peu décisif, les jugent excellents sur la foi du plaisir qu'ils prennent à la lecture de leurs ouvrages.

Les officiers subalternes, les « médiocres » sans épithète, sont des gens dont le talent est de fixer avec ordre sur du papier un certain genre d'idées raisonnables, mais communes, suffisantes toutefois pour le commerce et la conduite des honnêtes gens entre eux, et par là si familières, qu'elles ne méritent pas d'être expressément offertes à la curiosité du lecteur un peu délicat. « Quant aux soldats », ce sont des auteurs au-dessous du médiocre, gens si misérables, que c'est une bonne fortune à eux de fixer même une idée commune dans son degré de force et de justesse. « Pauvre espèce », qui n'est connue ni par la chute, ni par le succès particulier de ses ouvrages. « Quand un officier est tué, on le nomme, mais, à l'égard des soldats de lettres », on sait en gros que mille de leurs productions paraissent et ne valent rien ; c'est comme un bataillon qui se présente, et que le mousquet fait tomber. Qui est-ce qui s'avisera de demander le nom des soldats morts ? « Comparaison pittoresque, classification ingénieuse et juste, où l'on ne trouve à reprendre qu'un excès de finesse et peut-être un dédain trop marqué pour la foule des petits auteurs, soldats obscurs, qui ne sont pas tous des héros, mais qui, en somme, contribuent au gain des batailles. Fût-on soi-même un « officier-général » de la littérature (et Marivaux ne l'était pas encore quand il écrivait ceci), on leur doit au moins un peu d'estime et de reconnaissance [1].

Enfin, au dernier rang de l'armée, une troupe qui n'est plus même composée de vrais soldats, une sorte de corps auxiliaire, à peine digne d'être compté parmi les combattants, les traducteurs : « Ils savent les langues savantes, ils ressuscitent l'esprit des Anciens, qui, disent-ils, vaut cent fois mieux que l'esprit des Modernes; du moins faut-il avouer qu'ils le croient de bonne foi, puisque nous ne voyons pas qu'ils s'estiment assez pour penser par eux-mêmes. C'est agir conséquemment à leur principe [2]. » Mépris injuste, dira-t-on, pour une classe très estimable d'écrivains. Sans doute; mais que l'on songe à l'époque où il écrivait : les traducteurs tenaient alors le haut du pavé; tout gonflés de leur importance, ils étaient maîtres partout, à l'Académie, dans les salons; l'abbé d'Olivet était presque un grand homme [3]. Marivaux pouvait-il s'empêcher de faire ses réserves? Les tra-

---

1. *Pièces détachées, Troisième lettre à Mme ****. — Cette classification militaire des talents est originale et piquante. Balzac l'a reprise et gâtée en y mêlant un déplaisant projet d'évaluation financière. Voir *la Presse* et *le Siècle* des 18 et 19 août 1830. Dans une mordante réponse (*De la littérature industrielle*, dans les *Portraits contemporains*, t. II), Sainte-Beuve fit justice de cette invention.

2. *Pièces détachées, Troisième lettre à Mme ****. — Montesquieu est tout aussi sévère à l'égard des traducteurs et des érudits. Voir ce qu'il en dit dans les *Lettres persanes*, CXXIX et CXXXV.

3. Voir J. de Goncourt, *Portraits intimes du* XVIIIe *siècle*, l'abbé d'Olivet, p. 75 et suiv.

ducteurs lui gardèrent rancune, quoique l'attaque fût légère. Ils étaient en nombre à l'Académie; s'il n'avait tenu qu'à eux, Marivaux n'y serait pas entré [1].

Ailleurs les réunions de beaux esprits ainsi classés sont décrites et mises en scène avec un art qui sent bien son auteur dramatique. Dans le particulier, ces beaux-esprits sont « de fort honnêtes gens, de la plus aimable société du monde, raisonnables autant que spirituels; se trouvent-ils ensemble, vous ne les connaissez plus; ils sont à l'instant saisis de la fureur d'avoir plus d'esprit les uns que les autres ». Le récit d'une de ces discussions, où chacun, échauffé par la contradiction, grisé par sa propre parole, étale naïvement sa vanité pour le plus grand plaisir du spectateur, est une excellente scène de comédie [2].

Malgré ces plaisanteries, et d'autres du même genre, contre les ridicules des beaux-esprits, Marivaux n'entendait nullement discréditer et rabaisser la littérature elle-même. Au contraire, il avait de celle-ci une très haute idée et ne voyait rien qui lui fût supérieur. Dès 1718, à une époque où les savants, mathématiciens, physiciens, etc., ne laissaient nullement prévoir qu'ils dussent un jour prendre la direction exclusive des esprits et imprimer leur marque à toute la seconde moitié du siècle, mais où ils détournaient déjà à leur profit une part considérable de l'attention publique [3] et ne cachaient pas leur

1. Voir plus haut, p. 116.
2. *Le Spectateur français*, vingt-troisième feuille.
3. Quelques années plus tard, Voltaire se plaint comme Marivaux de la prédilection dont les géomètres et les philosophes sont l'objet; voir sa lettre à Cideville du 16 avril 1735. Les femmes, qui, au siècle précédent, avaient été cartésiennes déterminées, s'occupaient volontiers de haute géométrie. Au moment où Voltaire écrivait, Maupertuis avait pour disciples la duchesse de Richelieu, la duchesse de Saint-Pierre, surtout la marquise du Châtelet (voir, sur cet engouement, Sainte-

dédain pour les littérateurs, Marivaux s'élève avec une certaine vivacité contre leurs prétentions. « J'ai quelquefois pensé, dit-il, au peu de cas que ces messieurs semblent faire des productions de sentiment et de goût, aussi bien qu'à la distiction avantageuse que le public fait d'eux. » Il proteste contre ce dédain, et s'efforce de prouver qu'il faut au littérateur des qualités d'esprit au moins aussi hautes que celles dont le géomètre a besoin ; que le premier « s'élève à une sphère d'idées dont non seulement les rapports, mais la simple vue passent le géomètre [1] ».

Longtemps après, en 1749, il revient sur ce sujet et non plus cette fois par une simple remarque jetée en passant; c'est par un plaidoyer en forme qu'il prend contre les sciences et la philosophie la défense des lettres menacées ou plutôt détrônées. En 1718, en effet, la faveur des géomètres et des philosophes commençait à peine; en 1749, ils sont tout-puissants. Déjà même se forme entre les sciences et les lettres une alliance tout au profit des sciences ou du moins de l'esprit scientifique. *L'Encyclopédie* va paraître [2].

Cette défense des lettres par notre auteur se trouve dans un morceau, malheureusement incomplet, lu à l'Académie et intitulé : *Réflexions sur l'esprit humain, à l'occasion de Corneille et de Racine*. Marivaux ne se propose nullement de contester la grandeur du génie scientifique et les immenses services qu'il a rendus

Beuve, *Causeries du Lundi*, t. XIV, p, 92). Quant à Marivaux, il voyait sans doute avec humeur l'intérêt mondain qu'excitaient les discussions acharnées dont les Bernouilli étaient l'âme (voir Bossut, *Histoire générale des mathématiques*, période quatrième, chap. I, section VI). Voir encore, de la même époque, le portrait satirique du géomètre par Montesquieu (*Lettres persanes*, CXXIX).

1. *Pièces détachées*, Troisième lettre à Madame ***.
2. Voir Aubertin, *l'Esprit public au* XVIIIe *siècle*, troisième époque, chap. II.

à l'humanité. Il réclame seulement la parité d'estime pour le génie littéraire :

> Il y a, dit-il, deux sortes de grands hommes à qui l'humanité doit ses connaissances et ses mœurs,... et qu'on peut appeler les bienfaiteurs du monde... — J'entends par les uns les hommes immortels qui ont pénétré dans la connaissance de la vérité et dont les erreurs mêmes ont si souvent conduit à la lumière ; ces philosophes, tant ceux de l'antiquité, dont les noms sont assez connus, que ceux de notre âge, tels que Descartes, Newton, Malebranche, Locke, etc. — J'entends par les autres ces grands génies qu'on appelle quelquefois beaux-esprits ; ces critiques sérieux ou badins ; ces peintres sublimes des grandeurs et des misères de l'âme humaine, qui, en nous instruisant dans leurs ouvrages, nous persuadent, à force de plaisirs, qu'ils n'ont pour objet que de nous plaire et de charmer notre loisir ; je mets Corneille et Racine dans ce qu'il y a de plus respectable dans l'ordre de ceux-ci.

Au premier ordre de grands hommes, le monde ne ménage pas son admiration ; il va jusqu'à la vénération pour eux. Quant aux seconds, l'admiration qu'ils inspirent est une admiration bien moins sérieuse, bien plus familière, qui les honore beaucoup moins. Cela n'est pas juste, « cette inégalité de partage au profit des philosophes ne peut être attribuée qu'à l'ignorance du commun des hommes » :

> Ces hommes en général ne cultivent pas les sciences ; ils n'en connaissent que le nom, qui leur en impose, et leur imagination, respectueusement étonnée des grandes matières qu'elles traitent, achève de leur rendre ces matières encore plus inaccessibles. De là vient qu'ils regardent les philosophes comme des intelligences qui ont approfondi des mystères, et à qui seuls il appartient de nous donner le merveilleux spectacle des forces et de la dignité de l'esprit humain.

Les génies littéraires en imposent moins au vulgaire, « car leurs ouvrages ne sont une énigme pour personne; le sujet sur lequel ils travaillent a le défaut d'être à la portée de tous les hommes. » Ce sujet n'est autre que l'homme lui-même, et, chacun se connaissant, ou du moins croyant se connaître et connaître ses semblables, estime en savoir autant que les grands littérateurs, sauf, il est vrai, le talent d'écrire, « qui n'est qu'une manière d'avoir de l'esprit ». Marivaux conclut de là avec un peu d'ironie :

> Aussi tout lecteur ou spectateur, avant qu'il les admire, commence-t-il par être leur juge, et presque toujours leur critique; de pareilles fonctions ne disposent pas l'admirateur à bien sentir la supériorité qu'ils ont sur lui; il a fait trop de comparaison avec eux pour être étonné de ce qu'ils valent; et d'ailleurs, de quoi les loue-t-il? Ce n'est pas de l'instruction qu'il en tire; elle passe en lui sans qu'il s'en aperçoive : c'est de l'extrême plaisir qu'ils lui font. Et il est sûr que ce plaisir-là leur nuit encore; ils en paraissent moins importants; il n'y a point de dignité à plaire : c'est bien le mérite le plus aimable, mais, en général, ce n'est pas le plus honoré.

Que de gens pensent en les lisant : « Je pourrais en faire autant! » Les belles choses qu'ils nous disent « ne nous frappent pas même comme nouvelles; on croit toujours les reconnaître, on les avait déjà entrevues ». Ainsi, dit Marivaux avec beaucoup de finesse, « ils ne sont sublimes que d'après nous qui le sommes foncièrement autant qu'eux; et c'est dans leur sublimité que nous nous imaginons contempler la nôtre ». Mais n'est-ce donc rien que de nous montrer cette « sublimité » ensevelie dans les profondeurs de notre âme, et que, sans eux, nous n'aurions jamais devinée? La matière est à tous, mais l'art de la mettre en œuvre n'appartient qu'à quelques-uns. Ne faisons pas tort à ces ouvriers d'élite de l'admiration que nous leur devons. Ils nous donnent une connaissance de l'homme, profonde et vivante, que ni la philosophie, ni les sciences ne sauraient nous procurer. Ce résultat des lettres pures n'est-il pas assez beau pour leur mériter une admiration égale à celle dont les sciences et la philosophie sont l'objet? Que l'on pose la question à un vrai philosophe, et, s'il est sincère, il ne pourra qu'y répondre affirmativement. Je parle, dit Marivaux, du « vrai philosophe; je ne parle point du pur géomètre ou du simple mathématicien; mais de l'homme qui pense, de l'homme capable de mesurer la sublimité de ces deux différents ordres d'esprit [1] ».

Ces *Réflexions* ne furent pas données au public en entier. Nous n'avons même qu'une faible partie de ce que Marivaux avait lu devant ses confrères, à peine le tiers [2]. Ce fragment n'en est pas moins d'un grand intérêt. Malgré quelque partialité, fort excusable de la part d'un littérateur, il y a bien des vérités dans cette discussion courtoise; il y a surtout un très bel hommage rendu à la haute valeur des lettres. En combattant la science, Marivaux lui emprunte ses propres armes et fait preuve d'une logique, d'une vigueur dialectique, d'une puissance d'abstraction dignes d'un savant.

1. Comp. à la théorie de Marivaux, un aperçu tout semblable de Vauvenargues dans ses *Fragments*, xii (*Œuvres*, p. 282) et aussi une discussion *Sur la morale et la physique* (*Œuvres*, p. 110-112). Quant à la question toujours ouverte de la supériorité des lettres ou des sciences, on peut lire, outre les fameux discours de Lamartine et d'Arago (Chambre des députés, mars 1837), un article plein d'idées de Schérer, *Inter pocula*, dans la quatrième série de ses *Études sur la Littérature contemporaine*.

2. Marivaux fit, en effet, trois lectures sur ce sujet; or, le fragment publié dans *le Mercure* d'avril 1755, dut occuper à peine une séance. Les morceaux lus à l'Académie n'étaient eux-mêmes qu'une faible partie d'un ouvrage considérable : les Registres en parlent (24 août 1749) comme du « commencement d'un ouvrage qu'il (Marivaux) doit donner au public ».

Néanmoins, par une contradiction singulière, Marivaux, défenseur des lettres contre les sciences, entrait, à son insu, dans le mouvement qu'il combattait et envisageait la littérature à un point de vue beaucoup moins littéraire que scientifique. Seul de ses amis, il ramenait la querelle des Anciens et des Modernes sur le terrain où l'avaient placée Perrault et Fontenelle, et où La Motte n'avait pas su la maintenir. Avec les premiers, la controverse agitait, en somme, des idées importantes et graves. Il ne s'agissait pas seulement pour eux de revendiquer, au profit des Modernes, la suprématie en matière d'éloquence et de poésie, mais, encore et surtout, de prouver que l'humanité, par cela seul qu'elle avançait en âge, croissait en force intellectuelle. C'était la théorie du progrès, indiquée par Bacon et Descartes [1], expressément formulée par Pascal [2]. Les frères Perrault, en la reprenant, avaient affirmé, d'une part, la force de production toujours égale de la nature, d'autre part, le perfectionnement indéfini de toutes les inventions [3]. Avec une clarté que n'avaient pas les Perrault, Fontenelle soutenait une thèse qui peut se réduire à ceci : les hommes d'aujourd'hui sont aussi bien doués que ceux d'autrefois, car la nature forme toujours les hommes d'une même pâte; ils ont plus d'idées et de connaissances, ayant hérité de celles de leurs devanciers; enfin, ils commettent moins d'erreurs, éclairés qu'ils sont par l'expérience des anciens âges.

---

1. Voir H. Rigault, *Querelle des Anciens et des Modernes*, première partie, chap. III et IV.

2. Dans le *Fragment d'un traité du vide* (*Pensées*, édit. Havet, t. II, p. 266 à 273), notamment le passage fameux (p. 270-71) : « Toute la suite des hommes, pendant le cours de tant de siècles, doit être considérée comme un même homme qui subsiste toujours et qui apprend continuellement,... » etc.

3. Voir H. Rigault, *op. cit.*, première partie, chap. X et XII.

Or, les idées et les connaissances sont la matière même de l'éloquence et de la poésie. Donc, avec des idées plus nombreuses et plus vraies, nous devons être plus grands orateurs et plus grand poètes que les Anciens [1].

Très discutable, assurément, cette manière de poser et de résoudre la question n'en est pas moins originale et hardie. La Motte n'en comprit pas la portée ; à peine si, dans son *Discours sur la poésie*, il effleure en quelque lignes le côté philosophique de la querelle. Partout ailleurs il réduit celle-ci à une mesquine et stérile dispute sur le mérite d'Homère. Entraîné par son ami dans cette voie étroite, Marivaux ne sut pas d'abord l'élargir et se contenta pendant longtemps d'injurier Homère. Lorsqu'il fut revenu au sérieux, il comprit la futilité d'une guerre aussi ridicule qu'acharnée. Par un effort de raisonnement, il ressaisit le vrai point de départ de la question, et, dans deux morceaux très curieux, il donna une digne suite aux *Parallèles* et à la *Digression* de Fontenelle. Cette discussion, très peu connue, a été pour la première fois mise en lumière et analysée par Sainte-Beuve [2]. Marivaux s'y montre non pas, comme on l'a dit, un théoricien du progrès universel, un précurseur de Turgot [3] : il n'a pas des visées si hautes et se contente de relier une chaîne interrompue ; mais, penseur pénétrant et critique de goût, il ajoute à la théorie de Fontenelle un correctif nécessaire, qui, de paradoxale, la rend juste et vraie.

C'est dans les *Réflexions sur Thucydide*, écrites à propos de la traduction de Perrot d'Ablancourt, qu'il

---

1. H. Rigault, *op. cit.*, chap. xi, notamment, p. 177-178.
2. *Causeries du Lundi*, t. IX, p. 347-350.
3. J. Fleury, *Marivaux et le marivaudage*, p. 5.

reprend la théorie de Fontenelle sur l'accumulation des idées dans l'esprit humain.

Le monde, depuis cet auteur grec jusqu'à nous, a si souvent changé de face; les passions des hommes, leurs vices et leurs vertus se sont déployés en tant de manières différentes; les hommes ont successivement passé par tant d'espèces de corruption, de sagesse et de folie; ils ont été tant de fois et si différemment polis et grossiers, bons et méchants, sociables et féroces, si différemment raisonnables et sots, si différemment hommes et enfants; ils se sont vus par tant de côtés, qu'il doit aujourd'hui lui en rester un fond d'idées considérablement augmenté.

Tout, même les désastres, profite à cette augmentation de notre richesse intellectuelle :

Tous les pays du monde, à cet égard, se ressentent de la durée et des événements de l'humanité, de la diversité des lois, des coutumes et des gouvernements qu'elle a éprouvés, du nombre infini de guerres, de ravages et d'invasions qu'elle a essuyés; Sésostris, Cyrus, Alexandre, les successeurs de ce dernier, et surtout les Romains mêmes, n'ont pu troubler et agiter la terre, ni lui donner de si violentes secousses, sans y jeter de nouvelles idées, sans causer de nouveaux développements dans la capacité de penser et de sentir des hommes.

A vrai dire, en excitant des idées nouvelles, ces révolutions violentes ont anéanti beaucoup d'idées anciennes, mais, quel que soit le nombre de celles qui ont disparu, les gains composent les pertes [1].

Voilà pour l'humanité tout entière. Quant à chaque

---

1. Comp. la même théorie développée dans *le Miroir :* « L'humanité, en général, reçoit toujours plus d'idées qu'il ne lui en échappe, et ses malheurs mêmes lui en donnent souvent plus qu'ils ne lui en enlèvent.... Chacun de ces états enfanta un nouvel esprit, et *fut une expérience de plus sur la terre.* » Marivaux est ici plus hardi que Ch. Perrault, qui admet l'arrêt du progrès durant les grandes catastrophes politiques et sociales. Voir Rigault, *op. cit.*, p. 196.

nation prise à part, outre l'héritage d'idées commun à tous les peuples, elle a le sien propre, formé « de ce nombre infini de jugements, de réflexions, d'idées folles et sensées, que la totalité des esprits répand dans la nation », et des nouvelles idées que chaque particulier tire de la masse commune, « et qui vont à leur tour s'ajouter à la source dont elles viennent ». Enfin, cet esprit de chaque nation « se fortifie continuellement de ce que les hommes d'une autre nation y portent, et s'augmente encore de la différence de l'esprit étranger qui vient se mêler au sien ».

Ainsi, progrès dans les idées pour l'humanité tout entière et pour chaque nation en particulier. Le morceau s'arrête là et Marivaux ne tire pas d'autre conclusion de sa théorie.

Il la reprend dans *le Miroir* et la pousse beaucoup plus loin, toujours d'après Fontenelle. Après avoir contemplé dans un miroir magique, mis sous ses yeux par une fée qui représente la nature, « tout ce qu'en fait d'ouvrages l'esprit de l'homme a produit ou rêvé depuis le plus plat écrivain jusqu'à l'auteur des *Mondes* [1] », il affirme que le miroir « n'est pas de l'avis (des partisans des Anciens) sur le prétendu affaiblissement des esprits d'aujourd'hui ». D'abord, « la nature n'est pas sur son déclin, du moins ne ressemblons-nous guère à des vieillards; la force de nos passions, de nos folies et la médiocrité de nos connaissances, malgré les progrès qu'elles ont faits, devraient nous faire soupçonner que cette nature est encore bien jeune en nous ». En outre, sa force de production s'est toujours maintenue, et, « depuis les temps si renommés de Rome et d'Athènes,

---

1. Fontenelle. C'est la seule mention que Marivaux fasse de celui-ci, et ce silence est d'autant plus étonnant qu'il parle souvent de La Motte.

il n'y a pas eu de siècle où il n'y ait eu d'aussi grands esprits qu'il en fut jamais,... d'aussi bonnes têtes que l'étaient celles de Cicéron, de Démosthène, de Virgile, de Sophocle, d'Euripide, d'Homère même ». Si, aux siècles suivants, les grands esprits enfantés par la fécondité constante de la nature n'ont produit que de mauvais ouvrages, ces ouvrages « étaient infiniment moins mauvais, infiniment moins ridicules que ceux de leurs contemporains, et la capacité qu'il fallut alors pour n'y laisser que ce degré de ridicule, aurait suffi dans d'autres temps pour les rendre admirables ». Donc, il ne faut pas imputer à ces auteurs ce qui est resté de vicieux dans leurs ouvrages, mais s'en prendre « aux siècles barbares où ces grands esprits arrivèrent, et à la détestable éducation qu'ils y reçurent en fait d'ouvrages d'esprit ».

Ils auraient été les premiers esprits d'un autre siècle, comme ils furent les premiers esprits du leur : il ne fallait pas pour cela qu'ils fussent plus forts ; il fallait seulement qu'ils fussent mieux placés. Cicéron, aussi mal élevé, aussi peu encouragé qu'eux, né comme eux dans un siècle grossier... ne s'en serait pas tiré mieux qu'eux... et quoique infailliblement il eût été l'homme le plus éloquent de son temps, l'homme le plus éloquent de ce temps-là ne serait pas aujourd'hui l'objet de notre admiration.

Cependant l'esprit et les idées ne manquaient pas dans ces siècles barbares, car « jamais l'esprit humain n'avait encore été le produit de tant d'esprit ». En effet (Marivaux reprend ici la thèse soutenue dans les *Réflexions*), « l'accroissement de l'esprit est une suite infaillible de la durée du monde », « l'humanité en général reçoit toujours plus d'idées qu'il ne lui en échappe », et « ses malheurs mêmes lui en donnent souvent plus qu'ils ne lui en enlèvent ».

Jusqu'à présent Marivaux a suivi Fontenelle ; il va s'en séparer.

Quelle est donc, le fonds naturel étant toujours le même et la somme d'idées croissant toujours, la cause qui produit les grands hommes? C'est le plus ou le moins de goût propre à chaque époque, car, où il n'y a pas de goût, « la quantité d'idées est un inconvénient et non pas un secours; elle empêche d'être simple, et fournit abondamment les moyens d'être ridicule. Mettez beaucoup de richesses entre les mains d'un homme qui ne sait pas s'en servir, toutes ses dépenses ne sont que des folies. »

Le morceau, complet cette fois, se termine ainsi :

L'augmentation des idées est une suite infaillible de la durée du monde : la suite de cette augmentation ne tarit point tant qu'il y a des hommes qui se succèdent, et des aventures qui leur arrivent. Mais l'art d'employer les idées pour les ouvrages d'esprit peut se perdre : les lettres tombent, la critique et le goût disparaissent, les auteurs deviennent ridicules ou grossiers, pendant que le fonds de l'esprit humain va toujours croissant parmi les hommes.

Toute cette argumentation est très probante, et Marivaux n'exprime, en somme, que des idées justes. Il est évident que la nature forme toujours les hommes de la même argile et leur accorde, à chaque siècle, des facultés semblables et à peu près égales. Seulement, de même qu'une vie obscure étouffe des génies qui s'en vont dormir inconnus dans le cimetière dont parle Grey, de même certaines époques ne peuvent donner aux grands hommes le moyen de se produire et de se développer. Il est encore vrai que, plus les peuples se civilisent, plus, les idées s'accumulant en eux, l'humanité, réunion de tous les peuples, profite de ce trésor commun de l'intelligence et devient capable d'œuvres nouvelles. On peut même admettre qu'en dépit des révolutions, des guerres, des invasions, etc., qui semblent parfois anéantir l'œuvre de plusieurs siècles, ces « expériences » sanglantes n'arrêtent pas le développement de la richesse intellectuelle, et que les pertes sont inférieures aux gains.

S'ensuit-il qu'au point de vue littéraire, une époque, par cela seul qu'elle vient après d'autres, leur est supérieure, ou même égale? Nullement. Marivaux reconnaît que les idées, si nombreuses qu'elles soient, ne valent que par la mise en œuvre, et que, si « la critique et le goût disparaissent », « les lettres tombent et les auteurs deviennent ridicules ou grossiers ».

Nous aurions voulu qu'il nous parlât avec quelque détail de ces révolutions et de ces éclipses passagères du goût, qu'il essayât, sinon d'en déterminer la loi, au moins d'indiquer les principales causes qui, aux époques les plus civilisées et les plus riches de culture intellectuelle, gâtent si souvent les littératures. Mais, s'il n'a point développé sa thèse jusqu'au bout, du moins l'a-t-il suffisamment indiquée pour que nous puissions en tirer nous-mêmes la conclusion sans dénaturer sa pensée. Il ne croyait pas que les Modernes, par cela seul qu'ils sont modernes, fussent supérieurs aux Anciens, et en cela il se séparait nettement de son maître Fontenelle, pour qui, en matière d'histoire littéraire, « postériorité » signifie nécessairement « supériorité ». Avec sa théorie de l'accumulation des idées, Fontenelle ne comprenait pas que l'on peut, malgré un cerveau encyclopédique, être un fort mauvais poète. Sans l'étincelle créatrice, le je ne sais quoi d'insaisissable et de divin, les idées acquises ne sont rien : Homère est un ignorant à côté de Chapelain, et pourtant quel abime de l'*Iliade* à *la Pucelle*! Bornée aux seules sciences, la thèse de Fontenelle est absolument juste; elle est radicalement fausse appliquée aux lettres [1]. Dans les sciences, jointe à la méthode expérimentale, elle est encore la règle même du progrès; dans les lettres, elle n'a servi qu'à provoquer une dispute stérile. En y apportant la restriction qui termine *le Miroir*, en reconnaissant l'influence toute-puissante du goût, Marivaux corrigeait la théorie de son ami. S'il eût poussé un peu plus loin le développement de sa pensée et marqué sa conclusion avec plus de relief et de vigueur, il aurait eu le mérite de juger en dernier ressort la querelle des Anciens et des Modernes [2].

1. Voir Nisard, *Histoire de la Littérature francaise*, t. IV, p. 9 à 11.
2. Doudan a rajeuni et élargi, dans un morceau longuement travaillé, *des Révolutions du goût*, non pas la vieille querelle des Anciens et des Modernes, mais la question du progrès littéraire. On retrouve dans ce morceau plusieurs des idées de Marivaux parées d'images souvent admirables par une imagination gracieuse et forte. Voir notamment la conclusion, XIV, dans les *Pensées et Fragments*, p. 312 et suiv.

CHAPITRE V

L'ÉCRIVAIN

LA LANGUE DE MARIVAUX. — LE « MARIVAUDAGE ». — DÉFENSE DE MARIVAUX PAR LUI-MÊME; LE STYLE ET LA PENSÉE; LA FINESSE. — L'EXPRESSION MÉTAPHORIQUE. — L'ESPRIT. — LE PHÉBUS DES VALETS ET LE JARGON DES PAYSANS. — LE LANGAGE DE LA CONVERSATION. — SOUPLESSE ET VARIÉTÉ DU STYLE DE MARIVAUX.

Malgré la mauvaise réputation de son style, Marivaux est un des auteurs du XVIIIe siècle qui ont le plus respecté et le moins gâté notre langue. Celui que Voltaire appelait « le néologue », usait très peu du néologisme; à peine si l'on trouve dans ses œuvres quelques mots forgés. Lorsqu'il s'écarte de l'usage, c'est moins par le choix des termes que par le sens qu'il leur attribue; on pourrait dire de lui ce qu'on a dit de Fontenelle : « Il compose souvent des phrases recherchées avec des expressions très pures et très indigènes [1]. » Il écrivait à une époque où le vocabulaire de la philosophie et des sciences, les importations étrangères, n'avaient pas encore altéré le fonds de notre idiome. Quant à sa phrase, même lorsqu'elle est recherchée, elle se distingue par l'élégance, la rapidité, le tour facile. Le plus souvent courte et rapide, elle ne s'interdit pas l'allure plus lente du style pério-

---

1. Villemain, *Littérature française au* XVIIIe *siècle*, treizième leçon.

dique. Dans le premier cas, elle est légère, sans rien de sautillant ni de saccadé ; dans le second, elle évite l'embarras et la lourdeur. Elle se plie surtout, avec une convenance parfaite, au sujet que traite l'auteur. Au théâtre, d'une remarquable simplicité de construction, vive et coulante, elle donne au dialogue cette « brillante et abondante volubilité », dont parle d'Alembert [1]. Dans le roman, elle est tantôt alerte et comme agissante, tantôt lente et sinueuse. Dans les œuvres morales, elle prend toutes les formes, d'ordinaire large et ample, parfois concise et brève, toujours originale par la nouveauté des tours, savante par l'habileté des constructions. Les incorrections, les fautes de syntaxe proprement dites y sont très rares.

Cette pureté et cette facilité de la langue de Marivaux tiennent au milieu où il s'était formé. Venu à Paris de très bonne heure, il n'avait pas eu le temps de s'imprégner de locutions provinciales, et, une fois Parisien, il le demeura toujours. Au bout de peu de temps, il écrivit sans effort la langue de la meilleure société, celle du cercle de Mme de Lambert. On parlait chez elle un idiome délicat et distingué, d'un purisme sans rigueur, d'une décence sans pruderie, un peu recherché, un peu maigre, mais dont les qualités compensaient amplement les défauts. Marivaux y apprit le plus pur français en compagnie de Fontenelle, du spirituel abbé de Choisy, du président Hénault, de L. de Sacy, l'élégant traducteur de Pline le Jeune, etc. [2].

1. Toutefois, Vinet fait justement observer (*Littérature française au XVIIIe siècle*, t. 1, p. 261) qu'en général la concision, et, par suite, le relief manquent trop au style de Marivaux, et qu'il a souvent un « flux de langue », qui «, s'il n'ôte rien à la vérité ne laisse pas de fatiguer un peu ».
2. Voir Sainte-Beuve, *Causeries du Lundi*, t. IV, p. 217 et 238.

Toutefois, s'il faut en croire la plupart de ses critiques, quel mauvais usage il aurait fait de cette langue excellente! Presque tous ceux qui ont essayé de définir son style, s'accordent à y trouver les mêmes défauts, résumés par le sens consacré du mot *marivaudage* : le raffinement systématique dans la pensée et dans l'expression, la poursuite de l'esprit. Parmi ces définitions, la plus connue, la plus souvent citée, est celle de La Harpe :

> C'est le mélange le plus bizarre de métaphysique subtile et de locutions triviales, de sentiments alambiqués et de dictons populaires; jamais on n'a retourné des pensées communes de tant de manières plus affectées les unes que les autres; et, ce qu'il y a de pis, ce langage est celui de tous les personnages sans exception. Maîtres, valets, gens de cour, paysans, amants, maîtresses, vieillards, jeunes gens, tous ont l'esprit de Marivaux [1].

Il s'en faut de beaucoup que ce réquisitoire soit juste de tout point.

D'abord, en reprochant à Marivaux l'apprêt et l'affectation, la recherche fatigante de l'esprit, La Harpe a tort d'accuser seulement son style; il devrait aussi mettre en cause sa pensée. Marivaux, en effet, n'exprime pas « d'une manière affectée des pensées communes »; il exprime des pensées très fines dans un style qui est d'ordinaire en parfait rapport avec ces pensées. On a le droit d'être sévère pour Marivaux, mais pour Marivaux tout entier; chez lui, la forme ne peut se séparer du fond; si l'on condamne l'une, il faut aussi condamner l'autre; chez lui,

---

1. *Le Lycée*, xviii° siècle, chap. V, sect. IV. — La Harpe ne fait que résumer d'Alembert : « Ce singulier jargon, tout à la fois précieux et familier, recherché et monotone, est, sans exception, celui de tous ses personnages, de quelque état qu'ils puissent être, depuis les marquis jusqu'aux paysans, et depuis les maîtres jusqu'aux valets » etc. (Page 584.)

plus que chez tout autre écrivain, « le style, c'est l'homme même ». La Harpe n'est, du reste, pas le le seul qui soit tombé dans cette erreur; quoique plusieurs des contemporains de Marivaux aient bien vu que, chez lui, la pensée et le style étaient inséparables [1], la plupart des critiques, répétant La Harpe, s'acharnaient exclusivement contre son style.

Impatienté de cette confusion perpétuelle, Marivaux s'est attaché plusieurs fois, dans *le Spectateur* et dans *le Cabinet du Philosophe*, à la faire cesser, et, s'il n'y a pas tout à fait réussi, du moins a-t-il mieux posé la question qu'on ne faisait auparavant :

J'entends quelquefois parler de style, disait-il, et je ne comprends rien aux éloges ni aux critiques qu'on fait de celui de certaines gens. Vous voyez souvent des gens d'esprit vous dire : le style de cet auteur est noble; le style de celui-ci est affecté, ou bien obscur, ou plat, ou singulier. Enfin, c'est toujours du style que l'on parle et jamais de l'esprit de celui auquel appartient ce style. Il semble que dans ce monde il ne soit question que des mots, et point des pensées.

D'après lui, un auteur qui sait sa langue prend, pour s'exprimer, les mots qui représentent exactement les pensées qu'il a dans l'esprit; s'il pense bien, ce n'est pas d'avoir pris telles ou telles expressions qu'il faut le louer, car « il ne pouvait faire autrement que de les prendre, puisqu'il n'y avait que celles-là qui pussent communiquer exactement ce qu'il pensait. » S'il pense mal, faiblement, sans justesse, le raisonnement est le même; il faut accuser sa pensée, et non les signes nécessaires de sa pensée :

1. Collé (p. 288) : « Ce style précieux... tient beaucoup à la finesse des idées de Marivaux et aux nuances délicates avec lesquelles il peignait le sentiment. » Et Lesbros (p. 13) : « Son style était à lui, il était analogue à sa manière de voir et de sentir. »

Il a fort bien exprimé ce qu'il a pensé ; son style est ce qu'il devait être ; il ne pouvait pas en avoir un autre. Tout son tort est d'avoir eu des pensées ou basses, ou plates, ou forcées ; car ces pensées ont exigé nécessairement qu'il se servit de tels et tels mots, qui ne sont ni bas, ni plats, ni forcés en eux-mêmes, et qui, entre les mains d'un homme doué de plus d'esprit, pourront servir une autre fois à exprimer de très fines ou de très fortes pensées.

Il n'y a pas à reproduire au long la théorie fort ingénieuse, pleine de vues dignes de Locke ou de Condillac, dans laquelle il définit les rapports de la pensée et de l'expression. Il suffit d'en citer la conclusion, qui nous ramène au point de départ : « Un homme qui sait bien sa langue, qui connaît tous les mots, tous les signes dont elle se compose, et la valeur précise de ces mots, pourra penser mal, mais exprimera toujours bien ses pensées. » La critique devrait donc renoncer à accuser le style et s'en prendre à la manière de penser, ne pas dire qu'un auteur a le style « précieux », ce qui ne signifie rien, mais qu'il a des « pensées précieuses ».

Cela posé, voyons ce qu'il faut entendre par le précieux. Ne serait-ce point la finesse de la pensée, et peut-on dire que cette finesse soit un défaut?

L'homme qui pense beaucoup approfondit les sujets qu'il traite ; il les pénètre, il y remarque des choses d'une extrême finesse, que tout le monde sentira quand il les aura dites, mais qui, de tout temps, n'ont été remarquées que de très peu de gens ; et il ne pourra assurément les exprimer que par un assemblage et d'idées et de mots très rarement vus ensemble. Voyez combien les critiques profiteront contre lui de la singularité inévitable de style que cela va lui faire! Que son style sera précieux! Mais aussi de quoi s'avise-t-il de tant penser, et d'apercevoir, même dans les choses que tout le monde connaît, des côtés que peu de gens voient, et qu'il lui faudra exprimer par un style qui paraîtra nécessairement précieux? Cet homme-là a grand tort. Il faudrait lui dire de penser moins, ou prier les autres de vouloir bien qu'il exprime ce qu'il aura pensé, et de souffrir qu'il se serve des seuls mots qui peuvent exprimer ses pensées, puisqu'il ne peut les exprimer qu'à ce prix-là [1].

Toutes les fois donc qu'un auteur usera d'une observation plus pénétrante et plus fine que la moyenne des écrivains, on lui reprochera d'avoir le style précieux et singulier, témoin trois illustres exemples :

Si Montaigne avait vécu de nos jours, que de critiques n'eût-on pas faites de son style! Car il ne parlait ni français, ni allemand, ni breton, ni suisse; il pensait et il s'exprimait au gré d'une âme singulière et fine. Montaigne est mort; on lui rend justice; c'est cette singularité d'esprit, et conséquemment de style, qui fait aujourd'hui son mérite. La Bruyère est plein de singularités. Aussi a-t-il pensé sur l'âme, matière pleine de choses singulières. Combien Pascal n'a-t-il pas d'expressions de génie! Qu'on me trouve un auteur célèbre, ayant approfondi l'âme, et qui, dans ses peintures de nous et de nos passions, n'ait pas le style singulier [2].

Il y a beaucoup de vrai dans cette théorie. Ce que Marivaux appelle ici la « singularité » n'est autre chose que l'originalité. Quiconque voit très avant dans l'âme humaine, exprime des pensées nouvelles par des expressions et des tours nouveaux comme ces pensées. Quant à la finesse, lorsqu'elle n'est ni affectée, ni déplacée, elle est en soi très légitime et devient même

---

1. A cela Prévost répondait : « Croirait-on qu'il fût possible de s'aviser de faire l'apologie du *style précieux*, c'est-à-dire de la façon affectée et ridicule d'écrire? On établit dans un écrit nouveau qu'il n'y a point de différence entre bien penser et bien écrire. J'en conviens quant aux ouvrages d'esprit. Aussi, si je disais que le style de tel auteur est ridicule, je prétendrais en même temps qu'il pense ridiculement. » (Voir ci-dessus, p. 452, n. 2.)

2. *Le Cabinet du Philosophe*, sixième feuille.

de plus en plus nécessaire à mesure que l'humanité et les littératures avancent en âge. Car, à moins de se répéter toujours, l'observation morale est obligée de creuser toujours plus profond dans le cœur humain et de s'enfoncer plus avant dans l'extrême complication de la nature humaine. L'art dramatique, le roman, la morale ne sauraient s'en tenir à ces traits simples et généraux dont la peinture suffit à la jeunesse des littératures. Racine est plus fin qu'Euripide, La Bruyère que Théophraste, J.-J. Rousseau que Longus. A cette transformation nécessaire, l'art perd en simplicité; il y gagne en étendue et en profondeur [1].

Mais il faut que la finesse ne soit affectée ni déplacée. Accordons à Marivaux que son style est toujours en parfait rapport avec sa pensée; mais faisons nos réserves sur celle-ci, trop souvent raffinée et maniérée. Il a beau choisir les termes qui « conviennent exactement au degré de finesse qu'il a dans l'esprit »; ce degré n'est pas en rapport exact avec les choses. Il a beau dire « qu'il y a un certain degré de finesse au delà duquel on n'est plus senti », que « dans ce monde, en fait d'esprit, on confond deux sortes d'hommes, l'homme qui tâche d'être fin, et l'homme qui l'est naturellement »; qu'« il faut avoir de bons yeux pour distinguer la finesse du raffinement », et qu'il « n'a guère vu de gens qui ne prissent l'un pour l'autre [2] ». La majorité des lecteurs n'a pas l'esprit aussi obtus qu'il veut bien le dire, et il n'est ni très habile ni très juste de la part d'un auteur d'accuser ainsi, par avance, d'insuffisance d'esprit ceux dont il brigue les suffrages. Le plus

---

1. Voir cette théorie développée par Doudan avec sa finesse habituelle, *Pensées et fragments*, p. 3.
2. *Le Cabinet du Philosophe*, sixième feuille.

naturellement du monde Marivaux est porté à quintessencier; la finesse ne lui suffit pas, il lui faut le raffinement. Presque toujours son idée commence par être juste; mais il veut en tirer tout ce qu'elle contient; il s'ingénie à l'épuiser, et il la gâte [1]. S'il savait s'arrêter à temps, s'il laissait au lecteur quelque chose à deviner, il serait presque toujours excellent. Sainte-Beuve a dit avec une spirituelle justesse : « Il est un de ces écrivains auxquels il suffirait souvent de retrancher pour ajouter à ce qui leur manque [2]. »

Ce n'est pas seulement par l'analyse prolongée outre mesure que Marivaux tombe dans le raffinement de mauvais goût. Entre toutes les différentes manières de rendre une même pensée, il lui arrive souvent de rejeter la plus simple, c'est-à-dire la meilleure pour prendre la plus subtile. En ce cas, l'expression naturelle est remplacée par une sorte de petite charade, où les termes abstraits, détournés de leur sens, s'unissent dans le plus singulier amalgame. Il met son amour-propre à inventer des locutions figurées en dehors de l'usage. Il fera dire, par exemple, à un amant qui rend à sa maîtresse dédain pour dédain : « Je ne suis point de caractère à persécuter les dispositions où je vous vois [3] ». Il appellera le silence « l'abstinence de paroles [4] »; au lieu de « parler familièrement », il dira « parler à rez-de-chaussée [5] »; etc.

Les expressions de ce genre se rapprochent de ce

---

1. Collé le remarque déjà : « Ce style précieux... n'est pas, à mon avis, un aussi grand défaut que celui de ressasser trop la même idée, de l'épuiser et de ne la point quitter qu'il ne l'ait quelquefois gâtée à force de la répéter et de la rabâcher. » (T. II, p. 289.)
2. *Causeries du Lundi*, t. IX, p. 362.
3. *Les Serments indiscrets*, acte I, sc. VI.
4. *La Mère confidente*, acte II, sc. IX.
5. *La Fausse Suivante*, acte II, sc. V.

que l'on pourrait appeler le *marivaudage métaphorique*, celui dont il use et abuse le plus. Il lui doit en partie les grâces de son style, bien des expressions d'une heureuse originalité. Il appellera, par exemple, un monologue d'amoureux « la conversation des fous [1] »; il dira d'un homme qui a peur : « il se met tout en un tas [2] »; de celui qui se décide à une démarche désagréable : « il prend sa secousse [3] »; pour « manquer à son devoir », il inventera « blesser son devoir [4] », qui dit plus et mieux. Mais en revanche, que d'expressions, que de passages dignes de Mascarille et de Jodelet! Il appellera un cœur sans amour « un cœur qui reste garçon [5] »; il tournera bien des phrases galantes dans le goût de celle-ci : « Vous m'avez maltraité le cœur, faites les frais de sa guérison. J'attendrai; je suis accommodant; le vôtre me servira de nantissement; je m'en contente [6] ». Il prêtera aux coquettes des réflexions de ce genre : « Que ne m'a-t-on dit que c'était le plus grand malheur du monde d'être jolie, puisqu'il faut être esclave des conséquences de son visage [7]? » Des scènes entières seront écrites dans ce style insupportable [8].

A vrai dire, cependant, il réserve aux amoureux ces exagérations du langage figuré. Or, en les faisant parler ainsi, il suivait une tradition fort ancienne.

1. *Le Prince travesti*, acte II, sc. xi.
2. *Ibid.*, acte III, sc. ii.
3. *Le Spectateur français*, quinzième feuille. — Ailleurs, la même expression veut dire mourir (*l'Héritier de Village*, sc. i).
4. *Le Spectateur français*, deuxième feuille.
5. *Les Serments indiscrets*, acte IV, sc. iii.
6. *L'Héritier de Village*, scène xii.
7. *Félicie*, scène iii.
8. Voir, par exemple, dans *la Fausse Suivante*, acte II, sc. viii, le dialogue entre la comtesse et le chevalier : « Vous avez là un amour bien mutin » etc. Voir aussi, dans Sainte-Beuve, *Causeries du Lundi*, t. IX, p. 356, la *dissection* d'un passage de ce genre emprunté au *Spectateur*.

De tout temps l'amour a eu le privilège des métaphores outrées, des hyperboles, des images prétentieuses. Dans l'antiquité, lorsque tout encore est simple et naïf, lui seul n'est déjà plus ni l'un ni l'autre. En vain les siècles classiques cherchent en tout la juste mesure et se font une loi de la sobriété : il conserve le privilège d'un langage luxuriant. Pour ne parler que du temps qui précède celui de Marivaux, quelle richesse de phraséologie amoureuse, au XVIIe siècle! que de flammes et de torches, de chaînes et de supplices! que de neige et de roses, de lis et d'ébène! que de glaces et de durs rochers! Ce sont là des parures changeantes, bientôt démodées et remplacées par d'autres, car chaque époque invente les siennes. Les critiques sont d'habitude assez indulgents pour ces recherches de langage; ils savent qu'elles sont inséparables de l'expression de l'amour; ils ne devraient donc pas se montrer trop sévères pour les afféteries et les subtilités amoureuses de Marivaux, qui écrivait pour le siècle par excellence de l'analyse et du raffinement [1].

Marivaux abuse non seulement de la finesse, mais encore de l'esprit. Ses critiques lui reprochaient d'en mettre partout. Il répondait :

> Quand je songe à cette critique... je la trouve la chose du monde la plus comique, tant j'ai de plaisir à me représenter la commodité dont elle est à tous ceux qu'elle dispense heureusement d'avoir de l'esprit, et qui ne l'attraperaient point quand ils courraient après. Et en effet il y a bien des ouvrages qui ne subsistent que par le défaut d'esprit, et leur platitude fait croire à certains lecteurs qu'ils sont écrits d'une manière naturelle [2].

---

1. Voir Paul de Saint-Victor, *Préface* du *Théâtre de Marivaux*, p. 5.
2. *Le Spectateur français*, septième feuille.

Cependant, les critiques avaient raison. Employé avec mesure, l'esprit de Marivaux est l'une des formes les plus aimables et les plus originales de l'esprit français. Ce n'est plus l'esprit de Molière, belle humeur puissante d'une raison robuste et saine, souvent aiguisé d'ironie méprisante et couvrant d'un voile de gaieté un fonds de tristesse et d'amertume. Ce n'est pas davantage l'esprit de Regnard, moins profond que celui de Molière, esprit qui n'instruit guère, ne porte nullement à la réflexion, et ressemble, dans sa verve emportée, à l'enivrement d'une folie joyeuse. L'esprit de Marivaux n'appartient qu'à lui; il n'a surtout point d'analogue au XVIIe siècle; ni les Précieuses, ni Voiture, ni Fontenelle n'ont eu cette ironie que la bonté tempère, aimable et caressante jusque dans le persiflage, cette gaieté douce, qui va jusqu'au franc rire, mais ne s'y arrête pas, cette verve réglée, maîtresse d'elle-même, cette fleur d'élégance et de politesse. On n'a que l'embarras du choix pour en donner des exemples. Tantôt c'est un simple jeu de mots, tantôt une série de répliques éblouissantes, tantôt une longue tirade, où chaque mot est une épigramme, une boutade, une saillie plaisante : « Je dois soupirer toute ma vie », dit une marquise. — « Vous devez, dites-vous, oh! vous ne payerez jamais cette dette-là [1] », répond la soubrette. « Je ne saurais empêcher qu'il ne t'aime, dit Mario à sa sœur Sylvia; mais je ne veux pas qu'il te le dise. — Il ne me le dit plus, répond Sylvia; il ne fait que me le répéter [2] ». Pour excuser la coquetterie changeante des femmes : « Quand une femme est fidèle, on l'admire; mais il y a des femmes modestes qui

---

1. La seconde *Surprise de l'Amour*, acte I, sc. I.
2. *Le Jeu de l'Amour et du Hasard*, acte III. sc. III.

n'ont pas la vanité de vouloir être admirées [1] ».

Le plus souvent, cet esprit n'est pas esprit de mots, mais esprit de situation et de caractère. La distinction, en effet, est essentielle. Le véritable esprit, au théâtre surtout, n'est pas celui que l'auteur prête à ses personnages, sans autre but que de dire des choses plaisantes ; c'est celui qui vient, en quelque sorte, tout seul, expression naturelle d'un sentiment inconscient, effet plaisant d'une situation et jaillissant, non pas d'une verve qui se travaille, mais des choses elles-mêmes ; cet esprit dont Joubert disait : « Les véritables bons mots surprennent autant ceux qui les disent que ceux qui les écoutent ; ils naissent en nous, malgré nous, ou, du moins, sans notre participation, comme tout ce qui est inspiré [2] ». C'est affaire à l'auteur dramatique de donner à ses personnages une vie assez intense pour qu'ils vérifient cette loi et soient spirituels sans le savoir. Ainsi faisait Molière ; jamais Harpagon, Géronte, M. Jourdain ne sont plaisants de parti-pris. Il en est encore de même pour Marivaux. Après lui, ce défaut séduisant s'aggrave et finit par dominer dans le style dramatique ; de plus en plus, les auteurs cherchent des *mots* et le public les encourage dans cette mauvaise voie [3]. Il en résulte qu'au bout de peu de temps cet esprit de circonstance et de mode vieillit, et l'on peut prédire que nos descendants ne riront pas toujours de ce qui nous aura charmés.

Mais, encore une fois, le seul défaut de l'esprit de Marivaux, c'est qu'il est trop prodigué. C'est en vain qu'il coule de source et ne sent nullement l'effort : il y a excès et abus. Ces scintillements de l'expression,

---

1. *Arlequin poli par l'Amour*, sc. I.
2. *Pensées*, VIII, 67.
3. Voir Fr. Sarcey, *le Mot et la Chose*, chap. XVII.

ces jeux coquets de la pensée fatiguent, comme une lumière trop vive agitée devant les yeux.

La Harpe cependant a tort de répéter après d'Alembert, et l'on a tort de répéter après La Harpe, que cet esprit est le même pour tous les personnages et toutes les situations. On est, au contraire, frappé de la souplesse avec laquelle Marivaux nuance et varie le langage de chacun suivant le sexe, l'âge, la condition, les sentiments éprouvés. Pour ne prendre que des pièces bien connues, est-il possible, par exemple, de confondre le langage de la nonchalante Araminte, des *Fausses Confidences*, et celui de la vive Sylvia, du *Jeu de l'Amour et du Hasard?* Y a-t-il le moindre rapport entre la manière dont le marquis du *Legs* et Lucidor de *l'Épreuve*, également amoureux, expriment l'un sa timidité et l'autre sa méfiance? Le pédant Hortensius parle-t-il comme M. Remy? Même variété, si l'on considère non plus des personnages pris à part, mais des caractères généraux : coquettes et ingénues, jeunes veuves sentimentales et jeunes filles très éveillées, petits-maîtres roués et amoureux du commun, oncles grondeurs et pères indulgents ont chacun leur langage. Finement aristocratique chez les uns, franchement plébéien chez les autres, empreint de coquetterie taquine chez celles-ci, plein de grâce nonchalante et de bonté chez celles-là, ce langage, par sa souplesse et sa variété, est bien supérieur au style plus gai que nuancé, plus amusant que naturel, que Regnard prête, sans trop y regarder, à tous ses personnages. Il ne le cède qu'à celui de Molière, le maître souverain du dialogue scénique. Et si l'on veut sortir des pièces consacrées pour chercher des exemples dans ce que l'on pourrait appeler le Marivaux inconnu, trouve-t-on le même esprit monotone dans l'expression de l'amour maternel chez

« la mère confidente », de l'amour conjugal chez « la femme fidèle », de la fierté royale chez le prince de Léon, de la bassesse chez le courtisan Frédéric?

Pour trouver réellement ce que La Harpe appelle le *marivaudage*, c'est-à-dire le mélange de métaphysique prétentieuse et de jargon, de préciosité mondaine et de platitude grossière, il faut étudier le langage des valets et des paysans. La définition citée plus haut caractérise à merveille ce style composite. Mais, je l'ai remarqué déjà [1], il ne faut pas oublier qu'en faisant parler ainsi cette sorte de personnages, Marivaux suivait une tradition de la comédie italienne. Pasquin, Arlequin, Trivelin, Crispin devaient, de par leur nom, parler une langue aussi spéciale et aussi bariolée que leur habit; avec une verve moins crue, les soubrettes leur donnaient la réplique dans le même style. On trouvait tout naturel qu'Arlequin s'excusât en ces termes d'une indiscrétion : « Madame, je supplie votre principauté de pardonner l'impertinence de mon étourderie; si j'avais su que votre présence eût été ici, je n'aurais pas été assez nigaud pour y venir apporter ma personne [2] ». On ne s'étonnait nullement que Pasquin tournât ainsi une déclaration : « Prodige de nos jours, un amour de votre façon ne reste pas longtemps au berceau : votre premier coup d'œil a fait naître le mien, le second lui a donné des forces, et le troisième l'a rendu grand garçon. Tâchons de l'établir au plus vite; ayez soin de lui, puisque vous êtes sa mère [3] ». Blaise et Lubin, Colette et Claudine étaient aussi dans la vérité de leur rôle en jargonnant leur français campagnard, chargé de dictons villageois et de proverbes vul-

---

1. Voir ci-dessus, p. 211-212.
2. *Le Prince travesti*, acte I, sc. III.
3. *Le Jeu de l'Amour et du Hasard*, acte II, sc. III.

gaires, singulier mélange de sottise lourde et de prétention, d'effronterie et d'embarras, de naïveté et de finesse matoise. Blâmer Marivaux de faire parler valets et paysans d'après une convention alors admise de tous [1], c'est tomber dans la même erreur que La Bruyère et Fénelon reprochant à Molière, le premier de n'avoir pas évité « le jargon et le barbarisme », le second de « parler souvent mal » et de rencontrer le « galimatias ». Lorsque notre auteur quitte le Théâtre-Italien pour la Comédie-Française, ces valets et ces paysans deviennent plus naturels ; leurs *concetti* et leurs *lazzi* se réduisent à l'indispensable.

S'il y a des défauts que le sens du mot *marivaudage* exagère, il y a des qualités dont il ne tient aucun compte. D'abord, il laisse de côté un des mérites les plus remarquables de Marivaux, la vérité avec laquelle il reproduit le style de la conversation, en coupant le dialogue, en procédant par petites répliques, très différentes du style dramatique propre à l'ancien répertoire. On ne saurait nier que, jusqu'à Diderot, nos classiques du théâtre n'aient un peu abusé de la tirade et du monologue ; qu'ils n'aient trop souvent aligné des séries de petits discours réguliers, très favorables à l'analyse et à l'exposition méthodique des sentiments, mais peu conformes à la vérité. Des amoureux, des amoureuses surtout, pressés par un sentiment un peu vif, n'auront jamais la patience d'attendre que leur partenaire ait si lon-

---

1. Les *arlequinades* étaient passées en proverbe ; on les imitait par plaisanterie, dans la conversation, dans les lettres familières, etc. Voir une lettre de Julie Beaumarchais à son frère, dans *Beaumarchais et son temps*, de L. de Loménie, t. I, p. 42, n. 1. Quant aux paysans, on trouvera dans l'ouvrage de M. Jean Fleury, *Marivaux et le marivaudage*, p. 275 et suiv., d'intéressantes réflexions sur le « langage entortillé » qu'ils ont, non seulement au théâtre, mais aussi dans la réalité.

guement déduit sa pensée. La conversation est pour eux un échange rapide de phrases courtes et non pas de dissertations alternatives patiemment écoutées. Les maîtres de la scène parviennent à sauver les défauts de la tirade; ils ne les évitent pas tout à fait; chez les auteurs secondaires, où l'art ne fait plus illusion, ces défauts s'étalent et choquent. Marivaux avait la prétention justifiée de ramener le dialogue scénique à la vérité de la conversation[1]. Rien n'égale l'agilité du sien. Lorsque la réplique se prolonge, c'est que la situation le veut ainsi; et, même en ce cas, l'allure en est toujours aisée. Le personnage qui l'écoute peut en attendre la fin sans effort et sans gêne; il n'a pas l'attitude un peu ridicule propre au confident et au raisonneur[2].

Le *marivaudage* est beaucoup moins sensible dans les romans de Marivaux que dans son théâtre. Si la coquette Marianne subtilise trop, mais, si elle abuse de l'esprit et de l'analyse, Mme de Miran et Mme Dorsin, Mlle de Tervire et Mlle Varthon, M. de Climal et l'officier prétendant à la main de Marianne, parlent un langage simple, en parfait rapport avec des sentiments bien observés. Dans *le Paysan parvenu*, il reste très peu de préciosité : tout est en action et en récit; aussi l'observation ne se perd-elle pas en menues

---

1. Voir ci-dessus, p. 162.
2. Marivaux a une très grande part dans ce travail d'assouplissement de la prose, grâce auquel celle-ci, depuis le milieu du XVIIIe siècle, a pris de plus en plus au théâtre la place du vers. Il estimait, selon d'Alembert (p. 607, n. 5), que la « prose est le vrai langage de la comédie ». Ce remplacement des vers par la prose dans la haute comédie est-il un bien ou un mal? Voir les opinions différentes de M. Nisard (*Histoire de la Littérature française*, t. IV. p. 545) et de Th. Gautier (*Histoire de l'art dramatique*, t. VI, p. 180). Récemment M. P. Bourget a repris la question dans une étude sur l'*Emploi des vers au théâtre* (*Études et portraits*, t. I, p. 329 et suiv).

finesses et en dissertations infinies; le style est donc rapide, naturel, imagé sans excès de métaphores. Un très grand nombre de pages sont écrites avec une vigueur sobre; l'expression touchante, le cri pathétique abondent, tantôt dans de longs récits, comme l'abandon de Marianne au milieu de Paris, la mort de M. de Climal, celle du fils de Mme Dursan, tantôt dans ces courts et vifs passages, si nombreux dans l'histoire de la Religieuse, par exemple. Un lecteur qui ne connaîtrait Marivaux que par la définition de La Harpe et une ou deux comédies, croirait difficilement, s'il lisait sans nom d'auteur l'interrogatoire de Marianne chez le ministre, l'explication de la jeune fille avec Valville, etc., que ces morceaux sont de la même plume que les *Surprise de l'Amour* ou *les Serments indiscrets*. Ailleurs le persiflage prolongé, la raillerie filée et comme caressée, les coquetteries de la pensée et de l'expression font place au comique naturel et franc, aux répliques rapides, aux récits lestement enlevés : ainsi dans l'entrevue de M. Bono et de Mme d'Orville, dans les explications de Jacob avec M. Doucin, dans ses conversations avec Geneviève, avec Mlle Habert aînée, avec Mmes de Fécour et de Ferval, etc.

Dans les œuvres morales, le *marivaudage* ne reparaît guère que sous une forme, l'abus de la finesse dans la pensée. Les expressions affectées sont rares, mais les dissertations tournent trop à l'analyse des infiniment petits. En revanche, grande est la variété des tons et la souplesse de la forme. C'est ici surtout qu'éclatent les qualités dont nous parlions tout à l'heure, si différentes du *marivaudage*, l'énergie, le pathétique, l'élan généreux, traduits dans un style simple ou élevé, concis ou ample, rapide ou majestueux. Jamais on n'a écrit langue plus saine, plus ferme, plus sobre d'épithètes, plus éloignée de l'affectation et de l'enflure, qu'en bien des pages du *Spectateur* et du *Cabinet du Philosophe*.

Le sens du mot *marivaudage* ne suffirait donc pas à caractériser le talent de Marivaux comme écrivain; il dit trop et trop peu, et Sainte-Beuve trouve avec raison que notre auteur, « considéré dans l'ensemble, vaut mieux que la définition à laquelle il a fourni occasion et sujet [1]. » On prouverait aisément que la langue française lui est redevable d'un grand nombre de tours ingénieux et d'expressions heureuses, dont on ne reporte pas l'honneur à l'écrivain qui les créa.

A ces qualités diverses, Marivaux en joint une autre, exquise et rare, qui est son plus grand charme. Il n'en est jamais entièrement dépourvu; elle relève d'un trait, d'un mot, d'un tour fugitif et insaisissable, les moindres de ses ouvrages, certaines de ses pages les moins bien venues. Je veux parler de ce don particulier, qu'on ne peut caractériser qu'en renonçant à le définir, le *je ne sais quoi*, ce mélange de grâce et de facilité, de simplicité et d'artifice, don naturel que n'avait pas toujours le xviie siècle, et que le xviiie possédait au plus haut degré. C'est lui qui relève d'un attrait si vif les œuvres artistiques ou littéraires de ce temps, les plus élevées comme les plus frivoles, les croquis prodigués par les Saint-Aubin ou par Moreau d'une pointe rapide, comme les fêtes italiennes de Watteau ou les scènes intimes de Chardin, les petits vers, les lettres, les romans de Voltaire comme ses grandes études historiques, les *Lettres persanes* comme la *Pluralité des mondes*, *Vert-Vert* comme la *Métromanie*. Marivaux l'a caractérisé avec

---

1. *Causeries du Lundi*, t. IX, p. 379.

bonheur dans une allégorie digne d'être comparée aux plus gracieuses fictions d'Addison. Le seul moyen de le faire sentir et goûter, était, il l'a bien compris, de montrer l'impression qu'il produit sur nous.

Il suppose donc qu'un jour, dans une promenade champêtre, il rêve à l'effet singulier que nous cause parfois la plus incontestable beauté; il se demande pourquoi l'admiration qu'elle inspire tourne si aisément à l'indifférence. Tout en songeant, il continue sa promenade et se trouve bientôt dans le pays du rêve et de la fantaisie. Deux jardins s'offrent à sa vue, « dont l'un lui paraissait superbe et l'autre riant »; l'un est la demeure de la Beauté, l'autre celle du *Je ne sais quoi*. Il entre dans le premier, et, au centre d'un palais superbe, sur une espèce de trône, il voit une femme admirablement belle :

Autour d'elle étaient rangés plusieurs hommes,... qui tous semblaient être immobiles et comme en extase à la vue de cette femme. Jugez s'ils avaient tort; c'était la Beauté même en personne. De temps en temps, elle laissait négligemment tomber sur chacun d'eux, aussi bien que sur moi, des regards qui nous faisaient nous écrier tous : Ah! les beaux yeux! et un moment après : Ah! la belle bouche! le beau tour de visage! la belle taille! — A ces exclamations, la Beauté, en souriant, baissait un peu les yeux d'un air plus modeste qu'embarrassé, puis, sans rien répondre, elle recommençait à nous regarder tous, afin de nous confirmer dans les sentiments d'admiration que nous avions pour elle. De temps en temps aussi elle redressait la tête avec un air de hauteur qui semblait nous dire : Joignez le respect à l'admiration. C'était là tout son langage. — Dans le premier quart d'heure, le plaisir de la contempler nous fit oublier son silence. A la fin cependant j'y pris garde, et les autres aussi : Quoi! dîmes-nous tous, rien que des souris, des airs de tête, et pas un mot? Cela ne suffit point. N'y aura-t-il que nos yeux de contents? Ne vit-on que du plaisir de voir?... Apparemment que chacun de nous s'en lassa ; car, petit à petit, notre compagnie diminuait ;... et bientôt, de tous les admirateurs avec qui je m'étais trouvé, il ne resta plus que moi, qui me retirai à mon tour.

Si Marivaux voulait représenter ici la beauté pure, cet idéal dont la recherche n'a cessé d'attirer, depuis Platon, l'élite des philosophes et d'inspirer les poètes, son allégorie ne serait qu'une irrévérence blâmable. Cette beauté n'est pas dédaigneuse et fière, sans agrément ni variété et ses adorateurs lui restent toujours fidèles. Il parle seulement de la beauté féminine, de celle « qui se répète, qui ne dit rien à l'esprit, qui ne parle qu'aux yeux, et qui leur dit toujours la même chose », dont « on sait vite par cœur les traits toujours les mêmes. » Il a raison d'ajouter : « Si la Beauté entretenait un peu ceux qui l'admirent, si son âme jouait un peu sur son visage, cela le rendrait moins uniforme et plus touchant ; il plairait au cœur autant qu'aux yeux ; mais on ne fait que le voir beau, et on ne sent pas qu'il l'est. Il faudrait que la Beauté prît la peine de parler elle-même, et de montrer l'esprit qu'elle a. » Quoi de plus monotone, en effet, et de plus fastidieux à la longue qu'un beau visage, sur lequel ne se lit d'autre sentiment que le parfait contentement de lui-même ? Surtout quand la fierté s'en mêle, « cette immobile fierté des belles personnes, qui ne s'écarte jamais d'elle, et qui a grand soin de tenir leur esprit froid et tranquille, afin qu'il laisse leur visage en repos, et qu'il n'en diminue pas la noble décence [1] ». Elle se rencontre sur le chemin de Marivaux, cette Fierté, et veut le ramener à l'autel de sa déesse, mais il s'esquive poli-

---

1. Comparez à ces réflexions de Marivaux une spirituelle boutade de M. Alexandre Dumas fils contre la beauté trop fière et froide, au début de son roman de *Diane de Lys*.

ment et gagne au plus vite la demeure du *Je ne sais quoi*, où il retrouve tous ceux qui l'avaient laissé chez la Beauté :

Il n'y avait rien de surprenant dans ce lieu-ci, et qui plus est, rien d'arrangé; tout y était comme jeté au hasard. Il y régnait même une sorte de désordre, un désordre du meilleur goût du monde, qui faisait un effet charmant, et dont on n'aurait pu démêler ni montrer la cause. Enfin nous ne désirions rien là, et il fallait pourtant bien que rien n'y fût fini, ou que tout ce que l'on avait voulu y mettre n'y fût pas, puisqu'à tout moment nous y voyions ajouter quelque chose de nouveau. Malgré la Fable qui ne compte que trois Grâces, il y en avait là une infinité qui, en parcourant ces lieux, y travaillaient, y retouchaient partout. Je dis en parcourant, car elles ne faisaient qu'aller et venir, que passer, que se succéder rapidement les unes aux autres, sans nous donner le temps de les bien connaître. Elles étaient là; mais à peine les voyait-on, qu'elles n'y étaient plus, et qu'on en voyait d'autres à leur place, qui passaient à leur tour pour faire place à d'autres. En un mot, elles étaient partout, sans se tenir nulle part; ce n'en était pas une, c'en était toujours mille qu'on voyait.

Mais la divinité du lieu, où donc est-elle? Marivaux et ses compagnons la cherchent sans pouvoir la trouver. Une voix se fait entendre : « Me voilà! » Tous se retournent, mais ils ne voient personne. Ce manège se renouvelle encore. « Où êtes-vous donc, aimable *Je ne sais quoi?* » s'écrient les visiteurs du palais. La même voix leur répond :

Vous ne voyez que moi. Ce nombre infini de grâces qui passent sans cesse devant vos yeux, qui vont et qui viennent, qui sont toutes si différentes, et toutes également aimables, dont les unes sont plus mâles et les autres plus tendres, regardez-les bien; j'y suis; c'est moi que vous y voyez, et toujours moi. Dans ces tableaux que vous aimez tant; dans ces objets de toute espèce, qui ont tant d'agrément pour vous; dans toute l'étendue des lieux où vous êtes; dans tout ce que vous apercevez ici de simple, de négligé et d'irrégulier même, d'orné ou de non orné, j'y suis, je m'y montre, j'en fais tout le charme; je vous entoure. Sous la figure de ces grâces, je suis le *Je ne sais quoi* qui touche dans les deux sexes; ici, le *Je ne sais quoi* qui plaît en peinture; là, le *Je ne sais quoi* qui plaît en architecture, en ameublement, en jardins, en tout ce qui peut faire l'objet du goût. Ne me cherchez point sous une forme; j'en ai mille, et pas une de fixe. Voilà pourquoi l'on me voit sans me connaître, sans pouvoir ni me saisir ni me définir. On me perd de vue en me voyant; il faut me sentir et non me démêler. Enfin vous me voyez, et pourtant vous me cherchez; et vous ne me trouverez jamais autrement; aussi ne serez-vous jamais las de me voir [1].

Je ne saurais mieux terminer une étude sur le *marivaudage* que par cette page ingénieuse. Saisir l'insaisissable, montrer l'invisible, fixer la mobilité même, indiquer d'un trait facile et souple l'image de cette grâce fuyante, qui s'évanouit dès qu'on veut l'étudier de près, convenait bien à Marivaux, cet entêté d'analyse subtile. Le *je ne sais quoi*, ce Protée de l'élégance, était sa propre muse, bien plus que l'ingénue au miroir; elle a inspiré cette page où elle se peint.

1. *Le Cabinet du Philosophe*, deuxième feuille. — La définition du *je ne sais quoi* a été tentée avant Marivaux par le P. Bouhours, et après lui par Montesquieu. Bouhours, dans ses *Entretiens d'Ariste et d'Eugène* (cinquième entretien), se contente de passer en revue les principales formes que revêt le *je ne sais quoi*; sa dissertation est savante, fine, d'une délicatesse un peu cherchée. Montesquieu, dans son *Essai sur le goût*, appelle le *je ne sais quoi* « un charme irrésistible, une grâce naturelle qu'on n'a pu définir » et il lui semble que « c'est un effet principalement fondé sur la surprise ».

CONCLUSION

PLACE DE MARIVAUX DANS LA LITTÉRATURE FRANÇAISE
SA POSTÉRITÉ

I

Marivaux est-il un de nos grands écrivains? N'est-il qu'un des premiers parmi nos auteurs de second ordre? Mérite-t-il d'être rangé au nombre des génies créateurs, tels que Molière et Racine, La Rochefoucauld et La Bruyère, Le Sage même, ou n'est-il qu'un esprit aimable, d'ordre moyen, un auteur dramatique comme Dancourt, que lui préférait dédaigneusement La Harpe[1], un romancier comme l'abbé Prévost, qui a pu faire un chef-d'œuvre, sans être pour cela un grand écrivain, un moraliste ingénieux, mais sans profondeur, comme Duclos?

Moraliste et philosophe, Marivaux a écrit des morceaux excellents, et dont la réunion formerait un exquis petit recueil; mais quelle que soit la valeur de ces détails, il manque à l'ensemble ce qui fait une œuvre durable : un plan fortement conçu, une suite logique de doctrines, une exécution soutenue. Il y a

---

1. « Quelqu'un qui lui aurait dit que, comme auteur comique, il était au-dessous de Dancourt, l'aurait bien étonné et pourtant lui aurait dit vrai. » (*Le Lycée*, xviiie siècle, livre II, chap. iii.)

trop de désordre et de remplissage. Délassement d'œuvres plus importantes, moments perdus d'une carrière dont l'intérêt et la suite étaient ailleurs, ces feuilles nous montrent ce que Marivaux aurait pu être comme moraliste, s'il s'était uniquement appliqué à l'étude spéculative du cœur humain pour en tirer un véritable livre; mais ce livre n'existe pas. On goûte donc ou l'on admire par fragments ses essais de morale, mais on pourrait appliquer à l'ensemble la réflexion que fait quelque part Marianne : « Il me semble que mon âme, en mille occasions, en sait plus qu'elle n'en peut dire et qu'elle a un esprit à part, bien supérieur à celui qu'elle a d'ordinaire. Je crois aussi que les hommes sont bien supérieurs aux livres qu'ils font [1]. »

Marivaux porta dans le roman sinon plus d'esprit de suite, au moins plus d'application et un plus grand souci de son œuvre. Aussi la *Vie de Marianne* et le *Paysan parvenu* comptent-ils davantage parmi ses titres que le *Spectateur français* et le *Cabinet du Philosophe*. Ils lui assurent au nombre des romanciers une place à côté de Le Sage, au-dessus de l'abbé Prévost. Il y a, en effet, dans ces deux livres, des scènes ou des tableaux de mœurs que rien ne surpasse dans *Gil Blas*, que rien n'égale dans Diderot ou Duclos, auxquels dans Crébillon fils rien ne mérite d'être comparé. Malheureusement, ces morceaux de choix appartiennent encore à un ensemble incomplet et sans cohésion. Défaut plus grave peut-être, ces romans ne sont pas des romans. Marivaux a voulu composer des romans sans intrigue ni action, et remplacer l'intérêt propre au genre par celui de l'observation morale traduite en réflexions. Il n'a réussi qu'à juxta-

---

1. *La Vie de Marianne*, quatrième partie.

poser, sans les unir, d'excellentes parties de roman et d'excellents morceaux de morale. Il avait eu cependant une idée féconde, en essayant de transformer la fiction par le mélange de l'analyse psychologique et de l'invention romanesque. Mais il eût fallu, pour la réaliser avec succès, fondre les deux éléments du roman nouveau; et il ne l'a point fait. De là les inégalités de la *Vie de Marianne* et du *Paysan parvenu*, leur manque d'équilibre, l'oubli où ils sont tombés peu à peu. Le lettré qui les ouvre s'y plaît et les lit jusqu'au bout; peut-être même les relit-il. Mais la masse des lecteurs se contente de les admirer sur parole; elle va aux œuvres franches et complètes.

Ainsi, dans le roman, comme dans la morale, Marivaux est encore inférieur à lui-même. Il a sa place à côté de Le Sage; avec une conception plus nette de ce qu'il voulait faire et plus d'attachement à son œuvre, il se fût peut-être élevé au-dessus de l'auteur de *Gil Blas*.

Reste son œuvre dramatique. Ici, malgré trop de réserves encore, sa réputation est moins contestée. On s'accorde à reconnaître en lui un maître de théâtre; on l'applaudit toujours; il est encore populaire, non seulement parmi les délicats, mais, ce qui vaut mieux, auprès du grand public. En dépit du mot *marivaudage*, son nom se présente immédiatement et comme involontairement à la mémoire, lorsqu'on veut énumérer les quatre ou cinq grands écrivains qui sont la gloire du théâtre français; après Corneille, Racine, Molière, on nomme Marivaux. Crébillon père, Le Sage, Destouches, La Chaussée, Beaumarchais, Voltaire et Regnard eux-mêmes, ne viennent qu'après lui; Voltaire, malgré *Mérope*, Regnard, malgré *le Joueur*. Quant à ses autres contemporains, en est-il un qui mérite, non pas de lui être préféré, mais même de lui être comparé? Que l'on suppose la littérature française privée des comédies de Regnard et des tragédies de Voltaire ; certes, elle manquerait d'œuvres excellentes à divers titres, mais notre patrimoine littéraire en serait-il bien diminué? Y aurait-il une large et profonde lacune dans notre répertoire dramatique? Disparaîtrait-il avec elles quelque chose d'irréparable et d'essentiel? On n'oserait l'affirmer. Enlevez, au contraire, le théâtre de Marivaux ; vous mutilerez non seulement la littérature française, mais l'esprit français ; celle-là sera dépouillée d'un genre unique et charmant, celui-ci d'une fleur d'élégance, de poésie, de délicatesse [1].

Marivaux est donc un créateur, puisque aucun de nos auteurs dramatiques ne pourrait tenir sa place, et aucun de nos chefs-d'œuvre comiques nous dédommager des *Fausses Confidences* et du *Jeu de l'Amour et du Hasard*. Or, les génies créateurs ont une place à part, au-dessus de tous les autres écrivains. Mais, dira-t-on, Marivaux n'a créé qu'un genre inférieur, il n'a pas créé la tragédie même comme Corneille et Racine, la haute comédie comme Molière. Si les seuls écrivains comparables à Corneille, Racine et Molière sont de grands auteurs, le nombre de ceux-ci est bien restreint. On peut être de leur famille sans être l'égal de tous. C'est le cas de Marivaux. Il vient, sans contredit, après les trois grands classiques du théâtre français, mais immédiatement après eux.

II

« Fontenelle, disait Piron, a engendré Marivaux, Marivaux a engendré Moncrif, Moncrif n'engendrera

[1]. Voir un aperçu analogue dans le travail de M. Brunetière, *la Comédie de Marivaux*, p. 159.

rien[1]. » Ce jugement est plus spirituel que juste. J'ai essayé de prouver que Marivaux était né de lui-même et non de Fontenelle; quant à lui donner, pour toute postérité, un fils tel que Moncrif, c'est lui faire injure. Moncrif, Protée sans consistance, avec sa facilité d'imitation, ses bizarreries, ses demi-succès en tout genre, n'était pas, en effet, une nature assez virile pour laisser une postérité; mais, ni dans la comédie, ni dans les œuvres d'imagination, on ne saurait le dire fils de Marivaux. Celui-ci est le père d'une descendance toute différente, nombreuse, qui dure encore, et dont la suite n'est pas près de finir.

Cependant, après sa mort tardive, il semble qu'il ne laisse pas d'héritiers directs. La seconde moitié du siècle prenait une route bien différente de celle qu'il avait tracée; les savants qui marchaient en tête de la littérature garderont leur hégémonie jusqu'à la Révolution. A peine si l'on peut lui trouver un imitateur chez Florian, non pas le Florian des *Fables*, mais celui du théâtre, qui recueille, pour la faire sienne avec agrément et originalité, une part de l'œuvre de Marivaux. Il traite à son tour les *arlequinades*, ce genre italien auquel Marivaux avait donné un caractère si neuf, par exemple dans *Arlequin poli par l'amour*. De cette féerie charmante procèdent *les Deux Billets*, *la Bonne Mère*, *les Jumeaux de Bergame*, où paraît, non plus l'Arlequin balourd et vicieux de Ruzzani et de Gherardi, mais l' « Arlequin poli » de Marivaux, un Arlequin « sensible », ingénu, naïf sans niaiserie, simple sans sottise, bon mari, comme dans *le Bon Ménage*, paternel, respectable et « bénisseur », comme dans *le Bon Père*. Marivaux avait commencé la transformation du personnage en le faisant naïvement amoureux, il la continua en le montrant spiri-

1. *Almanach littéraire* de 1778, p. 97.

tuel sans grossièreté; à ses grâces diverses Florian ajouta toutes les vertus de sentiment [1].

Après la Révolution, dans le premier quart du XIXe siècle, paraissent enfin des écrivains plus proches parents de Marivaux et qui recueillent une part de son héritage. Plusieurs d'entre eux lui ont des obligations involontaires, quelques-uns s'inspirent évidemment de lui [2], mais, par une timidité singulière, il n'y en a pas qui se fassent un titre de cette parenté : grâce à La Harpe et à Geoffroy, qui le connaissent mal et le jugent avec une sévérité excessive, sa réputation est encore trop mauvaise. Au théâtre surtout, on l'imite de plus ou moins près, mais toujours sans le nommer : Picard, Andrieux, Collin d'Harleville lui prennent ou des sujets de pièces, ou des cadres de scènes, ou des analyses de sentiments. En dehors du théâtre, mais dans un genre tout voisin de la comédie des mœurs, Carmontelle et Théodore Leclercq peuvent être regardés, avec leurs *proverbes*, comme ses disciples. Qu'étaient-ce, en effet, que ces proverbes, au sens où l'entendaient les salons de la Restauration, si ce n'est d'ingénieuses études de sentiments, présentées dans un dialogue dont la grâce un peu précieuse et le raffinement avaient pour modèles les qualités, ou même les défauts, d'une spirituelle conversation. Les comédies de Marivaux ne sont pas autre chose, dans des cadres

---

[1]. A propos de ces diverses pièces, Grimm constate cette parenté entre Marivaux et Florian (t. X, p. 153, t. XI, p. 207 et 331, t. XIII, p. 32), mais pour sacrifier le premier au second. Sainte-Beuve, étudiant à son tour (*Causeries du Lundi*, t. III, p. 233) les *arlequinades* de Florian, les croit, lui aussi, tout à fait originales et ne rapporte pas à Marivaux l'honneur d'avoir transformé le type d'Arlequin.

[2]. Petitot se plaignait en 1818 qu'on le « pillât » avec « une hardiesse encouragée par le dédain de la critique et l'ignorance du public. » (*Répertoire du Théâtre-Francais*, t. XXII, p. 25.)

plus larges. Carmontelle a subi directement l'influence de Marivaux, car, lorsqu'il écrivait, notre auteur était le modèle obligé de tout peintre de la société mondaine. Plus personnel et plus original que Carmontelle, Théodore Leclercq le continue. Observateur clairvoyant, moraliste délicat, railleur sans amertume, d'une habileté particulière dans la peinture des caractères féminins, il est souvent un Marivaux au petit pied.

Cependant Marivaux lui-même commence à être plus justement apprécié; il est évident, malgré les sévérités persistantes d'une partie de la critique, qu'une réaction en sa faveur se prépare. Un des successeurs de Geoffroy au *Journal des Débats*, Duviquet, s'efforce de le réhabiliter, et, pour le faire connaître, publie avec soin ses œuvres complètes. Peu à peu, grâce à Mlle Mars, qui le joue volontiers, il prend à la Comédie-Française une place de plus en plus considérable, et le talent de la grande actrice fait accepter l'auteur à ceux même qui l'aiment le moins. Les autres œuvres de Marivaux profitent de ce retour de fortune; on réédite *Marianne* et *le Paysan parvenu*; on cite avec éloge *le Spectateur*. Déjà l'influence de Marivaux est visible sur un des chefs de la jeune école romantique; par son élégance à la fois coquette et discrète, par sa distinction et sa finesse, par son goût d'analyse, par ses recherches d'expression et de pensée, Alfred de Vigny rappelle souvent Marivaux[1]. Bientôt il sera l'objet d'une imitation plus directe et plus avouée de la part d'un grand poète : Alfred de Musset s'éprend de son théâtre; il habille à la moderne *les Surprises de l'Amour*, refait *le Legs* dans *l'Ane et le Ruisseau*, *l'Heureux Stratagème* dans *le Caprice*, *le Petit-Maître corrigé* dans *On ne badine pas avec l'amour*. Combinant les souvenirs de Mari-

1. Voir surtout *Stello*, *la Veillée de Vincennes*, *le Cachet rouge*.

vaux avec ceux de Shakespeare, et les transformant dans sa propre nature de poète, il y ajoute une fleur de poésie, une grâce rêveuse, une fantaisie romanesque, qui remettent en honneur le *marivaudage* renouvelé.

A mesure que le siècle s'avance, l'influence de Marivaux grandit ; il se trouve même, je l'ai dit, des critiques trop enthousiastes qui le compromettent en exaltant ses défauts à l'égal de ses qualités. Des disciples inventeurs transforment sa manière, comme Musset, et l'agrandissent. Tous les genres de talents, depuis les plus fins jusqu'aux plus vigoureux, sont représentés dans cette nouvelle école de disciples, les uns s'en tenant au simple badinage, les autres étendant les procédés de Marivaux jusqu'à à l'analyse approfondie des sentiments les plus universels et les plus humains. Pour ne citer que la plus frappante de ces parentés, le théâtre de MM. Henri Meilhac et Ludovic Halévy ne sera-t-il pas, pour la seconde moitié de notre siècle, ce que fut celui de Marivaux pour la première moitié du xviii° siècle ? On sait, d'autre part, la grande estime dans laquelle M. Alexandre Dumas fils tient Marivaux.

Même influence dans le roman ; même lignée moins directe, mais aussi nombreuse. Marivaux avait échoué pour avoir mêlé l'analyse psychologique à la fiction, sans les fondre. Les romanciers modernes ont accompli cette fusion et en ont fait la forme la plus élevée du genre. Sauf Alexandre Dumas père, l'amuseur de génie, la plupart, depuis Stendhal et Balzac, ont donné la première place à l'étude des caractères et des mœurs, peints par l'analyse plutôt que par l'action. Jusqu'à ces derniers temps, leurs maîtres étaient ceux que je viens de dire, surtout Stendhal, mais, avec M. Paul Bourget et ses amis, malgré l'admiration qu'ils professent pour Stendhal, n'est-ce pas la lignée de Marivaux qui prend à l'heure présente la tête du roman français? M. Paul Hervieu, surtout, ne pourrait-il pas appliquer presque mot pour mot à son style si particulier la défense que Marivaux faisait du sien propre?

Il n'est pas jusqu'aux journaux de Marivaux qui ne lui aient valu des descendants. A y regarder de près, ils sont déjà la *chronique* moderne. Comme les chroniqueurs, Marivaux tire une morale, sérieuse ou plaisante, de l'événement du jour, de la pièce récente, du dernier caprice de la mode; il disserte sur l'entrée de l'infante à Paris, l'*Inès de Castro* de La Motte, les coiffures poudrées, etc. Prenez chaque feuille du *Spectateur*, donnez moins de place aux théories abstraites, commentez avec plus de complaisance le fait du jour, vous aurez le premier modèle du genre où excellent à l'heure présente des talents si divers et si nombreux que la chronique est une large part du journalisme, si attirante qu'il n'est pour ainsi dire pas d'écrivain qui ne l'aborde un jour ou l'autre.

Mais, sans poursuivre aussi loin les conséquences directes ou indirectes de sa manière, prenons Marivaux pour ce qu'il est incontestablement : un charmant et sérieux esprit, supérieur à sa réputation, supérieur à ses œuvres même, qui gagnera toujours à être étudié de près, mais qui, à ne le prendre que par ses côtés les plus connus, a eu la gloire fort rare de créer une forme d'observation, de style et d'esprit.

APPENDICE

CHRONOLOGIE DES ŒUVRES DE MARIVAUX [1]

1706. *Le Père prudent et équitable, ou Crispin l'heureux fourbe*, comédie en un acte et en vers, imprimée en 1712.
1712. *Pharsamon ou les Folies romanesques*, roman en dix parties, imprimé en 1737 [2].
1713-1714. *Les Aventures de ***, ou les Effets surprenants de la sympathie*, roman en cinq volumes.
La Voiture embourbée, roman en un volume.
1713. *Le Triomphe du Bilboquet, ou la Défaite de l'Esprit, de l'Amour et de la Raison* [3].
1717. *L'Iliade travestie*, en douze livres et en vers.
Le Télémaque travesti, en trois livres, imprimé en 1736 [4].

1. La chronologie des œuvres de Marivaux, surtout celle de ses pièces, comme aussi l'indication des théâtres sur lesquels celles-ci ont été jouées, n'avait pas encore été relevée exactement. J'ai pu la fixer, en y ajoutant pour la plupart des comédies le nombre des représentations, grâce aux registres de la Comédie-Française et à ceux de l'ancien Théâtre-Italien, conservés aux archives de l'Opéra.
2. Si *Pharsamon* est de lui; voir ci-dessus, p. 24 et 30. — Le sujet de ce roman lui fit donner par l'éditeur de 1781 le titre de : *Le Don Quichotte moderne*, en supprimant le titre primitif. Cette suppression a trompé Duviquet et Quérard, qui n'ont pas vu que *Pharsamon* et le *Don Quichotte* étaient le même roman sous deux titres. Je ne connais pas d'édition de *Pharsamon* antérieure à 1737, et cependant Lenglet du Fresnoy l'a catalogué dès 1734 dans sa *Bibliothèque des romans*.
3. Voir ci-dessus, p. 26, n. 2.
4. Si le livre est de lui; voir ci-dessus, p. 29 à 30.

1717-1718. Cinq *lettres contenant une aventure*, quatre *lettres à madame ****, contenant des *réflexions sur la populace, les bourgeois et les marchands, les hommes et les femmes de qualité, et les beaux esprits*, dans le Mercure d'août, septembre et octobre 1717, mars et juin 1718 [1].

1717. *Portrait de Climène, ode anacréontique*, dans le Mercure de septembre.

Lettre écrite à l'auteur du Mercure (octobre), pour réclamer contre le surnom de Théophraste moderne.

1719. *Pensées sur divers sujets : sur la clarté du discours, sur la pensée sublime*, dans le Mercure de mars.

1720, 4 mars. *L'Amour et la Vérité*, comédie en trois actes, en collaboration avec le chevalier de Saint-Jory. T. I. [2]. *Prologue* inséré dans le Mercure de mars.

20 octobre. *Arlequin poli par l'Amour*, comédie en un acte. T. I. Douze représentations.

16 décembre. *Annibal*, tragédie en cinq actes et en vers. T. F. Quatre représentations, dont une à la cour.

1722, 3 mai. La première *Surprise de l'Amour*, comédie en trois actes. T. I. Seize représentations [3].

Compliment, mêlé de proses et de vers, à Mlle Sylvia.

Réflexions sur le Romulus *de la Motte*, brochure.

1722-1723. *Le Spectateur français*, journal en vingt-cinq feuilles.

1723, 6 avril. *La Double Inconstance*, comédie en trois actes. T. I. Nombre de représentations inconnu : lacune dans les registres du théâtre, qui passent de mars à juin.

1724, 5 février. *Le Prince travesti*, comédie en trois actes. T. I. Seize représentations [4].

---

1. Ces lettres ont été réunies pour la première fois en 1723, à la suite du *Spectateur*, sous le titre de *Pièces détachées dans le goût du Spectateur français*.

2. La mention T. I. désigne le Théâtre-Italien, T. F. la Comédie-Française.

3. Desboulmiers (*Histoire du Théâtre-Italien*, t. II, p. 93) indique vingt et une représentations pour cette pièce.

4. Desboulmiers (t. II, p. 257) indique dix-huit représentations.

8 juillet. *La Fausse Suivante*, comédie en trois actes. T. I. Treize représentations [1].

2 décembre. *Le Dénouement imprévu*, comédie en un acte. T. F. Six représentations.

1725, 5 mars. *L'Ile des Esclaves*, comédie en un acte. T. I. Vingt et une représentations [2].

19 août. *L'Héritier de Village*, comédie en un acte. T. I. Six représentations [3].

1727, 11 septembre. *Les Petits Hommes, ou l'Ile de la Raison*, comédie en trois actes. T. F. Quatre représentations. Reçue le 3 août [4].

31 décembre. La seconde *Surprise de l'Amour*, comédie en trois actes. T. F. Quatorze représentations. Reçue le 30 janvier.

1728, 22 avril. *Le Triomphe de Plutus*, comédie en un acte. T. I. Douze représentations.

L'Indigent philosophe ou l'Homme sans souci, journal en sept feuilles.

1729, 18 avril. *La Nouvelle Colonie, ou la Ligue des Femmes*, comédie en trois actes. T. I. Nombre de représentations inconnu [5]. Réduite plus tard à un acte pour être représentée sur les théâtres de société et publiée sous cette forme dans *le Mercure* de décembre 1750.

1730, 23 janvier. *Le Jeu de l'Amour et du Hasard*, comédie en trois actes. T. I. Quatorze représentations.

1731-1741. *La vie de Marianne, ou les Aventures de madame la comtesse de ***, roman en onze parties.

1731, 5 novembre. *La Réunion des Amours*, comédie en un acte. T. F. Neuf représentations. Reçue le 4 octobre [6].

---

1. Desboulmiers (t. II, p. 293) en indique seulement douze.

2. Selon Desboulmiers (t. II, p. 357), qu'il est impossible de contrôler ici, car il y a dans les registres une lacune du 17 mars 1725 (dixième représentation) à 1728.

3. Selon Desboulmiers (t. II, p. 413); lacune dans les registres. Le même auteur prétend que cette pièce « n'est qu'une mauvaise copie de *l'Usurier gentilhomme* ». Je ne sais de quelle pièce il veut parler.

4. Pièce plusieurs fois attribuée, à tort, au Théâtre-Italien.

5. Pas de chiffre dans Desboulmiers; lacune dans les registres.

6. Cette date du 5 novembre est celle des registres du Théâtre-Français. C'est par erreur que le *Dictionnaire des Théâtres* et les autres catalogues dramatiques la fixent au 9.

1732, 12 mai. *Le Triomphe de l'Amour*, comédie en trois actes. T. I. Nombre de représentations inconnu [1].

8 juin. *Les Serments indiscrets*, comédie en cinq actes. T. F. Neuf représentations. Reçue le 9 mars 1731.

26 juillet. *L'École des Mères*, comédie en un acte. T. I. Quatorze représentations [2].

1733, 6 juin. *L'Heureux Stratagème*, comédie en trois actes. T. I. Dix-huit représentations [3].

1734, *Le Cabinet du Philosophe*, journal en onze feuilles.

6 août. *La Méprise*, comédie en un acte. T. I. Trois représentations [4].

6 novembre. *Le Petit-Maître corrigé*, comédie en trois actes. T. F. Deux représentations. Reçue le 21 septembre.

1735, 9 mai. *La Mère confidente*, comédie en trois actes. T. I. Dix-sept représentations.

1735, *Le Paysan parvenu*, roman en cinq parties.

1736, 11 janvier. *Le Legs*, comédie en un acte. T. F. Sept représentations. Reçue le 20 avril 1735.

1737, 16 mars. *Les Fausses Confidences*, comédie en trois actes. T. I. Nombre de représentations inconnu [5].

1738, 7 juillet. *La Joie imprévue*, comédie en un acte. T. I. Nombre de représentations inconnu [6].

1739, 13 janvier. *Les Sincères*, comédie en un acte. T. I. Nombre de représentations inconnu [7].

1. Lacune dans les registres; pas de renseignements dans Desboulmiers.

2. Treize seulement d'après Desboulmiers (t. III, p. 491).

3. Selon Desboulmiers (t. IV, p. 154); lacune dans les registres.

4. Rien dans Desboulmiers; lacune dans les registres; en revanche, *le Mercure* (août 1734) nous dit : « Cette nouveauté a été interrompue après la troisième représentation ».

5. Desboulmiers ne donne pas de chiffre de représentations pour cette pièce; dans les registres on la suit jusqu'à la cinquième représentation, le 24 mars; mais, à partir de cette date, il y a lacune, et le registre suivant commence à 1740.

6. Lacune dans les registres; pas de renseignements dans Desboulmiers.

7. Même observation. La pièce dut cependant avoir un assez grand nombre de représentations, car, malgré le froid accueil de la seconde soirée, après le vif succès de la première (*Mercure*, février 1739), Desboulmiers (t. IV, p. 394) assure qu'elle se releva.

1740, 19 novembre. *L'Épreuve*, Comédie en un acte. T. I. Vingt représentations [2].

1743, 4 février. Discours de réception à l'Académie française.

1744, 24 août, Lecture à l'Académie française de *Réflexions sur les progrès de l'esprit humain*[1], insérées dans *le Mercure* de juin 1755, sous le titre de *Réflexions sur Thucydide*.

19 octobre. *La Dispute*, comédie en un acte. T. F. Une représentation.

29 décembre. Lecture à l'Académie française de *Réflexions sur les différentes sortes de gloire*, imprimées dans *le Mercure* de mars 1751, sous le titre de *Réflexions sur les hommes*.

1746, 6 août. *Le Préjugé vaincu*, comédie en un acte. T. F. Sept représentations.

1748, 4 avril. Lecture à l'Académie française de *Réflexions sur l'esprit humain*, en forme de lettre.

1749, 24 août. Lecture à l'Académie française de *Réflexions sur Corneille et sur Racine*, insérées dans le *Mercure* d'avril 1755 sous le titre de *Réflexions sur l'esprit humain à l'occasion de Corneille et de Racine*.

24 septembre. Continuation de la même lecture.

1750, 25 août. Continuation de la même lecture.

27 décembre. Compliment adressé au nom de l'Académie française, au chancelier de Lamoignon, et inséré dans *le Mercure* de mars 1751.

1751, 8 janvier. Compliment adressé au nom de l'Académie française au garde des sceaux.

24 août. Lecture à l'Académie française de *Réflexions sur les Romains et sur les anciens Perses*, insérées dans *le Mercure* d'octobre 1751.

1754. *L'Éducation d'un prince*, dialogue, dans le *Mercure*, premier volume de décembre.

1757. *Les Acteurs de bonne foi*, comédie en un acte, publiée dans *le Conservateur* de novembre 1757 [2].

---

1. Registres de l'Académie française, au secrétariat de l'Institut; même source de renseignements pour les autres actes de Marivaux comme académicien.

2. Les éditeurs de Marivaux s'accordent à donner cette pièce comme ayant été représentée à la Comédie-Française le 16 septembre 1755. Or, le théâtre fit relâche ce jour-là, et la prétendue

1757, 5 mars. Lecture et réception à la Comédie-Française de *Félicie*, comédie en un acte, non jouée, et publiée dans *le Mercure* de mars 1757 [1].

Date inconnue. *Lettre à une dame sur la perte d'un perroquet* (en vers).

représentation n'est signalée dans aucun catalogue, dictionnaire ou répertoire.

1. Archives de la Comédie-Française, registre 21, p. 60, verso : « Ce jourd'hui samedi cinq mars, la troupe s'est assemblée en son hôtel pour entendre la lecture de *Félicie*, comédie en un acte de Monsieur Marivaux et les présents l'ont reçue pour être jouée à son tour. » Marivaux, on le voit, n'attendit pas longtemps pour retirer sa pièce.

TABLE DES MATIÈRES

AVERTISSEMENT DE LA NOUVELLE ÉDITION VII
AVERTISSEMENT DE LA PREMIÈRE ÉDITION XI
INTRODUCTION. — La réputation de Marivaux............. 1

PREMIÈRE PARTIE
L'HOMME

CHAPITRE I. — Origine de Marivaux. — Sa jeunesse à Limoges; sa première comédie; l'ingénue au miroir. — Arrivée à Paris; les salons littéraires. — Premiers écrits. 9

CHAPITRE II. — Débuts de Marivaux au Théâtre-Italien. — Son essai de tragédie, *Annibal*. — Sa carrière dramatique au Théâtre-Italien; Sylvia; — au Théâtre-Français. — Les cabales contre Marivaux...................... 33

CHAPITRE III. — Ruine de Marivaux dans la banque de Law. — Son mariage. — Marivaux moraliste et romancier. — Ses démêlés avec Voltaire et le parti philosophique; — avec la critique; — avec Crébillon fils................ 67

CHAPITRE IV. — Marivaux homme du monde; Marmontel. — Marivaux homme privé. — Ses amitiés : Fontenelle, Helvétius, Mme de Tencin. — Son indépendance de caractère; sa charité. — Réception à l'Académie française. — Dernières années. — Gêne croissante; Marivaux et Mme de Pompadour. — Mlle de Saint-Jean. — Mort de Marivaux... 99

DEUXIÈME PARTIE
L'AUTEUR DRAMATIQUE

CHAPITRE I. — Originalité du Théâtre de Marivaux; Fontenelle et La Motte; Molière; Regnard. — Théorie et caractère général. — La peinture des mœurs du temps; Marivaux et Watteau. — L'amour et l'amour-propre. — L'action et les caractères. — Uniformité des sujets; variété des détails.. 153

Chapitre II. — Rôles principaux. — Les amoureux; Marivaux et Alfred de Musset : le désespoir en amour. — Les amoureuses; importance de leurs rôles : Marivaux et Ménandre. — La coquetterie. — Araminte et Sylvia. — Les ingénues; Angélique et Agnès......................... 184

Chapitre III. — Rôles secondaires. — Les valets: leur nouveauté; un ancêtre de Figaro, Trivelin; Marivaux et Beaumarchais. — Les soubrettes. — Les paysans. — Les pères : leur bonté. — Les mères : leur rudesse. — Personnages épisodiques : le pédant; le procureur Remy; le courtisan... 211

Chapitre IV. — Pièces mythologiques : l'amour sous la Régence; l'homme d'argent; Marivaux et Fénelon. — Pièces philosophiques; la philosophie au théâtre; le préjugé de la naissance; le préjugé contre le mariage; les griefs des femmes : Marivaux et Aristophane. — Féeries. — Pièces héroïques : un drame de passion : *le Prince travesti*. — La poésie de Marivaux. — Marivaux et Shakespeare... 234

Chapitre V. — Marivaux précurseur du drame bourgeois. — Les théories de La Chaussée et de Diderot. — Drames bourgeois de Marivaux : *la Mère confidente* et *la Femme fidèle*... 273

TROISIÈME PARTIE

LE ROMANCIER

Chapitre I. — Aptitude particulière de Marivaux pour le roman. — La fiction héroïque et l'observation. — Essais de jeunesse; romans d'intrigue et de parodie : *les Effets surprenants de la sympathie*; *la Voiture embourbée*. — Romans d'observation : *la Vie de Marianne* et *le Paysan parvenu*; milieu, intrigue, conduite. — Opposition des deux sujets. — Le récit personnel. — L'abus des réflexions.. 293

Chapitre II. — Marianne. — Marivaux et Richardson : Paméla. — Jacob. — Marivaux et le Sage; Gil Blas. — Marivaux et Fielding : Tom Jones........................ 310

Chapitre III. — Types et scènes populaires. — Le peuple de Paris. — Les classes moyennes. — L'ancienne bourgeoisie. — Marivaux et Chardin. — La noblesse. — Portraits. — Mmes de Lambert et de Tencin. — Situations et descriptions. — Le sentiment de la nature au xviie et au xviiie siècle.................................. 326

Chapitre IV. — *La Religieuse*: Marivaux et Diderot. — Les faux dévots; un ménage de dévotes : les demoiselles Habert. — Les directeurs de conscience : M. Doucin. — L'hypocrite : M. de Climal; Marivaux et Molière; Marivaux et La Bruyère...................... 352

Chapitre V. — Les financiers. — Un ménage dans la finance. — Le financier impitoyable; le financier bonhomme. — Le ministre : le cardinal de Fleury. — Portée historique des romans de Marivaux........................ 382

QUATRIÈME PARTIE

LE MORALISTE. — LE CRITIQUE. — L'ÉCRIVAIN

Chapitre I. — Le Moraliste. — La morale dans les comédies et les romans de Marivaux. Journaux de théorie et d'observation morale : *le Spectateur français, l'Indigent Philosophe, le Cabinet du Philosophe*. — Marivaux et ses devanciers : Addison, La Rochefoucauld, La Bruyère. — Marivaux et Vauvenargues........................ 391

Chapitre II. — Le Moraliste (suite). — Théories morales de Marivaux : la conscience; le bien et le mal. — Les mœurs du temps : l'amour; le mariage; la condition des femmes; l'éducation des enfants. — L'amour-propre : coquettes et petits-maîtres. — Marivaux et Duclos..... 411

Chapitre III. — Le Moraliste (suite et fin). — Philosophie de Marivaux; ses idées religieuses; la pensée de la mort. — Théories politiques; la royauté; *l'Éducation d'un prince*. — Les inégalités sociales; le préjugé nobiliaire; la noblesse de province. — Le personnage influent; l'homme de cour : Marivaux socialiste. — Les humbles.. 432

Chapitre IV. — Le Critique. — La critique selon Marivaux. — Les critiques du xviiie siècle. — Admiration de Marivaux pour La Motte. — Attaques contre Homère : *l'Iliade Travestie*. — Idées sur l'antiquité. — Le génie et les grands hommes. — Jugements sur les contemporains; Marivaux et Montesquieu. — Classification des talents. — Défense de la littérature contre la science et la philosophie. — *le Miroir*; le progrès littéraire.. 447

Chapitre V. — L'Écrivain. — La langue de Marivaux. — Le *marivaudage*. — Défense de Marivaux par lui-même; le style et la pensée; la finesse. — L'expression métaphorique. — L'esprit. — Le phébus des valets et le jargon des paysans. — Le langage de la conversation. — Souplesse et variété du style de Marivaux............ 480

Conclusion. — Place de Marivaux dans la littérature française. — Sa postérité............................ 502

APPENDICE

Chronologie des œuvres de Marivaux.... 511

LIBRAIRIE HACHETTE & Cie
BOULEVARD SAINT-GERMAIN, 79, PARIS

LES

GRANDS ÉCRIVAINS DE LA FRANCE

NOUVELLES ÉDITIONS

Publiées sous la direction de M. Ad. REGNIER, membre de l'Institut

SUR LES MANUSCRITS,
LES COPIES LES PLUS AUTHENTIQUES ET LES PLUS ANCIENNES IMPRESSIONS

*Avec variantes, notes, notices, lexiques et albums
contenant des portraits, des fac-similés, etc.*

Publication qui a obtenu à l'Académie française le prix Archon-Despérouses, en 1877

ENVIRON 200 VOLUMES IN-8, A 7 FR. 50 LE VOLUME

150 à 200 exemplaires numérotés tirés sur grand raisin
vélin collé, à 20 fr. le volume

Depuis longtemps déjà on a publié avec une religieuse exactitude, en y appliquant les procédés de la plus sévère critique, non seulement les chefs-d'œuvre des grands génies de la Grèce et de Rome, mais les ouvrages, quels qu'ils soient, de l'antiquité, qui sont parvenus jusqu'à nous. A ce mérite fondamental de la pureté du texte, constitué à l'aide de tous les documents, de toutes les ressources que le temps a épargnés, on a joint un riche appareil de secours de tout genre: variantes, commentaires, tables et lexiques, tout ce qui peut éclairer chaque auteur en particulier et l'histoire de la langue en général. En voyant cette louable sollicitude dont les langues anciennes sont l'objet, on peut s'étonner que jusqu'ici, à part quelques mémorables exceptions, les écrits de nos grands écrivains n'aient pas été jugés dignes de ce même respect attentif et scrupuleux, et qu'on ne les ait pas entourés de tout ce qui peut en faciliter, en féconder l'étude. Réparer cette omission, tel est le but que nous nous sommes proposé.

Pour la pureté, l'intégrité parfaite, l'authenticité du texte, aucun soin ne nous paraît superflu, aucun scrupule trop minutieux. Les écrivains du dix-septième siècle, et c'est par les plus éminents d'entre eux que nous avons commencé notre publication, sont déjà pour nous des anciens. Leur langue est assez voisine de la nôtre pour que nous l'entendions presque toujours et l'admirions sans effort. Mais déjà elle diffère trop de celle qui se parle et qui s'écrit aujourd'hui; le peuple, et plus encore peut-être la société polie, l'ont trop désapprise pour qu'on puisse encore dire que nous la sachions par l'usage. Pour la reproduire sans altération, il ne suffit point que l'éditeur s'en rapporte à sa pratique quotidienne, à son instinct du langage : il faut, au contraire, qu'il se défie d'autant plus de lui-même que les nombreuses analogies, mêlées aux différences de la langue d'à présent et de celle d'alors, l'exposent au danger de ne point veiller assez au maintien de ces dernières. C'est peut-être là la cause principale des altérations qu'a subies le texte de nos grands écrivains. C'est contre elle surtout que nous nous tenons en garde. En ce qui touche l'œuvre même des auteurs, le fond comme la forme de leurs écrits, notre devise est : *Respect absolu et sévère fidélité.*

Quant à la seconde partie de la tâche, aux notes, aux secours, aux moyens d'étude qui accompagnent le texte des auteurs, deux mots peuvent résumer nos intentions et la nature du travail : *Utilité pratique et sobriété.* D'une part, rien n'est omis de ce qui peut aider à mieux comprendre et connaître l'auteur, rien de ce qui peut en faciliter l'étude et permettre d'en tirer parti, soit pour les recherches historiques et littéraires, soit pour dresser ce que nous pouvons appeler la statistique de notre langue, et pour en montrer les variations, en dégager la grammaire, la constitution véritable, de tout ce que les grammairiens y ont cru voir et de tout ce qu'ils y ont introduit d'arbitraire et d'artificiel. D'autre part, est rigoureusement exclu tout étalage inutile de savoir, tout ce qui ne sert qu'à faire valoir le commentateur, tout ce qui ne tend pas directement à l'une des fins que nous venons d'énumérer.

Les *Lettres de Mme de Sévigné*, les *Œuvres de Corneille*, de *Racine*, de *Malherbe*, de *La Bruyère*, de *La Rochefoucauld*, ont déjà paru en entier ; — *le cardinal de Retz*, *Molière*, *Saint-Simon*, *La Fontaine*, sont en cours de publication ; — *Pascal* est sous presse. — Les noms des personnes dont nous nous sommes assuré le concours, et qui ont bien voulu se charger des diverses parties de cette grande tâche, sont une garantie de savoir, de bon goût et de consciencieuse exactitude.

Pour que la collection ait de l'unité, que toutes les parties de ce vaste ensemble soient conçues et exécutées sur un même plan, que l'esprit de l'entreprise soit partout et constamment le même, nous avons demandé à M. Adolphe Regnier, membre de l'Institut, et obtenu de lui, qu'il se chargeât de la diriger.

Nous ne nous arrêterons pas longuement ici aux détails du plan qui a été adopté, et nous ne ferons qu'indiquer en peu de mots les divers secours et avantages qu'offrent ces éditions nouvelles des grands écrivains de la France.

Leur principal mérite, nous le répétons, est la fidélité du texte, qui reproduit les meilleures éditions données par l'auteur, les manuscrits autographes, d'anciennes copies, enfin est pris toujours aux sources les plus authentiques et les plus dignes de confiance.

Au texte adopté ou ainsi constitué on joint les variantes, toutes sans exception pour les écrivains principaux ; pour les autres, un choix sera fait avec goût.

Au bas des pages sont placées des notes explicatives qui éclaircissent tout ce qui peut arrêter un lecteur d'un esprit cultivé.

Après la pureté et l'intelligence du texte, c'est l'histoire de la langue qui sera le grand intérêt de la collection. Nous marcherons dans la voie que nous a ouverte l'Académie française en proposant successivement pour sujets de prix les Lexiques de Molière, de Corneille et de Sévigné. A chaque auteur est joint un relevé, par ordre alphabétique, des mots, des tours et des locutions qui lui sont propres, soit à lui-même, soit à son époque, et en outre de tout ce qui peut servir à éclairer le vrai sens ou l'origine de nos idiotismes les plus remarquables. La réunion de ces Lexiques formera un tableau fidèle des variations de la langue littéraire et du bon usage, et chacun d'eux en particulier montrera, par la comparaison avec la langue que nous parlons et écrivons aujourd'hui, l'empreinte qu'ont laissée sur notre idiome les divers génies qui l'ont illustré.

Des Tables analytiques exactes et complètes facilitent les recherches. Des notices biographiques aident à mieux apprécier les écrits de chaque auteur, en les plaçant dans leur vrai jour et à leur vrai moment. En outre, des notices partielles font l'histoire de chaque ouvrage, et, s'il y a lieu, pour les pièces de théâtre, par exemple, le suivent jusqu'à nos jours.

Des notices bibliographiques et critiques indiquent, pour chaque auteur, les manuscrits existant dans les bibliothèques publiques ou privées, les copies dignes de mention et les éditions diverses, surtout celles qui ont été publiées ou par l'auteur, ou de son vivant, ou peu de temps après sa mort.

Enfin nous joignons au texte des portraits, des fac-similés, et, quand il y a lieu, des gravures diverses.

ÉTAT DE LA PUBLICATION
DES
GRANDS ÉCRIVAINS DE LA FRANCE
AU 1ᵉʳ AOUT 1889

I. OUVRAGES COMPLETS

Corneille (P.) : Œuvres, nouvelle édition, par M. C. Marty-Laveaux. 12 volumes et un album. 97 fr. 50
Le prix de l'album est de 7 fr. 50 sur papier ordinaire.

Tome I : Avertissement. — Notice biographique. — Avertissements placés par Corneille en tête des divers recueils de ses pièces. — Discours de l'utilité et des parties du poème dramatique. — Discours de la tragédie et des moyens de la traiter selon le vraisemblable ou le nécessaire. — Discours des trois unités, d'action, de jour et de lieu. — Mélite. — Clitandre. — La Veuve.

Tome II : La Galerie du Palais. — La Suivante. — La Place Royale. — La Comédie des Tuileries. — Médée. — L'Illusion.

Tome III : Le Cid. — Horace. — Cinna. — Polyeucte.

Tome IV : Pompée. — Le Menteur. — La Suite du Menteur. Rodogune.

Tome V : Théodore. — Héraclius. — Andromède. — Don Sanche d'Aragon. — Nicomède.

Tome VI : Pertharite. — Œdipe. — La Toison d'or. — Sertorius. — Sophonisbe. — Othon.

Tome VII : Agésilas. — Attila. — Tite et Bérénice. — Psyché. — Pulchérie. — Suréna.

Tome VIII : Imitation de Jésus-Christ.

Tome IX : Louanges de la sainte Vierge. — L'Office de la sainte Vierge. — Les sept Psaumes pénitentiaux. — Vêpres des dimanches et complies. — Instructions et prières chrétiennes. — Les Hymnes du Bréviaire romain. — Version des hymnes de saint Victor. — Hymnes de sainte Geneviève.

Tome X : Poésies diverses. — Œuvres diverses en prose. — Lettres. — Tables.

Tomes XI et XII : Lexique, couronné par l'Académie française.

Il ne reste plus d'exemplaires grand vélin.

La Bruyère : Œuvres, nouvelle édition, par M. G. Servois. 3 vol. et un album. 33 fr. 75
Le prix de l'album est de 7 fr. 50 sur papier ordinaire.

Tome I : Avertissement. — Notice biographique. — Les Caractères de Théophraste traduits du grec, avec les Caractères ou les mœurs de ce siècle. — Appendice. — Clefs et commentaires.

Tome II : Suite et fin des Caractères.

Tome III. 1ʳᵉ partie : Avertissement. — Table alphabétique et analytique. — Tableaux de concordance. — Notice bibliographique. — Additions et corrections. — Appendice aux lettres.

Tome III. 2ᵉ partie : Préface sur la langue de La Bruyère. — Introduction grammaticale. — Orthographe. — Lexique.

Chaque volume se vend séparément : les tomes I et II et la 2ᵉ partie du tome III, 7 fr. 50 ; la 1ʳᵉ partie du tome III, 3 fr. 75.

Il ne reste plus d'exemplaires grand vélin.

La Rochefoucauld : *Œuvres*, nouvelle édition, par MM. D. L. Gilbert et J. Gourdault. 3 vol. et un album.

> Tome I : Avertissement. — Notice bibliographique. — Portrait du duc de La Rochefoucault fait par lui-même. — Portrait du cardinal de Retz par La Rochefoucauld. — Réflexions ou sentences et maximes morales. — Réflexions diverses. — Appendices. — Jugement des contemporains sur les maximes de La Rochefoucauld. — Tables.
>
> Tome II : Mémoires (1624-1652). — Apologie de Mʳ le prince de Marcillac. — Appendice. — Table alphabétique des Mémoires et de l'Apologie.
>
> Tome III. 1ʳᵉ partie : Lettres écrites par La Rochefoucauld. Lettres écrites à La Rochefoucauld. — Lettres de divers à divers.
>
> Il ne reste plus d'exemplaires grand vélin.

Malherbe : *Œuvres*, nouvelle édition, par M. Ludovic Lalanne. 5 volumes et un album. 45 fr.

Le prix de l'album est de 7 fr. 50 sur papier ordinaire.

> Tome I : Avertissement. — Notice biographique. — Appendice. — Vie de Malherbe par Racan. — Notice bibliographique. — Pièces attribuées à Malherbe. — Des portraits de Malherbe. — Poésies. — Pièces dont la date est incertaine. — Fragments sans date. — Appendice. — Traductions.
>
> Tome II : Traduction du Traité des bienfaits de Sénèque. — Traductions des Epîtres de Sénèque.
>
> Tome III : Préface. — Notice par M. Bazin. — Lettres. — Appendice.
>
> Tome IV : Lettres. — Fragments, Commentaire sur Desportes. — Tables alphabétiques.
>
> Tome V : Lexique.

Il reste 15 exemplaires grand vélin.

Racine (Jean) : *Œuvres*, nouvelle édition, par M. P. Mesnard. 8 vol. plus un volume de musique et un album. 72 fr. 50

Le prix du volume de musique est de 5 fr. et le prix de l'album de 7 fr. 50 sur papier ordinaire.

> Tome I : Avertissement. — Notice biographique. — Mémoires contenant quelques particularités sur la vie et les ouvrages de Jean Racine. — La Thébaïde ou les Frères ennemis. — Alexandre le Grand.
>
> Tome II : Andromaque. — Les Plaideurs. — Britannicus. — Bérénice. — Bajazet.
>
> Tome III : Mithridate. — Iphigénie. — Phèdre. — Esther. — Athalie.
>
> Tomes IV et V : Poésies diverses. — Œuvres diverses en prose, d'histoire, etc.
>
> Tome VI : Lettres.
>
> Tome VII : Lettres. — Tables.
>
> Tome VIII : Lexique par Marty-Laveaux.
>
> Musique des chœurs d'Athalie, d'Esther et des cantiques spirituels. 1 vol.

Il ne reste plus d'exemplaires grand vélin.

Sévigné (Mme de) : *Lettres de Mme de Sévigné*, de sa famille et de ses amis, nouvelle édition, par M. Mommerqué. 14 vol. et un album. 120 fr.

    Le prix de l'album est de 15 fr. sur papier ordinaire.

    Tome I : Avertissement. — Notice biographique. — Lettres.

    Tomes II à X : Lettres.

    Tome XI : Avertissement. — Lettres inédites de Mme de Sévigné. — Lettres inédites de divers. — Notice sur Mme de Simiane. — Lettres de Mme de Simiane. — Table générale des sources manuscrites et imprimées. — Avertissements et préfaces des éditions originales et de l'édition de 1818. — Notice bibliographique.

    Tome XII : Table alphabétique et table analytique des matières. — Appendice du tome XII : Additions et corrections. — Lettres inédites de la marquise de Sévigné et du comte de Grignan.

    Tomes XIII et XIV : Lexique de la langue de Mme de Sévigné, avec une introduction grammaticale et des appendices, par E. Sommer.

Ouvrage couronné par l'Académie française.

Il ne reste plus d'exemplaires grand vélin.

II. OUVRAGES EN COURS DE PUBLICATION

La Fontaine : *Œuvres*, nouvelle édit. par M. Henri Regnier. Env. 8 v. et un album.

    Les cinq premiers volumes sont en vente.

    Tome I : Avertissement. — Notice biographique. — A Monseigneur le Dauphin. — Préface. — La vie d'Ésope le Phrygien. A Monseigneur le Dauphin. — Fables (Livres I à V).

    Tome II : Avertissement. — Fables (livres VI à IX). — Appendice.

    Tome III : Fables (livres X à XII). — Appendice.

    Tome IV : Contes et nouvelles. Appendice.

    Tome V : Contes et nouvelles.

Il ne reste plus d'exemplaires grand vélin.

Molière : *Œuvres*, nouvelle édition, par MM. Eug. Despois et P. Mesnard. Environ 12 v. et un album.

    Les dix premiers volumes sont en vente.

    Tome I : Avertissement. — Préface de l'édition de Molière de 1682. — Notice biographique. — Premières farces attribuées à Molière. — L'Étourdi ou les Contre-temps. — Le Dépit amoureux.

    Tome II : Les Précieuses ridicules. — Sganarelle ou le Cocu imaginaire. — Dom Garcie de Navarre ou le Prince jaloux. — L'École des maris.

    Tome III : Les Fâcheux. — L'École des femmes. — La Critique de l'École des femmes. — L'Impromptu de Versailles.

    Tome IV : Le Mariage forcé. — Les Plaisirs de l'île enchantée. — La Princesse d'Élide. — Le Tartufe ou l'Imposteur.

    Tome V : Don Juan ou le Festin de Pierre. — L'Amour médecin. — Le Misanthrope.

    Tome VI : Le Médecin malgré lui. — Mélicerte. — Pastorales comiques. — Le Sicilien ou l'Amour peintre. — Ballet des Muses. — Amphitryon. — Georges Dandin ou le Mari confondu.

    Tome VII : L'Avare. — Monsieur de Pourceaugnac. — Les Amants magnifiques.

Tome VIII : Le Bourgeois gentilhomme. — Ballet des Nations. — Appendice au Bourgeois gentilhomme. — Psyché. Appendice à Psyché. — Les Fourberies de Scapin. — La comtesse d'Escarbagnas.
Tome IX : Les Femmes savantes. — Le Malade imaginaire. La gloire du dôme du Val-de-Grâce. — Poésies diverses. — Table alphabétique des œuvres de Molière et des noms propres qui s'y rencontrent.
Tome X : Notice biographique sur Molière. — Additions et corrections.
Il ne reste plus d'exemplaires grand vélin.

Pascal : *Œuvres*, nouvelle édition, par M. P. Faugère. Environ 8 vol. et un album.
Le premier volume est en vente.
Tome I : Introduction. — Lettres provinciales (lettres 1 à 12). — Réponse du provincial aux deux premières lettres. — Défense de la douzième lettre.

Retz (le cardinal de) : *Œuvres*, nouvelle édition, par MM. A. Feillet, J. Gourdault et R. Chantelauze. 10 vol. et un album.
Les neuf premiers volumes sont en vente.
Tome I : Avertissement. — Notice biographique. — Notice sur les Mémoires. — Mémoires, 1re partie (1613-1643); — 2e partie (1643-1648). — Appendice. — Additions et corrections.
Tomes II à IV : Mémoires, suite et fin de la 2e partie.
Tome V : Mémoires, 3e partie. — Pamphlets. — Appendice. — La conjuration du comte de Fiesque. — Notice.
Tome VI : Lettres épiscopales. — Pièces justificatives.
Tome VII : Lettres et mémoires sur les affaires de Rome. — Pièces justificatives.
Tome VIII : Correspondance.
Tome IX : Pièces diverses — Sermons. — Dissertations. — Appendice. — Errata des tomes sept et huit.
Il ne reste plus d'exemplaires grand vélin.

Saint-Simon : *Mémoires*, nouvelle édition, collationnée sur le manuscrit autographe et augmentée des additions de Saint-Simon au *Journal de Dangeau* et de suites et appendices, par M. de Boislisle. Environ 30 vol. et un album.
Les six premiers volumes sont en vente :
Tome I : Avertissement. — Mémoires (1691-1693). — Appendice. — Additions et corrections. — Tables.
Tome II : Mémoires (1694-1695). Appendice. — Additions et corrections. — Tables.
Tome III : Mémoires (1696). — Appendice. — Additions et corrections. — Tables.
Tome IV : Mémoires (1697). — Appendice. — Additions et corrections. — Tables.
Tome V : Mémoires (1698). — Appendice. — Additions et corrections. — Tables.
Tome VI : Mémoires (fin de 1698-1699), appendice. — Additions et corrections. — Tables.
Il a été tiré 200 exemplaires sur papier grand vélin, à 20 fr. le volume, et il est fait en outre une édition dans le format in-4°, sur papier de luxe et ornée d'environ 500 gravures, savoir :
100 exemplaires sur papier Whatman, à 80 fr. le vol.
40 exemplaires sur papier de Chine, à 100 fr.
10 exemplaires sur papier du Japon, à 150 fr.

Coulommiers. — Typ. Paul BRODARD.

Librairie HACHETTE et Cⁱᵉ, boulevard Saint-Germain, 79, à Paris.

BIBLIOTHÈQUE VARIÉE, IN-16, 3 FR. 50 LE VOLUME
Études sur les littératures modernes

ALBERT (Paul) : *La poésie*, études sur les chefs-d'œuvre des poètes de tous les temps et de tous les pays ; 9ᵉ édit. 1 vol.
— *La prose*, études sur les chefs-d'œuvre des prosateurs de tous les temps et de tous les pays ; 7ᵉ édition. 1 vol.
— *La littérature française, des origines à la fin du XVIᵉ siècle* ; 7ᵉ édition. 1 vol.
— *La littérature française au XVIIᵉ siècle* ; 8ᵉ édition. 1 vol.
— *La littérature française au XVIIIᵉ siècle* ; 7ᵉ édition. 1 vol.
— *La littérature française au XIXᵉ siècle* ; les origines du romantisme ; 5ᵉ édit. 2 vol.
— *Variétés morales et littéraires*. 1 vol.
— *Poètes et poésies* ; 2ᵉ édition. 1 vol.

BERTRAND (J.), de l'Académie française : *Éloges académiques*. 1 vol.

BOSSERT (A.), inspecteur général de l'instruction publique : *La littérature allemande au moyen âge et les origines de l'épopée germanique* ; 2ᵉ édition. 1 vol.
— *Gœthe et Schiller* ; 3ᵉ édition. 1 vol.
— *Gœthe, ses précurseurs et ses contemporains* ; 3ᵉ édition. 1 vol.

BRUNETIÈRE : *Études critiques sur l'histoire de la littérature française*. 4 vol.
— *L'évolution des genres dans l'histoire de la littérature*. 1 vol.

CARO : *La fin du XVIIIᵉ siècle* : études et portraits ; 2ᵉ édition. 2 vol.
— *Mélanges et portraits*. 2 vol.
— *Poètes et romanciers*. 1 vol.
— *Variétés littéraires*. 1 vol.

DELTOUR, inspecteur général de l'instruction publique : *Les ennemis de Racine au XVIIᵉ siècle* ; 4ᵉ édition. 1 vol.
Ouvrage couronné par l'Académie française.

DESPOIS (E.) : *Le théâtre français sous Louis XIV* ; 3ᵉ édition. 1 vol.

JUSSERAND (J.) : *La vie nomade et les routes d'Angleterre au XIVᵉ siècle*. 1 vol.
Ouvrage couronné par l'Académie française.

LA BRIÈRE (L. de) : *Madame de Sévigné en Bretagne* ; 2ᵉ édition. 1 vol.
Ouvrage couronné par l'Académie française.

LARROUMET (G.), de l'Institut : *La comédie de Molière* ; 4ᵉ édition. 1 vol.
— *Études d'histoire et de critique dramatique*. 1 vol.
— *Études de littérature et d'art*. 1 vol.

LE BRETON : *Le roman au XVIIᵉ siècle*. 1 vol.

LENIENT, professeur à la Faculté des lettres de Paris : *La satire en France au moyen âge* ; 3ᵉ édition. 1 vol.
Ouvrage couronné par l'Académie française.
— *La satire en France au XVIᵉ siècle* ; 3ᵉ édition. 2 vol.
— *La comédie en France au XVIIIᵉ siècle*. 2 vol.

LICHTENBERGER, professeur à la Faculté des lettres de Paris : *Étude sur les poésies lyriques de Gœthe* ; 2ᵉ édition. 1 vol.
Ouvrage couronné par l'Académie française.

MÉZIÈRES (A.), de l'Académie française : *Shakespeare, ses œuvres et ses critiques* ; 4ᵉ édit. 1 vol.
— *Prédécesseurs et contemporains de Shakespeare* ; 3ᵉ édition. 1 vol.
— *Contemporains et successeurs de Shakespeare* ; 3ᵉ édition. 1 vol.
Ouvrages couronnés par l'Académie française.
— *En France* : XVIIIᵉ et XIXᵉ siècles ; 2ᵉ édition. 1 vol.
— *Hors de France* : Italie, Espagne, Angleterre, Grèce moderne ; 2ᵉ édition. 1 vol.

MONTÉGUT (E.) : *Poètes et artistes de l'Italie*. 1 vol.
— *Types littéraires et fantaisies esthétiques*. 1 vol.
— *Essais sur la littérature anglaise*. 1 vol.
— *Nos morts contemporains*. 1 vol.
— *Les écrivains modernes de l'Angleterre*. 2 vol.
— *Livres et âmes des pays d'Orient*. 1 vol.
— *Mélanges critiques*. 1 vol.
— *Dramaturges et romanciers*. 1 vol.
— *Heures de lecture d'un critique*. 1 vol.
— *Écrivains modernes de l'Angleterre*. 1 vol.

PATIN : *Discours et mélanges littéraires*. 1 vol.

PELLISSIER : *Le mouvement littéraire au XIXᵉ siècle*. 1 vol.

POMAIROLS (De) : *Lamartine*. 1 vol.

PRÉVOST-PARADOL : *Études sur les moralistes français* ; 6ᵉ édition. 1 vol.

SAINTE-BEUVE : *Port-Royal* ; 4ᵈ édition, revue et augmentée. 7 vol.

STAPFER (P.), professeur à la Faculté des lettres de Bordeaux : *Molière et Shakespeare*. 1 vol.
Ouvrage couronné par l'Académie française.

TAINE (H.), de l'Académie française : *Histoire de la littérature anglaise* ; 7ᵉ édition. 5 vol.
— *La Fontaine et ses fables* ; 11ᵉ édit. 1 vol.
— *Essais de critique et d'histoire* ; 6ᵉ édit. 1 vol.
— *Nouveaux Essais de critique et d'histoire* ; 4ᵉ édit. 1 vol.

WALLON, de l'Institut : *Éloges académiques*. 2 vol.

www.ingramcontent.com/pod-product-compliance
Lightning Source LLC
Chambersburg PA
CBHW071408230426
43669CB00010B/1486